MARGRET E. ARMINGER

DIE VERRATENE PÄPSTIN

MARGRET E. ARMINGER

DIE VERRATENE PÄPSTIN

Maria Magdalena
Freundin und Geliebte Jesu,
Magierin der Zeitenwende

List Verlag
München · Leipzig

ISBN 3-471-77027-5

Satz: Franzis-Druck GmbH, München
Druck und Bindung: Graphischer Großbetrieb, Pößneck

Inhalt

Vorwort

Zwanzig Jahrhunderte und Hunderte Generationen von Menschen sahen in Petrus den Fels, auf dem eine Kirche gegründet wurde, und in Paulus die graue Eminenz hinter dieser Kirche. Heute kommt dieses Bild des offiziellen Christentums mehr und mehr ins Wanken: Alles weist darauf hin, daß der zweitwichtigste Name, den man aus der Geschichte der Christenheit und der letzten zweitausend Jahre nicht streichen kann, der einer Frau ist – Maria Magdalena, die vielleicht erste und einzig legitime Nachfolgerin in der Lehre des Meisters Jesus. Die erste »Päpstin«, die sehr bald vergessen und verraten wurde, deren Spuren sich aber dennoch unübersehbar durch die christliche Epoche ziehen.

Wir kennen Maria Magdalena als die Sünderin, die Buße tat, aber hält man sich mittlerweile nicht mehr ausschließlich an die offiziell überlieferten Bilder und Legenden, so ist sie heute die Frau, die nicht nur immer wieder an der Seite des Meisters einer Zeitenwende auftaucht, sondern unzweifelhaft die zweite dominierende Gestalt im Christentum.

Eine weibliche Kirchengründerin hat aber gerade heute, an einer neuen Zeitenwende mit einem neuen Selbstverständnis nicht nur der Frau, hochbrisante Folgen: Jede Diskussion um die weibliche Rolle innerhalb der Kirche ist in einem neuen

Licht zu sehen. Jahrtausende galt innerhalb einer ausschließlich von Männern dominierten Kirche das Gebot des als frauenfeindlich bekannten Apostels Paulus, daß Frauen in der Kirche zu schweigen hätten. Zweitausend Jahre hielten sich die Frauen daran – sie knieten vor Kanzeln und Altären, von denen ihnen zu oft von weiblicher Minderwertigkeit gepredigt wurde. Heute könnte sich dieses Bild auf Grund der neuesten Erkenntnisse der Bibelforschung und vor allem auf Grund der Auswertung der sogenannten »gnostischen« Evangelien schlagartig ändern: Alles spricht dafür, daß es diese Kirche ohne diese Frau vielleicht nie gegeben hätte.

Es war, nur einmal vordergründig betrachtet, Maria Magdalena, die auch in den anerkannten Evangelien am Grab von Jesus wacht und der Welt von der Auferstehung berichtet, nachdem die Jünger an ihrem Führer zu zweifeln begonnen hatten. Und es war eine Frau, welcher der Auferstandene als erster begegnete. Diese Auferstehung aber wurde zum tatsächlichen Fels, auf dem die Kirche des Zeitalters der Fische begründet werden sollte. Ohne das Zeugnis der Maria Magdalena wäre Jesus für uns heute ein völlig Unbekannter. Ohne ihren Glauben an Jesus würde sein Namen in der Geschichte fehlen, und diese würde völlig anders aussehen. Als verkannte und vergessene Gefährtin Jesu und als »Kirchenmutter«, als diejenige, die nach Jesus mehr für das Christentum getan hat als alle Jünger, bekommt die Frau aus Magdala aber vor allem dann Gewicht, wenn man sich den Werken zuwendet, die im Altertum nicht von der dank römischer Machtinteressen etablierten Kirche vernichtet wurden.

In den erst in diesem Jahrhundert wiederentdeckten apokryphen Evangelien wird die Frau, die Jesus liebte, als die dominierende vor Petrus und den anderen Aposteln beschrieben; diese dagegen werden von Jesus als kleine Kinder bezeichnet, die auf einem fremden Felde hausen. Maria Magdalena ist darin die Lehrerin, welche die Jünger zum

Predigen ermutigt, und sie ist im Gegensatz zu den meisten Jüngern in die geheime innere Lehre von Jesus eingeweiht. Als Mutter der Gnosis, des Wissens durch Erfahrung, wird sie als »die Frau, die das All kennt« gerühmt und als diejenige, die innerhalb des Kreises um den Meister von Visionen und besonderen Einsichten begnadet ist.

Der Sünderin der rechtmäßigen Kirche steht heute nach den neuesten Funden, die ihrem Ursprung nach zumindest gleich alt, wenn nicht älter als die anerkannten Evangelien sind, eine Frau gegenüber, die Jesus mehr liebte als alle anderen und die er »oft auf den Mund zu küssen pflegte«.

Aber nicht nur im Urchristentum spielte Maria Magdalena eine ganz besondere Rolle, noch im Mittelalter wurde die Frau, die anscheinend Jesu größte Vertraute war, als Apostelin betrachtet. Die Apostelin, wie sie die »Legenda aurea«, das bekannteste religiöse Volksbuch des Mittelalters bezeichnet, wurde in den folgenden Zeiten eine ebensolche »Unperson«, wie uns heute noch immer eine mögliche erste Päpstin als legitime Stellvertreterin des Herrn vorkommt. Je weiter sich die offizielle Kirche von ihren Ursprüngen entfernte, um so mehr verschwanden auch die Spuren der Frauen, die immer wieder um Jesus auftauchten. Während sich anfangs noch viele Kirchenväter geweigert haben dürften, die Frau aus Magdala mit jener Unbekannten gleichzusetzen, die Jesus die Füße salbte, betonte Papst Gregor I. im sechsten Jahrhundert die Rolle der reuigen Sünderin. In der Folge bekam sie zwar im Christentum eine besondere Stellung als die erste, der Jesus nach der Auferstehung erschienen war, aber die Sünderin blieb sie bis an die Schwelle zum dritten Jahrtausend.

In der »Legenda aurea« war Maria Magdalena noch immer die »sonderliche Freundin« Jesu, die er selbst zu seiner »Schafferin auf dem Wege« machte; und aus demselben Buch wurde von Kanzeln, die den Männern vorbehalten waren, gepredigt, daß die Apostelin der Apostel besser als alle anderen die Worte Gottes zu predigen vermochte. Ein Satz, der für viele aktive Frauen innerhalb des heutigen Christentums ein gewichtiges Argument darstellen könnte – denn auch heute noch sind die Kanzeln die Domäne der Männer.

Ungezählte Streitpunkte zwischen vielen modernen praktizierenden Christen und dem Vatikan bekommen eine neue und explosive Bedeutung, wenn man sich die Rolle, die Maria Magdalena gespielt haben könnte, mit neuen Augen und einem neuen Wissen ansieht.

Vor zweitausend Jahren löste Jesus eine *Revolution* im Denken der Menschheit aus, in der Folge wurde seine Religion mehr und mehr zu einer *Tradition.* Der Meister der Stunde Null unserer Zeitrechnung wurde den Glaubenssätzen für diese neue Zeit angepaßt, aber auch seine Umgebung. Für eine Religionsgründerin und eine Frau, die alle Apostel überragte, war darin kein Platz. Die Apostelin der Apostel war nicht mehr länger die Eingeweihte in das Wissen des Meisters, sie wurde zur reuigen Sünderin.

Doch zweitausend Jahre Buße für die einfache Tatsache, eine Frau zu sein, sind genug. Wenn heute moderne Gläubige Religion nicht mehr nur als Tradition, sondern als Herausforderung begreifen, so gilt diese Herausforderung auch einer neuen und objektiven Sicht der Frau aus Magdala. Wir stehen heute an einer ebensolchen Zeitenwende wie sie Jesus und Maria Magdalena erlebten. Das Jerusalem des Urchristentums war der Dreh- und Angelpunkt der folgenden zwanzig Jahrhunderte. In Palästina entstand damals nicht nur das Christentum, es wurden auch die Grundsteine gelegt für das moderne Judentum, für alle gnostischen Bewegungen, die später immer wieder in den verschiedensten Häresien auftauchen sollten, wahrscheinlich wurde damals sogar der Grundstein für den späteren Islam gelegt. Die Leitfigur der Gnosis und vermutlich eine geistige Vorfahrin Mohammeds scheint Maria Magdalena gewesen zu sein. Gemeinsam mit

Jakobus, dem Bruder Jesu, bildete sie anscheinend den Gegenpol zu der eher römisch beeinflußten Kirche des Paulus.

Nicht umsonst scheint Paulus immer wieder betont zu haben, daß es nicht Maria Magdalena war, die Jesus nach der Auferstehung als erste sah, nicht umsonst wies er auch immer wieder darauf hin, daß die Frauen in der Kirche zu schweigen hätten. Maria Magdalena als eine Art erste Gegenpäpstin wäre der Amtskirche aber nicht nur als Lehrerin ein Dorn im Auge gewesen, sondern auch als mögliche Geliebte von Jesus und als Mutter seiner Kinder. Macht man sich nämlich auf die Spuren der Frau aus Magdala und stellt sie und den Mann an ihrer Seite in die Gesellschaft ihrer Zeit, so gibt es noch sehr viele andere Gründe, warum aus der Partnerin des so feministisch anmutenden Jesus eine Sünderin wurde. Michael Grant beschreibt in seiner Jesus-Biographie das Leben von Jesus als das bewegteste und dramatischste Leben, das je gelebt worden ist. Dasselbe läßt sich wahrscheinlich auch von Maria Magdalena behaupten. Freilich gibt es für das Leben von beiden kaum authentische Beweise. Weder wissen wir mit Sicherheit, wo und wann Jesus geboren wurde, noch wo er die Zeit zwischen dem zwölften und dreißigsten Lebensjahr verbrachte, noch ob er tatsächlich am Kreuz starb, und ebensowenig kann mit letzter Sicherheit gesagt werden, wer die historische Maria aus Magdala tatsächlich war.

Es gibt heute sehr viele Theologen, die darauf hinweisen, daß die Tatsachen rund um Jesus kaum eine Schreibmaschinenseite füllen würden. Sogar wenn man sich an die offiziellen Evangelien hält, so findet man nur eine widersprüchliche Beschreibung seiner Geburt, einen kurzen Blick auf sein zwölftes Lebensjahr und Überlieferungen über seine zwei letzten Lebensjahre. 99 Prozent seines Lebens sind unbekannt. Aber auch die meisten gängigen Zeugnisse über Jesus stammen aus den Quellen einer ganz bestimmten Richtung seiner Anhängerschaft, und Texte, die nicht in das Lehrgebäude der Kirche paßten, wurden sehr bald und sehr gründlich vernichtet.

Aus diesem Puzzle verschiedenster Überlieferungen auch heute noch ein festes und historisch anmutendes Jesus-Bild zu erstellen, ist grobe Geschichtsverfälschung, der man nur entkommt, wenn man zugibt, daß wir von Jesus eigentlich kaum etwas wissen. Trotzdem können wir uns ihm heute nähern: Wenn wir *alle* »Jesus-Möglichkeiten« in Betracht ziehen, läßt sich die tatsächliche Dramatik in diesem Leben ahnen, und erst dann bekommen wir ein Gespür dafür, wie fragwürdig und falsch es ist, zweitausend Jahre nach dem Leben eines Menschen nur diese oder jene Möglichkeit ins Auge zu fassen.

In allen Jesus-Hypothesen, die in diesem Buch daher als durchaus möglich und gleichberechtigt behandelt werden sollen, hat aber Maria Magdalena nach den neuesten Erkenntnissen den wichtigsten Platz im Leben und in der Nachfolge von Jesus.

Sie hätte die geistige Mutter einer Art Gegenkirche sein können, die Überlieferin der geheimen Lehren des Meisters; ebenso hätte sie als Mutter der Kinder Jesu die Stammutter eines Geschlechtes sein können, das in der Geschichte zur schärfsten Konkurrenz des Papsttums wurde. Vielleicht aber war die Frau aus Magdala auch eine Eingeweihte in eine der Mysterienreligionen der Antike – oder, worauf die sieben angeblich aus ihr ausgefahrenen Teufel hinweisen, eine Anhängerin der alten weiblichen Religionen, die im Jerusalem der Stunde Null noch immer eine große Rolle spielten. Doch was immer die erste Widersacherin der sich etablierenden politisierenden christlichen Orthodoxie auch war, sie wurde auf jeden Fall zu *dem* Symbol für den Gezeiten-Rhythmus der Geschichte.

Das, was einst gut und heilig war, nämlich die Vormachtstellung der verschiedensten Göttinnen und die Dominanz des Weiblichen in den Ländern rund um Palästina und in Palästina selbst, mußte zur Zeit Maria Magdalenas endgültig dem Neuen weichen. Das, was der strenge Jahwe der Juden nicht geschafft hatte, nämlich die völlige Ausradierung alter matriarchaler Religionen, scheint dem Christentum mit Hilfe seiner drei großen Frauengestalten gelungen zu sein. Eva hatte die Frauen zu Dulderinnen gemacht, die sich ob der verschiedensten Sündenfälle schuldig fühlten. Die Gottesmutter Maria als dienende Magd wurde im Laufe der Geschichte zu jener jungfräulichen Gebärerin, mit der sich eine normale Frau kaum identifizieren konnte. Maria Magdalena als dritte in dieser Troika, bildet sozusagen eine Brücke zwischen Sünde und Erlösung. Sie wurde zur großen Sünderin, die bereute und von der die Sünden hinweggenommen wurden. Ihr folgten zweitausend Jahre lang Millionen von Frauen nach, die immer wieder sündigten, bereuten und auf Erlösung hofften – ohne jemals zu ahnen, daß die Sexualität, um die es zumeist ging, zur Zeit der Frau aus Magdala einen völlig anderen Stellenwert hatte. In den Tagen, als in den Tempeln Palästinas Göttinnen angebetet wurden, war die Sexualität ein lustvolles Opfer an die Göttin, ein heiliger Akt, und die Tempelpriesterinnen, die dieser Sexualität huldigten, galten als heilige Frauen. Heute sind wir von diesen alten Fruchtbarkeitsreligionen durch eine der Lust sehr abholde zweitausendjährige Geschichte getrennt. Doch gerade die Gestalt der Frau aus Magdala gibt Anlaß zu der Vermutung, daß es eine unterirdische Überlieferungslinie des Eros gibt, die immer wieder als Gegenpol zu den eher sterilen Gesetzesreligionen der Juden und des Christentums auftrat.

Das archetypische Bewußtsein des Menschen hat die Vergewaltigung der Sexualität jedoch nie ganz verwunden. Immer wieder gab es gewisse Kreise, die das Geheimnis von der ursprünglichen Heiligkeit der Sexualität weitergaben.

Einige Gnostiker gehörten ebenso dazu wie später die Katharer, die Troubadoure, die Templer und andere Geheimbünde.

Bis heute hat man sich eigentlich kaum je gefragt, was dieses Wissen für wenige Eingeweihte eigentlich war: Die Perlen, die man nach dem Matthäus-Evangelium nicht den Säuen zum Fraß vorwirft, warten längst darauf, wenigstens versuchsweise entschlüsselt zu werden. Sie mögen reinste Gotteserkenntnis symbolisieren, können sich aber auch auf jene Form erotischer Spiritualität beziehen, die wir erst heute mit Hilfe des Tantrismus verstehen können. Im Tantra ist der Sexualakt das wichtigste Mittel, um die engen Grenzen der persönlichen Weltsicht niederzureißen und Transzendenz zu erreichen. In den alten Mysterienkulten des Orients galt Sexualität ebenfalls als die beste Möglichkeit des Menschen, sein Ego zu überwinden und ein höheres Bewußtsein zu erreichen.

Der Beigeschmack der Prostitution, der Maria Magdalena immer wieder anhaftet, könnte also durchaus auch der Fingerzeig auf einen unterirdischen Strom der Erotik sein, der nie versiegte und mit der Hilfe von Jesus und Maria Magdalena weitergeleitet hätte werden können.

Gleichzeitig begann in der äußeren Geschichte der Kirche Jesu jene Umwertung aller Werte, bei der alles, was zuvor heilig war, sündhaft wurde und die Sexualität als die Triebkraft des Lebens schlechthin endgültig vergessen und zum Bösewicht gemacht wurde.

Daß diese Umwertung vor allem in Sachen Maria Magdalena Erfolg hatte, wissen wir heute nur zu genau. Ohne die Frau aus Magdala, deren Bild als Verführerin und fußwaschende Sünderin mehr mit der Beziehung der Geschlechter und vielen zwischenmenschlichen Problemen zu tun hat, als gemeinhin angenommen wird, wären wir alle nicht die Männer und Frauen, die wir sind.

Auch in diesem Sinn ist ihr Name nicht aus der Geschichte zu streichen. Ihre Rolle als Mythos, der noch immer das Unbewußte der Menschheit beeinflußt, wiegt ebenso schwer wie die Rolle, die sie als eine Art erste »Päpstin« gespielt hat. War sie als solche die Vertreterin der ursprünglichen Lehre des Meisters Jesus, so wurde sie in der Kirche, die sich auf ihn beruft, zum Symbol für die Minderwertigkeit der Frau.

Maria Magdalena war diejenige, die mehr als jeder andere ahnte, was Jesus eigentlich beabsichtigte; sie war seine engste Vertraute und seine Nachfolgerin in den Kreisen der Gnostiker. Gleichzeitig aber wurde sie im Laufe der Kirchengeschichte zum Symbol für jene untertänige Art der Liebe, die Ursache vieler unserer Probleme ist. Zweitausend Jahre lang lebte die offizielle Kirche von Jesus nach dem Motto: Alles, was nicht in die Absichten Roms paßte, wurde verschwiegen, vernichtet und verfolgt. Maria Magdalena ist nur ein Beispiel dafür, daß es zuerst das weibliche Element in der Kirche und die erotische Sicht der Welt waren, die langsam, aber um so sicherer ausgeschaltet wurden. Vieles ging dabei verloren. Die Kirche verzichtete nicht nur auf einen großen Teil des Gesamterbes der Menschheit, sie beraubte sich auch der dynamischen und zugleich ausgleichenden Kraft des Weiblichen.

Wenn heute über Frauen als Priesterinnen, über Zölibat und erotische Verwirrungen innerhalb der Kirche die Rede ist, so kann uns dabei die Suche nach dem, was Maria Magdalena wirklich gewesen sein könnte, nur nützlich sein. Denn die Suche führt uns zurück zu den weiblichen Wurzeln jeder Religion und zu dem, was die Sexualität einst wirklich bedeutete. Die mysteriöse Frau aus Magdala könnte zu jener Zündschnur werden, welche die alten verknöcherten Strukturen zur Explosion bringt und den Boden für einen Neubeginn vorbereitet.

Der Schatten über der Welt

Zu Beginn unserer Zeitrechnung wurde eine Frau geboren, die auch heute noch unsere Vorstellungen von weiblich und männlich prägt: Maria Magdalena, die Sünderin par excellence. Heute freilich ist man sich gar nicht mehr so sicher, ob diese von vielen Sagen umwobene Gestalt tatsächlich jenes Musterbeispiel einer reuigen Sünderin war, als das sie uns allen schon in Kinderschuhen von der Kanzel verkündet wurde. Das Bild der Frau, der Jesus nach der Auferstehung als erster erschienen ist, ist facettenreicher geworden: Man sieht sie als die Schwester des Lazarus, als reiche Verehrerin von Jesus, aus moderner Sicht als eine Art Groupie der Zeitenwende vor zweitausend Jahren. Trotzdem lebt in uns allen das Maria-Magdalena-Bild unserer Kindheit weiter. Und der Mythos von der Frau, welche die Füße des Herrn salbte und mit ihren Haaren trocknete, wird auch weiterhin von weiblichen Sünden und vom weiblichen Dienen künden. Nicht zufällig paßt es perfekt zwischen die beiden anderen hervorragenden weiblichen Gestalten, die von der Schlange verführte Eva, welche die Erbsünde in die Welt brachte, und die Madonna, die im Laufe ihrer Geschichte zur unerreichbaren »Unbefleckten« wurde.

Diese beiden Extremgestalten, die »Böse« am Anfang und

die »Gute« als Ziel und Hoffnung, erlebten in ihrem Werdegang alle die Höhen und Tiefen, die historische Gestalten und mythologische Bilder erfahren: Aus Adams erster Frau, der widerspenstigen selbstsicheren Lilith, wurde Eva, die Adam als Herrn anerkennen mußte und als Strafe in Schmerzen gebären sollte, und aus der ursprünglich sehr einfachen »Gottesgebärerin« Maria wurde erst allmählich jene »Unbefleckte Empfängnis«, die 1854 verkündet wurde, just zu dem Zeitpunkt, als die beginnende industrielle Revolution die Gläubigen aus den Dörfern und Kirchen holte.

Das Bild der dritten großen Frauengestalt in der Bibel hat bei weitem nicht so viele Wandlungen und Deutungen erfahren wie die in einem übertragenen Sinn »erste Frau« und die als Hoffnung über allem schwebende Mutter Gottes. Maria Magdalena erscheint eher als eine ganz gewöhnliche Frau des Alltags. Als solche aber ist sie insgeheim zu einer Symbolfigur geworden, die das Unbewußte der christlichen Welt und des zivilisatorischen Selbstverständnisses der letzten zweitausend Jahre entscheidend mitgeprägt hat. Der Geruch der Unzucht, welcher der Frau aus Magdala anhaftet, hat sicherlich viel dazu beigetragen, daß trotz zehn sehr ehrenvoller Gebote, die menschliche Ehre der letzten Epoche beinahe ausschließlich mit der Sexualität zusammenhing. Betrogen, gestohlen, in zu vielen Fällen auch getötet, durfte im Notfall werden; »sexuelle Verirrungen« waren schon problematischer. Schließlich hatte man irgendwo weit hinten im Ohr die Geschichte jener Frau, aus der sieben Teufel ausgetrieben worden waren und die Buße getan hatte. In diesem Sinn war Maria Magdalena nicht nur ein weiblicher Archetypus, eines der großen Seelenbilder der Menschheit, sie war auch ein allgemeines Vorbild für den Umgang mit der Sünde. Mit der »großen Sünderin« konnten sich nicht nur Frauen identifizieren, sondern auch Männer. Vor allem war die Frau aus Magdala das Vorbild für Reue und Belohnung. Aus dieser

Sicht haftet ihr ein neuer Duft an, jener von Weihrauch, von Verzeihung, Freisprechung und der Erlösung von den Sünden. Diese neue Magdalena war im Laufe der letzten zweitausend Jahre vielleicht für mehr Menschen ein großes Vorbild, als wir es uns vorstellen können. Sie war erreichbar, sie stand auf keinem zu hohen Sockel, sie schwebte nicht in irgendeinem Himmel, sie war *das* Symbol für eine jederzeit mögliche Umkehr. Allerdings haftet dieser so trostreichen Umkehr aus heutiger Sicht derselbe Makel an, der das Maria-Magdalena-Bild als weiblichen Archetypus so zweifelhaft macht: Die hinter Jesus wandelnde, salbende Dienerin bleibt ebenso passiv wie die »Sünderin«, der wir indirekt eine sehr einseitige Art von Freisprechung verdanken. Zwanzig lange Jahrhunderte hat der Mensch beinahe vergessen, daß eigentlich nur er selbst sich von Sünden erlösen kann. So wie Magdalena vergeben wurde, so hofften die Menschen darauf, daß irgendeine höhere Instanz ihnen vergeben würde. Daß die Erlösung von Sünden immer nur durch uns selbst, durch ein anderes Handeln geschieht, ging dabei beinahe unter. Der Wert der Umkehr wurde dadurch ebenso geschmälert, wie die wenigen und zumeist widersprüchlichen Berichte über die Frau aus Magdala aus einem dritten Grund das Menschenbild eingeengt haben: Ähnlich wie schon ihre große Vorfahrin Eva weist zwar auch Maria Magdalena auf das menschliche Schicksal als Sünderin hin, doch werden die menschlichen Schattenseiten in ihr nur kurz erwähnt, wenn es um die sieben ausgetriebenen Geister geht, mit denen der Normalgläubige wenig anfangen kann.

Die dritte große Frau in der Bibel ist also nicht nur zu einem Symbol für weibliche Demut geworden, für die Sünderin, die sich nicht selbst befreit, sondern befreit wird; sie ist auch das Beispiel für einen Menschen, der die eigenen Schattenseiten schnell und gründlich vergessen kann. Wo auch immer die Erlösung herkommt – aus ihm selbst niemals.

Diese dreifache Wirkung, die Magdalena mit Sicherheit auf das Unbewußte der Christen ausgeübt hat, macht sie aus heutiger Sicht wenn schon nicht zur ersten, so sicherlich zur wichtigsten Frau der Bibel. Die Maria, die zu einer anderen Zeitenwende irgendwo in Magdala geboren worden sein soll, bekommt heute eine völlig neue Bedeutung: Maria Magdalena, die faszinierende und geheimnisvolle Frau an der Seite Jesu, hat uns nicht nur alle beeinflußt, sie könnte es auf eine ganz andere Art und Weise noch immer tun.

Denn sie hat viel Liebe erwiesen

Dazu allerdings ist es nötig, das Bild der reuigen Sünderin gehörig ins Wanken zu bringen. Eine Sache, die längst überfällig ist, wenn man bedenkt, daß rund um die Frau aus Magdala längst eifrige Bilderstürmer am Werk sind. Das Bild der Madonna wird immer neu und immer anders durchleuchtet, und die vielen Facetten des Jesus-Bildes sorgen seit Jahren für einen richtigen Jesus-Boom. An die schillernde Frau neben ihm wagen sich inzwischen hauptsächlich die Literaten. Das liegt sicherlich zu einem großen Teil daran, daß das Material über Magdalena so spärlich ist und der Phantasie Tür und Tor öffnet. In der Vorstellung, die man in der letzten Epoche von der Beziehung zwischen Mann und Frau hatte, war kein Platz für eine selbständige Partnerin – schon gar nicht für die Partnerin eines Messias. Blieb nur die Rolle der bußfertigen Anhängerin. Denn jedes Rütteln an dem Bild der Sünderin wurde automatisch zu einem Rütteln an der Rolle Jesu.

Dabei findet sich nicht einmal in der Bibel selbst ein Beweis dafür, daß die große Sünderin der Christenheit auch eine solche war. Sieht man sich das Neue Testament genauer an, gibt es nirgendwo konkrete Hinweise auf die Sündhaftigkeit der Frau aus Magdala, die nach anderen Berichten aus Bethanien stammen soll. Zwar finden sich sowohl bei Lukas als auch bei Markus Hinweise darauf, daß aus einer Frau sieben böse Geister ausgefahren sein sollen (Lk 8,1–3 und Mk 16,9–11), aber die Markus-Stelle gilt heute in der Bibelwissenschaft als umstritten; man vermutet, daß jene berühmte Stelle, bei der Jesus einer Magdalena begegnet, die einstmals besessen war, an Stelle eines verlorengegangenen Berichts eingefügt wurde: »Nachdem Jesus aber am ersten Tag der Woche frühmorgens auferstanden war, erschien er zuerst der Maria Magdalena, aus der er sieben böse Geister ausgetrieben hatte«, heißt es dort. Diese sieben bösen Geister könnten auch als ein Symbol für die sieben Todsünden gedacht gewesen sein. Andererseits weisen andere Historiker darauf hin, daß zu Zeiten Jesu im damaligen Astarte-Kult siebenfache Aufnahmeriten vorgesehen waren. Maria Magdalena hätte also eine Anhängerin, ja eine siebenfach Eingeweihte dieses Muttergöttinenkults sein können.

Auch nach anderen Vorstellungen war Magdalena nicht einfach eine arme Sünderin, sondern höchstwahrscheinlich eine sehr begüterte und gebildete Frau. Danach war sie identisch mit der Schwester des Lazarus im Johannes-Evangelium und lebte in jenem begüterten Haus in Bethanien, von wo aus Jesus viele seiner Aktivitäten entfaltete, wie das auch bei Lukas vorkommt: »Es lag aber ein Mann krank danieder, Lazarus von Bethanien, aus dem Dorfe, in welchem Maria und ihre Schwester Martha wohnten – es war die Maria, die den Herrn mit dem Myrrhenbalsam gesalbt und seine Füße mit ihren Haaren getrocknet hat –: deren Bruder Lazarus lag krank danieder« (Joh 11,1–3).

Höchstwahrscheinlich ist es diese Salbung mit Myrrhe, die aus Maria Magdalena jene Sünderin gemacht hat, als die sie in die Geschichte einging. Denn das Neue Testament schildert mehrere Salbungen – vor allem werden sie nach den diversen Evangelien von verschiedenen Frauen ausgeführt, über deren Identität man sich nie einig war. Just bevor Lukas als ständige Begleiterin Jesu Maria Magdalena bei vollem Namen nennt, »Maria, die Magdalena genannt wurde« (Lk 8,2), berichtet er von der Salbung: »Und siehe, eine Frau, die in der Stadt als große Sünderin lebte und erfahren hatte, daß Jesus im Haus des Pharisäers zu Gast sei, brachte ein Alabasterfläschchen mit Myrrhenöl und begann, indem sie von hinten an seine Füße herantrat und weinte, seine Füße mit ihren Tränen zu netzen und sie mit ihrem Haupthaar zu trocknen; dann küßte sie seine Füße und salbte sie mit dem Myrrhenöl« (Lk 7,37–39). Dieser Salbung durch eine unbekannte Sünderin folgt dann das berühmte »Ihre vielen Sünden sind ihr vergeben, denn sie hat viel Liebe erwiesen, wem aber nur wenig vergeben wird, der erweist auch nur wenig Liebe« und schließlich das erlösende »Deine Sünden sind dir vergeben!« (Lk 7,47–49). Anschließend läßt Jesus die Unbekannte aus der Stadt »in Frieden hingehen«, während Lukas weiter von den Wanderungen Jesu, seinen Jüngern und den galiläischen Frauen berichtet, die Jesus und die Jünger nicht nur begleiteten, sondern auch finanziell unterstützten: »In seiner Begleitung befanden sich die zwölf Jünger, sowie auch einige Frauen, die er von bösen Geistern und Krankheiten geheilt hatte, zum Beispiel Maria, die Magdalena genannt wurde, aus der sieben böse Geister ausgefahren waren, ferner Johanna, die Frau des Chuza, eines Verwalters des Herodes, und Susanna und noch viele andere, die ihnen mit denen zu Gebote stehenden Mitteln Dienste leisteten« (Lk 8,1–3).

Dieses Mäzenatentum und der vermutliche Reichtum der Frau aus Magdala spielt auch bei anderen Salbungen, die Magdalena oft zugeschrieben werden, eine große Rolle. So sprach Johannes nicht nur im Zusammenhang mit Lazarus von einer Maria, die Jesus gesalbt hatte, bei ihm gibt es kurz vor dem Tod eine zweite Salbung, bei der Martha bedient und eine Maria ein Pfund »Myrrhenbalsam, echt kostbare Nardensalbe« nimmt, um Jesus zu salben und ihm danach die Füße mit den Haaren zu trocknen (Joh 12,3–5).

Diese Nardensalbe wurde dem römischen Schriftsteller Plinius zufolge entweder aus dem Wurzelstock des im Himalaya heimischen Nardos oder aus aromatischen Gräserarten Vorderasiens gewonnen; sie war entsprechend teuer. Judas erschien das eine Verschwendung, und laut Johannes beklagte er sich darüber, daß man die Salbe, die mindestens dreihundert Silberstücke wert war, hätte verkaufen können, um das Geld an die Armen zu verteilen.

Fast Ähnliches berichtet Markus von einer letzten Salbung. Bei ihm wird keine Maria ausdrücklich erwähnt, aber auch hier salbt eine Frau in Bethanien Jesus mit kostbarem Salböl und wird von den Jüngern der Verschwendung beschuldigt. Jesus erinnert sie daran, daß sie die Armen auch weiterhin unter sich haben würden, nicht aber ihn. Und über die großzügige Spenderin des Öls sagt er: »Überall, wo die Heilsbotschaft in der ganzen Welt verkündet werden wird, da wird man auch von dem sprechen, was diese Frau getan hat, zu ihrem Gedächtnis« (Mk 14,9).

Wie man inzwischen weiß, hat sich diese Voraussage erfüllt. Die andere Frage ist diejenige, ob man auch immer wirklich von und über Maria Magdalena gesprochen hat. Denn im Volksglauben ist aus der unbekannten Sünderin des Lukas, der Schwester des Lazarus und der wohlhabenden Frau aus Bethanien schließlich eine einzige Person geworden.

»Als sie dann weiter wanderten, kam er in ein Dorf, und eine Frau namens Martha nahm ihn in ihr Haus auf. Diese hatte eine Schwester namens Maria, die sich zu den Füßen des Herrn niederließ und seinen Worten zuhörte…« erfahren wir bei Lukas (10,38–40). Generationen von Theologen zerbrachen sich den Kopf darüber, ob die Maria des Johannes identisch mit der des Lukas war. Einer solchen Identität stehen zwei andere Möglichkeiten gegenüber: Johannes hätte die Lukas-Geschichte von der salbenden Sünderin gekannt und auf Maria von Bethanien angewandt haben können. Andererseits hätte der Evangelist sich bei seiner ersten Salbung, bei der er die Schwester des Lazarus als die Maria definierte, die dem Herrn die Füße gesalbt hatte, auch auf seine eigene Salbung vor Ostern beziehen können: dann nämlich, wenn die Kapitel vertauscht wurden und die Lazarus-Episode nach der Salbung vor dem Osterfest gedacht war. Und zu diesen ohnehin schon verwirrenden Rätseln um die verschiedenen Marien gesellt sich die Tatsache, daß Magdalena auch noch oft mit einer anderen Sünderin, mit der Frau aus Samaria verwechselt wurde. Über alle Verwirrspiele hinaus aber gibt es in den vier Evangelien nur vier gesicherte Fakten in Sachen Maria Magdalena: Sie war eine Begleiterin Jesu, stand unter dem Kreuz, war Zeugin der Auferstehung und die erste, welche die frohe Botschaft verkündete.

Jesus liebte sie mehr als alle Jünger

Sogar heute, mit den neuesten wissenschaftlichen Methoden und mit viel Kritik am Neuen Testament, wissen wir aus den vier Evangelien kaum etwas über jene Frau, deren Gedächtnis Jesus nach der Salbung aufgetragen haben soll – und die, falls sie Magdalena war, selbst soviel zum Gedächtnis Jesu tat. Dies ist nicht nur deswegen zu bedauern, weil unser Schuld- und Sündenbegriff so sehr von dem ihr aufgezwungenen Bild mitgeprägt wurde, sondern vor allem auch deswegen, weil Maria Magdalena eine ganz andere gewesen sein hätte können als die große Sünderin. In den apokryphen Evangelien, die nach neuesten Forschungsergebnissen zumindest ebenso glaubwürdig sind wie die anerkannten synoptischen Evangelien, wird Magdalena im »Dialog des Erlösers« als »die Frau, die das All kannte« geschildert; und im Philippus-Evangelium liest man: »die Gefährtin des (Erlösers ist) Maria Magdalena. (Aber Christus liebte) sie mehr als (alle) Jünger und pflegte sie (oft) auf den (Mund) zu küssen. Die anderen Jünger wurden deshalb gekränkt... Sie sagten zu ihm: ›Warum liebst du sie mehr als uns alle?‹ Der Heiland antwortete und sprach zu ihnen: »Warum liebe ich euch nicht, wie ich sie liebe?«

Worte, die nicht nur ein neues Bild von Jesus herausfordern, sondern auch ein neues Bild von Maria Magdalena. Denn beide scheinen heute aus einer umfassenderen Sicht von Glauben, Religion, historischen und gesellschaftlichen Gegebenheiten untrennbar miteinander verbunden zu sein. Ein größeres und freieres Jesus-Bild zeigt uns auch eine völlig andere Magdalena; andererseits bedingen verschiedene Varianten der bis heute nur einseitig gezeichneten Sünderin ein freies Spiel mit den Vorstellungen davon, wer Jesus hätte sein können. Denn eines scheint festzustehen: Davon, wie Jesus wirklich war, hat auch sein gläubigster Anhänger keine Ahnung.

Es ergibt sich ein sehr widersprüchliches Bild jenes Mannes, dessen Gottessohnschaft erst sehr spät, nämlich beim Konzil von Nizäa 325 erklärt wurde. Zuvor kann Jesus alles mögliche gewesen sein: Revolutionär, einer der ersten Hippies und Indienfahrer, einer der ersten Feministen, Eingeweihter einer Mysterienschule, Anhänger der Essener oder auch ein tatsächlicher Abkömmling König Davids, der das Amt eines Priesterkönigs anstrebte. Die Messias-Ideen, die in letzter Zeit in Zeitschriften, Büchern und Filmen vertreten wurden, erscheinen bisweilen absurd, manchmal einleuchtend, und manchen mögen sie noch immer ketzerisch vorkommen – niemals aber sind sie für diejenigen langweilig, die sich für die Wurzeln von Religion und Gesellschaft der letzten zweitausend Jahre interessieren. Vor allem taucht dabei immer wieder die Frage nach der Frau an seiner Seite auf.

Die Antwort darauf ist ebenso schwierig wie einfach: Wenn Jesus ein Kind seiner Zeit war, wenn seine Predigten über alle möglichen Varianten hinaus die religiösen und zivilisatorischen Entwicklungen seiner Zeit spiegeln, so ist auch Maria Magdalena nur aus ihrer Zeit heraus zu verstehen. Und als Frau jener Zeitenwende hätte sie vieles sein können: die Sünderin, als die man sie immer wieder darzustellen versuchte, ebenso wie eine Anhängerin der alten Mondreligionen; eine hohe Eingeweihte in die Mysterienkulte jener Zeit ebenso wie die Geliebte und Gattin des Rabbi Jesus und Mutter seiner Kinder.

Alle diese Frauenbilder sind durchaus vorstellbar, seitdem wir Jesus nicht mehr ausschließlich mit den Augen der Evangelisten sehen. Denn eines scheint heute ebenso klar wie menschlich verständlich zu sein: Religiöse Streitfragen waren und sind immer mit Politik, zumindest mit Kirchenpolitik verquickt. Im Klartext: Das Jesusbild ebenso wie die Bilder seiner Jünger und der Frauen, die ihn umgeben haben, war nur solange ein gutes Bild, solange es in die Vorstellungen der jungen Kirche von ihrem neuen Messias paßte. Und in diesem Bild hatten Frauen nur eine geringe oder gar keine Rolle zu spielen.

Nicht umsonst glaubt man heute, daß es erst die vom frauenfeindlichen Paulus beeinflußte Frühkirche war, die den Jahrtausende alten Fruchtbarkeitsreligionen des Orients den endgültigen Garaus machte. Was dem eifersüchtigen Gott Jahwe nicht gelungen war, nämlich die vielen Götter und vor allem Göttinnen ganz aus dem Palästina der damaligen Zeit zu vertreiben, das gelang den Parteigängern des Paulus vortrefflich. Der berühmte paulinische Maulkorb für Frauen »Wie in allen Gemeinden der Heiligen lasset die Weiber schweigen unter der Gemeinde« (1 Kor 14,34) war nur das äußere Zeichen für eine radikale Umgestaltung der frauenfreundlichen Lehre Jesu. Auch was das Leben des Religionsstifters selbst betraf, war man nicht besonders kleinlich, wenn es sich um eine Umdeutung in Richtung Männerreligion handelte. Vor allem für Paulus war anscheinend Maria Magdalena ein Dorn im Auge. Ihr war schließlich Jesus sofort nach der Auferstehung erschienen. Damit übernahm sie zumindest symbolisch den Auftrag, die Botschaft weiterzuleiten. Und ihr Zusammentreffen mit dem Auferstandenen war auch nicht so leicht zu leugnen. Genaugenommen ist es die wichtigste Rolle und das zumindest in den kanonischen Evangelien einzige mit Sicherheit Überlieferte: In dieser Rolle, als diejenige, die als erste am Grab stand, wird sie trotz der Gegnerschaft des Apostels Paulus von allen vier Evangelisten bestätigt.

Der Streit um die männliche Nachfolge begann bereits am Grab

In der Schlüsselstelle bei Johannes stand Maria weinend am Grab, als sie Jesus dastehen sah, ohne zu wissen, daß er es war: »Herr, wenn du ihn weggetragen hast, so sage mir doch, wohin du ihn gebracht hast; dann will ich ihn wieder holen.« Jesus sagte zu ihr: »Maria!« Da wandte sie sich um und sagte auf hebräisch zu ihm: »Rabbuni!« das heißt »Meister«. Jesus sagte zu ihr: »Rühre mich nicht an, denn ich bin noch nicht zum Vater aufgefahren« (Joh 20,15–17).

Diese Fassung der Auferstehungs-Offenbarung spiegelt vielleicht am deutlichsten die Ängste des von seiner Mission, eine Kirche zu gründen, getriebenen Paulus. Die Auferstehung, vor allem die leibliche Auferstehung, war der springende Punkt der neuen Lehre. In den vielen Mysterienkulten rund um das Mittelmeer waren Initiationen an der Tagesordnung, bei welcher der Einzuweihende symbolisch leiden, sterben und auferstehen mußte. Nach der Meinung mancher Bibelforscher sind die Geschehnisse rund um die Kreuzigung Jesu als etwas Ähnliches zu verstehen, nur in einem viel größeren Ausmaß: als inszeniertes Mysterienspiel, das die nächsten Jahrtausende beeinflussen sollte. Als solches mag es vielleicht sogar Paulus gesehen haben. Aber Jesus als Prinzip der Liebe, das symbolisch die Sünden der Welt hinwegnahm, war ihm wahrscheinlich nicht genug. Er brauchte Handfesteres: eine reale Auferstehung, die später die vielen Märtyrer ermutigen würde, die den Grundstein der neuen Kirche bilden sollten. In eine solche reale Auferstehung paßt die Warnung von Jesus, ihn nicht anzurühren, nicht unbedingt hinein. Sie weist eher auf das hin, was man heute Astralkörper oder ätherisches Doppel nennt. Noch weniger paßt natürlich Maria Magdalena als erster Mensch hinein, der den Messias wiedersah. Kurzerhand legt Paulus in seinem ersten Brief an die Korinther eine genaue Reihenfolge der Personen fest, denen Jesus nach seinem Tod erschienen ist: »Ich habe euch nämlich an erster Stelle mitgeteilt, daß ... er dem Kephas (= Petrus) erschienen ist, danach den Zwölfen. Darauf ist er mehr als fünfhundert Brüdern auf einmal erschienen« (1 Kor 15,5–7).

Sicherheitshalber darf Jesus zuallerletzt noch Paulus selbst erscheinen, womit schon in der Auferstehung die zukünftige kirchliche Hierarchie festgelegt wurde. Allerdings sehr viel später und sicherlich ziemlich willkürlich, was man aus der Weisung des Paulus herauslesen kann, aber auch aus der einfachen Tatsache, daß die meisten Evangelien erst 60 bis 80 Jahre nach den tatsächlichen Ereignissen niedergeschrieben wurden. Die Schlußredaktion dessen, was allgemeingültiger Kanon wurde oder wegfiel, geschah erst zweihundert Jahre später – man kann sich also vorstellen, daß dabei die meisten Dinge unter den Tisch rutschten, die nicht recht in den neuen Glauben paßten. Paulus selbst gibt uns noch heute nach der Meinung vieler Theologen einen Hinweis darauf, wenn er im Brief an den Timotheus schrieb, daß es den Frauen nicht gestattet sei, zu lehren und des Mannes Herr zu sein. Dieser Brief gilt heute zwar bisweilen als gefälscht, aber auch eine Fälschung weist uns auf die damalige Willkür hin: Wenn es Frauen nicht gestattet sein soll, zu lehren, muß es zuvor Frauen gegeben haben, die lehrten; und wenn sich die Frauen nicht herrisch aufführen sollten, muß es zu Jesu Zeiten sehr selbstsichere Frauen gegeben haben.

Wie wir noch sehen werden, war dies auch tatsächlich der Fall. Viele Frauen rund um Jesus waren wohlhabend und selbstsicher. Zweitausend Jahre lang wunderten sich zwar ungezählte Zuhörer von Predigten, wie und warum Frauen so zwanglos mit Jesus durch die Gegend ziehen konnten, ohne mit ihm oder zumindest mit ein paar von den Aposteln verheiratet zu sein. Falls dies nämlich nicht der Fall war, weist es auf eine gleichberechtigte Stellung der Frau – zumindest in den höheren Kreisen – hin. Und es ist natürlich ein möglicher Beweis dafür, daß Maria Magdalena viel mehr war als nur die weinende Frau, die sich um die Einbalsamierung sorgte.

Als solche treffen wir sie bei Matthäus an, wo ihr der Engel des Herrn erscheint und ihr die Botschaft für die Jünger aufträgt: »Er ist von den Toten auferweckt worden und geht euch voran nach Galiläa« (Mt 28,7).

Der Zwist zwischen den männlichen Nachfolgern und den Frauen, die jedes Mal als erste die himmlische Botschaft erhalten, wird schon bei Lukas deutlich. Darin erscheinen Maria Magdalena und den anderen Frauen aus Galiläa, die Jesus begleiteten, zwei Männer in strahlenden Gewändern und erinnern sie daran, daß Jesus schon zuvor berichtet hatte, er werde ausgeliefert, ans Kreuz geschlagen und auferstehen. »Da erinnerten sie sich seiner Worte, kehrten vom Grab zurück und berichteten dies alles den elf und allen übrigen« (Lk 24,8). Den Jüngern erschien dies alles als leeres Gerede, und sie, vor allem Petrus, schenkten den Frauen keinen Glauben.

Eine kleine Episode aus den apokryphen Evangelien macht vielleicht diese ersten frühchristlichen Zänkereien ein wenig plausibler: In der »Pistis Sophia«, einer gnostischen Schrift über Glauben und Weisheit, beschwert sich Petrus darüber, daß Maria in der Unterhaltung mit Jesus die Dominierende sei und Petrus und die anderen Apostel verdrängen würde. Er fordert Jesus auf, sie zum Schweigen zu bringen. Maria wiederum beklagt sich darüber, daß sie Petrus fürchtet, weil er die Frauen haßt. Jesus antwortet darauf, daß jeder sprechen darf, der von Gott dazu bestimmt ist und vom Geist getrieben wird – ob Frau oder Mann.

Der Streit zwischen den Nachfolgern von Jesus beginnt auch bei Markus schon am offenen Grab:

»Nachdem Jesus am ersten Tage der Woche frühmorgens auferstanden war, erschien er zuerst der Maria Magdalena, aus der er sieben Geister ausgetrieben hatte. Diese ging hin und verkündete es denen, die bei ihm gewesen waren und trauerten und weinten. Doch als diese hörten, daß er lebe und ihr erschienen sei, wollten sie es nicht glauben…« (Mk 16,9–12).

Der in den kanonischen Evangelien zumindest angedeutete Geschlechterkampf rund um die Nachfolge des

Gekreuzigten bekommt vor allem durch die geheimen Texte der Apokryphen einen neuen Stellenwert. Elaine Pagels schreibt in ihrem Buch »Versuchung durch Erkenntnis – die gnostischen Evangelien«: »Andere geheime Texte verwenden die Figur der Maria Magdalena, um anzudeuten, daß die Aktivitäten der Frauen die Führer der orthodoxen Gemeinde herausforderte, die Petrus als ihren Sprecher ansahen. Das Evangelium der Maria berichtet, daß die Jünger, als sie nach der Kreuzigung mutlos und verängstigt waren, Maria baten, ihnen zur Ermutigung zu erzählen, was der Herr im geheimen mitgeteilt hatte, sie willfahrte und lehrte, bis Petrus wütend fragte: ›Sprach er wirklich mit einer Frau (und) nicht öffentlich mit uns. Sollen wir uns umwenden und alle ihr zuhören? Hat er sie uns vorgezogen?‹«

Die Widersprüchlichkeit, mit der sich die junge, männlich dominierte Kirche einer Frau wie Maria Magdalena gegenüber verhalten haben muß, wird also in den kanonischen Evangelien vor allem durch die Verschiedenartigkeit der Berichte angedeutet, während uns die erst kürzlich gefundenen Evangelien diese Widersprüchlichkeit schon näher erklären. Vielleicht ist es genau diese Widersprüchlichkeit, die in späteren Zeiten Maria Magdalena immer wieder in die Nähe der Sünderin rückte und die gleichzeitig die Kirche während ihrer gesamten Geschichte begleitete.

Zweitausend Jahre Sexismus

Zwei rote Fäden ziehen sich durch die westliche Glaubensgeschichte der letzten Epoche: die Einzigartigkeit der Botschaft Jesu und die Frauenfeindlichkeit der männlichen Nachfolger; diese wurde zur Ursache und zum Mittel der

Verfälschung der Lehre und der Verschleierung der eigentlichen Wurzeln des Christentums.

Auch heute noch übt sich die Männerkirche in einem ganz besonderen Kastendenken, einer noch immer zu wenig durchschauten Apartheid gegenüber allem, was weiblich ist. Diesem zweitausend Jahre alten religiösen Sexismus gelang es nicht nur vortrefflich zu verheimlichen, daß der rote Faden der Lehre Jesu dank einer Frau weitergegeben wurde, er ist auch heute noch überall spürbar.

An der Zeitenwende in Jerusalem verrieten Männer Jesus. Seine Jünger schliefen ein, Petrus »der Fels«, verleugnete den Herrn. Es waren Frauen, die mutig und bekennend unter dem Kreuz standen, vor allem war es Maria Magdalena, die der Welt verkündete, daß Jesus auferstanden war und lebte. Ihr ist es zu verdanken, daß seine Botschaft noch heute lebendig ist. Und wenn man genau hinsieht, waren es immer wieder Frauen, die dafür sorgten, daß das Jesus-Wort »Gott ist doch nicht der Gott von Toten, sondern von Lebenden« (Mk 12,27) auch heute noch Gültigkeit besitzt.

Wenn heute eine feministische Befreiungstheologie die Geschichte der Kirche als einen jahrtausendealten männlichen Willkürakt gegen die Rechte der Frauen betrachtet, dann handelt sie im Sinne dieses Ausspruches des Religionsstifters sowie immer wacher werdender Frauen, die endlich ein lebendiges Gottesbild wollen. Die feministische Theologie weist nicht ohne Grund immer wieder auf die Widersprüche zwischen dem wirklichen und dem verkündeten Jesus hin. Die Haltung Jesu gegenüber den Frauen war jene gleichberechtigte Haltung, die wir heute nur ganz allmählich verwirklichen; die Anfänge seiner Gemeinschaft waren geschwisterlich. Im Laufe der Geschichte aber wurde aus der urchristlichen Emanzipation die Entmündigung der Frau, die zweitausend Jahre lang Gesellschaft, Politik und die Beziehung zwischen den Geschlechtern kennzeichnete.

Das Zweite Vatikanische Konzil betonte zwar die Gleichberechtigung der Frau, doch in der Wirklichkeit bleibt Gott noch immer ein Mann, der von einer unverheirateten männlichen Elite verkündet wird. Und von diesen war noch nie viel Einfühlungsvermögen für das Weibliche zu hören.

Dies hat Folgen, die weit über die Religion hinausgehen. Die westliche Welt bemitleidet zwar in Filmen und Büchern mit Vorliebe das, was den Frauen im Islam angetan wird, aber Sexismus findet nicht nur hinter dem Schleier statt. Sexismus findet auch in unserer aufgeklärten westlichen Welt statt, wenn der Nachfolger jenes Jesus, der immer wieder betonte, daß »der Mensch von Anfang an als Mann und Weib geschaffen wurde« (Mt 19,4) sich schwer getroffen zeigt, daß ein anglikanischer Bischof nicht die Wahl einer anglikanischen Bischöfin verhindern konnte (Papst Johannes Paul II. zu Bischof Robert Runcie anläßlich der Wahl von Barbara Harris).

Die permanente Degradierung der Frau geht also weit über den Katholizismus hinaus. Sie hat unterirdische Wurzeln, die bis in die Zeiten Maria Magdalenas zurückreichen. Die Frage, ob Frauen Priesterinnen, Bischöfinnen oder sogar Päpstinnen werden können, sieht vordergründig nach der Sache einiger wagemutiger katholischer Theologinnen aus. Sie ist aber eine Sache aller Frauen: der Christinnen, die von Männerkirchen immer als das andere, als das dienende Geschlecht angesehen wurden, ebenso wie aller Frauen, die heute Gleichberechtigung leben wollen.

Vordergründig mag es so aussehen, als ob eine moderne emanzipierte Frau nicht viel Interesse mehr an Religion haben müßte, auf den zweiten Blick aber hat Emanzipation sehr viel mit dem zu tun, wovon man sich befreien muß. Und dies ist in der westlichen Welt zwar nicht der Gesichtsschleier der Frauen im Islam, sicherlich aber der dunkle Schleier, den die männliche Kirche über das aufgeklärte

Frauenbild Jesu gelegt hat und das seither allen Frauen anhaftet.

Wir haben uns heute so daran gewöhnt, daß Religion Privatsache ist, daß wir die Apartheid, die der Theologin Uta Ranke-Heinemann zufolge, die kirchlichen Machthaber gegenüber den Frauen praktizieren, gar nicht mehr zur Kenntnis nehmen. Dabei ist es eine Form von Apartheid, die weit über den religiösen Rahmen hinausgeht. Zweitausend Jahre haben die Frauen unter dem Frauenbild und unter den moralischen Vorstellungen einiger weniger unverheirateter Männer gelitten, heute ist es an der Zeit, sich die zwei roten Fäden in der Geschichte des Christentums ein wenig genauer anzusehen.

Denn so wie wir jetzt entdecken, daß es Maria Magdalena war, die Jesus nicht verriet, müssen wir auch sehen, daß die männlichen Nachfolger Jesus nicht nur schon vor der Kreuzigung verrieten, sondern auch noch die nächsten beiden Jahrtausende. Nur selten war die Kirche in jener Zeit jene Kirche der Tat und Nächstenliebe, die Jesus forderte, zumeist war es in der Nachfolge männlicher Apostel ein Männerbund, dem es um Macht ging – vor allem um die Macht gegenüber den Frauen.

Ob bei den Hexenprozessen oder heute in Sachen Empfängnisverhütung, immer ging es um weiblichen Pragmatismus gegen männlichen Dogmatismus. Immer ging es den Frauen um die Verwirklichung der Botschaft im praktischen Leben und den Männern auf den Kanzeln um zumeist frauenfeindliche Ideen. Wie wir wissen, wurde dabei viel Leben gekreuzigt – faktisch und in bezug auf wahrhaft christliche Ideen im Sinne eines lebendigen Gottesbildes.

Aber vielleicht ist erst heute die Zeit reif, die weiblich-männliche Note zu verstehen, die Jesus vor das patriarchale Gottesbild der Juden setzte. Die männliche Kirche hat bis heute nicht viel davon begriffen. Zweitausend Jahre lang standen die »Nachfolger« Jesu allem Weiblichen ebenso widerspruchsvoll gegenüber wie einst die Jünger Maria Magdalena. Und ebenso widerspruchsvoll war für sie alles, was den Menschen zum Menschen macht: die Sexualität, die Lust, Fruchtbarkeit und Freude am Leben. All dies geriet in den Ruf der Sünde und dies begleitete die ganze letzte Epoche jede Frau ihr Leben lang. Es ist dies dieselbe Widersprüchlichkeit, die auch Maria Magdalena immer wieder in die Nähe der Sünderin rücken ließ, obwohl Jesus sie anscheinend allen seinen Jüngern vorzog.

Verkünderin geheimer Lehren, sündiges Weib, Apostelin oder Prinzessin

An Maria Magdalena gibt es viel Widersprüchliches, und ein großer Teil davon dürfte der Tatsache zu verdanken sein, daß schon die ersten »Kirchenväter« nicht sehr viel von etwaigen »Kirchenmüttern« gehalten haben. Denn der Streit um die Rolle der Frau aus Magdala begann schon sehr früh. Während sie bis zum dritten Jahrhundert vor allem bei den Gnostikern und Manichäern noch als Verkünderin geheimer Lehren geschätzt wurde und Hippolytus von Rom sie schon lange vor der »Legenda aurea« als »Apostelin der Apostel« rühmte, sah man sie vom dritten und vierten Jahrhundert an nur mehr als Sünderin. Und es begann auch schon das Verwechslungsspiel, das bis heute andauert. Im vierten Jahrhundert fragte sich Ambrosius: »Waren dort Maria, die Schwester des Lazarus und Maria Magdalena oder noch mehrere Personen?« Auch Augustinus unterschied zwischen Maria Magdalena, die er als »fraglos unübertrefflich inbrünstiger in ihrer Liebe« schilderte, und der

Sünderin des Lukas, in der er Maria von Bethanien vermutete.

Im sechsten Jahrhundert aber war es dann soweit: Die Zweifel rund um Magdalena wurden mit der Predigt Gregors des Großen zum Lukas-Evangelium einfach vom Tisch gewischt: »Wir glauben, daß sie, die Lukas ein sündiges Weib, Johannes aber Maria nennt, jene Maria ist, aus der nach dem Zeugnis des Markus sieben Teufel ausgetrieben wurden«, heißt es darin – und damit war zumindest für den Westen das Bild der großen Sünderin für die nächsten vierzehn Jahrhunderte festgelegt. Denn bis zur Reform des Römischen Kalenders 1969 feierte man den Namenstag aller möglichen Marien am Namenstag Maria Magdalenas, am 22. Juli. Seit damals ist sie nicht mehr länger die Sünderin des Lukas, nicht Maria von Bethanien und Maria Magdalena in einem, sondern ausschließlich letztere. Und als solche wird sie als geheilt von sieben Krankheiten bezeichnet, als Zeugin der Auferstehung und als treue Jüngerin.

Die Ostkirche hielt sich in der Tradition des Johannes Chrysostomos schon immer an die Dreiteilung und feierte die drei Frauen seit jeher an drei verschiedenen Tagen. Sie hatte schon immer auch eine ganz besondere Beziehung zu Magdalena. Der Überlieferung zufolge ging sie nach der Kreuzigung gemeinsam mit Johannes und der Mutter Jesu nach Ephesos, wo sie als jungfräuliche Märtyrerin gestorben sein soll. Einer anderen Legende zufolge soll sie allerdings jahrelang in tiefer Kontemplation in einer Höhle bei Marseille gelebt haben und im französischen Aix gestorben und begraben worden sein.

Widersprüchlich ist aber nicht nur das Leben und Sterben der Maria, widersprüchlich bleibt auch der Geburtsort Magdala. Siedelt sie Johannes in Bethanien an, wenn sie die Schwester des Lazarus gewesen wäre, bekommt diese Version zumindest von der »Legenda aurea«, dem populärsten

Volksbuch des Mittelalters, Schützenhilfe. Darin heißt es: »Maria Magdalena ist mit Beinamen genannt von der Burg Magdalum. Sie war von gar edler Geburt; ihr Vater hieß Syrus und ihre Mutter Eucharia. Mit ihrem Bruder Lazarus und ihrer Schwester Martha besaß sie die Burg Magdalum, die zwei Meilen entfernt ist von dem See Genezareth, und das Dorf Bethanien, welches nahe bei Jerusalem ist, und auch einen großen Teil der Stadt Jerusalem. Doch teilten sie alles unter sich, also, daß Maria Magdalum besaß, davon ihr auch der Name ward«.

Dies würde sowohl den Namen der Frau aus Magdala erklären wie auch die Salbung Jesu in Bethanien. Ganz abgesehen davon würde eine königliche Abstammung Maria Magdalena in einem völlig neuen Licht erscheinen lassen.

Dies ist vor allem für die Befürworter einer politischen Rolle Jesu nicht unwichtig, wie wir noch sehen werden, denn für einen Nachkommen König Davids wäre eine Prinzessin aus Magdalum genau die richtige Partie gewesen.

An Marias Geburtsort wurde natürlich auch aus der Sicht der Sünderin herumgerätselt. Deren Ruf scheint sich nämlich auch auf die Städte ausgewirkt zu haben, aus denen sie hätte stammen können. So soll Magdala eine Stadt gewesen sein, die wegen ihrer freien Sitten berühmt war. Freilich streiten sich dabei die Geister, ob es sich dabei um Migdal Nunaija am See Genezareth gehandelt hat oder um das Migdal am Jarmuk, das als Stadt der Färber bekannt war und später wegen der Unzüchtigkeit ihrer Bewohner zerstört worden sein soll. Andere siedeln Magdala in einem Villenvorort des römischen Heilbades Tiberias an, in dem der Kuralltag Zeit und Platz für Gunstgewerblerinnen jeder Art ließ.

Bleibt die Frage, ob es tatsächlich Maria Magdalenas Ruf war, der die vermeintlichen Geburtsorte so lebenslustig erscheinen ließ, ob sie nur aus einer solchen Stadt stammt und an ihr der Ruf der Stadt hängenblieb – oder ob man alle möglichen »Magdalas« erst sehr viel später zu sündigen Städten machte. Falls Maria Magdalena jene große Vertraute von Jesus war, der er im geheimen manches mitteilte, oder falls sie tatsächlich königlicher Abstammung war, dann wird allmählich klar, warum sie solch ein bevorzugtes Objekt für die verschiedenen Irrtümer ist. Vieles, was wahr ist, darf zu manchen Zeiten nicht wahr sein. Wußte doch schon Klemens von Alexandrien in einem Brief an seinen Schüler Theodorus über die Lehren der Karpokratianer: »Selbst, wenn sie etwas Wahres äußern sollten, sollte der, der die Wahrheit liebt, ihnen unter keinen Umständen beipflichten...«

Ermutigt von Marias Lehren

Einer der möglichen Wahrheiten ist man auf der Spur, wenn man im »Evangelium der Maria« über die Reaktion Magdalenas auf den Wutausbruch von Petrus weiterliest: »Betrübt über diesen Zornausbruch, antwortete Maria: ›Petrus, mein Bruder, was denkst du nur? Denkst du, daß ich mir dies selbst im Herzen ausgedacht habe, oder daß ich über den Heiland lüge?‹ In diesem Augenblick mischte sich Levi ein, um in der Auseinandersetzung zu vermitteln: ›Petrus, du bist immer aufbrausend gewesen. Jetzt sehe ich dich gegen diese Frau streiten wie gegen Feinde. Aber wenn der Heiland sie würdig gemacht hat, wer bist du, sie abzuweisen? Sicherlich kannte der Herr sie sehr genau. Deshalb hat er sie mehr geliebt als uns.‹ Dann akzeptierten die anderen übereinstimmend Marias Lehren und gehen durch ihre Lehren ermutigt aus zu predigen.«

Jetzt beginnen wir auch zu ahnen, warum Paulus so darauf bestanden hat, daß Frauen nicht predigen dürfen. Steht ihm doch in dieser Textpassage eine andere, eine weibliche Kirchengründerin gegenüber. Gewiß, die apokryphen Evangelien wurden von der Amtskirche nicht anerkannt, andererseits entstanden sie, wie noch zu berichten sein wird, zur selben Zeit, wenn nicht früher als die anerkannten Evangelien. Vor allem aber blieben sie über beinahe eineinhalbtausend Jahre vor den Eingriffen der verschiedensten »wahrheitsliebenden« Zeitgenossen verschont.

Wenn wir heute in den gnostischen Evangelien blättern, die nach der Meinung vieler Fachleute aus älteren Quellen stammen als das Neue Testament, so wird immer deutlicher, daß man Maria Magdalena vielleicht nicht ganz unabsichtlich zur Sünderin gemacht hat. Dort ist sie nämlich nicht nur die Lehrerin, die die Jünger zum Predigen ermutigt, sie erscheint auch als die einzige Gestalt, welche die geheime, die innere Lehre von Jesus repräsentiert.

Daß es solch eine gegeben hat, beweist auch das Neue Testament immer wieder. Wir müssen nur an die berühmten Aussprüche wie den von den Ersten, die die Letzten sein werden und den Letzten, die zu den Ersten werden denken – oder an das berühmte »Was nützt es einem Menschen, wenn er die ganze Welt gewinnt, dabei aber das Leben einbüßt«. Beide Aussprüche erinnern ein wenig an Maria Magdalena und das mögliche Schicksal der als Sünderin Verrufenen. Wurde sie als arme Sünderin, als eine der Letzten zur Ersten, der Jesus wirklich begegnete? Und wurde diese Erste wieder zur Letzten gemacht, weil eine andere, eine männliche Richtung der Botschaft von Jesus eine ganze Welt gewinnen wollte? Oder war sie gar nie eine arme Sünderin, nie eine Letzte, sondern immer die Erste unter den Anhängern des späteren Messias, und wurde deswegen in der Überlieferung sehr bald zu einer Sünderin, zu einer unter den Letzten gemacht?

Wir werden das Rätsel nicht lösen können. Sicherlich aber

können wir uns die möglichen Wahrheiten ansehen. Eine davon könnte diejenige sein, daß die Lehre Maria Magdalenas nicht nur kurz nach dem Tod von Jesus einen Gegenpol zur paulinischen Lehre bildete, sondern auch noch sehr viel länger darüber hinaus. Wenn wir uns verschiedene apokryphe Texte anschauen, so könnte es eine direkte Weitergabe einer geheimen Tradition von Jesus über Maria Magdalena und Jakobus an die Gnostiker in Ägypten gegeben haben. Diese wiederum beeinflußten maßgeblich die verschiedensten später als häretisch bezeichneten Lehren: die Katharer, die Albigenser und den inneren Kreis der eng mit diesen verbundenen Tempelritter. In deren Nachfolge finden wir die verschiedensten Geheimgesellschaften, die bis in unsere Zeit wirken, und viel Ideengut, das wir heute so modern als esoterisch bezeichnen.

Maria Magdalena, die anscheinend schon zu Lebzeiten gegenüber dem eher orthodoxen Petrus eine gnostische Einstellung repräsentiert hat, könnte somit zur »Mutter« der Gnosis, des Wissens durch unmittelbare Erfahrung geworden sein. Damit wird die Rolle der Frau aus Magdala noch brisanter: Sie wäre nicht nur der Hintergrund eines Mythos, nämlich der Idee der sündigen, bereuenden und dienenden Frau, sondern auch die Ursache sehr vieler Gegenbewegungen zum offiziellen paulinischen Glauben.

Daß Maria Magdalena tatsächlich predigte, bekamen auch noch die Gläubigen des Mittelalters zu hören. Laut der »Legenda aurea« flüchtete sie samt ihrem Bruder Lazarus und ihrer Schwester Martha nach Marseille, wo sie »besser denn die andern das Wort Gottes mochte predigen«. Und wie man weiß, gingen später die meisten Gegenbewegungen zur offiziellen Kirche des Paulus von Südfrankreich aus. Ebenso wie der Kult der Schwarzen Muttergottes in der Camargue ihren Anfang nahm. Im berühmten Wallfahrtsort der Zigeuner, in Les Saintes Maries, geht die Mär, daß sich

Maria Slomäa, Maria Jakobäa und Maria Magdalena vor der Verfolgung über das Mittelmeer retteten und dort von der Zigeunerin Sara Kali aus den Fluten geholt wurden. Der Beiname Kali deutet übrigens nicht nur auf die dunkle indische Göttin und die mögliche Herkunft der Zigeuner hin, Sara hat auch noch den Beinamen »die Ägyptische«, was wiederum auf die Beziehung einer Maria zu Ägypten und zu den Gnostikern hinweist.

Die dunkle Maria, der wir auch heute noch in ungezählten Wallfahrtsorten begegnen, könnte aber auch auf die Göttin Artemis zurückgehen. Diese soll wie viele andere Muttergottheiten des mediterranen Raumes als schwarze Gestalt angebetet worden sein. Mit Isis oder Astarte war sie eine »doppelte Gottheit«, ursprünglich eine Mondgöttin, die gleichzeitig Geburt und Tod, Kommen und Vergehen, Gut und Böse symbolisierte.

Vertreterin des Wissens des inneren Kreises um Jesus

Ob sich Maria Magdalena hinter der erdfarbigen Maria auf vielen Altären versteckt oder ob die dunkle Madonna eine Nachfahrin alter Göttinnen ist, läßt sich nicht beweisen. Allerdings hätten beide einiges gemeinsam. Die geheime Tradition der Gnostiker, vielleicht auch die geheime Tradition der Maria Magdalena, die vielleicht das Wissen des inneren Kreises um Jesus darstellt, war genaugenommen eine Weiterentwicklung der alten Fruchtbarkeits- und Mysterienideen: Die Gnostiker glaubten an den Kreislauf von Geburt und Tod und machten sich oftmals über die körperliche Auferstehung von Jesus lustig; sie akzeptierten das Böse als die

Voraussetzung für das Gute, und vor allem glaubten sie an eine Selbsterlösung von den Sünden. Die Verantwortung des Menschen für sich selbst und die Chance dieser Selbstverantwortung stand bei ihnen immer wieder im Vordergrund.

Dieser Verantwortung ging allerdings das Wissen darum voraus, daß sich Widersprüche verbinden lassen. In einem Gedicht, in dem es um die göttliche weibliche Kraft geht und das sich »Der Donner: Vollkommener Verstand« nennt, heißt es:

»Ich bin nämlich die Erste und die Letzte
Ich bin die Geehrte und Verachtete
Ich bin die Dirne und die Ehrbare
Ich bin die Frau und die Jungfrau...«

Das tiefe Wissen um die Schatten des Menschen, aber auch um seine Möglichkeiten, scheint sich über Jahrhunderte in den vielen kleinen Nachfolge-Gruppen der Gnostiker erhalten zu haben, wobei man sich wahrscheinlich zu selten darüber bewußt ist, daß auch die Gnostiker selbst auf uralten religiösen Traditionen aufbauten. Diese Traditionen waren zu einem großen Teil weiblich. Darum verwundert es eigentlich nicht so sehr, daß sogar noch an der Zeitenwende zu einer tatsächlich von Männern dominierten Epoche eine Frau gestanden haben könnte: jene Maria Magdalena, von welcher der Dominikaner Jacobus de Voragine, der spätere Erzbischof von Genua, im 13. Jahrhundert in der »Legenda aurea« schrieb: »...die sich nicht vom Grabe kehrte, da die Jünger davon gingen; der Christus bei seiner Auferstehung zuerst erschien; und die er machte zur Apostelin der Apostel.«

Ob Maria Magdalena tatsächlich jene Apostelin der Apostel war, bleibt offen – allerdings sieht heute sehr viel danach aus, als ob eine Frau die erste wirkliche »Päpstin« des Christentums gewesen wäre.

Fest steht, daß die Frühkirche beileibe nicht jenes idyllische einheitliche Grüppchen war, als das man sie sich heute, in Zeiten vielleicht noch größerer »Zungenverwirrung« in theologischen Dingen, vorstellt. So hatte man schon im zweiten Jahrhundert, als überall noch Christen verfolgt wurden und unter grausamsten Bedingungen den Märtyrertod starben, keine geringeren Sorgen, als daß die Christen weltweit sehr genau in allen Punkten der Lehre übereinstimmen mußten. Es war ein langer Kampf, die verschiedenen Bräuche und Sitten und die vielen unterschiedlichen Überlieferungen unter einen Hut zu bringen. Doch genau dieser Kampf, der energische Widerstand gegen alle Andersdenkenden, vor allem gegen die gnostischen Häresien, machte aus den Nachfolgern der Apostel endgültig die Väter einer fest gefügten und die damalige Welt umspannenden Kirche. Die Apostelin aber erlitt langsam, jedoch um so sicherer das Schicksal der Einseitigkeit. Sie war nicht mehr länger die Geehrte und die Verachtete, die Dirne und die Ehrbare, sie wurde für lange Zeit ausschließlich zur Dirne und Verachteten.

Sie heute aus dieser Rolle herauszuholen, kann und darf nicht heißen, ihr unter allen Umständen eine neue Rolle festzuschreiben. Wir haben gesehen, daß sogar die anerkannten Evangelien ein ziemlich widersprüchliches Bild der Frau aus Magdala zeichnen; wir haben aus den apokryphen Evangelien Beispiele für ein ungleich explosiveres Bild von Maria Magdalena bekommen; vor allem aber haben wir auch gesehen, wie diese in allen Farben schillernde Frau aus Magdala auf unser Frauenbild und die Vorstellung von Schuld und Sühne gewirkt hat.

Zweitausend Jahre nach Maria Magdalena müssen wir uns fragen, ob wir wohl alle andere Menschen wären, wenn es das Bild der Sünderin nicht gegeben hätte: andere Frauen, andere Männer, Menschen mit anderen zwischenmenschlichen Beziehungen, einer offeneren Einstellung zur Sexualität.

Magdalena ist das Musterbeispiel dafür, wie sich im Labor der Geschichte, vor allem in der Religionsgeschichte, sehr vieles wandeln und ändern kann, daß sich aber trotzdem immer wieder die Wurzeln erkennen lassen, wenn man nur genau hinschaut.

So erblicken wir bei intensiveren Forschungen hinter Maria Magdalena nicht nur immer wieder Schatten und Möglichkeiten der eigenen Persönlichkeit – es werden auch die verschiedensten Persönlichkeiten der Vergangenheit durchsichtiger. In erster Linie natürlich Jesus. Zwar ist dies kein Buch über den Meister der Zeitenwende vor zweitausend Jahren – aber er spielt hier eine gewichtige Rolle. Allerdings geht es hier nicht um dogmatische Wahrheiten, sondern nur um das, was er hätte sein können, vor allem, was er in Verbindung mit Maria Magdalena hätte darstellen können.

Für viele Leserinnen und Leser wird dieses facettenreiche Bild von Jesus ketzerisch klingen. Noch immer geraten Überlegungen, die von der festeingefahrenen Straße des überlieferten Glaubens abweichen, sehr schnell in den Verdacht der Blasphemie. Andererseits studieren heute viele gläubige Menschen die historischen Erkenntnisse rund um zeitgenössische oder auch historische Gestalten mit so viel Interesse, daß man auch annehmen kann, sie könnten sich der Person ihres Glaubens, nämlich Jesus, mit ähnlicher offener Bereitschaft nähern.

Maria Magdalena ist das beste Beispiel dafür, daß wir lange genug nur auf das hörten, was uns erzählt wurde – und vor allem dies dann auch glaubten. Ein umfassenderes Jesus-Bild, ein größeres Verständnis für seine Zeit kann uns allen nur nützlich sein. So wie wir einen offeneren Blick für alle Religionen bekommen, wenn wir uns die Gestalten, die Mythen und Götter vor den großen Religionen der letzten Epoche näher anschauen. Denn vor Jesus waren nicht nur Jahwe, Moses und Abraham, es existierten die Traditionen verschiedenster Fruchtbarkeitsreligionen, die auch im Jerusalem zur Zeit Jesu noch eine Rolle spielten. Vor allem aber könnten sie eine Rolle in Zusammenhang mit der Maria aus Magdala gespielt haben; Maria hätte, wie schon angedeutet, eine Eingeweihte in einem der römisch-griechischen Mysterienkulte gewesen sein können oder eine Anhängerin der alten Mondreligionen.

Womit wir inzwischen jede Menge Spielarten einer möglichen Maria Magdalena hätten: Der Sünderin der Kirche steht die Gründerin einer möglichen Gegenkirche gegenüber; dazu gesellt sich aus einer dritten möglichen Sicht die Überlieferin alten matriarchalen Religionsgutes als integratives Vermächtnis an die neue Männer-Religion. Läßt man einmal die Religionen aus dem Spiel, so hätte die geheimnisvolle Maria als eine mögliche Prinzessin die Gattin eines zukünftigen Königs der Juden und die Mutter seiner Kinder sein können. Aber vielleicht vertrat sie gar kein dynastisches Prinzip, indem sie durch Jesus auch in das berühmte Haus David einheiratete, vielleicht war sie nur eines der ersten Blumenmädchen, eine Art Groupie, eine Anhängerin und Verehrerin von Jesus, die durch ihre unerfüllte Liebe zu ihm in die Geschichte einging.

Alle diese möglichen Varianten haben viel für sich, wobei manche einander nicht einmal unbedingt widersprechen. Eine genauere Untersuchung der aufregenden Zeitenwende, die vor zweitausend Jahren in Jerusalem stattfand, zeigt dies deutlich. Zuvor aber dürfen wir das vielleicht außergewöhnlichste und doch zugleich einfachste Maria-Magdalena-Bild nicht vergessen. Nach dem hebräischen Literaturwissenschaftler Joseph Klausner war am Tod von Jesus absolut nichts Besonderes. Zum Ende des zweiten Tempels wimmelte es in Jerusalem von selbsternannten Messiassen. Alle wurden hingerichtet und schnell wieder vergessen. Für den zweitausend Jahre langen Erfolg, der ausschließlich

Jesus beschieden war, war einzig und allein eine Person verantwortlich: Maria Magdalena, die durch ihre Hysterie und durch die halb wahnsinnigen Visionen, in denen ihr Jesus erschienen war, für allgemeine Aufregung sorgte. Ernest Renan hat diese These schon 1866 in seinem in Paris erschienenen Buch »Les Apôtres« vertreten, allerdings kleidete er sie in schmeichelhaftere Worte: »Nach Jesus hat niemand für die Entstehung des Christentums mehr geleistet als Maria (Magdalena). Der Schatten, den Magdalena in ihrer Überempfindlichkeit geschaffen hat, schwebt noch immer über der Welt.«

Die ärgsten Feinde der Kirche: Die Sexualität und die Frau

Der Schatten, den Magdalena und wohl nicht zuletzt die pathologische Verzerrung ihrer Person auf diese oder jene Art auf die Welt warf, mag verschiedenartig gedeutet werden. Fest steht, daß sie die erste und maßgeblichste Verbreiterin einer Religion war, die dann in den nächsten zweitausend Jahren tatsächlich sehr viel Schatten auf die Welt warf – vor allem auf alles, was weiblich war. Dies mag am Kampf der patriarchalen Religionen gegen alte weibliche Religionsbräuche gelegen sein, an Magdalena selbst, die als engste und wichtigste Vertraute von Jesus quasi als eine Art Gegenpäpstin zur männlich orientierten Kirche von Petrus und Paulus gesehen werden muß – vielleicht waren es auch die Zeichen der Zeit. Aber die Zeichen der heutigen Zeit stehen anders, auch wenn im Vatikan noch immer Fanatiker eines göttlichen Patriarchen die Uhr am liebsten zurückdrehen würden.

Heute kommt immer deutlicher zutage, daß kaum eine andere Religion den Frauen soviel angetan hat wie die Kirche des frauenfreundlichen Jesus. Gewiß, die Irrtümer in Sachen Glauben, Wahrheit und Liebe waren in den letzten zwanzig Jahrhunderten ganz allgemein oftmals katastrophal – aber wahrscheinlich hatte nichts so fatale Auswirkungen wie die krankhafte Ausgrenzung des Weiblichen, die noch immer allzusehr verschleiert wird. Diese Ausgrenzung bezieht sich nicht nur auf das Priesteramt, sie hat eine lange Geschichte, in der alles, was weiblich war, verdächtig und schmutzig gemacht wurde. So konnte sich etwa Petrus, auf dem heute noch das Papsttum fußt, nur durch das Blut des Martertodes vom Schmutz der Ehe befreien. Nach dem Vertreter der Gregorianischen Reform, Petrus Damiani, mußte er nicht so sehr für den Verrat an Jesus büßen, als viel eher dafür, daß er sich mit einer Frau eingelassen hatte. Nun war der »Schmutz der Ehe« sicherlich nicht so sehr für Normalgläubige gedacht, schließlich entstammten beinahe alle Kirchenanhänger solch einer legalen »schmutzigen« Verbindung. Dies wurde vielmehr von dem frommen Damiani um die erste Jahrtausendwende n. Chr. als Argument für den Zölibat verwendet, der zuvor keineswegs üblich war. Gerade dieser Zölibat aber, über dessen verhängnisvolle Rolle für das Christentum noch an anderer Stelle zu reden sein wird, verschlimmerte die Stellung der Frau innerhalb der Kirche.

Für Männer, für welche die Frau ein absolutes Tabu wurde, mußte sie zwangsläufig zur Verführerin und Sünderin werden. Tatsächlich war dieses Sündenbild in einem Ausmaß wirksam, daß jeder modernen Frau – innerhalb und außerhalb der offiziellen Kirche – auch heute noch die Haare zu Berg stehen müßten. So war man etwa zu Zeiten des Augustinus noch der Meinung des Aristoteles, daß in einem Embryo als unbeseeltem Körper keine Seele wohnen könne, und daß diese erst sukzessive einziehen würde. Danach und nach der jüdischen Lehre, daß eine Frau nach der Geburt eines Sohnes vierzig Tage und nach der einer Tochter achtzig Tage unrein sei, schloß man lange Zeit, daß die Seele eines Mädchens erst sehr viel später in den Fötus einziehe als die eines Jungen.

Die Diskriminierung begann also schon im Mutterleib, aber sie ging, einmal auf der Welt, munter weiter. So herrschte etwa ungeheures Kopfzerbrechen über die weibliche Menstruation. Ganze Generationen von Theologen verfaßten Streitschriften darüber, ob der eheliche Geschlechtsverkehr während dieser Zeit Todsünde sei oder nicht. Kopfzerbrechen bereitete auch die Frage, ob Menstruierende eine Kirche betreten oder gar zur Kommunion gehen dürften. Eine besonders strenge und ausschließende Haltung nahm dabei die Ostkirche ein, aber auch im Westen war man der Meinung, daß Frauen zu loben seien, die in solchen Tagen das Gotteshaus meiden würden. Dies führte mancherorts dazu, daß menstruierende Frauen vor der Kirche wie am Pranger standen. Fatal aber war die Sicht der weiblichen Menstruation als eine Art schuldvoller Befleckung vor allem für die Möglichkeit der Frau, kirchliche Ämter zu übernehmen, die anscheinend nicht immer so gering war, wie wir heute annehmen. So berichtet etwa noch im zwölften Jahrhundert der orthodoxe Kanonist Theodor von Balsamon, daß einstmals die Weihe weiblicher Diakonissen bekannt war, daß ihnen aber dann wegen der allmonatlichen »Verunreinigung« der Zutritt zum Altar verwehrt wurde.

Wohl kaum eine Frau macht sich heute klar, daß das gestörte Verhältnis, welches die meisten Frauen zu ihrem Körper haben, christliche Wurzeln hat. All das, was zu den Zeiten einer Göttin als natürlich und heilig gegolten hatte, wurde im Laufe frauenfeindlicher Religionen schmutzig und unnatürlich. Dabei war dies in den Anfangszeiten des Christentums absolut unüblich. Nicht einmal der als frauenfeindlich geltende Paulus konnte an der aktiven Rolle der Frau im Urchristentum vorbeigehen. So schreibt die Theologin Uta Ranke-Heinemann in ihrem Buch »Eunuchen für das Himmelreich«: »Frauen waren zunächst aktiv bei der Ausbreitung der jungen Kirche beteiligt. Paulus berichtet (1 Kor 11,5), daß Frauen genau wie Männer im Gottesdienst predigten. Er spricht dort vom ›Prophezeien‹ der Frauen im Gottesdienst. Prophezeien meint bei Paulus einen Akt der offiziellen Verkündung, den man am besten mit ›Predigen‹ übersetzt. Frauen, z. B. Phöbe, waren Diakone (Röm 16,1 f.). Diakon einer Gemeinde nennt Paulus sich selbst (Kol 1,25). Zu dem Dienst des Diakons gehört (nach Kol 1,28) das Lehren. Im Brief an die Römer (16,3) wird Prisca ›Mitarbeiterin in Christus‹ genannt; diese Bezeichnung hat bei Paulus immer die Qualität einer besonderen amtlichen Autorität. Der amtliche Dienst in der Gemeinde wird im 1. Korintherbrief (16,16) mit ›sich bemühen‹ bezeichnet. In Römer 16,12 werden drei Frauen genannt, Tryphäna, Tryphosa und Persis, ›die sich mühten im Herrn‹. Und im 1. Thessalonikerbrief (5,12) werden die, die sich mühen, mit den Vorstehern gleichgesetzt.«

Die weibliche Nachfolge war in der Zeit n. Chr. also durchaus geläufig. Mit dem größeren Einfluß der Kirche wandelte sich aber diese weibliche Gleichberechtigung ebenso wie sich das Bild der Maria Magdalena wandelte. So wie aus der »Apostelin der Apostel« die Sünderin wurde, so wurde auch das Weibliche in der Kirche zur Versucherin schlechthin. Augustinus faßte es in seinen Schriften über die Bergpredigt kurz und prägnant zusammen, wenn er christlichen Ehemännern riet, die Frauen ganz besonders zu behandeln: »Er liebt an ihr, daß sie Mensch ist, und haßt, daß sie Frau ist.«

Heute mag dies antiquiert und überspitzt klingen, bei näherem Hinsehen kommt man aber an der Tatsache nicht vorbei, daß der Frauenhaß in einer Kirche, deren Begründer ein Prophet der Liebe war, zumindest unterirdisch immer vorhanden war und es noch immer ist. Wenn sich Augustinus in seinem Werk »De Genesi ad litteram« fragte: »Wenn die Frau nicht zur Hilfe des Kindergebärens dem Manne gegeben ist, zu welcher Hilfe dann?« war er der Erfinder der berühmten drei »K«, die fortan über allen Frauen schwebten. Thomas von Aquin formulierte die Verbannung zu Kindern, Küche und dem Pflichtgang zur Kirche später ganz aus: Expressis verbis wies er darauf hin, daß die Frau nur Hilfe zur Zeugung und nützlich für den Haushalt sei, für das Geistesleben des Mannes aber keinerlei Bedeutung habe. Von einer geistigen Bedeutung der Frau selbst war ohnehin keine Rede.

Generationen von Christinnen litten unter dieser beinahe tierischen Sicht des Weiblichen vor allem deswegen, weil der alleinige Zweck der Zeugung all das verdächtig machte, was eine Ehe zur Ehe macht – vor allem dann, wenn nirgendwo Liebe, Einfühlungsvermögen oder gar eine geistige Beziehung gefragt war. So wurde man Jahrhunderte zum Ehebrecher mit der eigenen Frau, wenn Lust beim sexuellen Verkehr mit im Spiel war. Und bekanntlich vertritt Papst Johannes Paul II. beinahe dieselbe Einstellung auch noch Ende des zweiten Jahrtausends.

Ohne Schuld und im Sinne Gottes war die Sexualität nur dann, wenn dabei ein Kind gezeugt wurde. Auch bei der Geburt spielte die durch Jahrhunderte als ärgste Sünde gegeißelte Lust eine große Rolle. Unter dem Hinweis auf Maria, die angeblich ohne Lust empfangen und daher auch schmerzlos geboren hatte, wurden allen Frauen die Geburtsschmerzen als Resultat der vorhergegangenen Lust einsuggeriert. Die Lust spielte auch eine nicht unerhebliche Rolle bei der sogenannten Aussegnung von Wöchnerinnen. Einerseits galt das Blut von werdenden Müttern als noch gefährlicher als das Menstruationsblut, andererseits haftete allen gebärenden Frauen solange etwas Sündhaftes an, als keine »Wiederversöhnung mit der Kirche« stattgefunden hatte. Diese Wiederversöhnung hatte oft die eigenartigsten Folgen. So durften etwa Frauen, die von der Kirche nicht offiziell von der Lust beim Kinderzeugen und vom Blut beim Kinderbekommen freigesprochen worden waren, nicht kirchlich begraben werden. Zumeist dauerte es auch einige Zeit, bis gesunde junge Mütter wieder die Kirche betreten konnten, so daß wenige Frauen an der Taufe ihres eigenen Kindes teilnehmen durften. Der Brauch der Wiederversöhnung für das Natürlichste, was einer Frau passieren kann, ist übrigens nicht so alt, wie man annehmen möchte. Mit einer männlichen Arroganz sondergleichen wurde er etwa in manchen Gebieten Deutschlands noch bis in die Mitte dieses Jahrhunderts praktiziert.

Dem Frauenhaß in der Kirche, der immer sehr viel mit Sexualität und Lust zu tun hat (schließlich bekämpft man zumeist das, was man in sich selbst unterdrückt – und der ärgste Feind von Zölibatären aller Art scheint die Lust zu sein), begegnet man auch heute noch in völlig unverständlichen Auswüchsen. So findet man in dem Standardwerk von Karlheinz Deschner »Das Kreuz mit dem Christentum – eine Sexualgeschichte des Christentums« moderne kirchliche Aussprüche, die sich lohnen, wiedergegeben zu werden: »Vielleicht wird uns hier klar, warum wir vorhin auf den engen Zusammenhang des Weibes mit dem Tier aufmerksam machten: Sexualität führt zur Bestialität« (Bischof Graber von Regensburg 1980).

»Und wird man etwa nicht beeindruckt von der Aufforderung, sein Auge auszureißen und seine Hand abzuhacken, wenn diese Glieder Anstoß geben« (Papst Johannes Paul II. 1985).

»Man watet in Schmutz« (Papst Paul VI. 1972).

»Der Sexualismus ... ist der Ausdruck der Dekadenz. Er gleicht einem seichten, abgestandenen, fauligen Gewässer, das das ganze Land überflutet hat« (Kardinal Joseph Höffner 1984).

Es scheint so, als ob uns an der Schwelle zum dritten Jahrtausend der Schatten der Maria Magdalena tatsächlich einholen würde. Lange Zeit ist es der Kirche Jesu gelungen, vortrefflich zu verschleiern, daß ihr ärgster Feind eigentlich immer die Sexualität und die Frau war. Gewiß, nach außen hin waren es immer Juden, Ungläubige und Andersgläubige. Bei genauerem Hinsehen muß man sich jedoch fragen, ob all die Greuel, die bei den Kreuzzügen, bei den Verbrennungen von Ketzern und Hexen geschahen, ob die Hinschlachtung der Indianer und die Millionen Toten in den letzten zwei Weltkriegen, bei denen die kirchliche Politik eine große Rolle spielte – ob nicht das alles nur eine Folge der Ausgrenzung des Weiblichen in der katholischen Kirche war.

Aus der geschwisterlichen Gemeinschaft, als deren erste Anführerin Maria Magdalena gelten kann, wurde im Laufe der Zeit ein Rumpfchristentum von Männern, die um des einen Vaters im Himmel willen zu viel über den Widersacher nachdachten. Dieser Widersacher war zuerst einmal die eigene Lust. Gegen diese wurde im Laufe der männlichen Kirchengeschichte manchmal, aber, wie wir wissen, nicht zu oft vorgegangen. Das Ziel war die Frau und das Ergebnis jene zweitausend Jahre alte moralische Verkrüppelung, an der wir auch heute noch leiden. Während sehr genau beobachtet wurde, was in den Betten der Menschen vorging, durfte dagegen auf den Schlachtplätzen munter getötet werden. Immer wurde der Feind nach außen verlegt, immer mußten andere für die Entsagung, die Verdrängung der eigenen Triebe und den Geschlechtshaß innerhalb einer unverheirateten männlichen Elite büßen.

Wie groß dieser Haß auf all das war, was nicht in das eigene Konzept paßte, zeigen nicht nur die eklatanten Beispiele der äußeren männlichen Geschichte, sondern auch kleine Details am Rande. So war ungefähr bis zur ersten Jahrtausendwende der Großteil aller Kleriker verheiratet. Als dann mit der Gregorianischen Reformbewegung die Devise aufkam, daß die Frauen zurückgedrängt und der Zölibat verschärft werden müßte, standen plötzlich nicht nur Tausende Priesterfrauen samt ihren Kindern vor dem Nichts. Viele von ihnen wurden auf den Befehl Papst Leos IX. kurzerhand auch noch für den Lateranpalast versklavt.

Besser läßt sich die latente päpstliche Geringschätzung für die Hälfte der Gläubigen wohl kaum beschreiben. Die Frau war in dieser Kirche eigentlich nie mehr als jene reuige Sünderin, zu der man nicht umsonst Maria Magdalena im Laufe der Zeit hochstilisiert hat. Als Frau durfte man für die Kirche und für zukünftige Kriege Kinder ohne Lust empfangen, möglichst schmerzvoll gebären und ansonsten bis heute den Mund halten. Geist ist schließlich auch heute noch immer nicht gefragt. Angesichts eines immer größer werdenden Zerstörungswahns als Folge einer männlich-puritanen Gewalt, die alles verurteilte, was natürlich ist, und alles bejahte, was dem eigenen Machtstreben diente, reichen aber heute die Alarmrufe einiger weiblicher Theologinnen nicht mehr aus. Alle Frauen innerhalb der Kirche, ebenso wie die noch immer mitbetroffenen außerhalb, müssen sich der größten aller Verschleierungen bewußt werden: der Tatsache, daß sie genauso verraten und betrogen wurden wie die Frau, die am Anfang der Geschichte dieser letzten zweitausend Jahre stand.

Dies mag nach Bilderstürmerei und nach Zerstörung von Gottesbildern aussehen. Doch an der Schwelle zu einem neuen Zeitalter muß sich jede Frau darüber klarwerden, daß es in den letzten zweitausend Jahren für keine Frau ein gültiges Gottesbild gegeben hat. Im Namen eines männlichen

Gottes wurde männlich regiert und männlich gehandelt. Und dieser männliche Gott war ausschließlich ein Gott der Askese und des Verurteilens. Verloren ging dabei die Lebensfreude und die Barmherzigkeit, die Jesus predigte. Sein Evangelium der Liebe schloß alle Menschen ein, vor allem bezog es sich immer wieder auf die Frauen. Und eine Frau war es auch, die unter dem Kreuz bewies, daß in die Tat umgesetzte Religion Liebe, Vertrauen, Geduld und Toleranz gegenüber den ungläubigen Jüngern bedeutete. Zweitausend Jahre Männer-Religion haben dies vergessen und gegen Herrschsucht, Macht, Mißtrauen und Intoleranz eingetauscht. Auch darum heißt es heute, den Schatten, den Maria Magdalena auf diese oder jene Art auf die Welt warf, ein wenig durchlässiger zu machen.

Zeitenwende

Wenn auch die letzten zweitausend Jahre auf einen einzigen Messias fixiert waren, so kommen wir heute an der Tatsache nicht vorbei, daß zu Beginn des christlichen Zeitalters tatsächlich ein wahrer Messias-Ausverkauf stattgefunden haben dürfte.

Von Bagoas, einem Offizier des Herodes, heißt es, daß er fest daran glaubte, er werde der Vater des kommenden Messias, obwohl er selbst Eunuch war. Er vertraute auf die jüdische Lehre, daß es keine kahlen Bäume gebe, nicht einmal unter Eunuchen, und vor allem dürfte er den Pharisäern zugehört haben, die immer wieder einen neuen Messias erhofften.

Einer, der dies sicherlich nicht tat, war Herodes. Die Erzählung von dem Kindermord zu Bethlehem ist zwar nirgendwo bewiesen, aber die Idee eines messianischen Königs dürfte ihn auf jeden Fall so beeindruckt haben, daß er zumindest den hoffenden Bagoas samt Frau hinrichten ließ. Andererseits dürfte es tatsächlich viele selbsternannte Messiasse gegeben haben, denn diese Idee war ein typisches Kind ihrer Zeit. Für den, der die Zeiten Jesu und seiner Apostel nur aus dem Neuen Testament kennt, erscheint sie eher idyllisch. Wäre da nicht dieser unverständliche gewaltsame Tod am

Kreuz, könnte man sich in der heilen, einfachen Welt der Fischer und Bauern wie in einem Paradies fühlen, durch das Jesus wie ein zeitloser Wanderer zog. Aber heute entdecken wir mehr und mehr, daß er beileibe nicht der zeitlose Prediger war, als den wir ihn alle kennengelernt haben.

Die Zeiten, als die neue Zeitrechnung begann, waren tatsächlich ein Einschnitt, vielleicht sogar ein ebenso großer, wie wir ihn jetzt am Übergang zu einem dritten Jahrtausend erleben. Davon, daß die Welt schon damals um einiges größer war, als wir es uns heute vorstellen, berichtet Josephus Flavius ausführlich in seinem »Jüdischen Krieg«. Ein gutes und sicherlich einprägsames Beispiel gibt dabei wieder einmal Herodes ab. Dieser war nicht nur der kleine König eines kleinen Landes, er war schon damals eine Art Präsident von Olympischen Spielen. Er stiftete den Griechen Preise, war selbst Kampfrichter und half bei finanziellen Nöten. Herodes war damals nicht der einzige, der schon etwas Weltbürgerliches an sich hatte. Versetzen wir uns einmal in die Zeiten Cäsars. Damals gab es auf der ganzen Welt an die acht Millionen Juden, die meisten von ihnen lebten in der Emigration. Michael Grant schreibt in seinem Buch »Das Heilige Land«: »Ungefähr eine Million dürfte in Babylonien gelebt haben ... Die restlichen sieben Millionen lebten etwa zur Hälfte auf römischem Staatsgebiet, die übrigen waren in Vasallenstaaten des römischen Reiches ansässig und machten etwa sechs Prozent der Gesamtbevölkerung der betreffenden Gebiete aus.«

Im Westen Kleinasiens, in Syrien und in Ägypten waren es sogar um einiges mehr. So machte das Judenviertel von Alexandria ein Drittel des großen Handelshafens aus, in Rom waren es zwischen zwanzig- und vierzigtausend Juden. In Judäa selbst lebten etwa zweieinhalb Millionen. Daß die Juden in Palästina von diesem Weltengemisch beeinflußt worden sein müssen, geht schon daraus hervor, daß zwischen

Jerusalem und den Diasporagemeinden immer ein reger Verkehr herrschte; auch wurde fleißig Handel betrieben. Von Joseph von Arimathäa, der nicht nur das Grab Jesu gestiftet, sondern nach der Grals-Tradition auch das Heilige Blut nach Frankreich gebracht haben soll, heißt es, er habe die Zinnstraße bereist; diese führte von den Bergwerken Englands quer durch Frankreich nach Marseille, von wo das Metall in alle Länder des Mittelmeeres verschifft wurde.

Zum jüdischen Einfluß der Diasporagemeinden, den eigenen Handelserfahrungen und den Gesetzen, denen Palästina als römische Kolonie unterworfen war, kam noch der hellenistische: Dieser wehte nicht nur von Griechenland über das Mittelmeer, er war im Heiligen Land selbst unübersehbar. Ein Bund hellenistischer Städte rund um den Jordan diente als ein Bollwerk römisch-griechischer Kultur. Die Zehnergemeinschaft »Dekapolis«, bei Markus und Matthäus als die zehn Städte bekannt, zeugt noch heute mit ihren ausgegrabenen Säulengängen, Theatern und Tempeln davon, welch kosmopolitische Gegend jenes »kleine« Land war, das sich Bibelleser immer nur um den See Genezareth vorstellen. In diese Vorstellung von einem einfachen kleinen Land, von der heilen Welt an einem einsamen See, paßte und paßt noch immer auch die Vorstellung von der dienenden Maria Magdalena als reuige Sünderin.

Aber die Stellung der Frau im alten Palästina war keineswegs so schlecht, wie wir heute noch immer denken. Manche Autoren behaupten sogar, daß es wahre empanzipatorische Blütezeiten gewesen wären. In Rom hatte man zweihundert Jahre vor Christus die Lehrpläne geändert, so daß Mädchen genau dasselbe studieren durften wie ihre Brüder. In der Folge konnten Frauen studieren, viele wurden Wissenschaftlerinnen oder Medizinerinnen. In Ägypten hatten die Frauen damals einen so bevorzugten Platz eingenommen, daß schon Herodot berichtete: »Die Frauen gehen auf den Markt und handeln, und die Männer sitzen zu Hause und weben.« Der Grieche Diodor war noch im ersten Jahrhundert vor der neuen Zeitrechnung höchst erstaunt über die Rechte der ägyptischen Frauen: »Und selbst im privaten Bereich erlangt die Frau durch den Ehevertrag die Herrschaft über den Mann, in dem dieser verspricht, er werde in jeder Beziehung seiner zukünftigen Frau gehorchen.«

Diese matriarchalen Sitten im großen Nachbarland Ägypten, in dem sie sich selbst so lange aufgehalten hatten, dürften die Juden verschreckt haben. Nicht umsonst war ihr Jahwe nicht nur ein eifersüchtiger Gott, sondern auch ein ziemlich frauenfeindlicher. In seinem Namen gab es strenge Gesetze für die Frauen, die schon dadurch, daß sie aus einer Rippe des Mannes geschaffen wurden, »minderwertiger« waren als die Männer. Gegen diese schlechtere Stellung der Frau predigte auch Jesus immer wieder. Sie allerdings als allgemeinverbindlich für alle Frauen Palästinas anzusehen, zeugt von einem ziemlich einseitigen Geschichtsverständnis. Sicherlich galten für die einfache Jüdin strenge Gesetze: Der Mann konnte sich jederzeit scheiden lassen, Ehebruch, von einer Frau begangen, wurde mit dem Tode bestraft, während Männer trotz des strengen Gebotes »Du sollst nicht ehebrechen« ziemliche Freiheit genossen. Die strengen Sitten und Gebräuche aber dürften sich nur auf die einfachen Bevölkerungsschichten beschränkt haben. In dem von Elie Kedourie herausgegebenen Band »Die jüdische Welt« heißt es nicht umsonst: »Einer der bedeutsamsten Prozesse, ohne den wir diese Periode keinesfalls verstehen können, war die Hellenisierung einer gewissen Gesellschaftsschicht in Judäa...«

Zieht man dies in Betracht, müßte Maria Magdalena tatsächlich einer höheren Gesellschaftsschicht angehört haben, da den Frauen der jüdischen Gemeinde normalerweise Aktivitäten außerhalb der Familie untersagt waren. Als Begleiterin von Jesus scheint sie aber zu den Frauen gehört zu haben, die dem französischen Gelehrten Jerome Carcopino zufolge durchaus ihr eigenes Leben geführt haben. Laut seiner Untersuchung über »Feminismus und Sittenverfall« beklagten sich nämlich die Männer der damaligen Zeit darüber, wie aggressiv die Frauen sich bei Diskussionen verhielten.

Eine Klage, die frappierend an die Klage des Petrus über Maria Magdalena erinnert und an eine andere Forderung des »ersten Jüngers«, die man im Evangelium nach Thomas dem Zwilling findet: »Simon Petrus sprach zu ihnen: Maria Magdalena möge fortgehen von uns, denn die Frauen sind des wahren Lebens nicht würdig. Und Jesus sprach: Wahrlich ich sage euch, ich werde sie führen, um sie männlich zu machen, damit auch sie ein lebendiger Geist wird, vergleichbar den Männern. Denn jede Frau, die sich männlich machen wird, wird eingehen in das Himmelreich« (114).

Jesus erinnert darin erstaunlich an jene weiblich-männliche Einheit im Geiste, an die Androgynität, die sowohl ein Anliegen der griechischen Mysterien als auch der späteren Gnostiker war. Petrus aber zeigte uns, daß Jesus und Maria Magdalena in jedem Fall zwischen zwei, wenn nicht mehreren Kulturen gestanden haben. Da war einerseits das strenge Judentum mit einem sehr eingegrenzten Frauenbild, andererseits wissen wir, daß die Frauen im römischen Kaiserreich beinahe vollkommen gleichberechtigt waren. Zu den Zeiten Maria Magdalenas hatte in Rom die patriarchalische Ehe beinahe zu existieren aufgehört, und beide Partner gaben einander ein freiwilliges und gleichberechtigtes Eheversprechen. Diese Gleichberechtigung setzte sich dann auch im Alltagsleben fort. Frauen trieben Sport, reisten allein, gingen allein in kulturelle Veranstaltungen und erledigten selbständig Geschäfte. Diese Blütezeiten der beinahe schon wieder versinkenden römisch-hellenistischen Kultur waren für die Angehörigen der obersten Klassen verständlicherweise aufregende Zeiten. Andererseits waren es bereits Zeiten politischer Apathie und kultureller und religiöser Übersättigung. Gewisse Kreise des Judentums hatten sich mit den Römern als Kolonialherren bereits abgefunden, und dies rief vor allem im einfachen Volk Widerstand hervor.

Auch in Sachen Religion gab es ein ziemliches Durcheinander. Die verstreuten Juden in den nichtjüdischen Gebieten konnten sich einerseits nicht immer an die Vorschriften halten, auf der anderen Seite integrierten sie die Ideen fremder Religionen, so daß dabei viele Mischreligionen entstanden, die wieder ihren Weg zurück nach Palästina fanden.

Die eifrigsten Importeure fremder Sekten und Religionen waren aber die Römer selbst. Neben der offiziellen Anbetung des Kaisers waren vor allem die Mysterienkulte der Ägypter, der Syrer, der Griechen und die Einweihungsriten Mesopotamiens und Kleinasiens besonders beliebt. Und dies nicht nur bei den Römern. In Galiläa war Jahwe erst ungefähr hundertzwanzig Jahre vor Christus ansässig geworden und die Menschen dort, vor allem die Frauen, beteten noch immer gerne zu den bekannten Muttergöttinnen. Das orthodoxe Judentum hatte aber nicht nur gegen die Verehrer der ägyptischen Isis, der phönizischen Astarte oder der griechischen Aphrodite zu kämpfen, auch im eigenen Lager gab es ungehorsame Schäfchen. So fand damals schon ein richtiges Schisma statt, indem die Samariter behaupteten, ihr Glaube an Jahwe sei der einzig richtige.

Religionsforscher sprechen heute von einem religiösen Synkretismus, der in seiner Art und Weise vielleicht einzigartig war. Sich in diesem Zusammenspiel eine Frau namens Maria Magdalena und einen Messias namens Jesus vorzustellen, mag schwierig und reizvoll zugleich sein.

Viele der in den Evangelien im leeren Raum hängenden Episoden werden vielleicht ein wenig verständlicher, wenn man sich ansieht, wie damals Religion in Politik überging und Politik in Religion. Der Streit um Jahwe herrschte nämlich nicht nur im Zusammenhang mit den Samaritern – er herrschte vor allem im Tempel selbst. Dort und draußen im Land, bei den einfachen Leuten am See Genezareth oder im Hügelland von Galiläa, wurde deutlich, daß sich die meisten Juden nie an die Kolonialherrschaft der Römer gewöhnt hatten. Die wenigsten hatten das Blutbad, das Pompeius in Jerusalem angerichtet hatte, vergessen. Vor allem konnte und durfte nicht vergessen werden, daß er in das Allerheiligste des Tempels eingedrungen war. Und auch Herodes vergaß man nie das Blutbad, das er in Galiläa zurückließ; er mußte Judäa verlassen, kam aber später zurück, annektierte Samaria und verband so Judäa und Galiläa. Und beim Großen Sanhedrin, dem jüdischen Gerichtshof, der ihn wegen seines Blutvergießens verwiesen hatte, bedankte er sich, indem er fünfundvierzig der Mitglieder hinrichten ließ.

Da nützte weder die großzügige Bautätigkeit des Herodes noch die relative Großzügigkeit der Römer gegenüber allen jüdischen Gemeinden. Für viele Juden war und blieb der Feind Rom – und natürlich auch die Freunde der Römer in den eigenen Reihen.

Für das Autorenteam Lincoln/Baigent/Leigh ist der zum Teil terroristisch geführte Kampf gegen die römische Oberhoheit eines der politischen Kennzeichen jener Zeit. In ihrem Buch »Das Vermächtnis des Messias« beschreiben sie die Sadduzäer als eine relativ mächtige Priesterkaste, die auch viele Verwaltungsposten im Land innehatte, als diejenigen, die zu Arrangements mit Rom bereit waren: »Sie akzeptierten die Anwesenheit der Römer in ihrem Lande und schlossen Frieden mit den römischen Behörden. Was weltliche Dinge betraf, waren sie praktisch, erfahren und kosmopolitisch; sie paßten sich den griechisch-römischen Werten, Betrachtungsweisen, Sitten und Bräuchen des Reiches an. In den Augen ihrer Feinde galten sie als Kollaborateure.« Diese Feinde waren vor allem in Gruppen anzutreffen, in denen man auch Jesus immer wieder vermutet. Etwa die Zeloten, unter denen diejenigen, die Jesus als Freiheitskämpfer sahen, den Messias vermuteten. Die Zeloten waren Nachfolger des Judas von Galiläa, der einen ausgedehnten Guerillakrieg gegen die Römer führte und dabei umkam. Das Ziel dieser Sikarier (Dolchmänner), wie man die militantesten Zeloten nannte, waren römische Transporte, Garnisonen und Nachschublinien.

In einem sehr viel friedlicheren Ruf stehen bis heute die Essener. Sie galten als Mystiker und Asketen, dem öffentlichen Leben gegenüber eher gleichgültig. Nicht umsonst sieht man heute noch oft in dem Mystiker Jesus ein Mitglied der Essener. Nach neuesten Forschungen dürften die Essener aber nicht unbedingt nur die gewaltlose Gemeinde gewesen sein, als die man sie lange Zeit ansah. Bei Ausgrabungen in der Essenergemeinde von Qumran gab es Hinweise darauf, daß die Essener sehr wohl an den Kämpfen um die Festung Masada beteiligt waren; auch fand sich unter den Ausgrabungen eine Schmiede zur Waffenherstellung. Der wichtigste Aspekt an den Essenern ist aber vielleicht derjenige, daß sie die Vertreter einer apokalyptischen Vision waren und auf nichts sehnlicher warteten als auf den prophezeiten Messias.

Damit waren sie nicht allein. Auch im Tempel wandten sich immer mehr kritische Pharisäer der Messias-Idee zu. Sie brachten nicht nur den Eunuchen Bagoas dazu, auf Vaterfreuden zu hoffen, sie beeinflußten durch diese Ideen, wie wir noch sehen werden, die Religionsgeschichte bis in unsere Zeiten.

Die Pharisäer bildeten im Gegensatz zu den Sadduzäern jenen Teil der Priesterschaft, der Religion immer als etwas sehr Lebendiges ansah. Wir alle kennen sie eigentlich nur in der Form eines Schimpfwortes, aber es gibt Hinweise darauf, daß Jesus seine Lehre von ihnen erhalten hat. So weist zum Beispiel das berühmte »Wer unter euch ohne Sünde ist, der werfe den ersten Stein« auf die ebenso berühmten Sprüche des Pharisäer-Lehrers Hillel hin: »Was dir selbst verhaßt ist, das tue auch deinem Nachbarn nicht an« oder »Wer ertränkt hat, wird ertränkt werden«.

Eine andere Gruppe, die ebenfalls ein messianisches Anliegen hatte, waren die geheimnisvollen »Söhne Zadoks«, die sich »Nazoräer« genannt haben sollen und aus Gefolgsleuten von Jesus bestanden haben könnten. Allen diesen revolutionären Gruppen und Grüppchen war aber eines gemeinsam: Sie standen nicht nur gegen die Kolonialmacht der Römer – sie erhofften sich vor allem auch die Befreiung durch einen Messias.

Für die Juden der damaligen Zeit war der Messias nicht das, was wir uns heute unter dem Messias-Begriff vorstellen. Er war nicht nur religiöse Verheißung, sondern vor allem das Pendant zu den alten Priesterkönigen, die in allen Kulturen des Mittelmeerraumes zu finden waren. Als Verbindung zwischen Gott und den Menschen war solch ein Messias auch ein wichtiges gesellschaftliches Ordnungs- und Einigungsprinzip. Man erinnerte sich nur zu gut daran, daß vor der Herrschaft des Herodes die Makkabäer als letzte jüdische Könige ein dynastisches Hohepriestertum eingeführt hatten, und es gibt viele Hinweise darauf, daß man sich Jesus tatsächlich als solch einen Messias erwartete. Seine Abstammung aus dem Hause David, sein Wirken und die Unterstützung, die er sowohl aus hohen wie auch aus einfachen

Kreisen genossen haben dürfte, ließ ihn sicherlich als für einen modernen Priesterkönig seiner Zeiten prädestiniert erscheinen.

Falls diese Hypothese zutreffen sollte, paßt natürlich auch eine Maria Magdalena aus königlichem Geblüt in das Bild. Aber auch die Hypothesen von Jesus als Revolutionär, als Freiheitskämpfer gegen die Römer, haben durchaus ihre Berechtigung. Genauer betrachtet, widersprechen sich die Hypothesen nicht einmal. Das Kennzeichnende an all den Bewegungen um die Zeitenwende dürfte gewesen sein, daß es sich immer einzig und allein um die Auflehnung gegen die Römer gehandelt hat. Manche Bewegungen scheinen eher nur politisch-terroristisch, andere religiös motiviert gewesen zu sein, aber sie waren anscheinend quer durch alle Bevölkerungsschichten vertreten.

Dies wurde besonders im Tempel selbst und in der Priesterschaft deutlich. Da gab es nicht nur einfach Sadduzäer und Pharisäer, es gab auch Sadduzäer, die vom Rom-Kurs in den eigenen Reihen abwichen; und es gab Pharisäer, die ebenfalls die römische Herrschaft duldeten und sich strikt gegen den Messianismus aussprachen. Dazu gehörten unter anderen die hervorragendsten Führer des gesamten Judentums, der uns schon bekannte Weise Hillel und der Lehrer Schammai, die beide der Verfolgung des Herodes entgangen waren. Sie waren die Väter der beiden wohl berühmtesten Thora-Schulen und legten anscheinend just zu jenem Zeitpunkt, als in Jerusalem die große neue Religion des Christentums zu entstehen begann, den Grundstein für das moderne Judentum.

Nach dem Historiker Michael Grant ermöglichte es ihnen gerade ihre damalige politische Zurückhaltung gegenüber den Römern, ungestört die mündlichen Gesetzesüberlieferungen der Juden zu sammeln und für die Nachwelt zu bewahren. Das Jerusalem der Stunde Null war, wie es scheint, tatsächlich in vielerlei Beziehungen ein Wendepunkt in der Geschichte. Im Tempel entstanden unter den der Kollaboration beschuldigten Priestern die Grundelemente des rabbinischen Judentums; im Untergrund aber wurde ein Messias-Bild geboren, das einerseits zum Christentum, andererseits zu den verschiedensten als häretisch bezeichneten Sekten führen sollte, die für andere wiederum der innere Kreis der Lehre Jesu sind.

Das Autorenteam Lincoln/Baigent/Leigh untersucht in »Das Vermächtnis des Messias« diesen Markstein genauer und erstaunt dabei vor allem durch eine Grafik, aus der die Religionsgeschichte der letzten zweitausend Jahre ziemlich eindeutig hervorgeht.

Grob gesprochen handelt es sich dabei um einen umgedrehten dreiarmigen Leuchter: Aus den Parteigängern der Römer im Tempel, aus herodianischen Sadduzäern und romtreuen Pharisäern entsteht dabei genau um die Zeitenwende die große Tradition des Judentums; der andere Teil des Leuchters, die Opposition aus Essenern, abtrünnigen Sadduzäern und Pharisäern, aus Zeloten und Nazoräern teilt sich in drei weitere Bewegungen: in eine gnostische, die über Ägypten weiter nach Spanien und Irland bis hin zur Keltischen Kirche führt; in eine Gruppe, die nach dem Bar-Kochba-Aufstand in die Wüste geht und hinter den Anfängen des Islam stecken könnte. Eine dritte Abteilung des Widerstandes scheint nach Syrien und Mesopotamien geflüchtet zu sein und sich später mit christlichen Bewegungen vereint zu haben; das Ergebnis waren Sekten wie die Ebioniten oder die Mandäer. Die christliche Bewegung selbst bildet nicht ohne Grund den mittleren Pfeiler dieses Religions-Leuchters: Paulus als eine Art Bindeglied zwischen der ursprünglichen Messias-Idee und dem Tempel und den Römern auf der anderen Seite stellte das Christentum tatsächlich genau in die Mitte zwischen den Urheber der Lehre und die römisch dominierte Welt, in der sie blühen und gedeihen sollte.

Daraus werden auch viele Ungereimtheiten aus dem Neuen Testament ein wenig klarer. Etwa die einfache Frage, warum ein Volk, das so lange auf einen Messias gewartet und ihn bejubelt haben soll, später bei seiner Verurteilung seinen Tod fordern sollte. Die Evangelien mußten im Hinblick auf die Römer geschrieben werden, außerdem war eine feste, unantastbare Doktrin in Sachen Jesus nicht unpraktisch. Die Hohenpriester im Tempel als die Väter des modernen Judaismus verhielten sich ähnlich: Sie versteckten sich hinter ihrer Gelehrsamkeit und ihren strengen Sitten und versuchten die Römer so wenig wie möglich zu reizen.

Macht man sich nun klar, daß die Evangelien erst ziemlich spät, nämlich erst um die Zeit des Jüdischen Aufstandes und der Schändung Jerusalems durch die Römer im Jahre Siebzig niedergeschrieben wurden, so kann man sich vorstellen, daß darin vieles nicht aufgenommen wurde, das den Römern ein Dorn im Auge hätte sein können.

Die Stellung von Maria Magdalena als Sünderin kann ein direktes Resultat dieser Furcht vor den Römern sein. Blättern wir noch einmal in der »Legenda aurea«: Hier ergab sich die Frau aus königlichem Geblüt zwar »ganz der leiblichen Wollust«, was in diesem Zusammenhang schon zweifelhaft klingt – andererseits wird viel Wert auf ihre Bekehrung und Umkehr gelegt: »Magdalena ist soviel wie manens rea, die da schuldig bleibt; aber es heißt soviel wie die Befestigte; oder die Prächtige. Damit soll bezeichnet werden, wie sie war vor ihrer Bekehrung, in ihrer Bekehrung und nach ihrer Bekehrung.« In der christlichen Tradition gilt Maria Magdalena also als die Bekehrte schlechthin. Nun gibt es jedoch neben der möglichen Bekehrung einer Sünderin in Sachen Sexualität auch alle anderen möglichen Arten der Bekehrung: vielleicht eine politische Bekehrung? Womöglich aber paßte eine ziemlich unabhängige und rebellische Frau auch nur als

Bekehrte in Schriften, die, lange bevor sie im Mittelalter erzählt wurden, zuerst den Römern gefallen und politisch genehm sein mußten.

Diesen dürfte auch der Beigeschmack an jüdischer Schuld am Tod von Jesus nicht so ungelegen gekommen sein, obwohl man aus den Zwistigkeiten im Tempel schließen kann, daß den Sadduzäern und manchen Pharisäern der Tod eines Messias tatsächlich nicht unwillkommen gewesen war.

Ein anderer war es, der das Kreuz auf seiner Schulter trug

Nun ist aber gerade dieser Tod nicht unumstritten. Und die verschiedenen Spekulationen darüber, daß Jesus gar nicht am Kreuz gestorben ist, bekommen einen neuen Stellenwert, wenn man sich klarmacht, welche große unterirdische Widerstandsbewegung hinter dem jüdischen Messias gestanden haben könnte.

In den gnostischen Nag-Hammadi-Texten »Der zweite Logos des großen Seth« findet sich jene bemerkenswerte Stelle, die besagt: »ein anderer ... war jener, der die Galle und den Essig trank; nicht ich war es, der mit dem Rohr geschlagen wurde, ein anderer war es, der das Kreuz auf seiner Schulter trug...« Aus dieser Stelle haben sich viele Vermutungen ergeben; die einen glaubten, Jesus habe weiter im Untergrund als Widerstandskämpfer gelebt und sei erst auf der Festung Masada in hohem Alter gestorben; manche ließen ihn nach Indien ziehen, dort lehren und hochbetagt in Kaschmir sterben. Über alle diese Hypothesen hinaus, auf die wir noch zu sprechen kommen, ergibt sich aus dieser Stelle der gnostischen Evangelien ein interessanter Zusammenhang zu einer anderen großen Weltreligion, die eine erstaunlich enge Beziehung zu Jesus hat.

Im Koran, der Jesus als einen Propheten verehrt, heißt es in der Sure 4: »Weil (die Juden) ungläubig waren und Maria schlimmstens verleumdeten, ferner weil sie sagten: ›Wir haben den Messias Jesus, den Sohn der Maria getötet, den Gesandten Gottes!‹ – Dabei hatten sie ihn weder getötet noch gekreuzigt. Vielmehr war ihnen ein anderer als ähnlich hingestellt worden. Wer hierüber anderer Meinung ist, befindet sich wirklich im Zweifel und weiß diesbezüglich nicht Bescheid! Er folgt nur einer Vermutung! Sie haben ihn gewiß nicht getötet« (Verse 156 bis 158).

Vermutung wird wahrscheinlich alles sein, was man zu den epochemachenden Ereignissen vor zweitausend Jahren sagen kann. Allerdings mag, wie wir gesehen haben, durchaus das Paradoxon passiert sein, daß Jesus für die einen am Kreuz gestorben ist, während er es für eine andere Gruppe nicht tat. Die den Römern anhängende Gruppe unter den Juden, die nachfolgenden Christen und die Römer könnten tatsächlich an den Tod am Kreuz geglaubt haben, indem die Anhänger der Opposition auf diese oder jene Art für einen Betrug gesorgt hatten. Ein Indiz dafür wäre die schnelle Grablegung. Auf jeden Fall erstaunt die Selbstsicherheit des Koran. Vielleicht ist sie aber gar nicht so erstaunlich, wenn wir daran denken, daß aus der Linie der Widerständler über die Flucht in die Wüste die Tradition entstanden sein könnte, aus der später die Lehre Mohammeds geboren wurde.

Das Autorenteam Lincoln/Baigent/Leigh mutmaßt, daß Anhänger der Nazoräer zuerst an das Ostufer des Jordans flüchteten, im Laufe der Geschichte aber weiterzogen bis in die Nähe des Euphrat-Tigris-Beckens: »In dieser Region, abgeschnitten von der nunmehrigen Hauptader des Christentums, lebten sie über Jahrhunderte hinweg, ihre Tradition bewahrend. Man hat Mutmaßungen darüber angestellt, daß der Vater Mohammeds Mitglied einer Nazoräersekte gewesen sei und Mohammed selbst nach der nazoräischen Tradition erzogen wurde. Eine seiner Frauen soll Jüdin und Nazoräerin gewesen sein. Tatsächlich wird Jesus im Koran überwiegend von einem nazoräischen Standpunkt aus dargestellt.«

Die Gründung dreier Weltreligionen, ein religiöser Politkrimi und Maria Magdalena

Von dieser Warte aus betrachtet erscheint die Entstehungsgeschichte der drei großen westlichen Weltreligionen beinahe wie ein religiöser Politkrimi. Falls nämlich an der Herkunft Mohammeds etwas Wahres ist, so ist das Jerusalem der Stunde Null, vor allem aber das Jerusalem zur Zeit der Kreuzigung tatsächlich Dreh- und Angelpunkt der Geschichte der letzten zwei Jahrtausende. Und so wie Jesus durch eine Art »doppelgesichtigen« Tod am Kreuz zumindest der geistige Vater der verschiedensten religiösen Bewegungen sein könnte, so scheint auch seine Lehre darauf abgestimmt gewesen zu sein.

Der ebenso bekannte wie mysteriöse Ausspruch »Euch ist es gegeben, das Geheimnis des Reiches Gottes (zu erkennen); den Außenstehenden aber wird alles nur in Gleichnissen zuteil, damit sie immerfort sehen und doch nicht wahrnehmen…« (Mk 4,11) deutet auf einen inneren Kreis um Jesus hin, der vielleicht mehr wußte als die Anhänger des Todes am Kreuz. Und als Anführerin dieses Kreises treffen wir immer wieder Maria Magdalena. Elaine Pagels weist in ihrem Buch über die gnostischen Evangelien darauf hin, daß viele der Anhänger Jesu in der Wüste der Überzeugung waren, der größte Irrtum der Jünger sei der Glaube an eine leibliche Auferstehung gewesen; Jesus habe einige wenige Schüler, von denen er wußte, daß sie solche Geheimnisse ertragen konnten, eine geistige Auferstehung gelehrt. Und sie fährt fort: »Das ›Evangelium der Maria‹ schildert darüber hinaus, wie wir gesehen haben, Maria Magdalena (die von den Orthodoxen nie als Apostel angesehen wurde) als begünstigt von Visionen und Einsichten, die diejenigen des Petrus weit übertreffen. Der ›Dialog des Erlösers‹ rühmt sie nicht nur als eine Visionärin, sondern auch als alle anderen überragende Apostelin. Sie ist ›die Frau, die das All kannte‹.« Läßt man abschließend die verschiedenen Varianten der Kreuzigung außer acht, so bleibt unter dem Strich die Tatsache, daß die uns oft so klein anmutende Welt des Jesus Christus doch eine Welt gewesen ist, die über das Christentum hinaus unerwartete Folgen für die ganze Menschheit hatte. Und es stellt sich die Frage, ob nicht neben Jesus als bewußtem oder auch unbewußtem »Vater« vieler religiöser Strömungen auch Maria Magdalena als eine Art »geistige Leitfigur« steht. So berichtet etwa die gnostische Lehrerin Marcellina, die viel später Vertreterin in einer karpokratianischen Gruppe war, daß sie die geheimen Lehren von Maria, Salome und Martha empfangen habe. Waren auch Mohammeds Vorfahren unter solchen Empfängern?

Man versteht den großen und weitreichenden Einfluß, den vielleicht schon die engsten Anhänger Jesu auf einer eventuellen Flucht, sicherlich aber die Gnostiker gehabt haben, wenn man diese Bewegung ein wenig genauer betrachtet. Beste Quelle dafür sind die gnostischen apokryphen Evangelien.

Der Krimi um diese Evangelien begann, als im Ägypten des Jahres 1945 zwei Brüder den Mord an ihrem Vater mit einer Blutfehde rächen wollten. Zuvor machten sie sich aus der Stadt Nag Hammadi auf, um in den angrenzenden Bergen und deren vielen Höhlen nach Dünger für die Felder zu graben. In einer solchen Höhle fanden sie einen großen Tonkrug, der nicht die zuerst befürchteten Dämonen beherbergte, sondern dreizehn in Leder gebundene Papyrusbücher.

Mit diesem Schatz daheim angekommen, hatten sie für die neue Entdeckung nicht viel Zeit. Die Mutter mahnte sie, die Axt für den geplanten Mord besonders gut zu schärfen, und als eine Art Bekräftigung ihrer Worte fachte sie das Feuer im Kamin mit einigen der Bücher an. Die Brüder vergaßen den Rat der Mutter und das lodernde Feuer nicht, zerstückelten den Mörder des Vaters und verzehrten als Krönung der Blutrache das Herz des Opfers. In den Büchern neben dem Kamin schliefen inzwischen ruhig jene Jesus-Worte, die neunzehn Jahrhunderte zuvor jemand aufgeschrieben hatte und seitdem von niemandem gehört wurden: »Wenn ihr in euch erzeugt den, welchen ihr habt, wird er euch retten, wenn ihr ihn aber nicht in euch habt, wird er euch töten« (Thomas der Zwilling 70).

Neunzehn Jahrhunderte sind eine lange Zeit, und man müßte meinen, daß sich in einer solchen Zeitspanne die Menschheit entwickelt. Aber anscheinend hat der Aufruf Jesu zur Selbstverantwortung nicht nur für die beiden ägyptischen Mörder zu lange in einem Tonkrug geruht, sondern für die ganze Menschheit. Denn auch der Streit um die Überlieferung der Worte begann schneller als man glaubte – und er dauert bis heute an. Das apokryphe Evangelium des Thomas landete nicht umsonst in einem geheimnisvollen Tonkrug.

Auch damals ging es zu wie in einem Krimi. »Apokryphon« heißt wörtlich »geheimes Buch«, und die Mönche des Klosters St. Pachomius, welche die Schriften über Jesus vierhundert Jahre nach seinem Tod in einem Krug versteckten, hatten dazu ihre Gründe. Die vielen Aufzeichnungen der

Anhänger Jesu in Ägypten waren schon hundertachtzig n.Chr. dem berühmten Bischof von Lyon, Irenäus, ein Dorn im Auge. Er beschuldigte die Gnostiker, mehr Aufzeichnungen über den Messias zu haben als die Kirche selbst. Und die Evangelien der Gnostiker waren tatsächlich von Rom bis Griechenland, Gallien und Kleinasien berühmt und berüchtigt.

Auf der einen Seite bewahrten die Gnostiker eine sehr lebendige Erinnerung an Jesus als einen vollkommenen Menschen, andererseits sprach die orthodoxe Kirche, die gerade daranging, die Dome von morgen zu bauen, von einem Jesus, der zur Sünde und Reue aufrief.

Aussprüche wie das berühmt-berüchtigte Zitat aus dem Philippus-Evangelium, wonach Jesus Maria Magdalena oft auf den Mund zu küssen pflegte, paßten natürlich keineswegs ins Konzept einer Weltkirche, die am Ende des zweiten Jahrhunderts gerade ihre drei Pfeiler schuf: die institutionalisierte Kirche, das apostolische Glaubensbekenntnis und den Kanon des Neuen Testaments.

Die Gnostiker als die Anhänger Jesu, die auf Selbsterkenntnis und die Emanzipation des Menschen drängten, waren die schärfste Konkurrenz der neuen Kirche mit ihrer Erlösung durch Fleisch und Blut und einer Gnade, die den Menschen von der Kirche abhängig machte.

Mitten im ärgsten Kampf zwischen den beschuldigten Häretikern und der sich immer mehr konsolidierenden Kirche dürfte dann vor tausendsechshundert Jahren ein ägyptischer Mönch die vielleicht ältesten Überlieferungen aus Jesu Zeiten in einer Tonvase vor den ansonsten üblichen Verbrennungen gerettet haben.

Sie tauchten erst wieder auf, als die beiden mörderischen Brüder aus Ägypten Angst vor der Polizei bekamen und die Bücher aus Papyrus einem ägyptischen Priester zur Aufbewahrung gaben. Während sie von der Polizei verhört wurden, studierte auch der Geschichtslehrer von Nag Hammadi die zweiundfünfzig Texte aus den ersten Jahrhunderten der christlichen Zeit. Einiges war schon verbrannt worden, vieles ging später auf der Odyssee der Bücher verloren. Auf dem Schwarzen Markt in Kairo verkauft, gelangte ein Teil ins Koptische Museum in Kairo, das dreizehnte Buch wurde aus Ägypten geschmuggelt und landete später auf geheimnisvollen Wegen im Banktresor der C. G. Jung-Stiftung in der Schweiz. Dieses weiterhin andauernde krimihafte Geschehen hatte seinen Grund. Neben dem Thomas-Evangelium waren in dem Krug die Petrus-Apokalypse, das Evangelium des Philippus, das Evangelium der Wahrheit, das Ägypter-Evangelium, die Paulus-Apokalypse, der Brief des Petrus an Philippus und das Apokryphon des Jakobus. Und viele dieser Briefe, Apokalypsen und Evangelien sind möglicherweise älter als alle anderen Überlieferungen.

Elaine Pagels berichtet, daß die Papyri zwar durchweg in die Zeit zwischen dreihundertfünfzig und vierhundert datiert werden, daß die ursprünglichen Texte aber zumindest zwischen hundertzwanzig und hundertfünfzig n.Chr. entstanden sein dürften. Es gibt aber auch berechtigte Vermutungen dafür, daß sie noch früher überliefert wurden: »Neuerdings hat Professor Helmut Koester von der Havard University die Ansicht geäußert, die Sammlung von Worten Jesu im Thomasevangelium enthielte, auch wenn sie erst um 140 zusammengestellt wurde, doch Überlieferungen, die sogar älter als die Evangelien des Neuen Testaments seien, ›möglicherweise schon in der zweiten Hälfte des ersten Jahrhunderts‹ (50–100) entstanden sind...«

Für solch eine Überlieferung spricht auch die Ähnlichkeit vieler Jesus-Aussprüche mit den Jesus-Zitaten im Neuen Testament. So findet man etwa im Evangelium von Thomas dem Zwilling den berühmten Ausspruch vom Eckstein, den die Bauleute vergessen haben (Thomas 66 und Mk 12,10), den Spruch vom Königreich des Vaters (Thomas 76 und Mt 13,45), das Gebot »Suchet und Ihr werdet finden!« (Thomas 92 und Mt 7,7), aber auch die Perlen, die man nicht vor die Säue wirft (Thomas 93 und Mt 7,6).

Die Liste läßt sich weiterführen, hier sollen die vier Beispiele nur dazu dienen, um zu zeigen, daß sich anscheinend tatsächlich eine durchgehende Linie durch die offiziellen wie auch durch die nichtanerkannten apokryphen Evangelien zieht. Die Wissenschaft spricht dabei von einem Urevangelium Q (für das deutsche Wort Quelle), auf dem alle anderen Evangelien, die vier kanonischen, aber auch die geheimen apokryphen basieren. Man vermutet heute, daß dieses Evangelium Q eine Sprüchesammlung war, auf der dann die vielen berühmten Formeln aufbauten, die da wie dort mit »Und Jesus sagte« beginnen. Mit der Annahme einer solchen allgemeinen Basis aller Evangelien erhebt sich natürlich die Frage, ob man den vier anerkannten Evangelisten Markus, Matthäus, Lukas und Johannes weiterhin einen ausschließlichen Offenbarungscharakter zubilligen kann.

Das einzige Evangelium, das nach einer Frau benannt ist

Nachdem die Schriften des frühen Christentums, vor allem der Gnostiker, uns bis vor kurzem nur aus Angriffen gegen die Gnostiker bekannt waren, spricht seit dem Fund von Nag Hammadi die Gnosis zum ersten Mal für sich selbst. Aber schon vor diesem Fund entdeckte 1769 ein schottischer Tourist namens James Bruce in der Nähe von Luxor ein koptisches Manuskript, das ein Gespräch zwischen einer Gruppe von Männern und Frauen um Jesus wiedergab. 1785 kaufte dann das Britische Museum die Sammlung eines Antiquars, in der sich die »Pistis Sophia« befand, deren zentrale Gestalt Maria Magdalena ist. Diese »Pistis Sophia«, was Glaube und Weisheit bedeutet, ist der wichtigste Mythos des Valentianischen Glaubenssystems und berichtet vom Fall und vom neuerlichen Aufstieg der Sophia, des ersten femininen Prinzips. Jesus reist dabei durch den vielstufigen Kosmos dieses gnostischen Systems, um am Ende Maria zu begegnen, die ihn nach seinen Erlebnissen befragt. Als Antwort hebt Jesus sie weit über alle Jünger hinaus, wenn er ihr Gnosis, das geheime Wissen durch Erfahrung, verspricht: »Maria, du Selige, welche ich in alle Mysterien derer von der Höhe vollenden werde, rede offen, du, deren Herz mehr als Deine Brüder auf das Himmelreich gerichtet ist.«

An einer späteren Stelle wird Maria als »Fülle aller Füllen« und »Vollendung aller Vollendungen« gepriesen. Und genau dies war wahrscheinlich auch der Grund, warum Maria Magdalena auch die einzige Frau ist, nach der ein Evangelium benannt wurde. Dieses bereits 1896 in Ägypten von einem deutschen Ägyptologen gekaufte »Evangelium der Maria« berichtet über die Reise der Seele durch die Einflußbereiche der Planeten, über die visionenbegabte Maria, aber auch immer wieder über die Zwistigkeiten mit den Jüngern. Diesem Evangelium lagen drei Texte bei, von denen einer das Apokryphon des Johannes war. Dieses geheime Buch fand sich interessanterweise auch in drei Versionen in den späteren Funden von Nag Hammadi wieder. Dies wie auch die durchgehende Linie, die sich durch alle Evangelien zieht, weist darauf hin, daß die verschiedenen Erzählungen ungefähr zum selben Zeitpunkt niedergeschrieben wurden. Anscheinend aber ist jede Richtung der Evangelien, die der gnostischen als eines möglichen inneren Kreises, und die der offiziellen Kirche als der äußeren Form der Lehre, von den jeweiligen Absichten, Ideen und Zielen der Verfasser gekennzeichnet. Dies scheint auch der Grund zu sein, warum wir in den anerkannten Evangelien einem völlig anderen Bild der Maria Magdalena begegnen als bei den Gnostikern. Auf der einen Seite ist sie die bekehrte Sünderin, auf der anderen die Apostelin der Apostel; auf der einen Seite ist sie eine untertänige Magd, auf der anderen Seite ist sie Lehrerin.

Die Zwiespältigkeit der einzig großen Frauengestalt des Neuen Testaments nach Maria wird erklärlicher, wenn man sich vor Auge führt, daß auch Jesus erst im Jahre 325 beim Konzil von Nizäa als Sohn Gottes anerkannt wurde. Bis dahin war Jesus ein sterblicher Prophet, wie wir ihn bereits aus dem Koran kennen. Das Konzil von Nizäa war ein neuer Markstein in der Geschichte der Religionen. Es wurde die Vernichtung aller Schriften angeordnet, die der orthodoxen Lehre widersprachen, und jede Abweichung von der offiziellen Jesus-Interpretation galt fortan als Häresie.

In Nizäa und in anderen Konzilien derselben Zeit dürfte endgültig das Neue Testament zusammengestellt worden sein. Dies geht schon aus der Tatsache hervor, daß von fünftausend bis heute erhaltenen Abschriften des Neuen Testaments keine einzige vor dem vierten Jahrhundert datiert ist.

Diese relativ späte Schlußredaktion der Evangelien ist die für die an der Zeit Jesu Interessierten immer wieder ein Grund, an manchen Berichten zu zweifeln und sich an die zeitgenössischen Berichte aus jener Zeit zu halten. Denn auch die ersten Niederschriften seitens der Evangelisten scheinen nicht ganz so authentisch zu sein, wie man lange Zeit annahm. Eine Großzahl der Experten glaubt, daß nicht einmal das Markus-Evangelium als wahrscheinlich erstes der kanonischen Evangelien vor dem Jahre 66 aufgeschrieben wurde; vor allem ist heute niemand mehr sicher, daß sich die Apostel selbst noch als alte Männer hinsetzten, um ihre Erinnerungen aufzuzeichnen.

Der Anhang des Lukas-Evangeliums zeigt uns auch heute noch deutlich, daß es viele verschiedene Berichte über das Leben von Jesus gegeben haben muß: »Weil schon viele es unternommen haben, einen Bericht über die Begebenheiten, die sich unter uns erfüllt haben, so abzufassen, wie die Männer sie uns überliefert haben, die von Anbeginn an Augenzeugen und Diener des Wortes gewesen sind, habe auch ich mich entschlossen, nachdem ich allen Tatsachen von den Anfängen an sorgfältig nachgegangen bin, alles für dich, hochedler Theophilus, in richtiger Reihenfolge aufzuzeichnen, damit du dich von der Zuverlässigkeit der Nachrichten, in denen du unterwiesen worden bist, überzeugen kannst.«

In dem apokryphen »Brief des Abtalion« gibt es eine andere köstliche Probe darüber, wie vor nicht ganz zweitausend Jahren Überlieferung funktionierte: »Hier also sitze ich und schreibe die Geschichte, wie unser Herr Jesus Christus meinen Ahnen Kudrus gerettet ... hat ... Und Kudrus erzählte diese Geschichte seinem erstgeborenen Sohn Phinees Anechpas. Und Phinees Anechpas erzählte die Geschichte seinem Sohn Josua...« Der Kürze halber sei der Rest der Erzählung zusammengefaßt und nur kurz erwähnt, daß es noch sechs Söhne gab, bis die Geschichte endlich zu Abtalion gelangte.

Nun waren sicherlich nicht alle Überlieferungen über Jesus ganz so umständlich, man kann sich aber vorstellen, wieviel im Laufe der Zeit verlorenging, wieviel aber auch in bester Absicht hinzugefügt wurde. Wie schreibt doch Paulus in einem apokryphen Briefwechsel mit Seneca so treffend: »Denn das eingeträufelte Wort will einen neuen Menschen schaffen...«

Wie es scheint, ist es diesem »eingeträufelten Wort« tatsächlich gelungen, in den letzten zweitausend Jahren einen neuen Menschen zu schaffen. Leider ist es allerdings ein ziemlich einseitiges Menschenbild geblieben: eine Kirche für die Frauen auf den Betschemeln, nicht für Frauen vor den Altären. Der Jesus, der gern und viel von Frauen begleitet und unterstützt wurde und der eine Frau zur Lehrerin seiner Lehren machte, wurde »ausgeträufelt«.

An Maria Magdalena blieb der Duft von Schwefel haften und nicht der des Weihrauchs, der er in einem viel größeren Sinn als dem christlichen sein hätte können.

Die Liebesbotschaft, die zur Drohbotschaft wurde

Nicht umsonst fragen sich heute Anhänger einer lebendigeren und volksnaheren Religion, was aus dem Christentum geworden wäre, wenn die geschwisterliche Lehrtätigkeit, die am Anfang stand, nie aufgehört hätte. Von Maria Magdalena weiß man, daß sie sich nicht umwandte und eigene Wege ging, als die Jünger sie beschimpften. Im Gegenteil: Sie lehrte sie all das, was Jesus sie gelehrt hatte. In der paulinischen Kirche jedoch wurde die Botschaft des Mannes, nach dem sich die Christen nennen, zumeist völlig verdreht: Aus der Liebesbotschaft der Bergpredigt wurde eine Botschaft der Macht, die Frohbotschaft Jesu wandelte sich zur Drohbotschaft. Dies hat sich bis heute nicht geändert; als Katholik hört man mehr Verbote als freudige Gebote, weiß man zwar immer, was man nicht darf (zumindest nicht dürfte) und zuwenig, welche Möglichkeiten der Mensch haben könnte. Mit dieser einengenden Sicht der Welt spielten sich in der Geschichte immer wieder eine Handvoll zölibatärer Männer im Vatikan zu den Lehrmeistern der übrigen Welt auf.

Darum ist heute die Frage nach Frauen als Priesterinnen nicht mehr nur die Frage einiger feministischer Theologinnen, sondern geht weit über den Kreis der Gläubigen hinaus. Während der letzten zwanzig Jahrhunderte wurde die Frau zwar mit großer männlicher Kunstfertigkeit als min-

derwertige Verführerin dargestellt, aber auch schon während dieser Epoche wußte man, daß Frauen im allgemeinen friedlicher sind, mehr Verständnis für die Menschen, vor allem für Leidende und Kinder haben, daß sie mehr Sinn für Gerechtigkeit an den Tag legen und im Notfall pragmatischer handeln. Trotzdem durften diese zutiefst christlichen Eigenschaften zwischen Herd, Kinderzimmer und Betschemel verkümmern, während dort, wo der christliche Glaube verwaltet wurde, Scheiterhaufen und Folterkammern erfunden wurden. Heute bestaunen wir solche nur mehr in Museen und machen uns dabei viel zuwenig klar, daß die letzte große Epoche sicherlich völlig anders verlaufen wäre, wenn man sich daran erinnert hätte, daß es eine Frau war, die den Aposteln die wahre Lehre predigte.
So wurde der Verrat an Maria Magdalena als der wichtigsten Nachfolgerin Jesu zum Verrat an all jenen weiblichen Attributen, die den christlichen Glauben vielleicht zu einem wirklich christlichen im Sinne des Religionsgründers hätten machen können. Heute jedoch erinnert uns ein langer Blick zurück auf den unterirdischen religiösen Geschlechterkampf daran, daß es noch immer Folterkammern gibt. Sie sind zwar nicht mehr so realistisch und grausam wie im Mittelalter, aber noch immer wird das Gewissen der Menschen mit Forderungen gefoltert, die eine kleine, völlig realitätsferne Elite im Vatikan aufstellt. Und noch immer scheint die Ver-Regelung der Sexualität das wichtigste Glaubensgut einiger weniger Zölibatäre zu sein, die nie einen unbefangenen Umgang mit Frauen gelernt haben. Noch immer soll sich die eine Hälfte der Katholiken darüber den Kopf zerbrechen, wie möglichst ohne Sünde verhütet und verkehrt wird, und unter zwangsläufigen Gewissensbissen vergessen, wie man möglichst freudig lebt. Die Mehrheit der Zölibatäre, diejenigen Priester, die tagtäglich die Verbote und Gebote verkünden müssen, sehen sich wiederum die mögliche Gewissensnot

der Frauen gar nicht an; schließlich könnte bei zuviel Einfühlungsvermögen nicht nur die zölibatäre Überlegenheit, sondern auch das Keuschheitsgelübde in Trümmer gehen. Der Graben zwischen Männlichem und Weiblichem ist trotz aller vordergründigen Emanzipationsbestrebungen noch immer so groß, daß man sich nicht oft genug daran erinnern kann, daß die Entmündigung der Frau nicht am Anfang der christlichen Religionen stand, sondern erst im Laufe der Zeit von Männern eingeführt wurde, die sich tatsächlich mehr und mehr als »Eunuchen für das Himmelreich« gebärdeten. Jesus selbst gab die wichtigsten seiner Lehren an Frauen weiter, und Frauen waren es auch, die Jesus bekannt machten. Nicht nur Maria Magdalena ist ein gutes Beispiel dafür, sondern auch die unbekannte Frau aus Samaria, die Jesus um Wasser gebeten hatte. Jene Frau, zu der der Meister sprach: »Du hast mit Recht gesagt: ›Ich habe keinen Mann‹; denn fünf Männer hast du gehabt, und der, den du jetzt hast, ist nicht dein Ehemann; damit hast du die Wahrheit gesagt.« Auch hier fiel seitens Jesu kein Wort der Verurteilung, sondern Jesus verkündete der Frau sogar jene Frohbotschaft, die eigentlich seit ihm als erstes Gebot über jeder Form von Religiosität stehen sollte: »Gott ist Geist und die ihn anbeten, müssen ihn im Geist und in der Wahrheit anbeten« (Joh 4,16–24). Gemeinsam mit den Worten »wer aber von dem Wasser trinkt, das ich ihm geben werde, der wird in Ewigkeit nicht wieder Durst leiden«, wurde das Gespräch zwischen der Frau aus Samaria und Jesus zu einem der wichtigsten Vermächtnisse des neuen Glaubens, denn auf die Versicherung der Samarianerin, daß Jesus ein Prophet sei, kamen viele neue Anhänger zu ihm. Seine Jünger aber wunderten sich, daß der Meister mit einer Frau gesprochen hatte. Diese männliche Verwunderung hat bis heute nie ganz aufgehört: Immer waren es die Frauen, welche die echte Botschaft von Jesus intuitiv begriffen haben und die Männer diejenigen, die sie intellektuell verwalteten. Dabei ging viel von jenem Heiligen Geist verloren, den Jesus im apokryphen Philippus-Evangelium als Mutter bezeichnet. Als solche ist Sophia, die Weisheit oder Heilige Geistin, das Salz dieser Erde, im Verborgenen ebenso wirkend wie im Offenbarten. Zeichen dieser weiblichen Weisheit sahen manche der Gefährten Jesu anscheinend auch in der Beziehung zwischen Maria Magdalena und dem Meister. So wird Sophia, die Weisheit, ausdrücklich als die Gefährtin des Heilands bezeichnet; gleich darauf aber folgt die bekannte Stelle, daß Jesus Maria Magdalena mehr liebte als alle anderen Jünger, sie oft auf den Mund küßte und die Jünger deswegen eifersüchtig waren. Und dann spricht Jesus auch vom Grund seiner besonderen Beziehung zu der Frau aus Magdala: »Weshalb liebe ich euch nicht so wie sie? Ein Blinder und einer, der sieht, sind nicht voneinander verschieden, wenn beide im Finstern sind. Wenn (aber) das Licht kommt, wird der Sehende das Licht sehen, und der blind ist, wird im Finstern bleiben.«

Das Licht weist auf jene geistige Beziehung und auf jene weibliche Heilige Geistin hin, die in den nächsten zweitausend Jahren vergessen wurde, in denen die scheinbar blinden Nachfolger blinder Jünger die Frau ausschließlich zur Gebärerin degradierten. Und um das Geistige in jeder Beziehung und vor allem in der Religion geht es auch, wenn Jesus an derselben Stelle weiter davon spricht, daß jemand, der sich Christ nennt, diesen Namen solange auf Zinsen erhalte, solange er nicht den Heiligen Geist empfangen hat. Wir alle haben uns so sehr daran gewöhnt, daß Jesus ein Richter über irdische Moral und ein Prophet eines Lebens nach dem Tod ist, daß wir die tiefe alltägliche Esoterik seines Lebens noch immer übersehen. Das geistige Prinzip im Menschen, die Erfahrung der Seele oder eines multidimensionalen Ich, wie wir es heute nennen, war für den Meister einer Zeitenwende eine Erfahrung des »Hier« und »Jetzt«. Immer wieder wollte er viel eher das Himmelreich auf die Erde verlegen als in eine ungewisse Zukunft im Himmel – aber dies scheinen intuitiv die Frauen um ihn begriffen zu haben. Seiner männlichen Kirche gelang es, die mystische Erfahrung eines größeren Selbst, die Jesus immer wieder andeutete, so sehr auszuschalten, daß die christliche Seele im Alltag heidnisch blieb und ausschließlich von einem weit entfernten Himmelvater in einem noch weiter entfernten Himmel erhofft wurde.

Aber Jesus wies sogar an jener Stelle, die wahrscheinlich mehr als jede andere für irdische Verwirrung in seiner Kirche sorgte, auf die Seele und das große mütterlich-geistige Prinzip hinter allem hin. Generationen von freiwillig oder unfreiwillig zölibatär lebenden Priestern kennen sie ebenso wie die Abertausende von Frauen, die im Laufe der Geschichte unter dem Verheiratungsverbot für Priester litten – jenes berühmte »Es gibt zur Ehe Untüchtige, die vom Mutterleib her so geboren worden sind; aber es gibt zur Ehe Untüchtige, die von Menschenhand zur Ehe untüchtig gemacht worden sind; und es gibt zur Ehe Untüchtige, die sich selbst um des Himmelreichs willen untüchtig gemacht haben« (Mt 19,11). Bis zum heutigen Tag wird dieser Ausspruch heiß diskutiert. Die Zölibat-Befürworter, unter ihnen auch Papst Johannes Paul II., sehen darin den Eckstein der Ehelosigkeit von Priestern, die Gegner weisen darauf hin, daß es Jesus eigentlich darum ging, die Frauen zu schützen, wenn er zuvor sagte, daß jeder, der sich von seiner Frau scheidet, Ehebruch begeht. Fest steht, daß dieser Ausspruch viel Unruhe in die Welt brachte, weil daraufhin eine ganze Kaste unverheirateter männlicher Priester um eines sehr männlichen Himmelreichs willen tatsächlich untüchtig für alles Weibliche wurde – weit über die Ehe hinaus.

Dabei hätten sogar im anerkannten Matthäus-Evangelium schon die nachfolgenden Worte »Wer es zu fassen vermag, der fasse es!« skeptisch gegenüber dieser vordergründigen

irdischen Version machen sollen. Jesus wies damit immer auf den inneren Kern seiner Lehre hin, auf eine andere Dimension seiner Worte – und diese finden wir auch im Philippus-Evangelium. Nachdem Jesus den geistigen Kern seiner Beziehung zu Maria erklärt hat und sie ebenso wie Sophia, die Weisheit, als Begleiterin des Heilands gerühmt wird, geht es auch um das Mysterium der Hochzeit. Und auch hier gibt es hinter der vordergründig weltlichen Bedeutung eine esoterische. Jesus spricht dabei von der Seele als Engel, vom irdischen Dasein als Abbild dieser Seele und von jener himmlischen Hochzeit, die durchaus auf Erden stattfindet, wenn sich Abbild und Engel, Körper und Seele vereinen. Und er vergleicht die Vereinigung des Irdischen mit dem Geistigen im Menschen mit der geschlechtlichen Vereinigung in der Ehe: »Das Mysterium der Hochzeit ist groß. Durch sie wurde nämlich die Welt (menschen)reich. Der Bestand der Welt beruht nämlich auf dem Menschen. Der Bestand des Menschen aber beruht auf der Ehe. Erkennt die unbefleckte Gemeinschaft, denn sie hat eine große Macht. Ihr Abbild besteht in der Gestalt-Befleckung.«
Für moderne Menschen mag der Ausdruck »Gestalt-Befleckung« für die Sexualität zwar einen negativen Beigeschmack haben, trotzdem kommt man beim genaueren Lesen dieser Ehe-Version von Jesus nicht darum herum, daß er die sexuelle Vereinigung von Mann und Frau nicht als gegen den Himmel gerichtet betrachtet, sondern sozusagen als eine symbolische Vorstufe und ein irdisches Abbild der Verbindung des Menschen mit seiner Seele.
Der Alleinanspruch auf eine männlich-zölibatäre Verbindung mit dem Himmelreich steht also auf sehr wackligen Beinen, vor allem deswegen, weil Jesus später noch zum Thema Versuchung folgendes bemerkt: »Wenn sie nämlich den Heiligen Geist hätten, würde kein unreiner Geist sich mit ihnen verbinden.«

Es geht also nicht um Mann oder Frau, nicht um Verheiratete oder Nicht-Verheiratete, nicht um Verführte oder Nicht-Verführbare – es geht schlicht und einfach um jene Weisheit, die als Mutter und Salz der Erde bezeichnet wird. Hätten sie den Heiligen Geist…

Der Zölibat geht alle an

Nicht nur Feministinnen und feministische Theologinnen weisen heute darauf hin, daß sich ohne grundlegende Emanzipation innerhalb des Katholizismus keine entscheidende Rollenverschiebung ergeben wird. Sogar heute noch, in Gefilden wahrer Gleichberechtigung, stoßen Frauen immer wieder auf die Wurzeln der frauenfeindlichen Moral jener Männer, die glauben, man müsse sich für das Himmelreich eheuntüchtig machen. Diese Eheuntüchtigkeit aber hängt seit der Einführung des Zölibats wie ein Damoklesschwert über der Kirche und erweist sich auch immer wieder als ein solches. Es ist die alte Geschichte von der Schlange, die sich in den Schwanz beißt, wobei die Schlange als Verführerin tatsächlich die Hauptrolle spielt. Denn der Zölibat betrifft nicht nur eine kirchliche Elite, die enthaltsam leben soll (oder sollte) – er betrifft und betraf vor allem auch immer die Frauen: jene, die in der langen wechselhaften Geschichte der Eheuntüchtigkeit für den Himmel von priesterlichen Ehemännern und Geliebten sitzengelassen wurden, die von heute auf morgen mit ihren Kindern allein waren und die sogar als Sklavinnen verkauft wurden. Indirekt aber geht der Zölibat uns alle und vor allem jede Frau an, weil wir aus der modernen Psychoanalyse wissen, daß jeder Versuchte immer die Schuld auf den Versucher und nicht auf sich selbst abzuwälzen pflegt.

Jesus kleidete es vor zweitausend Jahren, nachdem er über das Mysterium der Hochzeit gesprochen hatte, in Worte, die aus heutiger Sicht wie eine Prophezeiung klingen: »Fürchte dich nicht vor dem Fleisch, noch liebe es. Wenn du dich vor ihm fürchtest, wird es über dich Herr werden, wenn du es liebst, wird es dich verschlingen und erwürgen« (Philippus-Evangelium).

Und tatsächlich hört sich die Geschichte des Zölibats ganz nach den Machtgelüsten einiger weniger und dem Verschlingen und Erwürgen von sehr viel Menschlichem an; nirgendwo aber ist jenes selbstverständliche Akzeptieren des Körpers als etwas zutiefst Natürliches zu finden, das uns immer wieder an Jesus auffällt. Im Gegenteil: die Lustfeindlichkeit, die sich einige wenige Asketen im Laufe der Geschichte in den Kopf setzten, hatte fatale Folgen. Das Christentum schuf jene lustfeindliche Moral, an welcher der Westen heute noch krankt.

»Angst vor Frauen läßt zölibatäre Männer sexualpathologisch reagieren«, bringt es der Journalist Franz Alt in seinem Buch »Jesus – der erste neue Mann« auf einen Punkt, um daraus zu folgern: »und ausgerechnet sie sollen die frohe Botschaft Jesu von der Geschwisterlichkeit und Liebe aller Menschen verkünden!«

Nun, in höheren Etagen der Kirche wird zwar seit dem Zweiten Vatikanischen Konzil »jede Form der Diskriminierung wegen des Geschlechts als dem Plan Gottes widersprechend« angesehen, von Geschwisterlichkeit aber scheint man dort tatsächlich noch nie etwas gehört zu haben. So begehrt die männliche Kirche zwar heute gern auf, wenn vom Papst sehr eigenhändig besondere Bischofs-Favoriten durchgesetzt werden, trotzdem duldet sie es weiterhin mit dem ruhigsten Gewissen, daß Millionen von katholischen Frauen nicht eine einzige Priesterin als Vertreterin haben. »Viele Frauen und Männer haben über die Frauen-Enzyklika von Johannes Paul II. gejubelt«, meint Alt. »Zu früh! Der Papst betont zwar die volle Gleichberechtigung von Mann und Frau, stolpert aber am Schluß seines Papiers über sein eigenes Dogma: Für die Kirche gelte diese Forderung natürlich nicht.« Dies bewies der Papst auch gegenüber einigen wenigen amerikanischen Bischöfen, die ihn nach der Möglichkeit des Priesteramts für Frauen befragten, mit bemerkenswerten Worten: »Ein Bischof muß seine pastoralen und seine Führungseigenschaften dadurch beweisen, daß er jedwedem Individuum in allen Gruppen seine Unterstützung entzieht, die im Namen von Fortschritt, Gerechtigkeit oder Mitleid oder aus sonst irgendeinem Grund die Ordination von Frauen fürs Priesteramt fordern.«

Nicht einmal im Namen von Fortschritt und Gerechtigkeit oder Mitleid gibt es also an der Schwelle zum dritten Jahrtausend Gleichberechtigung für eine Katholikin.

Wüßte man nicht um die lange Tradition weiblicher Diskriminierung in einer Kirche der Männer, würde man seinen Ohren nicht trauen. Die zweitausend Jahre alte Unterdrückung aber passiert auf weiblicher Unwissenheit und einem Informationsmangel, den wir heute nicht mehr beklagen können. Darum fragen sich heute mehr und mehr moderne Frauen, was sie in dieser Kirche altmodischer Männer eigentlich zu suchen haben, und immer dringlicher wird die Frage, wie sehr von dieser Kirche die eigentliche Botschaft von Jesus entstellt wurde.

Jesus wäre der letzte gewesen, der »sogar« im Namen von Fortschritt, Gerechtigkeit und Mitleid einer Frau ein ihr zustehendes Amt verwehrt hätte. Jesus war ein Mann der Tat, er legte Wert auf das Werk, und der Fortschritt, der heute noch verwehrt wird, war zu Jesu Zeiten längst Realität. Nicht nur Maria Magdalena wollte Jesus im Geist männlich machen, er legte auch sonst viel Wert auf die Vereinigung des Weiblichen und Männlichen in jedem Menschen – er war in der Tat einer der ersten neuen Männer. Er hatte aber mit Maria Magdalena auch eine neue Frau an seiner Seite. Und wenn wir herausfinden, welche wichtige Rolle die Frau aus Magdala als engste Vertraute Jesu, als Überlieferin und Predigerin seiner Lehren und als eine Art erste Gegenpäpstin gespielt hat, brauchen wir heute nicht einmal das Mitleid oder die Gerechtigkeit eines Papstes – die ja in der üblichen männlich-päpstlichen Präpotenz ohnehin nichts nützt.

Im Namen von männlichen Päpsten brannten in Europa durch Jahrhunderte die Scheiterhaufen, im Namen von männlichen Päpsten wurden Kriege erklärt und geführt, die unzählige Tote forderten, im Namen von männlichen Päpsten wurde gefoltert, wurden die schrecklichsten Lügen verbreitet und immer wieder der Fortschritt aufgehalten. Im Namen von männlichen Päpsten wurde mehr Schrecken verbreitet als der Friede jenes Mannes, in dessen Namen alle Päpste zu sprechen vorgaben. Wenn also heute, zu Beginn des dritten Jahrtausends n.Chr. ein Papst den Frauen noch immer das verwehren will, was zu Zeiten Jesu selbstverständlich war, nämlich jene Priesterrolle, in der Maria Magdalena als Apostelin der Apostel gerühmt wird, so muß man sich fragen, welche Rolle ein Papst heute noch spielt.

»Päpstin mit Recht auf Heirat«

Die Botschaft Jesu war immer eine Botschaft der Toleranz, die Botschaft der Päpste in der Regel eine Botschaft von Verboten.

Vor allem war sie eine Botschaft der Verbote für Frauen. Dies sehen heute nicht nur die Theologinnen, die eifrig an den Grundfesten der männlichen Kirche zu rütteln beginnen. Auch immer mehr Laien durchschauen das Spiel. So umriß etwa das deutsche Nachrichtenmagazin »Der Spiegel« im Dezember 1992 in einem Artikel mit dem bezeichnenden Titel »Päpstin mit Recht auf Heirat« die Sachlage ebenso knapp wie treffend: »Etwa mehr als die Hälfte aller Katholiken in der Welt, rund 500 Millionen, sind Frauen. Doch ihre Rechte in dieser Großkirche, die sich selbst unermüdlich als Hüterin von Wahrheit, Moral und Menschenwürde empfiehlt, schnurren noch immer auf eins zusammen: den Herren des Christentums, den Funktionären der Hierarchie, zu dienen – als Haushälterinnen und Putzfrauen, als jungfräuliche Nonnen und altjüngferliche Pfarrsekretärinnen, als Kindergärtnerinnen oder Gemeindehelferinnen oder, etwas außerhalb der Legalität als Betthupferl. Wenn's ganz hoch kommt, sogar als theologisch ausgebildete Assistentinnen. Der Zugang zur Hierarchie aber, zur Teilhabe an der Kirchenmacht, ist ihnen noch immer verschlossen – geht es nach den Männern an der Spitze, auf ewig. Denn Priesterinnen sind dem Papst und den meisten seiner Bischöfe ein Greuel.«

Der offizielle Grund dafür ist heute noch immer der beinahe zweitausend Jahre alte Weiber-Maulkorb des Apostels Paulus und der Auftrag an die zwölf Jünger beim Abendmahl »Tut dies zu meinem Gedächtnis«.

Vergessen wird, daß Paulus eine anscheinend von seiner Zeit mitbestimmte zwiespältige Sicht von Frauen und ihrem Dienst in der Kirche hatte, denn abgesehen von den Prophetinnen in den Kirchen der damaligen Zeit sprach er jenen Satz, welcher der beste Beweis für eine Ordination von Frauen auch von seiten des Kirchengründers Saulus/Paulus wäre: »Es gibt nicht mehr Mann und Frau; denn ihr seid alle einer in Christus Jesus« (Gal 3,28).

Der elitären Männergruppe beim letzten Abendmahl aber

steht eine moderne Sicht des Begriffs Apostel gegenüber. Das griechische Wort für Apostel bedeutet Zeuge sein und Zeugenschaft geben. Genau dies aber traf auf die weibliche Jüngerschaft zu, nicht auf die tafelnden Männer, die Jesus vor seinem Tod, unter dem Kreuz und nach der Auferstehung anzweifelten oder sogar verrieten.

Stichhaltige Argumente gegen Frauen als Priesterinnen gibt es heute keine mehr; vor allem gibt es heute kaum mehr Menschen, die solche Argumente beeindrucken könnten. So sprachen sich in dem erwähnten »Spiegel«-Artikel nach einer Umfrage 70 Prozent aller Befragten für Priesterinnen aus, bei den regelmäßigen Kirchengängern 50 Prozent, wobei nur 37 Prozent ausgesprochen dagegen waren. Die Wirklichkeit des Alltags überholt also längst alle Regeln einiger weniger Patriarchen von Gottes oder eigenen Gnaden, die sich noch immer unhinterfragt auf ein unfehlbares Stellvertretertum Christi berufen wollen. Und wie die Ergebnisse der Kirchenvolks-Begehren in Österreich und Deutschland im Gefolge der Affäre um den Wiener Kardinal Groer zeigten, wird es wohl künftig – in dieser speziellen und in vielen anderen Fragen – nicht mehr genug sein, wenn einige mediengeile Theologen und eine Handvoll aufgeschreckter Krummstäbe von der »Notwendigkeit der Anpassung der Kirche an die veränderten gesellschaftlichen Realitäten« nur reden, um das Kirchenvolk zu beschwichtigen oder das aktuelle Aufmerksamkeitspotential für sich zu nutzen. In anderen Kirchen hat dieses Stellvertretertum bereits eine unübersehbare weibliche Note. So jubelte am 15. November 1992 »The Sunday Times«: »Synode votes for women priests« und bezeichnete die Wahl für das Frauenpriestertum trotz hauchdünner Mehrheit von zwei Stimmen als den wichtigsten Augenblick in der vierhundertjährigen Geschichte der anglikanischen Kirche.

Daß daraufhin Hunderte von Priestern mit dem Austritt

drohten und der Vatikan sich auch gleich bereit erklärte, solche Priester unter seine Fittiche zu nehmen, spricht für sich.

Die deutschen Protestantinnen haben den ersten Schritt zur Gleichberechtigung bereits weit hinter sich. Sie sind seit den sechziger Jahren zum Priesteramt zugelassen, heute gibt es neben 16000 Pfarrern an die 2200 Pastorinnen. 1992 gelangte die Hamburgerin Maria Jepsen als erste Frau zu Bischofswürden – ein gewaltiger, aber doch noch immer einsamer Schritt in einer Kirche, in der sich trotz allen Vorsprüngen gegenüber den Katholikinnen die Frauen darüber beklagen, daß alle Regierungsgeschäfte nach wie vor in den Händen der Männer liegen.

Trotzdem tut sich einiges in Sachen Frauen und Seelsorge: 1989 machte die geschiedene Amerikanerin Barbara Harris den ersten Schritt, als sie von der Episkopalkirche in Massachusetts zur ersten weiblichen Bischöfin geweiht wurde; bis zum Jahr 1992 folgten ihr dann in den verschiedensten Kirchen vierzehn Oberhirtinnen nach.

Katholikinnen würden es ihnen gerne nachmachen. Denn obwohl einerseits immer weniger jüngere Frauen zur Kirche gehen (nach einer Umfrage aus dem Jahr 1985 waren es 1953 64 Prozent, 1985 nur mehr sieben Prozent), drängen immer mehr Frauen in männliche Domänen vor. Eine kleine Minderheit probt laut »Spiegel« sogar den Aufstand: »Weltweit haben Theologinnen in den letzten 25 Jahren eine eigene feministische Gottes- und Glaubenssicht entwickelt, die versucht, gegen das Klischee vom Macho-Gott anzudenken und anzuglauben. In Deutschland machten in den letzten 20 Jahren knapp 10000 Theologiestudentinnen ihr Examen an katholisch-theologischen Fakultäten und erwarben sich damit das Rüstzeug zum Fight gegen die Männerkirche.«

Diese aber wird gerade dann zweifelhaft, wenn heute immer augenscheinlicher wird, daß der erste und wichtigste Stellvertreter Jesu eine Stellvertreterin war. Dann braucht es auch nicht zweifelhafter männlich-päpstlicher Sprüche, um die eine Hälfte aller Katholiken auch weiterhin zu vertrösten. Es braucht nur genügend Frauen und »neue Männer«, wie Jesus es einst war, welche die Gerechtigkeit, das Mitleid und das Fortschrittsverständnis eines Papstes und seiner Theologen an der christlichen wie geschichtlichen Wahrheit zu messen sich getrauen. Denn längst und vor allem heute, wo man den wirklichen Jesus vielleicht zu begreifen beginnt, ist es Zeit für die Rehabilitierung der Stellvertreterin.

Huren und Heilige

»Maria heißt das bittere Meer oder die Erleuchterin oder die Erleuchtete. Daran merken wir dreifaltig das beste Teil, das sie hat erwählt: das Teil der Buße, das Teil innerer Betrachtung; und das Teil himmlischer Glorien.«

Mit diesen vieldeutigen Zeilen beginnt in der »Legenda aurea« das Kapitel über Maria Magdalena. Und obwohl sie später ausdrücklich als Sünderin bezeichnet wird, möchte man bei diesen Anfangszeilen doch wieder stark an der Sünderin zweifeln.

Allerdings scheint, wie wir gesehen haben, in Dingen, die zweitausend Jahre zurückliegen, weder Glaube noch Unglaube das richtige Instrument zu sein. Völlige Ablehnung gleicht hundertprozentiger Annahme. Und Zweifel mag da und dort ebenso hilfreich sein wie die »Gnade des Glaubens«. Um uns aber der Zeit Null unserer Zeitrechnung nähern zu können, brauchen wir andere Methoden.

Wir müssen zugeben, daß jede Vermutung ebenso wahr wie unwahr sein kann, vor allem aber, daß jede Hypothese nicht nur aus der Sicht der zu erzählenden Geschichte, sondern auch der des Erzählers zu betrachten ist.

Einer der größten Erzähler der Menschheit, nämlich Homer, ist ein gutes Beispiel für die vielen Richtungen, in die und aus der jede Geschichte strahlt. Homer soll uns zwar die »Odyssee« und die »Ilias« und damit viel über die Zeit der alten Griechen erzählt haben, aber über ihn selbst wußte niemand etwas zu berichten. So wissen wir heute weder, wo er geboren wurde, noch ob er die beiden großen Epen tatsächlich verfaßt hat. Über den »Geschichtenerzähler« Jesus wissen wir einiges mehr. Dies aber nicht nur deshalb, weil seine religiösen Gleichnisse auch auf ihn selbst ein Licht werfen, sondern vor allem deswegen, weil er anderen Erzählern als Religionsstifter ins Konzept paßte. Diese formten sein Bild nach ihrem Bild, und ebenso dürfte es Maria Magdalena ergangen sein. Als Erleuchterin und Erleuchtete umgibt die große Sünderin jedoch trotz allem jene Art Heiligenschein, der auch Jesus verblieben ist – ungeachtet all der Verbrechen und Greuel, die in seinem Namen in den letzten zweitausend Jahren begangen wurden. Dieser symbolische Heiligenschein ist dem roten Faden ähnlich, der sich quer durch die verschiedenen Evangelien zieht und uns sagt, daß Jesus auf seine Art und Weise ein außergewöhnlicher Mensch gewesen sein muß.

Verlassen wir diesen roten Faden als einzigen hundertprozentigen Wegweiser, so kommen wir ins Dickicht der Erzähler. Dazu braucht es oft nicht einmal den Widerspruch zwischen den gnostischen Evangelien mit ihrem freieren Jesus-Bild und den von der Kirche anerkannten synoptischen der vier Evangelisten. Synoptisch bedeutet zwar »weitgehend übereinstimmend«, aber die offiziellen Erzähler beginnen sich bereits zu widersprechen, wenn es um die Geburt des späteren Messias geht.

Nach Markus ist Jesus der Sohn eines armen Zimmermanns, nach Matthäus wiederum ein direkter Nachkomme Davids und Salomons und von königlicher Herkunft; Lukas läßt ihn zwar aus dem Hause David abstammen, bei ihm gehört er aber einer verarmten Familienlinie an. Gleiches gilt für die geheimnisvollen ersten Besucher des neugeborenen Kindes an der Krippe, die nur bei Lukas eine solche ist: hier knien die uns bekannten Hirten vor Jesus und seiner Mutter, die wegen der Volkszählung von Nazareth nach Bethlehem gereist war. Bei Matthäus begegnen wir dagegen den Königen aus dem Morgenland und diese besuchen eine Familie, die sehr vornehm ist, schon immer in Bethlehem gelebt hat und erst später vor Herodes nach Ägypten floh.

Ähnliche Ungereimtheiten finden wir um den Tod am Kreuz – vor allem aber begleiteten sie zweitausend Jahre auch Maria Magdalena. So wie niemand als Kind einen Widerspruch zwischen Hirten und Heiligen Drei Königen sah, so dämmert auch den wenigsten von uns die zwiespältige Rolle der »erleuchteten Sünderin«. Bezeichnenderweise wird nämlich der Begriff Sünde nicht nur im Zusammenhang mit Maria Magdalena immer wieder im Kontext der Sexualität gesehen.

Seit nahezu zweitausend Jahren ist Sexualität an sich schon Sünde. Und Sünde ist, von den Fällen von Mord und Totschlag abgesehen, Sexualität. Der beste Beweis dafür ist die »Gottesmutter« Maria: als »Unbefleckte Empfängnis« wurde sie zum Symbol der ihrer Sexualität beraubten Frau. Der Mehrzahl der im Gegensatz zu ihr »befleckten« Frauen wurde die Sexualität zwar nicht gänzlich gestohlen, zumindest aber auf sehr lange Zeit auf das Gebot der möglichst freudlosen Fortpflanzung eingeschränkt.

Die Gefährtin Jesu steht an einer Zeitenwende, an der nicht nur große Religionen gegründet wurden, sondern auch alten Religionen endgültig der Garaus gemacht wurde. Ein Merkmal all dieser Religionen, denen zuerst die Stellvertreter Jahwes, später Paulus und dessen Gefolgschaft die letzten Schwerthiebe versetzten, war die sakrale Bedeutung der Sexualität.

Im Palästina der Stunde Null wurde nicht nur ein Messias geboren, es war zugleich auch die Stunde Null für eine neue Ethik und eine neue Moral. Zugleich waren es die letzten Stunden der großen, von Göttinnen dominierten Religionen des Nahen Ostens, und es waren die letzten Züge uralter matriarchaler Gesellschaften.

In den Zeiten Maria Magdalenas wurde der Schlußstrich gezogen unter einen Jahrtausende alten Kampf des männlichen Monotheismus gegen die Fruchtbarkeitsreligionen der großen Göttinnen von Babylon, Ägypten, Ur, Kanaan, Kleinasien und Griechenland. Gleichzeitig wurden die Rechte der Frau drastisch beschnitten, dazu bekam die Sexualität einen neuen Stellenwert.

Welch langen Kampf die Nachfolger Moses gegen die lockeren Sitten der angrenzenden Völker führten, kann man erfahren, wenn man bloß ein wenig in der Hebräischen Bibel blättert. So droht der Prophet Nahum der Stadt Ninive: »Und (das alles) wegen der vielen Buhlerei, der holdselig verführerischen Buhlerin, die ganze Völker mit ihrer Buhlerei und die Völkerschaften mit ihren Zauberkünsten (umgarnt). Nunmehr will ich... deine Schleppe dir übers Gesicht ziehen und den Völkern deine Blöße zeigen und den Königreichen deine Scham. Ich will dich mit Unrat bewerfen und dadurch entehren...«

Aber Ninive, eine Stadt der babylonischen Göttin Ischtar, die Regentin der Menschen genannt wurde, war nicht der einzige Feind. Während ihrer Landnahme im 14. und 12. Jahrhundert v. Chr. bis zu den Zeiten Jesu kämpften die Juden einen erbitterten Kampf gegen die von ihnen als Unmoral gegeißelten lockeren Sitten in Kanaan und den umliegenden Gebieten.

Die Unmoral machte den Propheten aber auch in den eigenen Reihen zu schaffen. Ezechiel gibt einen deutlichen Hinweis darauf, wenn er über die beiden Städte Samaria und Jerusalem schreibt: »...es waren zwei Frauen, Töchter derselben Mutter, die trieben Unzucht in Ägypten und buhlten schon in ihrer Jugend; sie ließen dort ihre Brüste drücken, und dort betastete man ihnen den jungfräulichen Busen: die ältere hieß Ohola und ihre Schwester Oholiba. Sie wurden beide mein und wurden Mütter von Söhnen und Töchtern; und was ihren Namen betrifft: Ohola ist Samaria und Oholiba ist Jerusalem« (Ez 23,1–5).

Der Sprecher jener Worte und der spätere Eigentümer der unzüchtigen Töchter derselben Mutter ist übrigens Gott, der Herr. Er warnt die offensichtlichen Anhängerinnen der alten Göttinnen an späterer Stelle noch einmal ausdrücklich davor, wieder in die alten Sitten zu verfallen: »...so will ich denn der Unzucht im Lande ein Ende bereiten, damit alle Weiber sich warnen lassen und nicht Unzucht betreiben wie sie. So wird man euch für eure Verworfenheit büßen lassen und ihr sollt die Strafe leiden für das, was ihr mit eurem Götzendienst verschuldet habt, damit ihr erkennt, daß ich Gott, der Herr bin!« (Ez 23, 48–49).

Aus dem, was wir normalerweise aus der Bibel über diesen Gott, den Herrn hören, geht er als die gefestigte und einzige Gottheit hervor. Als derjenige, der in sieben Tagen Himmel und Erde erschuf und mit Adam und Eva die Menschen. Allerdings beginnt heute dieses Bild zu wackeln, wenn wir zu begreifen lernen, daß der Gott Israels selbst sich erst allmählich aus einer ganzen Reihe von Göttern – Elohim – zu dem »Einen Gott« zusammenentwickelt hat, daß vor diesem Gott, dem Herrn, der die letzten zweitausend Jahre beeinflußte, darüber hinaus sehr große und hochentwickelte Religionen bestanden haben.

Daß er nicht allein war, nicht der einzige, beweist schon ein Blick auf andere Schöpfungsmythen. So haben auch die Iraner einen Gott, der das Universum in einem siebenfachen Schöpfungsakt schuf. Und bei ihnen findet man auch eine Verwandte von Eva: die als Königin aller Hurendämonen verrufene Jeh verkehrte mit dem Teufel, um dadurch alle Frauen beflecken zu können. Der Schluß der Geschichte gleicht unserem Sündenfall, in dem die Schlange zum Symbol für die Sexualität wird: Die dem Teufel untertänigen Frauen verderben die Männer.

Die ersten großen Sünderinnen scheinen ebenso an einer Zeitenwende zu stehen wie die Sünderin Maria Magdalena. Allerdings zweifelt man heute daran, ob unsere großen Schöpfungsmythen auch ganz so alt sind, wie man noch bis vor kurzem gemeint hat. Vor den aufsehenerregenden Funden in Qumran am Toten Meer stammten die ältesten erhaltenen hebräischen Schriftzeugnisse aus dem zehnten Jahrhundert nicht vor, sondern n. Chr. In Qumran fand man dann die ältesten Schriftrollen hebräischen Ursprungs, aber auch sie sind nicht älter als eine griechische Übersetzung, die schon zuvor aus dem zweiten Jahrhundert v. Chr. existiert hatte. Auch Abraham, der Stammvater der Hebräer, hat nach neuesten Forschungen nicht in gar so grauer Vorzeit gelebt, wie man sich dies manchmal vorstellt. Michael Grant datiert das Eintreffen von Abraham, Isaak und Jakob im Heiligen Land zwischen dem 19. und dem 16. Jahrhundert. Setzt man allerdings die Zeit des Moses um 1300 an, so weisen die sieben Generationen, die zwischen den beiden großen Männern Israels liegen, bei der damaligen Lebenserwartung eher darauf hin, daß Abraham erst um das Jahr 1550 v. Chr. gelebt hat.

Wenn wir heute die Geschichte mit offeneren Augen sehen, so scheint es, daß dieser »relativ junge« Abraham einen ebensolchen Fixpunkt in der Entwicklung der Menschheit darstellt wie später Jesus. Um seinen Nachkommen Jakob sollten sich später die zwölf Stämme Israels scharen, die zu den Repräsentanten des Gottes der Väter wurden. Dieser Gott der Väter des Judentums und des Christentums ist aber nur zu verstehen, wenn wir in der

Geschichte noch einen Schritt weiter zurückgehen – bis hin zur Religion der Großen Mutter. Die angloamerikanische Schriftstellerin Merlin Stone weist in ihrem Buch über die Geschichte der Urreligionen, das den bezeichnenden Titel »Als Gott eine Frau war« hat, immer wieder auf den Einfluß frühester historischer Zeiten auf unser Denken hin. Wie groß dieser zumindest noch zu Zeiten Maria Magdalenas gewesen sein muß, erahnt man, wenn man sich vorerst nur an die Chronologie hält. »Die große Göttin – die Göttliche Ahnfrau – war seit dem Beginn der neolithischen Zeit um 7000 v. Chr. bis zur Schließung der letzten Göttinnentempel um 500 n. Chr. verehrt worden. Einige Forscher neigen dazu, die Anbetung der Göttin bis ins Jungpaläolithikum um etwa 25 000 v. Chr. zurückzuschieben. Dagegen fanden die Ereignisse der Bibel, von denen wir im allgemeinen denken, daß sie ›im Anfang der Zeit‹ geschahen, in Wirklichkeit in historischen Epochen statt.«

Vor nicht allzu langer Zeit hätte eine solcherart zum größten Teil weiblich geprägte Religionsgeschichte für Aufruhr gesorgt. Noch vor hundert Jahren stieß der Schweizer Rechtsprofessor J. J. Bachofen auf völliges Unverständnis und Ächtung, als er von einem Matriarchat in den Anfängen der Menschheitsgeschichte sprach. Inzwischen weisen Forschungsergebnisse aus allen Sparten darauf hin, daß in den Frühzeiten Ägyptens, Griechenlands, Kleinasiens, aber auch Tibets, Indiens und Zentralasiens mutterrechtliche Gesellschaften standen. Die Götter, die man aus den frühesten Zeiten unserer Geschichte ausgrub, waren Göttinnen. Und deren Einfluß reichte weit hinauf in die Zeiten der neuen Männerreligionen.

So wurde etwa der Kybele-Kult noch im Rom des Jahres 268 in Prozessionen gefeiert, und der Apostel Paulus beklagte immer wieder die Verehrung der Göttin in Anatolien und verdammte die »Lust der befleckenden Leidenschaft«.

Der Kampf gegen die Göttin war nicht nur ein Kampf männlichen Glaubens gegen einen sehr alten weiblichen, er war auch und vor allem ein Kampf gegen die offene Sexualität in den Anfangszeiten der Menschheit.

Nicht umsonst finden wir sexuelle Fragen überall dort angeschnitten, wo ein Einschnitt in der Geschichte neues Denken anzeigt: in den verschiedenen Adam-, Eva- und Schlangenmythen und in den Geschichten rund um die büßende Sünderin Maria Magdalena. Drastisch gesprochen, symbolisieren Eva wie Maria Magdalena als »Befleckte« im Gegensatz zur späteren »Unbefleckten« Maria die Umwertung aller Werte. In den Zeiten des Matriarchats und in den Zeiten der verschiedenen Himmelsgöttinnen wären sie keine Sünderinnen und mögliche Huren gewesen, sondern Heilige. In den Tempeln der Großen Mutter galt die Sexualität der Priesterinnen als heilig, als eine Verbindung zur ganzen Schöpfung. In den Tempeln des nachfolgenden Gottes wurde aus der Sexualität die Sünde schlechthin und die Propheten Jahwes konnten nicht genug über das schändliche Treiben sogar in den eigenen Reihen schimpfen: »...gehe hin, nimm dir ein Dirnenweib und Dirnenkinder! Denn das Land ist ehebrecherisch vom Herrn abgefallen und ganz zur Dirne geworden« (Hos 1,2).

Wahrscheinlich können wir heute nur erahnen, welches große Umdenken mit der Religion des einen männlichen Gottes und seiner strengen Moral einherging. Denn Religionsgeschichte ist immer auch politisch und gesellschaftlich prägend. Andererseits machen wir, die wir noch immer von dem strengen Bibel-Bild der letzten zweitausend Jahre geprägt sind, uns zu selten klar, daß sich Gesellschaften auch ihre Religionen schaffen. Sieht man Religionsgeschichte unter einem sehr vereinfachenden Zeitraffer, so waren die ersten Religionen solche, die aus dem Leben entstanden und nicht verordnet wurden.

Das größte Geheimnis des damaligen Lebens war sicherlich das Mysterium der Geburt. Tod und Leben, Wachsen und Vergehen waren die Rätsel, mit dem sich die Menschen beschäftigten. Der Schlüssel zu diesem Rätsel war die Frau. Sie war die Trägerin des Lebens und immer wieder die Hoffnung auf neues Leben. Schon in der Altsteinzeit gab man den Toten Kaurischneckenschalen als Grabbeigabe mit, die als ein Ebenbild der Vulva Hoffnung auf Wiedergeburt signalisierten.

Aber auch im alltäglichen Leben dominierten die Frauen. Sie halfen sich gegenseitig bei der Pflege der Kinder, und in der Sorge um die Nachkommenschaft schufen sie auch die Wurzeln zur Kultur. Man kann sich heute kaum vorstellen, welch immenser Schritt nach vorwärts das erste bewußt in die Erde gelegte Samenkorn war, aber wahrscheinlich waren es Frauen, die den Sammlergesellschaften ein Ende bereiteten. Während die Männer auf der Jagd waren, durchschauten die Frauen den Zusammenhang zwischen Samen und späterer Ernte und legten den Grundstein zur Landwirtschaft. Natürlich läßt sich dies heute nicht mit Sicherheit beweisen, mit einiger Objektivität kann man sich aber die Nebenrolle der Männer jener Zeit vorstellen, vor allem aber auch, daß alles, was mit Wachsen und Gedeihen zu tun hatte, in den Händen der Frauen lag.

Die Menschen der damaligen Zeit hatten keine Ahnung vom Zusammenhang zwischen Geburt und Zeugung, und die Frau war das einzige Verbindungsglied zu dem, was man sich vielleicht als Himmel vorstellte.

In einem gewissen Sinn waren damals alle Geburten jungfräulich. Die Menschheit hat dies nie vergessen: Viele ihrer Größen kamen immer direkt vom Himmel herab, waren reine Muttergeburten. Jesus ist dabei kein Einzelfall, vor ihm war schon Buddha ein jungfräulich Empfangener; von Sargon, einem der ersten Könige Mesopotamiens, berichtet man, daß er keinen Vater hatte und seine Mutter eine Hohepriesterin war. Moses tauchte, wie wir wissen, zumindest beinahe aus dem Nichts auf, nämlich in einem Körbchen, das den Nil hinunterschwamm. Auch in anderen Gebieten der Erde scheint die jungfräuliche Geburt immer in Zusammenhang mit imposanten Persönlichkeiten zu stehen: So heißt es von Quetzalcoatl, von Montezuma und von Dschingis Khan, daß sie jungfräulich empfangen wurden.

Aus heutiger Sicht ist es natürlich schwer zu entscheiden, ob dahinter die Neigung des Menschen steht, herausragende Persönlichkeiten quasi als ungezeugt vom Himmel herabsteigend zu schildern, oder nur freiere sexuelle Sitten zu bemänteln.

Im Fall Jesus allerdings wissen wir ziemlich genau, wie die offizielle Version der jungfräulichen Geburt zustande kam. Bis 431 n.Chr., bis zum Konzil von Ephesus, war Maria nicht sehr viel mehr als die Mutter Jesu. Der Titel der Gottesgebärerin, »theotokos«, der ihr nun verliehen wurde, sollte für eine raschere Verbreitung des Christentums sorgen. Der weibliche Anstrich, den die Mutter Jesu damit der männlich orientierten Kirche gab, war auch noch 1854 nützlich, als das Dogma von der »Unbefleckten Empfängnis« viele Trostsuchende zurück in ein Gottesreich führte, das im Zeichen des Industriezeitalters langsam an Einfluß zu verlieren begann.

In ihrer Not wandten sich die Menschen schon immer lieber an die »regina coelis«. Die wenigsten aber wußten, daß die Himmelskönigin berühmte Vorfahrinnen hatte. Als Pietà mit dem toten Jesus auf ihrem Schoß gleicht die Gottesmutter genau den Abbildungen der ägyptischen Isis mit dem Horusknaben auf dem Schoß oder den alten Bildern aus

Kreta und Babylon, auf denen die Göttinnen und Königinnen mit ihren geopferten Geliebten auf dem Schoß dargestellt wurden. Es sind Darstellungen, die uns wieder zu jenem Mysterium von Tod und Geburt zurückbringen, das am Anfang jeder Religiosität stand. Die Menschen sahen an sich und an der Natur rund um sie, wie Leben in die Welt kam und wieder verschwand. Und schon sehr bald dürften sie auf die Idee gekommen sein, die Fruchtbarkeit mittels Opfern bezahlen zu wollen.

Einer scheinbar aufgeklärten Zeit wie der unseren erscheint die Idee von Menschenopfern zwar noch immer als barbarisch, trotzdem ist uns die Möglichkeit schon aus der Hebräischen Bibel her geläufig. Schließlich wollte Abraham ohne zu zögern seinen Sohn Isaak opfern und ließ davon erst ab, als ihm der Herr Einhalt befahl. Eineinhalbtausend Jahre später soll Gott dann tatsächlich seinen erstgeborenen Sohn geopfert haben. Nur wenige Leute entdecken, daß viele uralte Mythen als rituelle Dramen immer wieder aufgeführt werden. Einer dieser Mythen ist die Opferung des jungen Gottes. Wie sehr sich jener uralte Brauch, dem man erst heute langsam wieder auf die Spur kommt, auf den Kreuzestod von Jesus ausgewirkt hat, wird nie feststellbar sein; allerdings ist der heute nicht unumstrittene Tod am Kreuz ein Beweis dafür, wie sehr alle menschlichen Wahrheiten, ihr Glaube, ihre Vorstellungen von Gut und Böse und von Sünde von Mythen bestimmt werden. So wie die Sexualfeindlichkeit der Juden und der ihnen nachfolgenden Christen sehr viel mit der offenen Sexualität der Zeit der Göttin zu tun hat, so könnte auch die Opferung des erstgeborenen Sohnes sehr viel mit altem Opferdenken zu tun haben.

Gehen wir noch einmal sehr weit in der Geschichte zurück. Vielleicht war es der erste, bewußt in die Erde gelegte Getreidesamen, der einer Frau das Geheimnis um den Geschlechtsakt und die Zeugung offenbarte. Denn die Frage, wie ein Kind in den Mutterschoß kommt, war, wie der englische Religionswissenschaftler S. G. Brandon so treffend bemerkt, tatsächlich ein Geheimnis: »...angesichts des Zeitraumes, der zwischen Geburt und Befruchtung liegt, ist es wahrscheinlich, daß die Bedeutung von Schwangerschaft und Geburt hochgeschätzt wurde, lange bevor man erkannte, daß diese Phänomene das Ergebnis der Empfängnis waren, die auf den Koitus folgten.«

Dieses Unwissen erscheint uns heute nicht mehr ganz so unverständlich. Biologen und Anthropologen weisen darauf hin, daß bei den Ureinwohnern Australiens etwa der Zusammenhang zwischen Vaterschaft und Geburt noch immer unklar ist. Gerade aus diesem Unwissen aber entstanden drei Dinge, ohne die alle Urreligionen nicht denkbar sind: die von Anthropologen wie James Frazer oder Margaret Mead immer wieder betonte Verehrung des Weiblichen, die Verehrung der Fruchtbarkeit und die Idee des Opfers als eine mögliche Verbindung zum Himmel.

Die Sonderstellung der Frau als Spenderin des Lebens spiegelte sich nicht nur in den sozialen Strukturen des täglichen Lebens wider, indem jedes Recht und jeder Besitz auf der Verwandtschaft durch die Mutter beruht; sie spiegelt sich auch in den Gottesvorstellungen jener Zeit. In der Morgendämmerung der Religion war Gott eine Frau, wie Merlin Stone es treffend ausdrückt.

Diesem weiblichen Gott, dem Spiegelbild weiblicher Fruchtbarkeit auf Erden, begegnen wir in den ältesten und noch sehr einfachen Fruchtbarkeitsgöttinnen ebenso wie in den hoch entwickelten Religionen des Nahen Ostens.

Heute kennen wir sie unter Namen wie Isis, Astarte, Demeter, Kybele oder Ischtar und bringen sie zumeist in Zusammenhang mit einer männlichen Gottheit; ihr Ursprung aber reicht weit in jene Zeiten zurück, als es im Himmel noch keine männlichen Wesen gab.

Im Gegensatz zu dem heute üblichen Spruch »Wie im Himmel so auf Erden« wurde damals, nach allem, was wir heute wissen, jede Jenseitsvorstellung von der Erde her bestimmt: von der Frau, die in ihrer Rolle als Mutter Wegbereiterin der ersten Schritte der Zivilisation wurde.

Mit der Entdeckung der Zeugung dürfte sich dann die Stellung des bis dahin außer zu Schutzzwecken eigentlich überflüssig erscheinenden Mannes geändert haben. Diese Entdeckung geschah in den verschiedensten Kulturen zu verschiedenen Zeiten, und man mutmaßt heute, daß die Frauen, vor allem die ersten Priesterinnen, dieses Wissen vielleicht sogar lange Zeit hüteten. Im anatolischen Çatal Hüyük fand man jedoch bei Ausgrabungen einen deutlichen Hinweis darauf, daß man zumindest achttausend Jahre vor Christus in dieser Gegend um die Funktion der Sexualität gewußt hat: ein Relief zeigt auf der einen Seite eine Frau mit einem Kind im Arm, während auf der anderen Seite die enge Umarmung zweier Liebender in den Stein graviert ist.

Moderne Archäologen wunderten sich lange Zeit immer wieder über die sexuelle Freizügigkeit auf alten Darstellungen im Nahen und Mittleren Osten. Diese wird aber dann völlig verständlich, wenn wir uns nur ein wenig in jene Zeit hineinfühlen, in der alles von der Fruchtbarkeit abhing. In einer solchen Zeit war der Geschlechtsakt etwas Heiliges, und als solches zog er später auch in die Tempel ein: Von Kanaan bis nach Anatolien, Sumer und Babylon lebten in den Tempeln als »Heilige« bezeichnete Frauen, die ihre Göttinnen unter den verschiedensten Namen als Schutzfrauen der sexuellen Liebe verehrten und mit den Tempelbesuchern sexuell verkehrten. Spätere Zeiten gaben den heiligen Frauen den Namen Tempelhuren, und spätere Zeiten konnten natürlich auch den Sinn des Opfers, vor allem die Möglichkeit tatsächlicher Menschenopfer nicht verstehen.

Und wäre da nicht jenes andere große Opfer, der immer wieder betonte Tod Jesu am Kreuz und die von seinen Nachfolgern immer wieder betonte leibliche Auferstehung, könnte man an den Gebräuchen früherer Zeiten eigentlich achtlos vorübergehen. Aber wie die Rolle der Sünderinnen Eva und Maria Magdalena aus der Zeit vor unserer biblischen Geschichte durchsichtiger wird, könnte der oft bezweifelte Tod des jungen Gottes in grauer Vorzeit ein Licht auf die Geschehnisse vor zweitausend Jahren werfen. Um etwas auch nur annähernd zu begreifen, was der moderne Verstand nicht verstehen will, obwohl es tatsächlich auf Tausenden Altären rund um den Erdball nachvollzogen wird, greift man am besten wieder zum einfachen Beispiel des Samenkorns. Mit seiner Hilfe erkannten die Menschen vor langer Zeit, wie Wachsen, Blühen und Reifen funktioniert. Später verglich man das Männliche als Spender des fruchtbaren Samens mit der Natur: Aus dem Korn entstand die Ähre, die Pflanze selbst aber mußte im Herbst sterben, damit im Frühling ein neuer Samen gesät werden konnte.

Dieses Opfer, das die Natur immer wieder und wieder für neues Werden bringt, haben die Menschen anscheinend nie geringgeschätzt. »Die Religion des Menschen der Altsteinzeit wurde sichtbar deutlich durch das Opfer«, schreibt der Sprachforscher Richard Fester in dem Buch »Weib und Macht«, und nicht nur die Kaurimuscheln als Grabbeigaben beweisen das. Mit einer größeren Einsicht in das Werden und Vergehen aller Dinge scheint sich das Opfer gewandelt zu haben. Man opferte kleine Figuren in den Höhlen und Grotten, die als Versammlungsplatz und als erste religiöse Kultstätten dienten. Denn langsam, aber sicher kristallisierten sich die ersten religiösen Gedanken heraus – und sie hatten immer mit der Fruchtbarkeit zu tun. Die Prähistorikerin Marie E. P. König weist in derselben Untersuchung darauf hin, daß nicht nur die vielen üppigen weiblichen Statuetten und die Vulva-Darstellungen dies beweisen, sondern vor allem auch die Lunar-Symbolik. Sehr bald schon dürfte der Mensch den Wandel des Mondes beobachtet haben und ihn mit den Phasen im weiblichen Leben verglichen haben. Aber der Mond war nicht nur ein Symbol für die Jungfrau, die schwangere Mutter und die alte Frau, er war auch eine stetige Erinnerung an das »Stirb und Werde«, das größte Geheimnis der Menschen. Darum wurde er sehr bald als das Phänomen angesehen, das die Fruchtbarkeit der Natur und auch diejenige des Menschen beeinflußte – nicht zu Unrecht, wie heute die Wissenschaft beweist.

Aus der ersten, sehr einfachen Verehrung, aus Mondsicheln, die auf Höhlenwände geritzt wurden, entstand später der Glaube an die Mondgöttin. Der Mond bestimmte nicht nur Aussaat und Ernte, Fruchtbarkeistsfeste und Feiern, er war, wie auch heute noch in manchen Sprachen, eine »Sie«, und diese »Sie« bestimmte die Welt. Alle Fruchtbarkeitsgöttinnen waren in erster Linie Göttinnen des Mondes, und in ihren Tempeln huldigte man der Fruchtbarkeit, die der Mond schenkte. Höhepunkt dieser Huldigungen waren in den Zeiten der weiblichen Tempel die heiligen erotischen Bräuche. Über diese wurde und wird noch viel gerätselt. Die Grundidee aber war, grob gesprochen, diejenige, daß sich bei der Vereinigung von Mann und Frau göttliche Kraft auf der Erde manifestiert und Energie freisetzt, die wieder der allgemeinen Fruchtbarkeit dient.

Die C.-G.-Jung-Schülerin Esther Harding beschreibt einen Teil der Riten, auf den unser heutiger Begriff »Hochzeit« zurückgeht, in ihrem Buch »Frauen-Mysterien einst und jetzt«: »Um die Wahrheit, daß Gott in der Verbindung von Männlich und Weiblich ... manifest und wirksam ist, zu symbolisieren, opferten Frauen bei ihrer Initiation in die Mysterien der Großen Göttin ihre Jungfräulichkeit im Tempel, indem sie auf einen ›hieros gamos‹ eingingen, eine heilige Hochzeit, bei der die phallische Kraft des Gottes entweder durch den Priester oder durch das Bild des Phallus selbst oder durch irgendeinen Fremden, der die Nacht im Tempelbereich zubringen mochte, dargestellt wurde.«

So wie uns die Mondgöttin heute noch immer in symbolischer Art begegnet, wenn wir zu einer Marienstatue aufblicken, die auf einer Mondsichel schwebt, so wurde auch dieser uralte Brauch im »Recht der ersten Nacht« noch lange von Fürsten und Gutseigentümern fortgeführt.

Die eigentliche »Hohe Zeit« aber fand im Innersten des Tempels, auf der Spitze der Tempelbauten statt, wenn die Königin oder die Hohepriesterin als Stellvertreterin der Göttin im Himmel sich mit ihrem Geliebten vereinigte. Die Heilige Hochzeit war ein Geschenk an die Herrin im Himmel und an die Fruchtbarkeit der Erde zugleich.

Lange Zeit dürfte nach heutiger Ansicht der Geliebte der Königin für diese Fruchtbarkeit gestorben sein. Im Anschluß an den alten Gedanken an die Pflanze, die sterben muß, um einen neuen Samen hervorzubringen, mußte auch nach dem »hieros gamos« das zeugende Prinzip sterben, um später als jugendlicher Geliebte wieder auf die Welt zu kommen. Der ewige Kreislauf von Werden und Vergehen fand im Tempel seinen Höhepunkt, wenn der König, der später zu einem jungen Gott wurde, geopfert wurde.

Die Gebräuche waren dabei sehr unterschiedlich. Unter anderem soll dabei die Zahl Sieben zu ihrer Heiligkeit gekommen sein, weil der König am siebten Vollmond nach dem kürzesten Tag des Jahres geopfert wurde. Solch genaue Berechnungen zeigen, wie ernst der Mensch das Opfer an die Natur nahm – auf daß diese es mit üppiger Fruchtbarkeit danke.

Ein sprechender Hinweis auf solche uns manchmal unbegreiflich erscheinenden Bräuche ist die Sage vom ägyptischen Osiris, dessen Leiche zerstückelt wurde. In den frühesten Zeiten dürfte man tatsächlich zu Mitsommer die Gebeine des geopferten Königs über die Äcker verstreut haben, aber je öfter man zu Neujahr die Wiedergeburt das Königs in einem jugendlichen Nachfolger feierte, und je weiter die Zeit fortschritt, um so mehr bessert sich auch die Stellung des zu opfernden Mannes. Waren am Anfang jedes Jahr neue Geliebte für die Königin ausgewählt worden, so wird er später zum Sohngeliebten, der sterben muß, um wiederzukehren, als den wir ihn im Schoß vieler Göttinnen und nicht zuletzt der Pietà kennen.

Jacquetta Hawkens beschreibt in ihrem Buch »Dawn of the Gods« den Begleiter der kretischen Göttin: »Sie wird von einer jungen männlichen Gottheit begleitet, einem Jahresgeist, der ihr Kind und ihr Geliebter ist, der stirbt und wieder aufersteht – es ist die kretische Version des Adonis...« Im Laufe der Zeit werden die einstigen Liebhaber im Mythos zu Göttern, und langsam bekommen sie auch Namen, die später aus ihnen uns gebräuchliche vorchristliche Götter machten. Bald werden auch die Könige, die im Ritus immer die Stellung eines Gottes hatten, nicht mehr tatsächlich geopfert. »Bereits im alten Babylon war es insofern abgeschwächt, als der König beim Neujahrsfest im Tempel nur entkleidet, gedemütigt und geschlagen wurde, während auf dem Marktplatz ein Ersatzmann, der in allem Glanz zeremoniell inthronisiert worden war, mit dem Strick getötet wurde«, beschreibt L. Frobenius in seinem Buch »The Childhood of Man« den alten Brauch.

Als dann der Einfluß der Frauen sowohl in der Religion als auch in der Gesellschaft nachließ, verloren die Königinnen und die Hohenpriesterinnen ihren Einfluß. Trotzdem blieb anscheinend die Abhängigkeit des Menschen von der Heiligen Hochzeit noch lange bestehen. Der Sumerologe

Prof. Dr. Kramer etwa meint über die bereits historische Zeit Sumers: »Der wichtigste Ritus des Neuen Jahres war der ›Hieros Gamos‹ oder die Heilige Hochzeit zwischen dem König, der den Gott Damuzi darstellte, und einer der Priesterinnen, die die Göttin Inanna verkörperte... es entstand die Vorstellung, daß der König von Sumer, gleichgültig wer er war oder aus welcher Stadt er kam, zum Gatten der lebenspendenden Göttin der Liebe ...werden mußte...«

Der fruchtbarkeitspendende Ritus, bei welchem der König zumindest gedemütigt wurde und weinen mußte, läßt sich bis in bereits sehr aufgeklärte Zeiten hineinverfolgen. Merlin Stone berichtet, daß laut Lukian noch im Jahre 150 n.Chr. in Byblos, einer Stadt in der Nähe Beiruts, feierlich der Tod des Adonis als Geliebter der Göttin gefeiert wurde. Nach ihm waren die geheimen Riten des Adonis eigentlich jene des zerstückelten Osiris. Und von den Ritualen der kleinasiatischen Göttin Kybele, die noch 268 n.Chr. in Rom begangen wurden, heißt es, daß dabei der Sohngeliebte Attis symbolisch an einen Baum gebunden und später begraben wurde: »Drei Tage später aber erschien ein Licht im Grabgewölbe, und Attis stand von den Toten auf und brachte durch seine Neugeburt die Erlösung.«

Womit wir quer durch die Zeiten wieder im Jerusalem des Beginns unserer Zeitrechnung wären. Natürlich nicht in der tatsächlichen Stunde Null, zumindest aber bei jenem Ereignis, das der ausschlaggebende Punkt für eine neue Zeit wurde. Die Kreuzigung und die Hinwegnahme der Sünden sind die Hauptereignisse im christlichen Glauben, sie sind gleichzeitig aber auch ein Wendepunkt im religiösen Denken der Menschheit. Seit sie denken konnten, brachten die Menschen ihren Göttern Opfer dar, und diese Götter waren nach dem Abbild der Erde und der glaubenden Menschen geschaffen. Mit der Umkehr aller Werte, die zuletzt von den Juden und den Christen vervollständigt wurde, hieß es nicht mehr »wie auf Erden, so im Himmel«, sondern »wie im Himmel, so auf Erden«. Vom Himmel kamen die Zehn Gebote, die eine neue Art der Sexualität und feste Eigentumsbegriffe schufen; vom Himmel kamen alle Vorstellungen von dem neuen Gott – dem Herrn. Und schließlich kam nicht nur der neue Bund des Menschen mit diesem Herrn von oben, sondern auch das Opfer. Nicht mehr der Mensch opferte sozusagen von unten der Gottheit, an der Zeitenwende stand ein Gott, der seinen erstgeborenen Sohn der Menschheit opferte.

Man mag dies heute auf verschiedene Art und Weise sehen: als die Umwandlung alter Vorstellungen, die mit dem endgültigen Zusammenbruch der weiblichen Dominanz »im Himmel und auf Erden« einherging; es mag auch Zufall oder eine verspätete theologische Interpretation des Geschehens auf Golgatha gewesen sein.

Spekulationen um den Tod von Jesus sind immer ein brandheißes Thema. Einerseits interessieren sie, andererseits beleidigen sie allzu schnell die Glaubensvorstellungen vieler Menschen. Letzteres liegt nicht in der Absicht dieses Buches. Mit Religion und Glauben verhält es sich wie mit der Wahrheit: Jeder Mensch hat seine eigenen Vorstellungen davon. Und diese sollen niemandem weggenommen werden. Allerdings müssen wir heute zugeben, daß es größere und kleinere Wahrheiten gibt sowie religiöse Vorstellungen, die weiter gespannt sind als andere. Eine solche Vorstellung mag für alle, die am Leben des Meisters Jesus interessiert sind, das Eingebettetsein des Kreuzestodes in uralte Bräuche sein. Gewisse Kreise, die eventuell mit der Hilfe der neuen Religion das Denken der Menschen verselbständigen wollten, haben dabei vielleicht aus dem Opfer der Menschen an Gott ein Opfer Gottes an die Menschen gemacht – die Idee des Opfers aber blieb immer bestehen.

Auch die Rolle der früheren Königinnen oder der Hohenpriesterinnen wurde nicht vergessen. Einstmals spielte bei der Opferung des jungen Gottes eine Frau die Hauptrolle, auf Golgatha war es nur mehr eine untergeordnete Rolle, aber in allen Berichten ist es trotzdem Maria Magdalena, die unter dem Kreuz ausharrt. Und auch nach der Auferstehung scheint die Frau aus Magdala die wichtigste Aufgabe zu haben, indem sie entweder Jesus selbst begegnet oder den Engeln des Herrn.

Vertreter mancher esoterischer Schulen, darunter der russische Schriftsteller und Philosoph P. D. Ouspensky, wiesen schon immer darauf hin, daß die Kreuzigung als eine Art Mysterienspiel inszeniert wurde. Nach allem, was man heute über die religiösen Opferbräuche im Nahen Osten weiß, ist diese Überlegung nicht einmal an besonders langen Haaren herbeigezogen. Jesus selbst dürfte nach den Berichten des Neuen Testaments sehr genau darauf geachtet haben, daß die Prophezeiungen des Alten Testaments erfüllt wurden. Er weist seine Jünger an, eine Eselin herbeizuschaffen, damit die Schrift erfüllt werde und er auf ihr in Jerusalem einreite; er sagt beim letzten Abendmahl seinen Verrat voraus. Bei Lukas erinnern die Engel die Frauen im Grab daran, was Jesus selbst gepredigt hat: »Denkt daran, wie er zu euch geredet hat, als er noch in Galiläa war und aussagte, der Menschensohn müsse in die Hände sündiger Menschen ausgeliefert und ans Kreuz geschlagen werden und am dritten Tag auferstehen« (Lk 24,6–8).

Das Puzzle um Maria Magdalena wird bei genauerem Hinsehen auch zu einem Puzzle um den Mann an ihrer Seite, um Jesus. Je genauer man hinter historische Wurzeln blickt, um so mehr Möglichkeiten ergeben sich.

Nicht nur im alten Sumer soll anstelle des Königs ein anderer geopfert worden sein. Wir erinnern uns, daß in den Nag-Hammadi-Texten die Rede davon war, daß ein anderer die Galle und den Essig trank, mit dem Rohr geschlagen wurde und das Kreuz trug. Und auch im Koran ist ausdrücklich die Rede davon, daß Jesus weder getötet noch gekreuzigt wurde, man vielmehr einen anderen als ihm ähnlich hinstellte. Der Mythos vom Tod am Kreuz könnte also auf vielerlei Art und Weise entstanden sein: Jesus nahm entweder in bewährter Tradition tatsächlich die Sünden seiner Mitmenschen auf sich und büßte mit seinem Tod. Oder der Tod am Kreuz wurde inszeniert. Die zweite Möglichkeit läßt wiederum zahlreiche Spielarten zu. Eine davon wurde bereits angedeutet: Danach hätte die Widerstandsbewegung unter den Juden gegen die Römer so mächtig oder auch nur so raffiniert sein können, daß sie die Möglichkeit hatte, jemanden gegen Jesus auszuwechseln. In diesem Fall hätten die Christen zweitausend Jahre lang mit Recht an einen gekreuzigten Jesus geglaubt, während in den gnostischen Bewegungen und im Islam eine geheime Tradition des Wissens um das tatsächliche Geschehen weiterlebte. Eine andere Möglichkeit ist diejenige, daß das ganze Geschehen tatsächlich als ein Lehrbeispiel für die Opferung der Sünden inszeniert wurde. In allen alten Einweihungsriten hat der Initiand einen symbolischen Tod zu sterben, um neugeboren wieder auferstehen zu können. Falls ein solches nicht schon im vorhinein inszeniert wurde, um die alten Prophezeiungen zu erfüllen, so hätte man durchaus auch im nachhinein etwa die Geschichte eines rebellischen Jesus umdeuten können. Jesus hätte der große Widersacher der Römer sein können, der »Menschenfischer« und große Rhetoriker, als den wir ihn kennen, dem später die Rolle des Messias auf den Leib geschrieben wurde, obwohl er gar nicht starb.

Wohlgemerkt: Alles dies sind Hypothesen, sind Theorien. Aber wenn man genau hinsieht, müssen sie einander nicht unbedingt widersprechen. Jedenfalls schwebt über allen möglichen Varianten die gemeinsame Idee des Opfers. Und wenn wir uns heute klarmachen, daß diese aus sehr alten Zeiten stammt, so müssen wir auch den Geruch der Sünde, der über der zweiten Beteiligten an dem Drama schwebt, aus dieser Zeit her beurteilen. Sünde im Zusammenhang mit Maria Magdalena hatte immer den Beigeschmack der Sexualität. Wenn man sich aus heutiger Sicht also fragt, ob sie tatsächlich die Hure war, als die sie gelten sollte, dürfen wir nicht vergessen, daß vor der Umkehrung der alten weiblichen Werte in männliche eine Hure eine heilige Frau im Tempel war, die ihre Sexualität der Göttin opferte und die erst von den Patriarchen mit dem abwertenden Begriff »Tempelprostituierte«, also Hure, belegt wurde. Dafür, daß dieser Brauch nicht nur im Tempel zu Hause war, sprechen die andauernden Klagen der Priester in der Hebräischen Bibel über die losen Sitten.

Maria Magdalena hätte also tatsächlich eine der lebenslustigen und beileibe nicht prüden Frauen gewesen sein können, die sogar den strengen Gesetzen der Juden trotzten. Eine solche emanzipierte Frau könnte auch in das mögliche Bild eines revolutionären Jesus passen. Denn revolutionär war er nicht nur, wenn er einer Sünderin vergab, weil sie viel geliebt hatte, revolutionär war er für das orthodoxe Judentum seiner Zeit auch, wenn er entgegen der strengen Eßsitten der Juden forderte: »und wo ihr in eine Stadt einkehrt und man euch aufnimmt, so eßt, was man euch vorsetzt...« (Lk 10,8). Der Widerständler wird erahnbar, wenn er die Menschen hindert, die Ehebrecherin wie üblich zu steinigen, vor allem aber mit seinen berühmten aufrührerischen Sprüchen: »Wenn jemand zu mir kommt und nicht seinen Vater und seine Mutter, sein Weib und sein eigenes Leben haßt, so kann er nicht mein Jünger sein« (Lk 14,26). – »Ich bin gekommen, ein Feuer auf die Erde zu werfen...« (Lk 12,49). – »Meint ihr, ich sei gekommen, Frieden auf die Erde zu bringen? Nein, sage ich euch, vielmehr Zwiespalt...« (Lk 12,51).

Nun läßt sich zwar, wie wir gesehen haben, in die Sprüche Jesu viel hineininterpretieren, und obige Zeilen können durchaus auch als eine prophetische Vision auf die Zukunft des Christentums gemünzt sein; sie passen aber auch sehr gut in die kämpferische Zeitenwende vor zweitausend Jahren. In eine Zeit, in der die verschiedensten Richtungen im Judentum ebenso gegeneinander kämpften wie die Juden gegen die Römer und die Religion des »einen Herrn« gegen die letzten Reste der Fruchtbarkeitsreligionen.

In einer solchen Zeit hätte sich nicht einmal ein sehr kämpferischer und ein friedensstiftender Jesus widersprechen müssen. Lange Zeit sah man Jesus nur im Lichte seiner pazifistischen Botschaft. Man vermutete, daß diese aus der Bruderschaft der Essener stamme; diese Bruderschaft galt als asketisch und mystisch angehauchte Sekte. Heute aber kommt man immer mehr darauf, daß an ihrem friedlichen Ruf gezweifelt werden muß.

Mit der Entdeckung der Handschriften in Qumran tauchte nämlich nicht nur ein neues Essener-Bild aus der Geschichte auf, diese Texte zeigten auch Jesus und Maria Magdalena in einem neuen Rahmen. Falls nämlich Jesus vor seiner Zeit als Prediger tatsächlich bei und mit den Essenern gelebt hat, so muß dies nicht unbedingt in einem streng abgesonderten Wüstenkloster gewesen sein; auch müssen die Essener nicht unbedingt unverheiratet, kinderlos und vor allem gewaltlos gewesen sein. Nach Lincoln/Baigent/Leigh scheint es ein weitverbreitetes System von Essener-Häusern gegeben zu haben, in denen damals nicht nur Handel, Gewerbe und Handwerk gemeinschaftlich organisiert wurden, sondern die auch die Stützpunkte eines ganz besonderen Glaubens waren. Aus heutiger Sicht würde man die Essener als grüne Esoteriker oder als esoterische Grüne bezeichnen. Damals waren sie bekannt für ihr einfaches Leben, für den organisierten Ackerbau und Handel, für ihr Interesse an der Heilkunde und Therapien mit Hilfe von Kräutern und Steinen. Vor allem aber für ein ganz besonderes Religionsverständnis. Bei dem jüdischen Historiker Josephus Flavius lesen wir: »Wenn sie Weihegeschenke in den Tempel schicken, bringen sie kein Opfer dar, weil sie heiligere Reinigungsmittel zu besitzen vorgeben. Aus diesem Grund ist ihnen der Zutritt zum gemeinsamen Heiligtum nicht gestattet und sie verrichten demgemäß ihren Gottesdienst besonders« (»Jüdische Altertümer« XVIII 1.5). Weiter findet man bei Josephus Hinweise darauf, daß sie sich mit Astrologie beschäftigten, an die Wiedergeburt glaubten und Meister in der Kunst des Vorhersagens waren. Sie waren höchstwahrscheinlich jener Teil des Judentums, der sich mit einer der Geheimlehren des Mittelmeerraumes ausführlicher beschäftigte, und aus dem vielleicht später die Numerologie und die verschiedensten Disziplinen der Kabbala, der jüdischen Geheimlehre, entstanden. Josephus Flavius lobte sie »wegen einer bei den Griechen und den anderen Völkern völlig unbekannten, bei ihnen jedoch nicht erst seit kurzer Zeit, sondern schon seit vielen Jahren herrschenden ausgleichenden Gerechtigkeit, infolge der sie vollkommene Gütergemeinschaft haben und dem Reichen nicht mehr Genuß von seinen Gütern lassen wie dem Armen« (»Jüdische Altertümer« XVIII 1.5).

In einer solchen urkommunistischen Gemeinschaft hätte man sicherlich Verständnis und das Einfühlungsvermögen auch für eine ganz gewöhnliche Hure gehabt; auf jeden Fall für eine bekehrte Sünderin. Nicht umsonst stellen die Jesus-Worte »Ihr sind viele Sünden vergeben, denn sie hat viel Liebe erwiesen« (Lk 7,47) die Sünderin an der Tafel des Pharisäers genau in die Mitte zwischen dem alten Glauben, in dem das, was wir heute Prostitution nennen, heilig war, und die neuen strengen Sitten, die Ergebung erforderten. Wenn Liebe im Spiel war, änderte sich das Bild. Jesus sprach nicht umsonst zum Pharisäer, der an einem Propheten Jesus zweifelte, als er sich von einer Sünderin auch nur berühren ließ: »Du hast mir keinen Kuß gegeben, sie aber hat, seitdem ich eingetreten bin, mir die Füße unaufhörlich geküßt« (Lk 7,45).

Diese mögliche weitherzige Sicht eines Esseners gegenüber den strengen moralischen Anschauungen der orthodoxen Juden mag auf ägyptische, griechische und pythagoreische Einflüsse zurückgegangen sein. Die Geheimlehren dieser alten Kulturen hatten ein viel offeneres Frauenbild als etwa die Pharisäer. Pythagoras hatte gelehrt, daß das Ziel jedes Menschen der Nachvollzug der göttlichen Weltordnung sei, und in Ägypten und Griechenland war diese Weltordnung noch immer nicht ausschließlich von Männern dominiert. Dies schlug sich auch im täglichen Leben der Essener nieder. Nachdem man sie immer für strenge Asketen, die in der Wüste lebten, gehalten hatte, beweisen heute Schriftrollen aus Qumran das Gegenteil: Es gab spezielle Vorschriften dafür, wann es an der Zeit sei zu heiraten. Die Essener betrachteten Männer ab zwanzig für reif, um zu heiraten und Kinder zu bekommen, und ab dreißig wurde man als würdig betrachtet, in höhere Stufen der Essenergemeinde aufzusteigen. Dies könnte ein Fingerzeig darauf sein, warum Jesus erst mit dreißig Jahren zu lehren begann. Auch dafür, warum seine Lehre in Gleichnissen weitergegeben wurde, gibt es bei den Essenern einen Hinweis: Sie sollen nicht nur viel und ausgiebig in den heiligen Büchern gelesen, sondern auch ständig die Sprüche der Propheten zitiert haben.

Berühmt waren sie zu ihrer Zeit auch wegen der apokalyptischen Visionen, die ihnen den Ruf eintrugen, weit in die Zukunft sehen zu können. Herodes selbst entband sie vom Treueid, den jeder auf ihn schwören mußte, weil ein Essener ihm prophezeit hatte, er werde dereinst König der Juden werden (»Jüdische Altertümer« XV 10.4.5).

Den späteren König der Juden, den lang ersehnten Messias, dürften auf jeden Fall die Essener kräftig unterstützt haben. Die bei ihnen übliche ständige Vorhersage der Propheten, die wir auch aus allem kennen, was uns von Jesus überliefert ist, bestärkte nämlich die Messias-Erwartung im ganzen Land. Nach Josephus sollen die Essener an die viertausend Mitglieder gehabt haben, und viertausend gebildete und sehr disziplinierte Menschen können als eine ziemliche Sprengkraft wirken. Nicht umsonst glaubt man heute, daß die Essener trotz ihrer Friedensliebe an der Verteidigung der Festung Masada beteiligt waren. 73 n.Chr. begingen nach einem heldenhaften zweijährigen Widerstandskampf gegen die Römer 960 Menschen auf dieser Zitadelle in der Wüste Massenselbstmord. Einige Frauen und Kinder konnten sich retten. Von ihnen stammt die Überlieferung einer Verteidigungsrede, die nicht nur einen sehr nationalistischen, sondern auch einen an die Essener erinnernden religiösen Unterton hat. Außerdem fand man in Masada Schriftrollen, die den Texten der Essenergemeinde gleichen.

Die Essener hatten also anscheinend ein Menschenbild, in dem Widerstand zum Zweck der Fortentwicklung gestattet war. Und wenn wir uns die pythagoreische Vorstellung von einer göttlichen Weltordnung vor Augen führen, den Glauben an die Sterne und die Idee von der Wiedergeburt, so könnten die Essener sehr wohl auch für die menschliche Evolution gekämpft haben. Der Messias als Bindeglied zwischen Himmel und Erde paßt ebenso in dieses Bild, und auch der Tod am Kreuz könnte auf die alten Opfervorstellungen zurückgehen, die rund um das Mittelmeer noch immer sehr lebendig waren. Von den Pythagoreern weiß man, daß sie großen Wert auf eine vollkommene Beherrschung des Körpers legten. Eine Herrschaft des Geistes über den Leib hätte Jesus am Kreuz zugute kommen können. Im apokryphen Petrus-Evangelium lauten die geheimnisvollen letzten Worte Jesu »Meine Kraft, meine Kraft, warum hast du mich verlassen?« (5.5). Befürworter der These, daß der erhoffte Messias zwar gekreuzigt wurde, aber nicht am Kreuz starb, weisen wiederum auf die vielen Blutflecken auf dem ebenso berühmten wie umstrittenen Turiner Leichentuch hin, die nicht von einem Toten stammen können. Tote bluten nicht, allerdings könnte ein noch lebender Jesus, der schleunigst weggebracht wurde, tatsächlich in einem Leichentuch gelegen haben. Von den Essenern weiß man, daß sie die besten Heiler im ganzen Land waren, Jesus könnte viele ihrer Heilmethoden übernommen haben. In dem Fall, daß Jesus die Kreuzigung überlebte, hätten sicherlich bereits Essener in dem vorbereiteten Grab gewartet, um Erste Hilfe zu leisten. In der Überlieferung aber begegnen uns im Grab immer nur Engel oder zumindest weißgekleidete Gestalten; allerdings waren auch die Essener sehr oft in weiße Leinenkleider gehüllt – so wie auch bei uns die Ärzte noch Weiß tragen.

Es stellt sich also heute die berechtigte Frage, ob die zwei Männer in strahlenden Gewändern, die bei Lukas den Frauen erscheinen (Lk 24,4), Essener waren, die Jesus ärztlich versorgten. Bei Markus ist es übrigens ein Jüngling, »der mit einem langen, weißen Gewande bekleidet war« (Mk 16,5), und nur Matthäus und Johannes sprechen von Engeln; wobei es sich bei Matthäus um einen einzigen vom Himmel herabgekommenen handelt, dessen Gewand weiß wie der Schnee war (Mt 28,3). Bei Johannes begegnen Maria Magdalena zwei Engel in weißen Gewändern (Joh 20,12), gleich darauf erscheint Jesus selbst, gebietet ihr jedoch, ihn nicht anzurühren, weil er noch nicht zum Vater aufgefahren ist.

All dies wäre ein Hinweis darauf, daß Jesus dem Tod entging und vielleicht sogar am weiteren Widerstand gegen die Römer beteiligt war. Von Maria Magdalena aber wäre in diesem Fall sehr bewußt die Legende von der Auferstehung ausgegangen. In allen Evangelien ist sie dabei, wenn das leere Grab entdeckt wird. Sie ist es, welche die Wiederkunft Jesu der übrigen Welt mitteilt.

Die zweifache Auferstehungsbotschaft der Frau aus Magdala

Vielleicht war es eine doppelte Botschaft, welche die Frau unter dem Kreuz der Nachwelt hinterließ: auf der einen Seite eine körperliche Auferstehung, auf der seit zweitausend Jahren als Wunder beharrt wird, auf der anderen Seite eine Auferstehung, die nicht stattgefunden hat, weil Jesus nicht am Kreuz starb. Auf jeden Fall nimmt Maria Magdalena eine Schlüsselstellung sowohl bei der Kreuzigung als auch bei der Auferstehung ein. Niemand kann sagen, ob sie, falls der Tod am Kreuz nur vorgetäuscht wurde, von vornherein in das Geschehen eingeweiht war, nie etwas davon wußte oder erst später davon erfuhr. Allerdings weist die Tatsache, daß sie den Jüngern später von ihren Erlebnissen berichten mußte, auf die Wichtigkeit ihrer Rolle hin.

Auch ihr Ruf als Sünderin spricht nicht dagegen, denn die Hochschätzung einer Frau, die vielleicht tatsächlich einmal das war, was wir heute verächtlich als Hure bezeichnen, paßt durchaus in die Weltsicht eines möglichen Esseners namens Jesus. Die Essener glaubten an die Macht der Vorherbestimmung und an die Sterne. »Alles stehe in der Macht der Verhängnisse«, heißt es bei Josephus über sie; vor allem aber glaubten sie auch an die Wiedergeburt und damit an das Karma, das Rad des Schicksals, das jedes Leben begleitet. Zur Sünderin wurde man also nicht durch eigenes Verschulden, als sinnenfreudige Dirne wurde man geboren. Außerdem wußten die Essener sicherlich aus den Studien der ägyptischen und griechischen Geheimlehren, welche Rolle einst die Prostitution gespielt hatte und daß an der Opferung des Gottes immer Frauen beteiligt waren.

In einem religionsphilosophischen Sinn hätte Maria Magdalena daher nur das Karma einer Zeit auf sich genommen, in der die Sexualität eine völlig andere Rolle spielte. In einem tatsächlichen Sinn könnte dies auf jeden Fall geschehen sein. Rund um das Heilige Land und sogar in diesem huldigte man zu ihrer Zeit noch immer der Göttin Astarte und mit diesem Kult verbundenen Sitten. Maria Magdalena mag aber auch im Laufe der Zeit zum Symbol für eine religionsgeschichtliche Verwechslung geworden sein, an der wir heute noch leiden. So wie Jesus sein Hochzeitsbeispiel auf eine Verbindung von Körper und Seele münzte, war zu seiner Zeit in den gnostischen Kreisen immer dann von Buhlerei und Ehebrecherei die Rede, wenn es um den tiefen Graben zwischen dem irdischen Dasein des Menschen und seinem geistigen ging. In dem gnostischen Text »Exegese über die Seele« findet man den bedeutsamen Satz: »Über die Hurerei der Seele nun weissagt der Heilige Geist an vielen Stellen«; und viele der Aussprüche Jesu weisen auf jene völlig andere Sicht von Prostitution hin. Für die Gnostiker war die Seele weiblichen Geschlechts, und jeder Frevel, den ein Mensch an seiner Seele und seinem geistigen Leben beging, war ein Betrug an dem höheren Ich, war Hurerei mit der Seele.

Im Kampf gegen die Gnosis und vielleicht auch im Kampf gegen die weiblichen Wurzeln dieser Gotteserfahrung durch persönliches Erleben verlegte die Kirche ihre Sicht der Hurerei völlig auf das Irdisch-Körperliche – und die Opfer wurden die Frauen. Die Sexualität wurde zu jenem Angelpunkt, um den sich jede Form von Glauben drehte, und die Hochzeit zwischen Himmel und Erde wurde vergessen.

Dieses vorrangigste Ziel jeder Religion wurde von dem andauernden Bestreben verdrängt, die Moral zu einer Sexualmoral zu machen, die dem Menschen seine ursprüngliche Freude an der Liebe zweitausend Jahre lang vergällte. Karlheinz Deschner schreibt in seinem Buch »Das Kreuz mit der Kirche«: »Von Paulus über Augustin, die Scholastiker bis hin zu den berüchtigten Piuspäpsten der Faschistenära, haben die größten Geister der Catholica eine immerwährende Geschlechtsangst gezüchtet, Sexualsyndrome sondergleichen, eine einmalige Atmosphäre von Prüderie und Heuchelei, von Verdrängung, Aggressionen, Schuldkomplexen, sie haben das ganze Leben der Menschen, seine Daseins- und Sinnenfreude, seine biologischen Lustprozesse und Leidenschaftsstürme, von der Kindheit bis ins Alter mit moralischen Tabus, mit Diabolisierungen umzingelt, systematisch Scham und Angst, den inneren Notstand erzeugt, und systematisch ihn dann ausgebeutet – aus purer Herrschergier oder weil sie meist selbst Triebgeplagte, Triebverdränger waren...«

Die folgenschwere Verschiebung von der Hurerei, die jeder auf diese oder jene Art mit seinem geistigen Ich betreibt, auf die Hurerei mit der Frau hat tatsächlich nicht nur die Gläubigen des Katholizismus zum Opfer. Die »ekklesiogenen Neurosen«, Folgen der geschlechtsfeindlichen Moral, betreffen uns alle. Wenn heute die Kirche die sexuelle Revolution der letzten Jahre anprangert, die Sex als Wegwerfartikel benutzt, so müßte sich eigentlich jeder Papst an die eigene Brust klopfen. In den Schuhen des Fischers wurde mehr dafür getan, daß man Sex heute als Konsumartikel betrachtet, als in allen Pornoläden rund um den Erdball: Etwas, das zwanzig Jahrhunderte lang als schlecht und schmutzig gegeißelt wird, kann nicht von heute auf morgen in jene liebevolle Sexualität ohne Schuld übergehen, die das Naturrecht des Menschen wäre.

Seiltanz zwischen Engel und Tier

Gerade um dieses Naturrecht haben sich männliche Kirchenobere so viele schuldbeladene Gedanken gemacht, daß man auch heute noch mit der Lupe suchen muß, um Menschen zu finden, die ihre Sexualität ohne die vielen »Wenn« und »Aber« der katholischen und damit westlichen Moral erleben können.

Wenn das Oberhaupt von Millionen Katholiken auf dem Sprung in ein völlig neues Zeitalter auch heute noch in seinen Reden sogar in den überbevölkertsten Gebieten dieser Erde von nichts anderem zu sprechen weiß als von Scham und Reinheit, von Selbstbeherrschung, der Geißel der Abtreibung und der künstlichen Empfängnisverhütung, so führt der Papst eine lange kirchliche Tradition weiter: Im vierten Jahrhundert fragte sich Gregor von Nyssa, ob Adam und Eva schon im Paradies Geschlechtsverkehr gehabt hätten. Seine Frage sollte sich auf die gesamte spätere Kirche auswirken. Gregor, der als Bischof übrigens verheiratet war, kam zu der Ansicht, daß sich das Ur-Paar ohne Sündenfall im Himmel engelsgleich und ohne geschlechtliche Fortpflanzung vermehrt hätte. Gott sah jedoch den Fall aus der Engelhaftigkeit voraus, darum wurde den Menschen, die fortan im Niedrigeren wohnen würden, die geschlechtliche Fortpflanzung der Tiere mitgegeben. Und obwohl diese also durchaus gottgewollt und gottverordnet war, nahm Gregor an, daß diese Art der Fortpflanzung nicht der Erhabenheit des Menschen entspreche. Ihm schlossen sich Augustinus und die mittelalterliche Theologie an, die den Menschen nur da als gottesbildlich sah, wo vom Geschlecht nichts zu bemerken war.

Diese Version vom Menschen als halb Engel und halb Tier muß man verstehen, um sich auch nur ein wenig in vielen heute anachronistisch anmutenden Streitpunkten innerhalb der katholischen Kirche auszukennen. Einzig erhaben ist für den Menschen die Erschaffung; alles, was mit dieser Erschaffung zu tun hat, gehört in den Bereich des Tierhaften. Natürlich auch mit einer möglichen »Nicht-Erschaffung«; denn ob es nun um die verschiedensten Arten der Verhütung geht, um Abtreibung oder um erlaubte oder verbotene sexuelle Beziehungen – all dies wird von der Männerkirche noch immer unter dem Blickwinkel tierhafter Sexualität gesehen. Wenn ein Papst im Jahr 1982 Menschen beschuldigt, vor allem an den geschlechtlichen Instinkt zu denken und damit in das menschliche Leben zu übertragen, was ansonsten den Tieren eigen ist, so beweist er der ganzen Welt nur, wie sehr dem Katholizismus noch immer die Sexualität zu schaffen macht. Die jahrhundertealte Tyrannisierung menschlicher Lust ist auch an der Schwelle zum dritten Jahrtausend nachchristlicher Zeitrechnung noch lange nicht vorbei; allerdings wird sie durchschaubar und angreifbar, wenn wir die Wurzeln jener lustlosen Moral begreifen, die heute vor den Kirchenmauern noch ebenso herrscht wie in den Kirchen selbst.

In der Schöpfungsgeschichte wird Eva zur Versucherin und damit zur Vollstreckerin jener göttlichen Voraussicht, die den Menschen die Geschlechtlichkeit mitgegeben hat. Es war nicht der männliche Vatergott, der uns allen die »tierische Sexualität« beschert hat, sondern die Frau. Maria Magdalena führte diese Tradition der Versucherin weiter, sie büßte und tat Reue. Keine Rede von den Männern, die mit ihr gebuhlt haben sollen, ebenso wie sich der Patriarch im Himmel die Hände in Unschuld waschen darf. Die Sexualität als die einzige große Erbsünde hat uns eine Frau eingebrockt. Man könnte sich natürlich fragen, was es dann mit dem »Wachset und vermehret euch!« auf sich hat. Allerdings weiß man, daß dies auch heute noch ziemlich lustlos zu geschehen hat. Seit dem Frühchristentum haben Theologen nie mehr aufgehört, sich den Kopf über die Sündhaftigkeit des sexuellen Aktes zu zerbrechen. Uta Ranke-Heinemann spricht von der Entsexualisierung als wichtigstem Auftrag des Christentums, wenn sie schreibt: »Während des ganzen Mittelalters ist die Frage, wann man verkehren darf, wann nicht ... von enormer Wichtigkeit gewesen«, und sie weist auf fünf enthaltsame Monate für jeden Gläubigen hin – wobei die enthaltsamen Zeiten während der Menstruation und nach der Niederkunft schon weggerechnet sind. Denn natürlich durften Katholiken an allen Feiertagen, während Ostern und Pfingsten und schon lange vor der Weihnachtszeit und ganz selbstverständlich jeden Sonntag nicht der »tierischen Natur« in sich nachgeben. Bei solch einer Moral mußte die Frau als Verführerin gelten – auch dann und vor allem, wenn sie selbst vom eigenen Mann verführt wurde. So war es keine Seltenheit, daß sich Frauen ein Leben lang Vorwürfe machen mußten, weil ihnen vorgeworfen wurde, ein mißgebildetes oder krankes Kind sei das Resultat einer verletzten Sonntagsnacht. Nun gibt es heute keine Sünde einer bestimmten Nacht mehr, aber die indirekte Sexualrepression der katholischen Kirche und der Männer-Elite an ihrer Spitze sorgt noch immer für zu viele dunkle Nächte. Noch immer ist die Fruchtbarkeit der eigentliche Zweck einer Ehe, noch immer ist die Ehe der einzig legitime Ort für die Sexualität, für die Gemeinschaft von Männern und Frauen und für die Zeugung; noch immer werden Frauen andauernd zu Sünderinnen, indem ihnen vorgeworfen wird, daß die Verhütung mit der Pille beinahe schon einer Abtreibung gleichkommt

(Paul VI. in seiner Enzyklika), andererseits die Abtreibung sie gleich pauschal zu Mörderinnen macht.

Von dieser einseitigen Moral werden auch in einem modernen Zeitalter Christen ebenso wie Nichtchristen betroffen. Das Tierhafte an der Sexualität hat sich zwar gewandelt, aber es begegnet uns in einem neuen Gewand in der westlichen Gesellschaft immer wieder: in unseren Gesetzen, in den Grundwerten, in unseren gesellschaftlichen Normen – vor allem in uns selbst. Denn der Unzuchtbegriff einer Kirche, die noch in Zeiten, in denen die Erde aus allen Nähten platzt, ihr Hauptaugenmerk auf eine möglichst große und selbstverständlich keusche Vermehrung legt, ist wohl schon gemeingefährliche Heuchelei.

Die Zuchtlosigkeit bezog sich dabei immer nur auf die Sexualität, nie auf das große Sterben im Krieg oder bei Hungersnöten. Und natürlich bezog es sich auf die Frauen. Ihr Gewissen durfte zweitausend Jahre damit leben, immer wieder als eine Art gefallenes Tier beschuldigt zu werden. Die kirchliche Sicht der Maria Magdalena als Hure wird so zu einem Symbol für alle Frauen: ein Seiltanz zwischen Sünde und Buße, zwischen Engel und Tier. Und wie ein Tier mußte sie sich in einer Kirche, die von zölibatären Männern geleitet wurde, auch fühlen.

Wenn heute fortschrittliche Theologinnen daran zu zweifeln beginnen, ob diese Elite weiterhin bestimmen kann, was in Sachen Sexualität, Partnerschaft und Liebe legitim ist, so ist es vielleicht auch an der Zeit, daran zu erinnern, daß die Sexualität einst einen anderen Stellenwert hatte. Und dies in einem ebenso realen wie geistigen Sinn. Nicht nur für die Anhängerinnen der Göttin war die Sexualität ein irdisches Abbild himmlischen Wirkens, sie war es auch für die Gnostiker und anscheinend auch für Jesus, der den sexuellen Akt zwischen Mann und Frau als Abbild der Vereinigung zwischen Körper und Seele ansah. In seine Fußstapfen traten die wenigen christlichen Mystiker, die immer wieder die Vereinigung mit Gott mit erotischen Untertönen beschrieben, vor allem aber auch der Mystizismus des Islam. Dabei kommt es auf das Öffnen, auf das Aufgehen des Menschen in der Gnade an – Begriffe also, auf die es auch in einer erfüllten sexuellen Partnerschaft ankommt. Aber diese Partnerschaft, Liebe, Vertrautheit, Offenheit, war und ist den wenigsten Katholiken gegönnt gewesen, denn noch immer hat Sex den Geruch des Tierisch-Geschlechtlichen. Wie aber soll jemand, der die wichtigsten Erd-Aufgaben gar nicht lernen durfte, jene Fleiß-Aufgaben erfüllen, die als Verbindung des Menschen mit seinem höheren geistigen Ich, das Hauptanliegen jeder Form von Religiosität sein sollte?

Terroristen, Revolutionäre, Rebellinnen

Aus der biblischen Geschichte des Heiligen Landes der Zeitenwende ist dank der vielen archäologischen Funde der letzten Zeit eine Geschichte geworden, die manches in einem neuen Licht zeigt. Dabei kristallisierten sich nicht nur die Essener als eine fanatische religiöse Gruppe heraus, der Fanatismus scheint überhaupt ein Zeichen der Stunde Null unserer Zeitrechnung gewesen zu sein. Überall in Palästina herrschten soziale, religiöse, wirtschaftliche und nationalistische Unruhen, und es wimmelte nur so von Terroristen, Revolutionären und verschiedensten Widerstandsgruppen. Im Tempel standen einander Sadduzäer und Pharisäer gegenüber, von oben drohte immer die schwere Hand der Römer, und das Volk wandte sich oft gegen beide Autoritäten: gegen die religiöse, die zu einem Handlanger der Besatzer geworden war, und gegen viele römische Einrichtungen. Von den Zeloten, deren Name vom griechischen Wort für Eifer, »zelos«, stammt, ist bekannt, daß sie Terroristen in einem uns heute geläufigen Sinn waren. Sie griffen römische Transporte an, unterbrachen Nachschublinien der Besatzer und führten einen Untergrundkrieg gegen abgelegene Militärbasen der Römer. Diese waren für die Römer von besonderer strategischer Bedeutung, da sich das Weltreich damals von Palästina aus gegen die Parther und gegen das Königreich Nabatäa verteidigte. Jeder mögliche Aufruhr und jede Rebellion der Juden war daher in den Augen der römischen Besatzungsmacht hochexplosiver Zündstoff. Der Sanhedrin, die hohe Versammlung der Juden, fürchtete wiederum nichts so sehr wie Schwierigkeiten zwischen den eigenen Landsleuten und den Römern. Der Großteil der Priester wollte den *status quo* behalten und in Ruhe die alten jüdischen Lehren niederschreiben und ausarbeiten.

Vor diesem Hintergrund erscheint nun Jesus, lehrt zuerst nur in jüdisch dominierten Gebieten, während er die Zentren römisch-hellenistischer Kultur meidet, dann allerdings zieht er als Messias und König der Juden in Jerusalem ein. So etwas war nicht nur für die Römer höchst gefährlich, sondern auch für die Hohenpriester, die schon damals vor einem großen Volksaufstand zitterten.

Heute, wo jenseits aller Überlieferungen feststehen dürfte, daß Jesus oder ein Doppelgänger gekreuzigt wurde, weil er sowohl für römische als auch für gewisse jüdische Kreise eine politische Gefahr darstellte, muß man sich fragen, ob er tatsächlich ein Revolutionär war.

Schon als Essener hätte sich Jesus trotz einer in den Grundtönen pazifistischen Einstellung in die Reihen der Widerständler einreihen können. Es gibt aber auch eine Menge Hinweise darauf, daß zumindest einige seiner Anhänger terroristische Zeloten waren, denen jedes Mittel recht war. Josephus Flavius beschreibt sie als so erpicht darauf, niemanden als Herrn anzuerkennen, daß sie sich selbst jeder möglichen Todesart unterzögen und auch vor dem Mord an Freunden und Verwandten nicht zurückschrecken würden.

Diese Kompromißlosigkeit in Sachen Tod und absolutem Widerstand gegen die Herrschaftsverhältnisse war ein gemeinsames Kennzeichen jeder Art von Untergrundbewegung in Palästina. Der Unterschied, ob man Essener oder

Zelot war, spielte vielleicht im Alltag eine Rolle, im Ziel dagegen waren sich die Revolutionäre der damaligen Zeit einig. Dieses Ziel war Rom und zum Teil auch die kollaborierende Priesterschaft, und diesem Ziel zuliebe scheinen manche Essener in den Reihen der Zeloten gewesen zu sein. Einen ebenso geringen Gegensatz, wenn es um die Sache selbst ging, gab es zwischen Nazoräern und der Splittergruppe der Söhne Zadoks.

Der revolutionäre Wirrwarr jener Zeit begegnet uns auch, wenn wir einen Blick in die Bibel werfen und dabei die Sprachforschung zu Hilfe nehmen. Die abenteuerlichsten Geschichten ranken sich dabei um Simon als Begleiter von Jesus. Lincoln/Baigent/Leigh vermuten in ihrem Buch »Das Vermächtnis des Messias«, daß es sich dabei um Petrus selbst gehandelt hat, weil doch auch die Evangelien verdeutlichen, »daß er nicht Simon Petrus, sondern Simon genannt Petrus ist, Petrus (Fels) ist nur ein Beiname, der die Härte seines Trägers bezeichnet. Wenn Petrus also ein ›harter Bursche‹ ist, weshalb sollte man ihn dann nicht dem als Simon Zelotes oder Simon Kananäus bekannten ungestümen Individuum gleichsetzen können, das heißt mit Simon dem Zeloten?« Simon als einem Zeloten begegnen wir bereits in einigen neueren Übersetzungen des Neuen Testaments, und als solcher, als Simon Zelotes, als der er bei Lukas bekannt ist, weist er tatsächlich auf ein politisches Umfeld rund um Jesus hin. Die Bezeichnung Kananäus, die man etwa in einer Bibel-Ausgabe des Jahres 1611 findet, könnte wiederum daher stammen, daß der aramäische Begriff »quannai« für Zelot auf griechisch »kannanaios« heißt.

Aber nicht nur Petrus, der spätere »offizielle Fels« der Kirche Jesu, hat zumindest einen militanten Ruf, auch Judas weist mit seinem Beinamen auf eine Beziehung zur Untergrundbewegung der Zeloten hin. Judas Ischariot könnte durchaus eine Verballhornung des Namens Judas der Sikarier sein, und die Sikarier, die Dolchmänner, waren die Stoßtruppe der Zeloten.

Prof. S. G. F. Brandon von der Universität Manchester, der auf diese Rolle des Judas hinwies, führte noch ein anderes wichtiges Indiz für die Rolle Jesu als Revolutionär an: Wir kennen aus der Bibel zwar ziemlich genau die Rolle der Sadduzäer und der Pharisäer, die für die Römer in einem eher schlechten Licht gezeichnet wurden, über die Zeloten aber wird ein unverständliches Schweigen gelegt. Dieses Schweigen könnte begreiflich werden, wenn tatsächlich zwischen Jesus und den Freiheitskämpfern eine Beziehung bestand, die man späteren Lesern und vor allem den Messias-Gläubigen ersparen wollte.

Wir kennen die Auslegung des Neuen Testaments in einem für die Römer eher schmeichelhaften Licht schon aus den verschiedensten Kreuzigungsschilderungen: Die Römer wuschen sich dabei in vielerlei Hinsicht die Hände in Unschuld. Allerdings unterliefen auch den Evangelisten Irrtümer, und wenn man heute genau zwischen den Zeilen zu lesen pflegt, sehen manche Ereignisse völlig anders aus, als wir sie uns alle vorstellen.

So findet sich bei Lukas eine für das friedliebende Jesusbild höchst peinliche Stelle: »Jetzt aber – wer einen Beutel (mit Geld) hat, der nehme ihn mit sich, ebenso auch einen Ranzen, und wer nichts (derartiges) hat, verkaufe seinen Mantel und kaufe sich ein Schwert« (Lk 22,36).

Die Stellen, in denen einer von den Jüngern Jesu zum Schwert greift, sind uns allen bekannt, dennoch zweifelt selten jemand an den friedlich Betenden in Gethsemane, auch wenn schwarz auf weiß geschrieben steht: »Da nun Simon Petrus ein Schwert bei sich hatte, zog er es heraus, schlug damit nach dem Knechte des Hohenpriesters und hieb ihm das rechte Ohr ab« (Joh 18,10).

Zweifel an den ausschließlich pazifistischen Absichten der

Schar von Männern um den später als König der Juden Verurteilten kommen auch auf, wenn man bei Johannes liest: »Nachdem nun Judas die Abteilung Soldaten und von den Hohen Priestern und Pharisäern Soldaten erhalten hatte, kam er mit Fackeln, Laternen und Waffen dorthin« (18,3). Diese Abteilung, die bei den anderen Evangelisten auf einige wenige Männer gemildert ist, würde nach manchen Forschungen eine römische Kohorte bedeuten. Eine solche Abteilung oder Kohorte hatte aber zwischen fünfhundert und zweitausend Mann! Wenn die Römer also tatsächlich eine ganze Abteilung ausrücken ließen, dann waren im Garten Gethsemane sicherlich nicht nur friedlich vor sich hinschlafende Männer.

Jesus als möglicher Revolutionär bekommt auch Unterstützung aus einer Schrift, die erst im 19. Jahrhundert gefunden wurde und damals für viel Wirbel sorgte. Dabei handelt es sich um den noch immer umstrittenen »slawischen Josephus«, in dem Jesus ausdrücklich als politischer Revolutionär und als »König, der nicht herrschte«, bezeichnet wird.

Josephus Flavius als der jüdische Geschichtsschreiber der Zeitenwende verwunderte schon immer damit, daß er – die wichtigste historische Quelle seiner Zeit – Jesus nie ausdrücklich als historische Gestalt erwähnte, sondern nur in Zusammenhang mit den späteren Christenbewegungen. Allerdings wies schon im dritten Jahrhundert der Kirchenvater Origenes darauf hin, daß es eine Josephus-Fassung gebe, in der Jesus als Messias geleugnet würde. Im vergangenen Jahrhundert fand man dann in Rußland eine Ausgabe des jüdischen Historikers, die 1261 niedergeschrieben wurde und in der man Jesus als Revolutionär und möglichem König begegnet.

Als ein solcher könnte Jesus natürlich auch ein Anhänger der »Söhne Zadoks« gewesen sein, die sich bezeichnenderweise als »Söhne des Lichts« ausgaben. Diese Splittergruppe teilte viele religiöse Anschauungen mit den Essenern, mit den Zeloten aber verband sie der Wunsch nach einer Einigung und Besserstellung der Juden. Dieser Wunsch gipfelte bei allen Widerstandsgruppen in dem Ruf nach einem neuen Messias, nach einem gesalbten König. Solch einen forderte auch die kleine Gruppe der Nazoräer, die man lange Zeit nur mit der frühchristlichen Kirche identifizierte. Aber die Nazoräer existierten schon zuvor, wobei man sich nicht ganz klar darüber ist, ob Zadokiden und Nazoräer vielleicht nur eine Unterabteilung der Essener oder Zeloten waren – und ob alle Jünger von Jesus Nazoräer waren.

So widersprüchlich schon die namentlich organisierten Widerstandsbewegungen gewesen sein mögen, so widersprüchlich war auch die Anhängerschaft dieser Los-von-Rom-Bewegung. Die Gefolgschaft Jesu ist ein gutes Beispiel dafür: Die einfachen Leute aus Galiläa waren darunter, aber auch so einflußreiche Leute wie Joseph von Arimathäa, Nikodemus oder die Familie des Lazarus. Mit dem Meister zogen nicht nur unabhängige und reiche Frauen, die ihn unterstützten, sondern auch die Jünger, denen diese Freiheit ein Dorn im Auge war.

Der Widerstand hatte sehr viele Aspekte, er war zwar gegen die Römer gerichtet, hatte aber ebenso soziale wie religiöse Untertöne. Ein solcher Unterton könnte durchaus ein feministisch-religiöser gewesen sein. Lange Zeit glaubte man, daß zu Jesu Zeiten bereits überall das strenge patriarchale Familiensystem der Juden gegolten hat. Heute weiß man, daß dies zwar vielleicht für die strenggläubigen, ärmeren Schichten zutraf, nicht aber für die römisch-hellenistisch geprägten Gebiete und auch nicht für die gebildeten aristokratischen Juden. Außerdem gibt es schwerwiegende Indizien dafür, daß der Glaube an die Göttin der Vorzeit, der den Frauen eine viel freiere Stellung einräumte, da und dort auch noch zu Jesu Zeiten weiterlebte. Der Tempel der Göttin

Artemis in Anatolien wurde erst 380 n. Chr. unter Kaiser Theodosius geschlossen, der als Frauenverächter auch einen endgültigen Schlußstrich unter den Tempel der Göttin in Rom und in Eleusis zog. In Kanaan selbst wurde erst unter Konstantin im Jahre 300 n. Chr. die Verehrung der Göttin Aschtoreth verboten.

Diese Aschtoreth, die Astarte der Phönizier, war im alten Babylon die Göttin Ischtar, in Syrien Astar, in Ägypten Nut, Isis und Hathor – den Verfassern der Bibel aber war sie die heidnische Gottheit, der das Haus Israel allzuoft verfiel. Immer wieder forderten die Priester: »Schafft die fremden Götter mitsamt den Astarten aus eurer Mitte fort! Wendet euer Herz wieder dem Herrn zu...« (Sam 7,3.4). Aber immer wieder kehrten die untreu gewordenen Schäfchen zu der Anbetung der Göttin zurück. Jeremias selbst gibt einen deutlichen Hinweis darauf, daß das Volk des Bundes mit Gott nicht immer so viel von diesem männlichen Gott hielt, wie wir heute glauben: »Was die Forderung betrifft, die du im Namen des Herrn an uns gerichtet hast, so wisse, daß wir auf dich nicht hören! Wir wollen vielmehr das Gelübde, das wir geleistet haben, nämlich der Himmelskönigin zu räuchern (oder Opfer zu verbrennen) und ihr Trankopfer zu spenden, getreulich ausführen, ganz so wie wir und unsere Väter, unsere Könige und Fürsten (oder: Oberen) es in den Ortschaften Judas und auf den Straßen Jerusalems getan haben! Damals hatten wir Brot in Hülle und Fülle, befanden uns wohl und wußten nicht von Unglück« (Jer 44,16–18).

Die Anbetung einer Göttin war also den Juden durchaus vertraut, und man kann mit Hinblick auf die späte Schließung der Tempel in Griechenland, Rom und Kanaan annehmen, daß es zu Jesu Zeiten sicherlich noch immer weiblichen Widerstand gegen die strengen Männergesetze des Tempels gegeben hat. Diese mußten in einer Umgebung, in der noch überall der Einfluß der Göttin und freiere sexuelle Sitten präsent waren, völlig unverständlich wirken. Unter anderem konnte ein hebräisches Mädchen gesteinigt werden, wenn es seine Jungfräulichkeit auch nur durch einen Unfall vor der Ehe verlor. Eine vergewaltigte Frau galt automatisch als Eigentum des Vergewaltigers. Am strengsten aber waren die Gesetze für die Töchter der Priesterschaft: »Wenn sich die Tochter eines Priesters als Dirne entweiht, so entweiht sie ihren Vater; sie soll im Feuer verbrannt werden« (Lev 21,9).

Erstaunlich hören sich auch die Gesetze für den Fall der Vergewaltigung einer verheirateten Frau an: Sie wurde gemeinsam mit dem Vergewaltiger gesteinigt.

Wenn man heute solch frauenfeindliche Gesetze als Reaktion der Priester auf die bedrohliche sexuelle Autonomie mancher Frauen und gewisser Volksgruppen in Palästina ansieht, so kann man sich vielleicht auch vorstellen, daß es gegen diese Gesetze Widerstand gegeben hat.

Geschlechterkampf im Himmel und auf Erden

Eine Rebellin gegen die strengen Gesetze Jahwes könnte Maria Magdalena gewesen sein. Sie hatte nach allem, was wir über sie wissen, die Möglichkeit, mit Jesus, den anderen Frauen und seinen Jüngern quer durch das Land zu ziehen, vor allem aber wird sie zumindest in den apokryphen Schriften als eine gebildete und selbständige Frau dargestellt. Im Evangelium von Thomas dem Zwilling heißt es: »Und Maria Magdalena fragte Jesus und sprach: Wem gleichen deine Jünger? Und Jesus sprach: Kleinen Kindern gleichen sie, die auf einem Feld hausen, das ihnen nicht gehört…« (21). Dies weist ebenso wie der berühmte Spruch von der Gefährtin Jesu, die er mehr liebte als die Jünger, darauf hin, daß die Frau aus Magdala eine ganz besondere Stellung innerhalb einer möglichen Widerstandsgruppe gehabt haben könnte. Sie hätte durchaus eine Prostituierte oder vielleicht auch eine sexuell sehr freie Frau sein können, andererseits läßt der Widerstandsgeist, der zu dieser Zeit im Volk brodelte, auch die Rolle einer Rebellin, einer möglichen Feministin zu.

Wenn wir uns vor Augen halten, daß 73 n. Chr. im berühmten Kampf um Masada 960 Menschen – Männer, Frauen und Kinder – zwei Jahre lang Widerstand leisteten, dann wird klar, daß sicherlich nicht alle Frauen der damaligen Zeit nur mit Herd, Haus, Kind und Küche beschäftigt waren. Dann kann es durchaus sein, daß es unter den Frauen Rebellinnen gab, die Seite an Seite mit den Männern kämpften. Ihr Ziel könnte dasselbe gewesen sein wie zur Zeitenwende: nationale Freiheit von den Römern, aber auch freiere Sitten für die Frauen, die völlig den Gesetzen der oftmals kollaborierenden Priester ausgeliefert waren. Denn diese waren den Widerständlern ebenso ein Dorn im Auge wie die Besatzungsmacht selbst. Ein Beweis dafür ist die spätere Ermordung des Hohenpriesters Jonathan durch Sikarier, über die Josephus schreibt: »Denn selbst die Heiligkeit dieses Ortes vermochte ihrem Blutdurst keine Schranken zu setzen« (»Jüdische Altertümer« XX 8.5).

Es kämpften also nicht nur die Juden gegen die Römer, sondern sehr wohl auch Juden gegen Juden. Maria Magdalena könnte also durchaus inmitten der anderen Widerständler für die Sache der Jüdinnen gekämpft haben. Eine solche, vorerst nur feministisch anmutende Vorstellung könnte sich aus ihrer möglichen königlichen Abstammung ergeben. Denn die Anbetung der Göttin scheint sich vor allem in den Königshäusern und unter dem Adel des Landes erhalten zu haben, was auch die von Jeremias überlieferte Aufforderung beweist, wie die Väter, Könige und Fürsten der Himmelsgöttin zu opfern. Diese Treue der Könige und Fürsten hatte ihre historische Bewandtnis, die zutiefst mit dem Geschlechterkampf im Himmel verbunden war. Offenbar gingen die ursprünglich einfachen Fruchtbarkeitsreligionen in die weiblichen Hochreligionen der verschiedensten Mondgöttinnen wie Ischtar, Nut oder Isis über; diese wurden im Laufe der Zeit von den eindringenden indo-arischen Stämmen und ihren männlichen Religionsvorstellungen abgelöst. Langsam, aber sehr sicher bekamen die Göttinnen Gatten, diese wurden später zu den dominierenden Göttern. Die Hohe Zeit in den Tempeln wurde nicht mehr von den Königinnen und ihren Geliebten zelebriert, sondern von Königen und den Hohenpriesterinnen des Tempels. Auch wurde, wie bereits erwähnt, der König nicht mehr hingerichtet, sondern mußte nur mehr symbolisch Buße tun, während ein anderer für ihn starb. Dieser Übergang von der Religion der Großen Göttin hin zu der Religion Gottes, des Herrn, vollzog sich in den verschiedensten Gebieten des Nahen Ostens zu verschiedenen Zeiten. Merlin Stone vermutet in ihrem Buch »Als Gott eine Frau war«, »daß die Verehrung der Göttin durch die einfallenden Indoeuropäer spätestens seit 2400 vor Christus beeinträchtigt wurde – in Ägypten möglicherweise, wenn auch weniger intensiv, seit 3000 vor Christus und in Sumer vielleicht schon seit den frühesten Zeiten der sumerischen Kultur zwischen 4000 und 3000 vor Christus«.

Dieser indoeuropäische Einfluß scheint hinter dem Monotheismus das Pharao Echnaton gestanden zu haben; einschneidenden Erfolg bekam er aber erst mit Hilfe von Moses und seinen Nachfolgern. Echnaton, der zuvor Amenophis hieß und mit seinem neuen Namen auf die Hinwendung zum Sonnengott Aton verwies, war der einzige Herrscher der Ägypter, der nicht mehrere Götter anbetete. Er nannte seinen Gott Aton »Vater-Mutter von allem, was er gemacht hat« und schuf damit einen Allvater gegenüber der zuvor dominierenden Allmutter.

In Ägypten hielt sich dieser Allvater nicht allzulange. Die hethitischen Prinzessinnen, die als Gattinnen der Pharaonen die religiösen Vorstellungen der Indoeuropäer nach Ägypten gebracht haben könnten, dürften aber zumindest den Glauben der Juden langfristig beeinflußt haben. Der Überlieferung nach ist Moses der angenommene Sohn einer ägyptischen Prinzessin und laut der Genesis waren auch Abraham und seine Frau während der Hungersnot in Kanaan in Ägypten. Von seinen ursprünglichen Eltern wiederum soll Moses von den Leviten abgestammt haben, einem Stamm, der nach Merlin Stone ein indoeuropäischer gewesen sein könnte. Die Luvier als mögliches Stammvolk lebten in der Nähe der Hethiter in Anatolien, und über ihre Herkunft weiß man relativ wenig. Allerdings scheint festzustehen, daß sie zu Beginn des dritten Jahrtausends v. Chr. große Teile des südlichen Kleinasiens bewohnten. Von ihnen wird berichtet, daß sie ähnlich den indischen Brahmanen ein Volk von Schriftgelehrten waren, dem Feueropfer huldigten und strenge Gesetze in Sachen Sünde, Schuld und Unreinheit hatten. Auch Michael Grant weist dem Stamm der Leviten in seinem Buch »Das Heilige Land« eine ganz besondere Stellung zu: »Man wies ihm kein besonderes Territorium zu, dafür stellte er die Priesterschaft und bildete gewissermaßen eine eigene Kaste.«

Dieses Kastendenken begegnet uns im Buche Mose: »Sondere die Leviten aus der Mitte der Isrealiten aus und reinige sie« (8,6) lautet einer der Befehle des Herrn an Moses, und er befahl ihm weiter, die Leviten deswegen auszusondern, »damit die Leviten mir gehören« (8,14). Diese Bevorzugung der Leviten wirkte sich auf die Religion und die Gesetze des Judentums aus. Merlin Stone: »Nur Leviten waren zur Priesterschaft Jahwes zugelassen ... ein levitischer Hohenpriester durfte keine ausländische Frau und nicht einmal eine Frau aus einem anderen hebräischen Stamm heiraten, die jemals sexuelle Beziehungen mit einem andern Mann gehabt hatte. Nur ein Levit durfte in das Zelt der Offenbarung eintreten, wo Jahwe verehrt wurde.«

Mit Mose und den ihm nachfolgenden Leviten scheint also tatsächlich nicht nur eine religiöse, sondern auch jene sexuelle Revolution stattgefunden zu haben, die in Ägypten unter der kurzen Herrschaft der ersten monotheistischen Religion nicht möglich war. Das dürfte an der zeitweilig strengen Abgeschiedenheit der Stämme in der Wüste gelegen haben. Eine neue Moral, feste Glaubensvorstellungen und strengere Eigentumsvorstellungen waren den Menschen im bevölkerten fruchtbaren Ägypten nicht so schnell beizubringen wie in einer kleineren und überschaubaren Gemeinschaft in einer sehr unfruchtbaren und bedrohlichen Gegend. Allerdings schienen sich die Moralvorstellungen und der Glaube an einen einzigen Gott auch dann immer schnell geändert zu haben, wenn die Juden mit anderen Göttern und besseren Lebensbedingungen in Berührung kamen.

Der theologische Staatsstreich, der aus Hirtengöttern Gott den Herrn machte

Auch war der berühmte Gott der Väter nicht unbedingt das, was man sich lange Zeit darunter vorgestellt hat. Michael Grant schildert ihn als einen ursprünglichen Schutzherrn der Familienoberhäupter und Sippen, als eine Art Hirten- und Clangott mit den verschiedensten Namen wie »Gott Abrahams«, »Hirte Israels«, »Mächtiger« oder »Schrecklich Waltender«.

Dieser Gott der Väter wurde dann nach dem Moses-Biographen Johannes Lehmann in einer Art theologischem Staatsstreich zu einem einzigen gemacht. Aus dem »El«, wie die zahlreichen Götter der Väter hießen, wurde das berühmte »JHWH«, jener Jahwe, von dem Gott zu Moses sagte: »Dies ist mein Name auf ewig, mit dem man mich rufen soll von Geschlecht zu Geschlecht.«

Mit diesem Namen machte Moses die Kinder Israels ausdrücklich zu seinem Geschlecht und initiierte so nicht nur einen theologischen, sondern ebenso einen gesellschaftspolitischen, ethischen und moralischen Staatsstreich sondergleichen.

Im Namen Jahwes waren die Leviten nicht nur die religiösen Führer, sondern auch die obersten Gerichtsherren; nur sie durften auf den Silbertrompeten die Gemeinde zusammenrufen, zum Aufbruch oder zu einer Schlacht blasen. Leviten scheinen nicht am Kriegsdienst teilgenommen zu haben, dafür wurde von ihnen jede Rebellion der Stämme strengstens bestraft. Nachdem nur die Leviten opfern durften, wurden sie von den anderen Israeliten mit Speisen versorgt; auch Gold und Silber und andere Abgaben waren an die Leviten zu entrichten.

Die Vormachtstellung der Abkömmlinge aus dem Stamme Levi war also unumstritten und ihre Position als selbstverschriebene Herrscherklasse scheint nach indoeuropäischem Vorbild erfolgt zu sein. Mit Hilfe der Stämme Israels gelang es den Indoeuropäern anscheinend, endlich dem uralten Einfluß der Göttin ein Ende zu bereiten. Jedoch war dies ein schwerer Kampf. Der strenge neue Gott stand nicht nur den vielfältigen Gottesvorstellungen der semitischen Nomadenstämme gegenüber, auch die Versuchung, den religiösen Riten der Nachbarstämme zu huldigen, war groß. Während in dem berühmten Tanz um das Goldene Kalb diese immerwährende Versuchung nur angedeutet wird, lesen wir bei

Hosea mehr über den verzweifelten Kampf um die Treue des Volkes zu dem Einen Gott: »Vielmehr will ich nunmehr ihre Blöße vor den Augen ihrer Buhlen aufdecken – niemand soll sie meiner Hand (Strafgewalt) entreißen! – und ich will all ihrer Lust ein Ende machen, ihren Festen und Neumonden, ihren Sabbaten und all ihren Feiertagen...« (2,12–14).

Die Liste der Stellen, in denen von Blöße, Lust und Buhlen die Rede ist, ist im Buch der Bücher sehr lang. Immer wieder ist die Rede von Dirnenhäusern, Kultdirnen, Unzucht und schändlichem Treiben – und in der Folge auch immer wieder von einem Abfall vom Herrn und der Treulosigkeit Israels. Der Kampf der levitischen Priester war lang und schwer. Dabei dürften weder die angedrohte Strafgewalt noch die verschiedensten Listen etwas genützt haben. So wandelte man etwa später den verfluchten Sabbat, der auf das monatliche Bluten der Göttin Inanna in Babylon zurückgehen soll, währenddessen nichts gearbeitet werden durfte, in das wöchentliche Fest der Juden um. Aus diesem entstand erst unter Kaiser Konstantin, der ein Anhänger des Sonnenkults war, unser Sonntag.

Aber weder strengere Gesetze noch die Übernahme alter Mythen dürften den Priestern des Herrn immer geholfen haben. Die Treulosigkeit des auserwählten Volkes zieht sich nicht nur durch die Schriften, sondern vor allem auch durch die Geschichte der Herrscherhäuser.

Von König Salomon wird berichtet, daß er Götzenbäume aufstellen ließ und Statuen der Göttin Astarte. Von den Königen von Juda heißt es, daß sie der Sonne, dem Mond und dem Tierkreis huldigten und Götzendiener einsetzten. Um 630 v. Chr. mußte der levitische Priester Hilkija die Standbilder der Astarte, die sie im Tempel aufgestellt hatten, zerstören lassen und die Stuben der Heiligtumsbuhler im Tempel niederreißen (2 Könige 23,5 f.). Aber nicht nur der sagenumwobene Salomon, der Verfasser jenes Hohenliedes, das so fatal an die Hohe Zeit in den alten Tempeln, an die Hochzeit mit der Göttin erinnert, scheint eine Renaissance der alten Religionen um sich geduldet zu haben.

Auch sein Vater David, der als eine Art Priesterkönig zum Stammherrn des großen königlichen Geschlechts Israels wurde, spielte in Sachen Religion eine zweideutige Rolle. Einerseits bekräftigte er seinen Bund mit Jahwe, den er als charismatischen Herrscher benötigte, andererseits versuchte er die Macht der levitischen Priesterkaste zu brechen, indem er die Leviten trennte und über das ganze Land zerstreute. Sein Harem, seine Frauen aus vielerlei Ländern und seine Sitten wiederum dürften eine Erinnerung an die offene Sexualität vergangener Tage gewesen sein. Nach Grant war die Staatsreligion, »deren oberster Hüter David war, keineswegs rein jahwitisch, sondern eher eine Mischung aus Jahwedienst und kanaäischer Kultur«.

Eine solche Mischung scheint sich vor allem auch in späteren Zeiten immer dann wieder eingeschlichen zu haben, wenn Königinnen an die Regierung kamen. Eine davon war eine Königin namens Maakah, der später die Königinnen-Würde entzogen wurde, weil sie der Aschera, also Astarte, ein »Schandmal« errichten hatte lassen (1 Könige 15,13). Ebenso berühmt-berüchtigt, wie es später einmal Maria Magdalena werden sollte, war in der jüdischen Geschichte die Königin Jezebel. Sie wurde als die treulose, böse Frau schlechthin dargestellt, während Merlin Stone und andere Forscher heute vermuten, daß ihr einziges Verbrechen jenes war, Jahwe nicht anzuerkennen. Die Phönizierin Jezebel war nach der Meinung mancher Forscher die Tochter des Königspaares von Sidon, nach anderer Sicht der Herrscher von Tyrus. Da in diesen Gebieten noch die alten Bräuche herrschten, war sie automatisch auch die Tochter des Hohenpriesters und der Hohenpriesterin, und als solche huldigte sie nicht nur der Göttin, sondern brachte auch ihren hebräischen Mann dazu, der Göttin im Tempel eine Kultsäule zu errichten. Später beschuldigte man sie, ihren Mann umgebracht zu haben, obwohl, nach allem, was man weiß, dieser es auf die Besitztümer der Königin abgesehen hatte. Jezebel wurde mit all ihren Gefolgsleuten ermordet, ihr Leichnam den Hunden zum Fraß vorgeworfen. Abschließend verkündete Jehu, der alle vernichtet hat, »wie der Herr es dem Elia zuvor angekündigt hatte« (1 Könige 21,17), daß der Baalsdienst in Israel ausgerottet wäre.

Der Gott Baal ist übrigens ein gutes Beispiel für den Wandel und das Auf und Ab, das alle Religionen jener Zeit betraf. Ursprünglich war Baal ein Sturmgott von Ugarit im nördlichen Kanaan an der Grenze zu den indoeuropäischen Hethitern und den Luviern in Anatolien. Das Wort könnte sich sogar vom Sanskritwort für mächtig (*bala*) ableiten, und man vermutet, daß es wegen dieser indoeuropäischen Wurzeln vielleicht sogar am Anfang mit dem Begriff Jahwe identisch war. In alten ugaritischen Texten kämpft Baal mit dem Drachen, der sehr oft mit der Schlange der Göttin verglichen wird. Und auch Jahwe tötete die weibliche Urschlange, wenn es bei Hiob heißt: »Mit deiner Macht hast du... die Häupter der Drachen über den Wassern zerschmettert« (Psalm 74).

Später dürfte sich der indoeuropäische Gott dann still und heimlich wieder in die Verehrung der Göttin eingeschmuggelt haben, die er zuvor als »Mächtiger« bekämpft hatte. In Kanaan wurde er zum Synonym von Tammuz, dem geopferten Geliebten der Aschera. Und diesem Baal-Tammuz galt nicht nur die Verehrung der Götzendiener rund um Israel, auch im eigenen Land wurde der Geliebte der Göttin einmal als Baal, dann wiederum als Tammuz verehrt.

Nicht umsonst beklagt sich der Herr immer wieder über Frauen, die in seinem Tempel den Tammuz beweinen und fährt dann fort: »Siehst du es wohl, Menschensohn; aber du wirst noch andere ärgere Greuel sehen als diese« (Ez 8,15).

Die ärgeren Greuel waren Darstellungen der Astarte, die Huldigung der Sonne und der Sterne und die Verehrung der Äste des grünen Lebensbaumes der Göttin.

Der Schritt zum Menschensohn

Alles Dinge, die uns bereits bekannt sind. Der wahre Hintergrund dieser Greuel wird aber erst sichtbar, wenn man die Verbindungslinie zwischen den klagenden Frauen des alten Religionsbildes und dem uns auch aus späteren Schriften wohlbekannten Menschensohn zieht. Die sexuelle Freizügigkeit der Verehrerin der Göttin und die heiligen Buhlerinnen waren nicht so sehr ein moralisches Ärgernis, als vielmehr ein gesellschaftspolitisches. Es waren die letzten Reste des Matriarchats und die letzten Steine, die dem Patriarchat im Wege lagen. Der große Schritt von den Töchtern und Söhnen einer Mutter stand bevor, der Schritt hin zum Menschensohn, der als quasi Mutterloser zum neuen Codewort einer Gesellschaft von Männern wurde. Nicht nur die weiblichen Kultfiguren waren die Gegner der levitischen Priester, es war vor allem die sexuelle Autonomie der Frauen. Sie unterminierte, wie Merlin Stone es formuliert, »die weitreichenden Ziele der Männer, die… Frauen als Eigentum betrachteten und nach einer Gesellschaft strebten, wo wie in den indoeuropäischen Völkern die männliche Verwandtschaftslinie galt. Dies erforderte wiederum, daß jede Frau im Besitz eines Mannes sein mußte, so daß über die Identität des Vaters ihrer Kinder, und vor allem ihrer Söhne, kein Zweifel aufkommen konnte. Aber die männliche Verwandtschaftslinie blieb irreal, solange Frauen als sexuell unabhängige Menschen agieren und weiter Kinder gebären durften, deren Vaterschaft weder bekannt war noch als relevant erachtet wurde.«

Der Menschensohn bedeutet also in mehr als nur einer Hinsicht eine Zeitenwende. Im Buch Ezechiel tauchte er immer wieder auf und soll die Frauen anscheinend daran erinnern, daß fortan die Söhne nicht mehr als die Söhne der Frauen zu betrachten sind. So wie der schreckliche Tod der Königin Jezebel als Mahnung an alle Frauen gedacht war, auf die Verehrung der Göttin und auf eigenen Besitz und eigene Rechte zu verzichten, so wurden die Menschensöhne der Zukunft ein sprechender Fingerzeig auf die endgültigen Zeiten der Väter.

Dies schlug sich auch in den Rechten der Frauen nieder. In einer Forschungsarbeit über das alte Israel schildert der Archäologe Roland de Vaux die Stellung der israelitischen Frau als weit unterlegen gegenüber den Frauen der angrenzenden Länder: »Alle Texte zeigen, daß sich die Israeliten vor allem Söhne wünschten, um den Stammbaum und Besitz zu verewigen und das Erbe der Ahnen zu erhalten... Ein Ehemann konnte sich von seiner Frau scheiden lassen... Frauen konnten umgekehrt die Scheidung nicht einreichen... in den Zehn Geboten wird die Gattin eines Mannes zu seinem Besitz gezählt... ihr ganzes Leben lang bleibt sie minderjährig. Die Ehefrau erbt nicht von ihrem Gatten, die Töchter erben nicht von ihrem Vater, außer wenn kein männlicher Erbe vorhanden ist... Ein Mann war berechtigt, seine Tochter zu verkaufen. Frauen waren von der Thronfolge ausgeschlossen.«

Die levitischen Priester hatten also im Laufe der Zeit ganze Arbeit geleistet. Nicht umsonst heißt eine der möglichen Auffassungen des JHWH-Kürzels für Jahwe »Ich werde sein, der ich sein werde«: Der anfänglich noch sehr umstrittene *eine* Gott wurde mit der Hilfe der Priester immer mehr zu dem *einen* Herrn im Himmel, mit dessen Hilfe die nächsten dreitausend Jahre die Welt sehr einseitig regiert werden sollte. Dies mag man als eine notwendige Reaktion auf die weiblichen Fruchtbarkeitsgöttinnen sehen, als einen nächsten Schritt in der Menschheitsentwicklung oder schlicht und einfach als irdische Machtgelüste betrachten – fest steht, daß sich mit der Ankunft der verschiedensten Menschensöhne jene Gesellschaft zu etablieren begann, in der wir heute leben. Der Monotheismus war nicht nur ein mehr oder weniger fest umrissenes Glaubenssystem, er mußte auch eine neue Art der Sexualität, ein neues Erbschaftsrecht und ein völlig neues Recht für die Frauen schaffen. Mit ihm entstand eine stereotype Art des Sexus, vor allem aber entstanden jene Geschlechterschranken, vor denen heute Feminismus und Machismus stehen.

Die Priester Jahwes erkannten sehr wohl, daß Religionen, in denen Frauen frei waren und Eigentum besaßen, eine Bedrohung für ihre männliche Religion und ihre männlichen Vorstellungen von der Gesellschaft darstellten. Darum schufen sie die Normen für sexuelle Moral und Besitztum, die schon in den Zehn Geboten anklingen und die in den jüdischen Gesetzen später weiter ausgeformt wurden. Trotzdem dürfte es immer wieder genügend Mitglieder der Stämme gegeben haben, sie sich nicht an die Richtlinien der Priester hielten. Vor allem waren dies, wie schon angedeutet, mit Vorliebe die Angehörigen der Königshäuser. So weist der Archäologe G. Landes auf die zeitweise sehr überlegene Position von Frauen in Nomadenstämmen hin und gibt als Beispiel dafür die Königin von Scheba an, die um 950 v. Chr. die Anführerin arabischer Stämme war. In Israel selbst regierte die Tochter von Königin Jezebel, Athaliah, einige Jahre, obwohl es den Frauen eigentlich nicht gestattet war, auf einem Thron zu sitzen. Das Volk hatte anscheinend nicht vergessen, daß ihre Großeltern die Hohepriesterin und der Hohepriester der die Astarte verehrenden Städte Sidon oder Tyrus waren. Und wahrscheinlich galten die Königin und der König, die gleichzeitig das Priesteramt verkörperten, noch immer als jenes Bindeglied zum Himmel, das sie in den Zeiten der Großen Hochzeit in den Tempeln der Mondgöttin waren.

Diese mythische Verbindung zur fernen Vergangenheit könnte auch der Grund sein, warum vor allem in den Königshäusern und unter der herrschenden Klasse der Juden immer wieder eine Verbindung zu alten Bräuchen und Sitten auftaucht. Genaugenommen kam auch der Ruf nach einem Messias aus dieser Zeit. Der Messiasbegriff stammt aus der alten Zeit des Priesterkönigtums, in der die Verbindung zum Himmel noch nicht vom Gesetz ausging. Und die Juden erinnerten sich immer wieder daran. Noch die letzten Könige vor Herodes hatten neuerlich ein erbliches Hohepriestertum eingeführt und dürften sich dabei wieder einmal gegen die Priester gestellt haben. Auch zu Jesu Zeiten hielten die Herren im Tempel nicht allzuviel von einem Priesterkönig außerhalb der Tempelmauern, und dies könnte einer der Gründe für die Kreuzigung sein. Andererseits fürchteten gewisse Kreise Aufstände aller Art.

Aus heutiger Sicht muß man sich fragen, ob ihnen nicht nur ein mögliches aufständisches Verhalten von Jesus ein Dorn im Auge war, sondern auch die erstaunlich freie Maria Magdalena. In einer jüdischen Gesellschaft, welche die Rechte der Frau derart drastisch eingeschränkt hatte, muß eine frei mit Männern herumziehende Frau, welche die Männer noch dazu finanziell unterstützte, für Aufruhr gesorgt haben. Andererseits könnten die strengen Vorschriften tatsächlich nur für bestimmte Schichten gegolten haben, und eine Maria Magdalena von edler Abstammung hätte durchaus mehr Freiheiten gehabt und für diese Freiheiten auch kämpfen können.

Wenn wir uns wieder einmal an die »Legenda aurea« halten, so stammte Magdalena, wie wir wissen, aus königlichem Geschlecht und besaß mit ihrem Bruder Lazarus und ihrer Schwester Martha die Burg Magdala. Später teilten sich die Geschwister den Besitz ihres Vaters Syrus und ihrer Mutter Eucharia; Martha bekam bekanntlich das Dorf Bethanien, Lazarus einen Teil von Jerusalem und Maria die Burg Magdala. Nach dem jüdischen Erbrecht wäre solch ein Eigentum einer Frau nicht möglich, falls Lazarus tatsächlich Maria Magdalenas Bruder war. Nun mag man die »Legenda aurea« als ein Volksbuch bezeichnen, das keineswegs den Anspruch auf Hieb- und Stichfestigkeit verdient. Andererseits gibt es, wie wir noch sehen werden, zahlreiche andere Hinweise darauf, daß die Frau aus Magdala mit Lazarus tatsächlich verwandt war. Also besteht die dritte und durchaus nicht unberechtigte Möglichkeit, daß Maria Magdalena jenes Leben der Wollust, das sie in der »Legenda aurea« auf Grund ihres Reichtums führt, tatsächlich gelebt hat – und wegen ihrer Herkunft auch leben durfte; daß sie aber an der Seite von Jesus erst recht zu jener Rebellin wurde, die sie schon zuvor für ihre Umgebung war. Nicht ohne Grund könnte es in der aus apokryphen Evangelien, Apostel- und Märtyrerakten zusammengestellten »Legenda aurea« über ihre Beziehung zu Jesus heißen: »... er nahm sie zu seiner sonderlichen Freundin und machte sie zu seiner Wirtin und zu seiner Schafferin auf dem Wege. Er entschuldigte sie allezeit mit großer Liebe: wider den Pharisäer, der sie unrein hatte genannt; wider ihre Schwester, die sie tadelte ob ihres Müßigganges; wider Judas, der sie eine Verschwenderin hieß.«

Läßt man vorerst einmal die in den ersten Zeilen angedeuteten Möglichkeiten einer durchaus sexuellen Freundschaft beiseite, so bleibt doch die Bezeichnung einer »Schafferin auf dem Wege« und die Angriffe, denen Maria Magdalena anscheinend ausgesetzt war. »Schafferin auf dem Wege« hat jenen aktiven Beigeschmack, den wir schon aus anderen Stellen kennen, in denen Maria Magdalena nicht nur als Begleiterin, sondern als engste Vertraute und jene Frau gekennzeichnet wird, »die das All kennt«.

Der Vorwurf des Judas, sie sei eine Verschwenderin, ist uns schon aus jener Stelle des Johannes-Evangeliums bekannt, in der Maria Magdalena Jesus kurz vor der Kreuzigung mit Nardenöl salbte, das mindestens dreihundert Silberstücke wert war (12,5). Maria Magdalena aber dürfte nicht nur allzu verschwenderisch mit ihrem Geld umgegangen sein, sondern auch mit ihrer Zeit. Des Müßiggangs wird Maria in ihrer möglichen Rolle als Schwester der Martha von Bethanien beschuldigt. Diese fragte Jesus: »›Herr, machst du dir nichts daraus, daß meine Schwester die Bedienung mir allein überlassen hat? Sage ihr doch, sie möge mir zur Hand gehen!‹ Aber der Herr gab ihr zur Antwort: ›Martha, Martha! Du machst dir (Sorge und) Unruhe um vielerlei; aber nur eines ist nötig. Denn Maria hat das gute Teil gewählt: das soll ihr nicht genommen werden‹« (Lk 10,40–42). Das gute Teil war also nicht die übliche weibliche Rolle als Dienerin, sondern die bei den Juden anscheinend ziemlich ungewohnte Zuhörerin.

Maria Magdalena mußte also dafür entschuldigt werden, daß sie mit ihrem Geld großzügig umging und sich nicht in das weibliche Klischee der damaligen Zeit einfügte. Um etwas Ähnliches scheint es sich auch bei der Entschuldigung dem Phärisäer gegenüber gehandelt zu haben. Nach den jüdischen Gesetzen gilt zwar eine Frau einmal im Monat als unrein, was schon auf die widersprüchliche Sicht alles Weiblichen hinweist, im Falle der recht unabhängigen Frau aus Magdala muß es sich aber um eine höhere Stufe der Unreinheit gehandelt haben. Ein Hinweis darauf könnte uns jene Stelle bei Lukas sein, nach der aus Maria sieben böse Geister ausgefahren sind (8,1–3). Diese bösen Geister könnten eine Verbindung zur Verehrung der Astarte darstellen, deren Kult für die Eingeweihten einen siebenfachen Aufnahmeritus vorsah.

Und hier scheint sich auch der Kreis zu schließen: Maria Magdalena mag eine sexuell und wirtschaftlich unabhängige Frau gewesen sein, sie mag eine Anhängerin der alten Religionen und Sitten oder alles zusammen gewesen sein, eines war sie wohl auf jeden Fall – eine Rebellin gegen die strengen Gesetze Jahwes und seiner Priester. Als solche war sie für einen Jesus, der oft als Revolutionär gegenüber der Religion der Väter gezeichnet wird, natürlich die geeignete Gefährtin. Jesu Sicht der Frau mutet höchst modern an. Er war einerseits ein Verfechter der Freiheit der Frauen, die er nicht nur im Hinblick auf Maria Magdalena bewies; er stellte sich nicht nur vor sie als mögliche Sünderin, er trat auch für andere, von den Juden als unrein betrachtete Frauen ein: für die Ehebrecherin oder die Samariterin. Und auch die strengen Gebote, die sich vor allem um die Menstruation, die monatliche »Unreinheit« und das Meiden der Frauen zu dieser Zeit rankt, waren ihm zuwider. In einem Gespräch um die Kennzeichen wahrer Unreinheit meinte er: »Treffend hat Jesaja von euch Heuchlern (Scheinheiligen) geweissagt, wie geschrieben steht: ›Dieses Volk ehrt mich nur mit den Lippen, ihr Herz aber ist weit von mir; doch vergeblich verehren sie mich, weil sie Menschengebote zu ihren Lehren machen‹« (Mk 7,6–8).

Diese Menschengebote dürften andererseits der Grund dafür gewesen sein, warum Jesus seine Mutter eigentlich unverständlich schlecht behandelte. Sie könnte für ihn ein Symbol für die alten Gebote, die alte Hierarchie und das überkommene Frauenbild der Juden gewesen sein, wenn er bei Matthäus spöttisch fragt: »Wer ist meine Mutter und wer sind meine Brüder?« (12,48). Bei der berühmten Hochzeit von Kana fährt er sie gar an: »Was kümmern dich meine Angelegenheiten, Frau?« (Joh 2,4). Auch die berühmt-berüchtigten Jesus-Worte »Ich bin gekommen, die Werke des Weibes zu zerstören«, die Clemens von Alexandrien nach dem Evangelium der Ägypter wiedergab, müssen diesem neuen Frauenverständnis nicht unbedingt widersprechen – falls, ja falls sie nicht von besonders frauenfeindlichen Erzählern Jesus im nachhinein in den Mund gelegt wurden.

Daß Jesus ein neues, sehr selbständiges Bild der Frauen vor Augen hatte, zeigt jene Stelle über Maria Magdalena, in der er sagt: »Wahrlich ich sage euch, ich werde sie führen, um sie männlich zu machen, damit auch sie ein lebendiger Geist wird, vergleichbar den Männern. Denn jede Frau, die sich männlich machen wird, wird eingehen in das Himmelreich« (Thomas der Zwilling 114).

Heutige Feministinnen würden sich wohl bedanken, männlich gemacht zu werden, andererseits ist bei dieser Stelle zuerst einmal auch nur von dem die Rede, was die Vorstufe zu jeder Art von Gleichstellung ist: von einem größeren Selbstwertgefühl der Frau. Jenes scheint Jesus an der Jüdin des Alltags abgegangen zu sein, in Maria Magdalena aber scheint er es gefunden zu haben.

Vielleicht ist die feministische Note rund um die vermutlich revolutionäre Gruppe um Jesus etwas weit herbeigeholt. Wir müssen uns dabei aber immer wieder klarmachen, daß zwischen allen sozialen und religiösen Fragen auch damals immer wieder die Stellung der Frau stand. Wir sind so an patriarchale Bilder im alten Palästina gewöhnt, daß wir uns selten eingestehen, daß es auch damals sehr verschiedene Frauentypen gegeben haben muß. In der Stunde Null unserer Zeitrechnung hatte man zwar noch keine Computer, Telefone und Flugzeuge, aber wie wir sehen, gab es viele verschiedene Ideen und die unterschiedlichsten Verfechter und

Bekämpfer dieser Ideen. So wie ein Mensch, der vor zweitausend Jahren geboren wurde, mit unseren Computern nichts anzufangen wüßte, können wir vielleicht heute nur mehr einen Bruchteil der geistigen Strömungen jener Zeit begreifen. Eine dieser Strömungen war aber sicherlich die Rebellion gegen alle Tradition, die sich immer wieder durch Jesu Aussprüche zieht. Er scheint nicht nur ein Rebell für die Frauen gewesen zu sein, er war es mit Sicherheit gegen die Religion des Tempels. Dies zeigt sich nicht nur in den vielen Beschuldigungen der Priester – »Wehe euch, Schriftgelehrte und Pharisäer, ihr Heuchler! Denn ihr verschließt das Himmelreich vor den Menschen« (Mt 23,13) –, sondern auch in seiner Sicht der Synagoge: »Almosen sollten nicht von den Heuchlern in den Synagogen öffentlich gespendet werden«, und auch die Betenden stellten sich nach seiner Ansicht allzugern in der Synagoge öffentlich zur Schau (Mt 6,2–6).

Auch gegen die allgemeinen jüdischen Sitten verstießen manche seiner Lehren. Auf die Frage seiner Schüler, ob sie fasten sollten, gibt er im Thomas-Evangelium die ebenso einfache wie beeindruckende Antwort: »Lüge nicht und tue nicht, was ihr selbst verabscheut...« (6). Auf den Zweck der jüdischsten aller jüdischen Sitten angesprochen sagt er: »Wäre die Beschneidung nützlich, dann hätte euch euer Vater schon beschnitten im Mutterleib gezeugt« (Thomas der Zwilling 53).

Welche Art von Revolutionär nun Jesus wirklich war, wird nie mit Sicherheit feststehen. Daß er jedoch nicht ausschließlich der friedliche Messias im Kreise friedlicher Jünger war, scheint nach allem, was wir wissen, mehr oder weniger festzustehen. Wenn wir heute akzeptieren können, daß Religion schon immer politisch geprägt war, so widerspricht der Religionsstifter und Messias nicht einmal einem terroristisch angehauchten Zeloten. Jesus wollte offensichtlich ein anderes Denken, ein anderes Handeln und ein anderes Himmelreich. Dazu aber benötigte er auch ein anderes religiöses und soziales Umfeld. In ein solches, in eine Art esoterische Widerstandsgruppe, paßt auch Maria Magdalena als mögliche Rebellin oder Feministin.

Und wenn heute darüber spekuliert wird, daß Jesus vielleicht nicht am Kreuz gestorben ist, sondern in die Wüste floh, um später in Masada betagt zu sterben, so hätte auch Magdalena an diesem Widerstand teilnehmen können. Aber auch andere Vermutungen, die sie in Anlehnung an die Lehren der apokryphen Evangelien als Lehrerin in Ägypten sehen, sind nicht so sehr aus der Luft gegriffen, wie man zuerst meinen möchte. In der Apostelgeschichte lesen wir, daß ein römischer Oberst Paulus bei seiner Gefangennahme fragte: »Du kannst Griechisch? Du bist also nicht der Ägypter, der vor einiger Zeit den Aufruhr erregte und die viertausend Banditen in die Wüste geführt hat?« (21,38).

Erinnern wir uns: Die Essener waren eine gar nicht so kleine Gruppe von etwa viertausend Anhängern. Falls sich nur ein Teil von ihnen und ein Teil der Zeloten, der Söhne Zadoks und der Nazoräer mit Jesus auf die Flucht in die Wüste gemacht hätte, könnte mit den viertausend Banditen die Widerstandsgruppe um den Messias gemeint sein. Ein anderes Indiz dafür, daß mit dem Ägypter Jesus gemeint war, ist der Brief des berühmten Bar-Kochba an einen Jeschua ben Gilgoa. Unter Bar-Kochbar kämpften die Juden zwischen 132 und 135 die schwersten Kämpfe gegen die Römer. Eine Rolle dabei könnten die in dem Brief erwähnten »Galiläer« gespielt haben, die ebenfalls in der Apostelgeschichte erwähnt werden und von denen man schon immer vermutete, daß es Christen waren.

Die alte Frage, ob sich Christen am Aufstand gegen die Römer beteiligten, wird also dahingehend erweitert, ob diese »Galiläer« die Nachfolger eines nach Ägypten geflohenen Jesus waren. Als Ägypter durfte Jesus natürlich ebensowenig in die Überlieferung eingehen wie Maria Magdalena als seine Gefährtin und mögliche Geliebte. Schon die Lehrerin und Apostelin der Apostel, als die sie in den gnostischen ägyptischen Texten auftaucht, war einer Kirche, in der die Frauen zu schweigen hatten, zuviel des Guten. Die Christen waren der Männer-Religion der Juden anscheinend schon sehr bald für das enge Frauenbild dankbar und vergaßen ihren Religionsgründer, der die Frauen den Männern gleichstellen wollte. So sorgte – absichtlich oder unabsichtlich – das Verwirrspiel um eine reuige Sünderin zweitausend Jahre lang nicht nur für eine schuldbeladene Sicht der Sexualität: Maria Magdalena wurde auch fälschlicherweise zum Symbol einer Rechtsstellung der Frau, die beinahe ausschließlich im Dienen bestand.

Ehelosigkeit: eine Sache der Macht, nie des Glaubens

Indirekt wurde die rebellische Frau an der Seite von Jesus auch zur Vorfahrin all jener Frauen, die später in Maria Magdalenas Fußstapfen traten, wenn sie zur Ehefrau oder Gefährtin von Priestern wurden. Denn die Geschichte des Zölibats ist nicht nur eine Geschichte von Männern, sondern vor allem auch von Frauen. Dies nicht nur in dem Sinn, daß vereinzelte Frauen als Freundinnen von Priestern direkt betroffen sind, und alle Frauen indirekt dadurch, daß Freundschaft mit Priestern kaum möglich ist: Der Zölibat, jene Form katholischer Apartheid gegen Frauen, die ausnahmsweise auch die Männerkirche selbst betrifft, ist das beste Beispiel dafür, daß die Gesetze einiger weniger Männer im Vatikan nicht so unwandelbar sind, wie gemeinhin angenommen wird.

Die Ehelosigkeit für Priester ist zwar in letzter Zeit

anscheinend zum wichtigsten Thema der Katholiken geworden, doch ist sie nicht so gott- oder zumindest Jesusgewollt, wie den meisten Gläubigen vorgemacht wird. Dies zeigt ein kurzer Blick auf die Geschichte der priesterlichen Ehelosigkeit, die immer eine Frage der Disziplin und der kirchlichen Macht, nie eine Frage des Glaubens war – ebenso wie die Frage des Priesteramts für Frauen eine Frage des männlichen Einflusses und nicht weiblicher Befähigung ist. Die Wurzeln des Zölibats liegen wie so vieles andere in der Geschichte des Christentums in vorchristlichen Zeiten der Anbetung von Göttinnen und Göttern. Damals war das Betreten des Tempels oder das Erleben der Mysterien eine Sache körperlicher und seelischer Reinheit. Zuvor wurde oft tagelang gefastet und geschlechtliche Enthaltsamkeit geübt. Für Jesus selbst aber scheint Reinheit schon viel eher eine rein geistige Angelegenheit gewesen zu sein, wenn er die himmlische Hochzeit, jene Verbindung des Körpers mit der Seele, auf eine ähnliche, wenn auch völlig andere Stufe wie die sexuelle Vereinigung stellte.

Seine Kirche aber begann relativ bald wieder geistige Reinheit mit einer sehr fragwürdigen körperlichen zu verwechseln: Beim Konzil von Nizäa wurde erstmals die Regel aufgestellt, daß Priester nach der Weihe nicht mehr heiraten dürften. Der Gedanke dahinter: Die Hand, die den Leib einer Frau berührt hatte, war nicht würdig, den Leib des Herrn zu berühren. Von reinen Gedanken war nicht viel die Rede. Allerdings führt die seitdem nie mehr nachlassende Diskussion um den Zölibat zur wohl größten Gedankenakrobatik innerhalb der Kirche.

Schließlich mußte man sich darum herumschwindeln, daß Petrus verheiratet gewesen war, daß man in Kirchenkreisen bis dahin angenommen hatte, daß selbst Paulus eine Ehefrau hatte, und daß dieser ganz sicherlich keinen Zwiespalt zwischen Amt und Ehe sah. Nach ihm sollte ein Bischof nur eine Frau haben, was in der Nachfolge jüdischer Patriarchen mit mehreren Frauen zwar ein »Nein« zur Vielweiberei, aber kein »Nein« zu verheirateten Priestern bedeutete. In den ersten vier Jahrhunderten galt dann das Gebot, daß verheiratete Priester ihre Ehefrauen behalten, Junggesellen aber auf solche verzichten sollten. In den folgenden Jahren begann man mehr und mehr das Vergnügen an der Sexualität zur Sünde schlechthin zu machen, und den verschiedensten asketischen Richtungen gelang es zwischen Priestern, Bischöfen und Päpsten, die mit Ehefrauen und Kindern, Freundinnen und Konkubinen lebten, die einstmals geistige Reinheit mit sexueller Abstinenz gleichzusetzen. Wie lange dieser ehe- und sexualfeindliche Kampf andauerte, beschreibt Uta Ranke-Heinemann: »Die Ansätze der zölibatären Entleiblichung finden sich schon in den ersten Jahrhunderten, aber den rechtlichen Abschluß fand die Entwicklung erst spät, und zwar in zwei Etappen: erstens 1139, als Papst Innonzenz II. die Klerikerweihe zu einem trennenden Ehehindernis erklärte. Eheschließung und Priestertum schlossen damit einander nach Empfang der Priesterweihe juristisch aus; jede später eingegangene Priesterehe war ungültig. Hatte die Kirchenführung damit ein Instrument in der Hand, zu verhindern, daß Priester heirateten, so schuf sie sich später noch ein zweites Kontrollinstrument, nämlich auf dem Konzil von Trient (1545–1563), auf dem die Formpflicht für die Eheschließung eingeführt wurde. Bis dahin war die Eheschließung formfrei, d.h., man konnte auch ohne Pfarrer und Zeugen heimliche, aber gültige Ehen schließen. Durch die Formpflicht, d.h. Eheschließung vor dem zuständigen Pfarrer und Zeugen, wurde verhindert, daß solch heimlich Verheiratete zu Priestern geweiht wurden. Seit 1139 wurde also unmöglich gemacht, daß Priester heirateten; seit Trient wurde verhindert, daß Verheiratete Priester wurden.«

Man sieht, der Zölibat als heute zwar beträchtlich wankender, aber noch immer gewaltiger Pfeiler des katholischen Kirchengebäudes, ist eine relativ junge Erfindung der Kirche – vor allem aber wußten die ersten »Felsen«, auf denen später diese Kirche erbaut wurde, nämlich Petrus und Paulus, noch gar nichts von jener umstrittenen Form der Reinheit, die auch Papst Paul VI. noch immer mit Keuschheit verglich, wenn er am 25. Oktober 1969 öffentlich zu Maria betete: »Lehre uns… rein zu sein, wie du bist; keusch zu sein, d.h. treu zu dieser gewaltigen und erhabenen Pflicht, die unser Zölibat ist.«

In der Tat ist der Zölibat zeit seines Bestehens für die Kirche eine gewaltige Pflicht gewesen und scheint es heute mehr denn je zu sein. Uta Ranke-Heinemann berichtet von Schätzungen, nach denen in letzter Zeit in Deutschland bis zu 6000 Priester der Kirche wegen des Zölibats den Rücken kehrten; für die USA rechnet man mit 17000, für Italien 8000, dasselbe für Frankreich. Weltweit spricht man hinter vorgehaltener Hand von 80000 Priester-Deserteuren, was zwanzig Prozent des Weltklerus bedeuten würde. Die Schätzungen werden von der Tatsache unterstrichen, daß allein unter Papst Paul VI. 32000 Priester laiisiert und damit wieder ehetauglich gemacht wurden.

Aber nicht nur die Zahl derjenigen, denen der Puritanismus einer Kirche zuviel ist, die nicht sehr viel Asketisches in ihren Evangelien findet, ist überzeugt von der Notwendigkeit einer neuen Sicht von Sexualität und geistiger Reinheit: In Umfragen sind schon heute mehr als die Hälfte aller Priesterkandidaten der Meinung, die Verpflichtung zum Zölibat müsse in nächster Zeit fallen. Der in der Praxis anscheinend ziemlich geringe Rückhalt in Sachen Zölibat läßt aber auch das Priesteramt für Frauen in einem neuen Licht erscheinen. Wenn ein großer Teil des Kirchenvolkes und ein erstaunlich hoher Prozentsatz von Priestern und Priesteranwärtern den Zölibat heute nicht mehr für zeitgemäß halten, muß dasselbe für die verschwindend geringe weibliche Rolle in der Kirche gelten. In Zeiten, in denen Frauen Präsidentinnen und Astronautinnen werden können, in denen ihnen jeder Beruf offensteht, ist es unverständlich, daß die weibliche Hälfte der Katholiken von männlichen Ehelosen vertreten wird. Sieht man sich dazu noch die erstaunlich wandelbare Geschichte des Zölibats an, so wird einem klar, daß auch die strengsten kirchlichen Regeln nicht immer für alle Zeiten gelten. So beweist eine große Anzahl von Päpsten, daß die ersten Versuche, die Ehelosigkeit von Priestern einzuführen, von wenig Erfolg gekrönt waren. So stieg etwa Sylverius gleich vom Subdiakon zum Papst auf, weil sein Vater Papst Hormisdas (514–523) war. Solch eine direkte »Thronfolge« war zwar einzigartig, aber Päpste wie Theodor (624–649), Agapitus (535–536), Gelasius (492–496) oder Bonifaz I. (418–422) konnten auf Priester oder Bischöfe als Väter verweisen.

Die wüsten Folgen des Zölibats

Peter de Rosa weist in seinem Buch »Gottes erste Diener« nicht umsonst darauf hin, daß es in Fragen Zölibat eine bis heute viel zuwenig verstandene Dimension gibt: »Alle Ehen der Priester wurden von der Kirche als gültig angesehen. Wenn Männer nach der Ordination heirateten, waren ihre Ehen zwar regelwidrig, aber gültig. Warum? Weil ein Mann ein natürliches Recht hat zu heiraten, und niemand, nicht einmal die Kirche, es ihm nehmen kann. Dieses Prinzip, das von der Urkirche nicht bezweifelt wurde, hat eine erstaunliche Konsequenz: Roms gegenwärtige Disziplin, die Vereitelung der Versuche von Priestern, zu heiraten, ist unmoralisch. Es kann kein Gesetz geben, nicht einmal ein päpstliches, das einem Menschen nimmt, was Gott der Schöpfer in sein innerstes Wesen gelegt hat.«

Mit gleichem Recht kann man sich natürlich fragen, wie moralisch es ist, Frauen ein ebenso zutiefst inneres Anliegen, nämlich die Verkündigung des eigenen Glaubens und der eigenen Religion durch Priesterinnen zu verbieten. Vor allem, nachdem man gesehen hat, daß eine ebenso schwerwiegende Sache, nämlich der Zölibat, ja auch nie eine Frage des Glaubens, sondern der kirchlichen Disziplin war. Wenn die Ehelosigkeit von Priestern eine Sache der Kontrolle und Macht ist, so gilt dasselbe für die Frage der Ordination von Frauen. Um Macht und Einfluß der Kirchenhierarchie ging es in allen Fragen des Zölibats. So war es wahrscheinlich Siricius, um 385 Bischof von Rom, der als erster den Priestern das Doppelbett verbieten wollte. In seiner Nachfolge wollte Innozenz I. (401–417) jede Verletzung des Zölibats mit der Amtsenthebung des Priesters bestrafen. Wäre die Kirche beiden gefolgt, wäre jede Unkeuschheit eines Priesters bestraft worden. Dies war aber nicht der Fall. Der Zölibat bedeutet Ehelosigkeit, aber nicht unbedingt Keuschheitsgelübde, das doch in Sachen körperlicher Reinheit die logische Konsequenz sein müßte. Die wahre Gefahr lag anscheinend nicht so sehr in den Betten von Konkubinen und Dirnen, als vielmehr in jenen von angetrauten Ehefrauen, deren Kinder Besitzansprüche an Priester und Kirche gehabt hätten. Nicht umsonst vermutet man heute, daß die Eheuntauglichkeit für den Himmel nicht so sehr einen geistigen Hintergrund hat als vielmehr einen sehr stichhaltigen finanziellen. So gab es eine Zeitlang eine regelrechte Sexsteuer, die jeder Priester als eine Art Bußgeld zu entrichten hatte, wenn er sich eine Konkubine leistete. Von dieser Steuer für geduldeten priesterlichen Sex profitierten unter anderem Bischöfe und Päpste, die keinerlei legale Verbindungen duldeten. Manche waren dabei sogar sich selbst gegenüber ziemlich unduldsam. So verließ Hadrian II. Frau und Kind, als er 867 Papst wurde, die meisten Päpste aber gingen noch weiter: Papst Urban II. bestimmte, daß die Frauen von Priestern von den Fürsten zu Sklavinnen genommen werden durften; in London wiederum wurden 1108 priesterliche Ehefrauen zum Eigentum des Bischofs erklärt.

Auch wenn viele der Betroffenen nicht gerade in der Sklaverei landeten, so erlitten doch alle von ihnen das Schicksal, das die Kirche auch Maria Magdalena zugedacht hatte. Aus Frauen, die sich vielleicht aus denselben Gründen zu Priestern hingezogen fühlten und noch immer fühlen wie Maria Magdalena zu Jesus, nämlich aus einer geistig-gläubigen Beziehung heraus, wurden und werden noch immer Verrufene. Obwohl es bis zur Formpflicht bei der Eheschließung, nämlich bis zum Konzil in Trient 1563, noch gültig verheiratete Priester gab, wurden deren Ehefrauen Konkubinen oder Huren genannt. Die kirchliche Sprachregelung war im Alltag noch tragischer, denn der Zölibat in seiner letzlichen Konsequenz ist vor allem eine Geschichte des Leids und Elends jener Priesterfrauen und Priesterkinder, die immer wieder zu Außenseitern wurden. Sie ist aber auch die Geschichte von Abtreibungen, Kindesmorden und anderem mehr. Peter de Rosa: »Im neunten Jahrhundert waren viele Klöster Jagdgründe von Homosexuellen, viele Konvents waren Bordelle, in denen Babys getötet und begraben wurden. Seit dem Ende des Römischen Reiches, sagen die Historiker, wurde Kindesmord im Westen nicht im großen Stil praktiziert – außer in den Klöstern. Das Konzil von Aachen gab es 836 offen zu. Was die sexuell ausgehungerten Weltpriester betraf, so wurden sie so oft der Blutschande beschuldigt, daß sie schließlich nicht einmal mehr mit ihren Müttern, Tanten oder Schwestern in einem Haus wohnen durften. Kinder, die Früchte der Blutschande, wurden von den Klerikern getötet, wie manch französischer Prälat berichtete ...«

»Wer von euch ohne Schuld ist, werfe den ersten Stein!« verteidigte sich Papst Sixtus III. (432–440) geschickt, als er vor Gericht gestellt wurde, weil er eine Nonne verführt hatte. Er traf mit dem Jesuswort den Nagel auf den Kopf, denn die Ehelosigkeit gelang in damaligen Zeiten zwar manchem Priester, die Enthaltsamkeit dafür um so seltener. Als der heilige Bonifatius nach Deutschland ging, war er von den Folgen des Zölibats entsetzt: Junge Priester verbrachten mit mehreren Frauen die ganze Nacht im Bett, um am Morgen völlig erschöpft die Messe zu lesen; die Bischöfe waren »ehebrecherisch« und eine Mischung aus »Kampfhahn und Wüstling«. Das war im achten Jahrhundert. Sehr viel später, nämlich 1560, bat Kaiser Ferdinand mit folgenden Worten den Papst, die Priester wieder heiraten zu lassen: »Denn obwohl das Fleisch verderbt war, ist doch die Verderbtheit des Priesterstandes am allerschlimmsten.« Aber im Vatikan wußte man selbst darum. Zu der Zeit von Alexander von Borgia diskutierte man öfter darüber, wie Messen aussehen würden, wenn der Priester zuvor die Nacht mit kleinen Jungen, Konkubinen oder Nonnen verbracht hatte, die damals einen schlechteren Ruf als Dirnen hatten. Als 1250 die Kurie nach Lyon kam, fand sie dort vier Prostituierte vor, zurück ließ sie die Stadt als ein riesiges Bordell. Unter Hadrian VI. kursierte in Rom das Sprichwort, daß der Beruf des Priesters der sicherste und direkteste Weg zur Hölle sei.

Und immer wieder gab es Versuche, die Priester gerade wegen einer besseren Moral vom Zölibat zu befreien. In gewissen Herzogtümern Deutschlands weigerte man sich, unverheiratete Priester einzustellen, weil Priester ohne Ehefrauen zu gefährlich für die Gemeinde waren. Kaiser Ferdinand bat gemeinsam mit dem Herzog von Bayern das Tridentinum, um der Laien willen den Zwangszölibat aufzugeben. Aber es ging nicht um die Laien, nicht um die priesterlichen Ehefrauen, die oft ausgepeitscht wurden, wenn sie bei ihrem priesterlichen Mann waren, die kein christliches Leben führen durften und nicht einmal christlich begraben wurden; es ging auch nicht um die Gefahr, die damals berüchtigterweise allen Frauen im Beichtstuhl drohte, und nicht um das, was sich in Pfarrhäusern und Klöstern abspielte. Die wüsten Auswirkungen des Zölibats mußten wegen der Beibehaltung einer fragwürdigen Disziplin vergessen werden. Peter de Rosa: »Ein eheloser Priester schuldet nicht Frau und Kind, sondern der Institution völlige Treue. Er war ein Geschöpf der Institution. Das römische System war absolutistisch und hierarchisch.«

Dem bleibt auch für moderne Zeiten nichts hinzuzufügen. Wenn aber heute das Papsttum den unverheirateten Priester als eine Art Leuchtturm in einer Welt von Schatten hinstellen will, so gilt es auch die Schatten zu sehen, die der Zölibat der Männerkirche immer wieder auf die Welt geworfen hat. Man kann sich nun fragen, ob es all die Greuel und Wirrnisse auch gegeben hätte, wenn den Frauen nicht ebenso im Laufe der Zeit das Priesteramt verwehrt worden wäre wie den Priestern eine legale Ehe verboten wurde. Natürlich hätte sich in diesem Fall das absolute hierarchische System des Vatikans nicht verwirklichen lassen. Die Kirche wäre vielleicht jene geschwisterliche geblieben, die sie an ihren Wurzeln war. Über die Zeit hinweg zerstörte vor allem der Zölibat alle Reste der Gleichberechtigung innerhalb der »Gemeinschaft Jesu«.

Ein Priester, der zuvor tausendmal gegen das Keuschheitsgebot sündigen, aber nie heiraten darf, muß die Sexualität als Sünde erleben; er muß alles Weibliche in sich selbst abtöten und hat nie die Möglichkeit, jene Gleichberechtigung zwischen Mann und Frau zu erleben, die eine Partnerschaft schafft. Aber heute ist gerade der Zölibat einer jener Brechstangen, mit deren Hilfe sich die verknöcherten Strukturen der Männerkirche aufbrechen lassen. Wen Theologen darauf hinweisen, daß die Ehelosigkeit von Priestern nur dann glaubwürdig ist, wenn sie freiwillig geschieht, ist dies ein Eingeständnis an die Fragwürdigkeit von Gesetzen einiger weniger »Eunuchen für das Himmelreich«. Und wenn heute immer mehr Laien einsehen, daß Priester in einer sich immer mehr wandelnden Welt nicht jener Hort von Keuschheit sein können, als die man sie lange Zeit hinstellte, so schafft dies ein neues Priesterbild. In diesem Priesterbild hat auch eine neue Sicht der Sexualität Platz, der heute nicht mehr der Geruch des Schmutzes und der Verworfenheit anhaftet.

Wir denken heute selten daran, daß die sexuelle Askese und die Körperfeindlichkeit, die der letzten Epoche anhaftet, ihre ursprünglichen Wurzeln in den ersten Jahrhunderten des Christentums hat. Die junge Kirche erwartete damals den baldigen Weltuntergang und hoffte durch die verschiedensten Formen der Enthaltsamkeit und Kasteiung erlöst zu werden. Heute nehmen wir das Himmelreich, das Jesus als nahe prophezeite, nicht mehr als bare Münze, sondern suchen vielmehr in unserem eigenen Innern danach. Dazu gehört auch die Einsicht, daß der Zölibat nur bedingt etwas mit der Sexualität zu tun hat. Auch Priester sind Menschen – und als solche leiden sie viel öfter an der Einsamkeit als an sexueller Enthaltsamkeit. »In der Bundesrepublik sollen gegenwärtig etwa 4000 geistliche Personen von Alkohol und Medikamenten abhängig sein«, schreibt der Theologe Horst Herrmann in seinem Buch »Die sieben Todsünden der Kirche« – und allein eine solche Möglichkeit sagt sehr viel über die Einsamkeit und Verzweiflung der direkten Opfer des Zölibats.

Die indirekten Opfer sind vielseitig: Einem Bericht des »Spiegel« vom November 1990 zufolge haben drei Viertel aller deutschen Theologieprofessoren eine Freundin; bei einem Priesterkurs im Rhein-Main-Gebiet wurde festgestellt, daß von zwanzig Teilnehmern achtzehn eine Beziehung zu einer Frau hatten. Alarmierender noch sind die Zahlen aus Amerika, die Horst Herrmann nennt: »Eine in Boston veröffentlichte Studie meint, nur noch zwei von 100 katholischen Priestern in den USA lebten streng nach den gesetzlichen Bestimmungen des Zölibats. Jeder dritte US-Priester ist sexuell aktiv. Die Untersuchung, die auf einer Befragung von 1500 Personen im Zeitraum von 1960 bis 1980 beruht, stuft fast ein Viertel der Betroffenen als homosexuell ein. 10 Prozent der Priester sind ein aktives homosexuelles Verhältnis eingegangen, 20 Prozent verfügen über ›eine recht gut definierte nichtzölibatäre Beziehung zu einer Frau‹, 6 Prozent sollen Beziehungen zu Minderjährigen haben und 8 Prozent geben zu, mit nichtzölibatären Lebensformen zu ›experimentieren‹.«

Bei solchen Zahlen nur von einer Krise des Zölibats zu sprechen ist leicht untertrieben: Der als eine »apostolische Lehre« angesehene Pflichtzölibat, welcher sich damit auf die Apostel beruft, die verheiratet waren, liegt in seinen letzten Zügen. Dies scheint man auch im Vatikan zu wissen – und entsprechend zwiespältig reagiert man auf Verfehlungen. So betonte Papst Paul VI. in seiner Zölibatsenzyklika im Juni 1967, die zeitweilige Untreue von Priestern sei zwar sündhaft, aber bei weitem nicht so streng zu beurteilen wie der Entschluß, eine Ehe zu schließen. Das Konkubinat wird dabei als eine Schwachheit des Fleisches angesehen, eine (gültige!) Ehe als schwere Verfehlung gegen den Gehorsam.

Auch heute zeigt uns also gerade der Zölibat, daß die Frage des Amtes nie so sehr eine theologische Angelegenheit war wie eine machtpolitische. Und im Zeichen dieser männlichen Machtpolitik werden auch heute noch Frauen von den grundlegendsten Rechten ihrer Kirche ausgeschlossen. Denn es gibt keinen einzigen einleuchtenden Grund dafür, daß Frauen nicht auch in der katholischen Kirche ihren Glauben dadurch beweisen, daß sie ihn als Priesterinnen verkünden – außer vielleicht denjenigen, daß Männer, denen die Ehe mit

Frauen verboten wird, es wohl nicht ertragen würden, mit Frauen auf einer Stufe und einer Kanzel zu stehen.

Zugleich müssen wir aber auch sehen, daß schon Jesus ein Rebell gegenüber überholten Strukturen war. Er wollte ein anderes Denken und ein anderes Handeln, er war nicht so sehr besessen von Ideen wie manche seiner Nachfolger, er wollte ein wahrhaft geistiges Leben. Für diese neue Art der Spiritualität, für ein sinnvolleres und freieres Leben, in dem Männer und Frauen gleichberechtigt sind, wurde Jesus allem Anschein nach gekreuzigt. Er paßte sich nicht an, er rebellierte gegen falsche Vorstellungen. Zweitausend Jahre lang wurde dieser Revolutionär zugunsten eines Gesetzgebers namens Jesus vergessen. Aber die kirchlichen Gesetze, vor allem jene, die Frauen betreffen, stammen nicht von diesem emanzipierten Religionsgründer einer Zeitenwende, sondern von Nachfolgern, die in ihrem Männlichkeitswahn alle Spuren der ersten weiblichen Nachfolgerin verwischten. Nicht nur, indem sie Maria Magdalena, die Gefährtin Jesu, zur bußfreudigen Dirne stempelten, sondern auch dadurch, daß sie mit einer männlichen Präpotenz sondergleichen alles Weibliche beschmutzten.

Darum sind aus heutiger Sicht die vielen tausend Priester, die in den letzten Jahren um Dispens vom Zölibat baten, die ehrlicheren: Indem sie sich zu den Frauen und zu den Kindern an ihrer Seite bekennen, geben sie einem männlich-zölibatären Regime die entsprechende Antwort auf Gesetze, die immer nur von Macht und nie von Liebe getragen wurden. Und sie sind es, die, indem sie auf die immer noch verschleierte und zugleich monumentale Krise der Kirche hinweisen, gleichzeitig neue Tore öffnen: Tore, die immer mehr Gläubige auf jenen Weg eines anderen Denkens und Handelns führen werden, den der Revolutionär Jesus und die Rebellin an seiner Seite einst vorzeichneten.

Könige, Tempelritter und die Geheimnisse des Grals

Eine Legende weiß zu berichten, daß Maria Magdalena den Gral über das Meer nach Marseille gebracht hat. Diese Legende führt uns zur Abwechslung einmal in andere Zeiten und hin zu einer neuen Geschichte über die Frau aus Magdala. Diese Geschichte ist eine uralte und dennoch sehr moderne, und sie birgt vielerlei Geschichten in sich – vielleicht sogar *die* Geschichte der letzten zweitausend Jahre. Sie erzählt davon, daß der Mann, der diese zweitausend Jahre prägte, nicht ohne Nachkommen starb; daß Jesus mit Maria Magdalena verheiratet war und diese nach der Kreuzigung nach Südfrankreich floh. Dort pflanzte sich das Geschlecht Jesu in den in Frankreich ansässigen jüdischen Gemeinden fort, bis sich ein Ur-ur-ur-ur-Enkel des »Königs der Juden« mit dem sagenumwobenen Geschlecht der Merowinger verband. Die Geschichte geht ebenso phantastisch weiter: Sie erzählt von Tempelrittern und Kreuzzügen, bei denen einer der Erben Jesu als König von Jerusalem kurzfristig in die Heimat zurückkehrte. Zurück zu den Tempeln Salomons, wo der Beweis für diese Geschichte in der offiziellen Geschichte von neun Templern neun Jahre lang gesucht – und vielleicht auch gefunden wurde.
Die Geschichte berichtet von Glaubenskämpfen, politischen

Ränken und Intrigen und von einer Bruderschaft, die auch heute noch hinter den Kulissen agieren soll, um die Nachkommenschaft von Jesus und Maria wieder an die Macht zu bringen.

Vorerst aber beginnt die Geschichte in einem kleinen südfranzösischen Gebirgsdorf. Die Erzähler der Geschichte kennen wir bereits: das englische Autorenteam Lincoln/Baigent/Leigh, die als Fernsehreporter der Geschichte zuerst in einer mehrteiligen Serie der englischen Fernsehanstalt BBC nachgingen und später mit ihren zwei Büchern »Der Heilige Gral und seine Erben« und »Das Vermächtnis des Messias« für großes Aufsehen sorgten. Ihre Recherchen begannen ausnahmsweise nicht bei einem sehr rebellischen und politischen Jesus oder bei Maria Magdalena als seiner möglichen Gattin, sondern beim Krimi um einen kleinen Dorfpfarrer.

Auf der Spur dieses Pfarrers, der zu Beginn dieses Jahrhunderts zu plötzlichem Reichtum und unerwarteten Ehren kam, machen sich auch heute noch viele Grals-Sucher nach Rennes-le-Château auf, einem winzigen Dorf hinter ungezählten Kurven. Es liegt in ebensolcher Höhe wie Montségur, die berühmte Festung der Katharer, und die nur halbstündige Fahrt dorthin ist vielleicht auch der Schlüssel zu den Geheimnissen dieses Ortes.

Neugierig warten vor der Tür der kleinen Kirche vereinzelte Besucher auf die Frau, die eigens vom Ende des Dorfes geholt werden muß, um das winzige Portal zu öffnen. Drinnen gilt es den Kreuzweg zu bewundern, nicht ob seiner Schönheit, sondern zweier Kuriositäten wegen. Bestaunt wird vor allem die Station, die ein in eine Decke gehülltes Kind zeigt, dann die Grablegung, die von einem Vollmond beleuchtet wird. Hinter dieser unüblichen Zeit versteckt sich Pfarrer Bérenger Saunière, der den Kreuzweg in Auftrag gab und mit der Darstellung der nächtlichen Grablegung und dem Kind anscheinend eine Botschaft hinterlassen wollte. Handfestere Spuren hinterließ Saunière im Dorf selbst. Er baute sich einen beeindruckenden Studienturm, »Tour Magdala«, und erinnerte nicht nur mit dem Namen Maria Magdalenas an die Begleiterin Jesu, sondern auch mit seinem Landhaus, der Villa Bethania. Seine Pfarrkinder wurden mit einer modernen Wasserleitung, einem Tiergarten und einer Orangerie bedacht.

Mehrere Millionen Francs gab der Curé bis zu seinem plötzlichen Tod im Januar 1917 aus, obwohl er im Jahr durchschnittlich einhundertfünfzig Francs verdiente. Den Grund für den überraschenden Reichtum des Landpfarrers kann man vor der kleinen Kirche bewundern, die ebenfalls Maria Magdalena geweiht ist: Denn der Träger der alten Altarplatte, unter der Saunière 1891 geheimnisvolle Dokumente fand, ist ebenso im Vorgarten aufgestellt wie jenes Kalvarienbergkreuz, auf dem die Buchstaben A.O.M.P.S. für einen geheimnisvollen Orden, den *Antiquus Ordo Mysticusque Prioratus Sionis*, stehen sollen.

Die alten Pergamente und der Hinweis auf Sion, was Zion heißen dürfte, lösten einst in Frankreich eine wahre Hysterie unter Gralssuchern aus. Hinter den Schriftrollen, von denen ein großer Teil wieder auf unerklärliche Weise verschwand, vermutete man nicht völlig unbegründet den Schatz der als Häretiker verbrannten Katharer. Von einem Schatz war auch die Rede in der einzig sinnvollen Botschaft, die entschlüsselt werden konnte: »Dieser Schatz gehört König Dagobert II und Zion und dort liegt er tot«, liest man in dem Bericht der modernen Schatzsucher, die ihr gewaltiges Puzzlespiel rund um die Erben von Maria Magdalena damit begannen, daß sie sich näher im Leben des kleinen Dorfpfarrers umschauten. Dieser war schon bald nach der Entdeckung der Schriftrollen nicht mehr ganz so klein und dörflich. Bald ging er in einflußreichen Kreisen in Paris ein und aus; bald kam auch in das verschlafene Rennes-le-Château hoher Besuch: Johann Salvator von Habsburg, ein Cousin des österreichischen Kaisers Franz Joseph I., der auch jene hübsche Summe mitgebracht haben dürfte, die aus Saunière von heute auf morgen den großen Mäzen machte. Zuvor hatte der Pfarrer noch dafür gesorgt, daß eine Botschaft aus den Pergamenten, die auf einem der Grabsteine eingraviert war, vernichtet wurde. Es handelte sich um den Spruch »Et in Arcadia ego«, also um eine Warnung, daß der Tod sogar im arkadisch-schäferischen Paradies lauere.

Für Pfarrer Saunière wurde diese Warnung allzu schnell Wirklichkeit. Nur siebenundfünfzig Jahre alt, erlitt er 1917 einen überraschenden Herzinfarkt, der nicht nur wegen seines vorzüglichen Gesundheitszustandes verdächtig war, sondern auch deshalb, weil seine Haushälterin den Sarg schon fünf Tage vor seinem Dahinscheiden bestellt hatte.

Das englische Fernsehteam rätselte an dem geheimnisvollen »Et in Arcadia ego« so lange herum, bis es von einem Fernsehzuschauer den Hinweis auf ein Anagramm bekam: »I tego arcana dei« könnte der Hinweis auf lateinisch heißen, schrieb er den Autoren der modernen Gralssuche, die damit einen Wegweiser für ihre seltsame Schatzsuche bekamen. »Geh! Ich halte die Geheimnisse Gottes verborgen!«

Diese mögliche verschlüsselte Warnung bringt uns zurück in die Magdalena-Kirche des unter so eigentümlichen Umständen verstorbenen Curé Saunière. Sind sein Kreuzweg, die nächtliche Grablegung und das Kind in der Decke tatsächlich ein Hinweis auf ein Weiterleben Jesu nach dem Tod und auf eine Nachkommenschaft von ihm und Maria Magdalena? »Jesus muß ein Priesterkönig aus dem Geschlecht Davids gewesen sein, der einen legitimen Anspruch auf den Thron besaß«, schlossen Lincoln/Baigent/Leigh im Laufe ihrer Recherchen. »Er mußte seine Position festigen, um in der Lage zu sein, das Land zu einen, das Volk zu mobilisieren, die Unterdrücker zu verjagen, den von ihnen eingesetzten König zu entthronen und den Glanz des Hauses Salomo wiederherzustellen. Ein solcher Mann wäre wahrhaft ›König der Juden‹ gewesen.«

Die Festigung dieser Macht wäre eine politische Ehe mit Maria Magdalena gewesen, die von den Autoren als eine begüterte Frau aus dem anderen großen Stamm der Juden, dem Stamm Benjamins, angesehen wird.

Viele Indizien für solch eine Hypothese kennen wir bereits: die Tatsache, daß Maria Magdalena nirgendwo *expressis verbis* als Dirne bezeichnet wird; ihre mögliche Abstammung und Bildung als Eingeweihte in die Astarte-Mysterien; die Ungereimtheit und die kostbare »Fußpflege«, die manchmal mit dem Salben von Königen verglichen wird; nicht zuletzt die muntere Herumreiserei mit Jesus und seinen Jüngern, die uns immer wieder die Widersprüchlichkeit der Rolle Maria Magdalenas deutlich macht.

Auch der Dschungel an verschiedenen Aussagen rund um die Geburt von Jesus ist uns bereits bekannt. Die Uneinigkeit über den Ort der Geburt sorgt auch heute noch für historische Querelen. Es geht nämlich nicht nur darum, ob Maria und Josef aus Nazareth oder Bethlehem stammen, nach der Meinung mancher Historiker hat es Nazareth um diese Zeit überhaupt noch nicht gegeben. Weder taucht ein Ort dieses Namens bei dem bedeutendsten Historiker der Zeit, Josephus Flavius auf, noch ist er auf irgendeiner der Landkarten der damaligen Zeit eingezeichnet. Eine erst später entstandene Stadt Nazareth ist aber vielleicht der beste Beweis für die sehr persönliche Mischung aus mündlichen Überlieferungen, die erst ab 70 n. Chr. in den Evangelien niedergelegt wurden. Bis zur endgültigen Abfassung und Schlußredaktion beim Konzil von Nizäa gesellten sich dazu noch die Absichten der ersten Kirchenväter, die Jesus jene Züge gaben, die in ihre Religion hineinpaßte.

Maria Magdalena paßte mit Sicherheit nicht hinein – schon gar nicht als Ehefrau. Wurde sie deshalb zur Sünderin gemacht, wurde deshalb vielleicht sogar ihre eigene Hochzeit verschwiegen? Oder wurde sie nur umgedeutet?

Die Hochzeit von Kana: Jesus und Maria Magdalena?

Eine der bekanntesten Episoden der Bibel ist jene berühmte Hochzeit von Kana, bei der Jesus zum ersten Mal Wunder wirkte. Warum, fragen sich Henry Lincoln, Michael Baigent und Richard Leigh, warum wurde die einfache Familie eines Zimmermanns zu einer vergleichsweise vornehmen Feier eingeladen, wenn sie nicht selbst hoher Abstammung war? Hätte Maria den Dienern auftragen können, zu tun, was Jesus befehlen würde, wenn sie selbst eine einfache Frau gewesen wäre? Warum sorgte sich Maria als Gast um die Versorgung mit Wein? Entstammte die Bitte nach wundertätiger Weinvermehrung nicht eher dem schlechten Gewissen einer Gastgeberin?

Der Befehl an die Dienerschaft könnte demnach auch für eine Hochzeitsfeier im eigenen Haus sprechen. Der Junggeselle, der Jesus nach der Hochzeit in Kana vielleicht gar nicht mehr war, wird überdies aus der Sicht des historischen Judentums in Zweifel gezogen. Für einen Juden seiner Zeit wäre es absolut unüblich gewesen, unverheiratet zu sein; meist suchte der Vater schon in jungen Jahren die richtige Frau aus; auch der Titel »Rabbi«, der Jesus oft verliehen wurde, verband sich obligatorisch mit dem Ehestand, behauptet doch das jüdische Gesetz, daß ein unverheirateter Mann kein Lehrer sein kann. Jüdische Historiker weisen unter anderem darauf hin, daß dies in den Evangelien mit Sicherheit erwähnt worden wäre. Nun ist dies zwar nicht der Fall, andererseits gibt es in der Bibel auch nirgendwo einen Hinweis darauf, daß Jesus nicht verheiratet war.

In den apokryphen Evangelien allerdings wird Maria Magdalena als Gefährtin Jesu bezeichnet, was manche Experten mit Gattin übersetzen. Und es gibt in den Nag-Hammadi-Codices die bereits bekannte Stelle von der Frau, die Jesus mehr liebte als alle anderen Frauen. Bei Philippus ist »Maria Magdalena die Gefährtin des Erlösers«, und »Christus liebte sie mehr als alle anderen Jünger und pflegte sie oft auf den Mund zu küssen«. Und auf die Frage der Jünger, warum er sie mehr liebte als alle anderen Jünger zusammen, gibt Jesus die ebenso einleuchtende wie einfache Antwort, die zugleich Frage ist: »Warum liebe ich euch nicht so wie sie?«

Ebenso ein- wie zweideutig ist dann ein anderer Ausspruch Jesu, den derselbe Chronist berichtet und in dem Jesus, nachdem er das Mysterium der Ehe preist, mit Erstaunlichem endet: »Da gibt es den Menschensohn, und der Sohn des Menschensohnes ist der, der durch den Menschensohn geschaffen wurde.«

Wir kennen bereits die vielschichtigen Bedeutungen des Begriffs Menschensohn. Zu seiner Zeit muß er so etwas wie ein Code- oder Modewort gewesen sein. Als solches gilt er auch Lincoln/Baigent/Leigh, die in dem Philippus-Text einen Hinweis auf die Erben Jesu sahen. Ausgehend von dem Kind in der Decke des Kreuzweges der Magdalena-Kirche in Rennes-le-Château, schlossen sie, daß Maria Magdalena das Sangreal, das königliche Blut nach Marseille gebracht hätte; daß Jesus vor der Kreuzigung bereits Kinder hatte oder zumindest eines gezeugt haben könnte.

Aber vor allem verblüffen sie mit einer dritten erstaunlichen Hypothese. »Wer war Barabbas?« fragten sie sich, um darauf eine ebenso wahrscheinliche Antwort zu geben, wie schon bei der Hochzeit von Kana. »Berabbi war ein den höchsten und angesehensten Rabbis vorbehaltener Titel, der dem eigentlichen Namen nachgestellt wurde. ›Jesus Berabbis‹ könnte sich daher auf Jesus selbst beziehen«, heißt es in »Der Heilige Gral und seine Erben«. »›Jesus Barabbas‹ könnte ursprünglich auch Jesus bar Rabbi gelautet haben – ›Jesus, Sohn des Rabbi‹. Hinweise darauf, daß Jesu Vater Rabbi war, existieren nicht; hätte aber Jesus einen Sohn gehabt, der nach ihm benannt wurde, wäre dieser Sohn Jesus bar Rabbi gewesen.«

Neben diesen Wortspielereien könnten auch noch andere Dinge für die geheimnisvolle Rolle des Barabbas sprechen: seine systematische Verleumdung als Straßenräuber und Mörder, eine Rolle, die schon deswegen unwahrscheinlich ist, weil das Gericht der Römer nur für politische Häftlinge zuständig war. Erstaunlich ist auch der Wunsch des Volkes, einen Straßenräuber freizusprechen und den bejubelten Messias zu kreuzigen.

Macht man sich nach der Wortspielerei an eine Zahlenspielerei, so war Jesus zum Zeitpunkt seines Prozesses um die vierzig Jahre alt. Nach den allgemein üblichen Annahmen wurde er um das Jahr sechs vor unserer Zeitrechnung geboren und nicht später als 36 n. Chr. ans Kreuz genagelt. Kalkuliert man dabei die jüdischen Heiratssitten mit ein, die eine Verehelichung oft schon mit sechzehn Jahren vorsehen, könnte Jesus gemeinsam mit einem bereits erwachsenen Sohn verhaftet worden sein. Das würde auch einen Volksentscheid für das Leben von Barabbas verständlicher machen. Für ein unterdrücktes Volk, das große Hoffnungen auf einen Priesterkönig, einen Messias und einen politischen König der Juden gesetzt hat, hätte die Rettung der Dynastie wahrscheinlich Vorrang vor allem anderen gehabt. Es hätte seinen König geopfert, um dem Nachkommen das Überleben zu sichern.

Diese Geringschätzung gegenüber einem möglichen Sohn erleidet der Messias aus verständlichen Gründen auch in der weiteren Untersuchung der englischen Gralssucher, die Jesus bald hinter sich lassen, um sich auf die aufregende Fährte eventueller Erben zu machen. Nicht aber ohne zuvor auf die verschiedensten Ungereimtheiten bei der Kreuzigung aufmerksam zu machen: auf den zu frühen Tod, der entgegen der allgemein üblichen Leidenszeit bei Kreuzigungen nach nur wenigen Stunden anstatt nach Tagen eintrat; auf die Gefahr des Brechens der Arme und Beine, die vermieden wurde, indem Jesus just in dem Augenblick starb, als sich die Soldaten daranmachen wollten; auf den Essigschwamm, der allgemein als Verhöhnung gilt, weil er eigentlich erfrischend wirken müßte – was bei Jesus nicht der Fall war. Kaum hatte er daran genippt, gab er seinen Geist auf, was eher für Opium oder ein anderes Betäubungsmittel sprechen würde. Und wie bei vielen anderen Autoren, die in letzter Zeit den Tod am Kreuz bezweifelten, ist vor allem die Grablegung und die völlig unübliche Bitte Josephs von Arimathäa an Pilatus, ihm den Leichnam zu überlassen, ein Stein des Anstoßes. Die Überlegungen dürfen nach Meinung der Autoren beliebig fortgesetzt werden, auf jeden Fall könnte die Darstellung der nächtlichen Grablegung in dem Kreuzweg in Rennes-le-Château ein sehr sprechender Hinweis darauf sein, daß Jesus die Kreuzigung überlebt hat.

Von den verschiedensten Spekulationen zurück zu anerkannten Evangelien: Hier begegnet man Maria Magdalena, der auch Jesus begegnet – als erstem Menschen nach seiner Auferstehung. Und in der Überlieferung begegnet man auch Joseph von Arimathäa, der mit Maria Magdalena und dem Gral nach Marseille geflüchtet sein soll. Diese Überlieferung wurde vor allem im Mittelalter wieder lebendig, als man in Frankreich jene schwarze Madonna besonders zu verehren begann, die den Gral an Land gebracht haben soll.

War dieser »Gral« tatsächlich ein leiblicher Nachkomme Jesu und nicht nur eine Schale mit Blut aus seiner Seitenwunde, wie manchmal berichtet wird? Und war Maria Magdalena vielleicht wirklich eine »Königin der Juden«? Ein wenig verständlich würde ein solches zutiefst menschliches Bild des Messias, das eine Familie als einen der grundlegendsten Aspekte menschlichen Daseins mit einkalkuliert, wenn man noch einmal einen Blick auf die Kirchengeschichte wirft.

Nicht nur die Evangelien wurden im Hinblick auf die Herrschaft der Römer geschrieben, denen die Schuld am Tode von Jesus beinahe völlig abgenommen wurde, auch die offizielle Religion wurde hundert Jahre später nach römischen Kriterien ausgerichtet. So weisen heute selbst Kleriker darauf hin, daß der christliche Glaube eigentlich der des Apostels Paulus ist. Dieser war es auch, der Jesus Göttlichkeit verlieh, um dadurch in Rom mit den vielen Göttern Griechenlands, Ägyptens und Kleinasiens konkurrieren zu können. Die Jungfrauengeburt, aber auch die Auferstehung, die in den alten Religionen dieser Länder zu finden ist, könnte daher stammen. Weniger schon paßte in die neue Religion Maria Magdalena als Gattin eines Gottes und Kinder als sozusagen göttliche Nachkommenschaft. Manche Begebenheiten aus dem Leben Jesu könnten daher ganz nebenbei unter den Schreibtisch der Evangelisten gefallen sein. Geblieben aber sind die Legenden, die möglicherweise mehr vom Kern einer Wahrheit verkünden. So waren etwa die Überlieferungen der »Legenda aurea« im Mittelalter weiter verbreitet und mehr gelesen als die Bibel selbst. Und in diesem Volksbuch hatte man nicht vergessen, daß Maria Magdalena diejenige war, »der der Herr so große Gnade hat getan und soviel Zeichen seiner Liebe hat gegeben.«

In der »Legenda aurea« ist auch die Rede davon, daß Maria Magdalena einer Fürstin zu einem Kind verhalf und sich später auch selbst um dieses Kind kümmerte: »Der Knabe aber war indes von Maria Magdalena behütet worden und heil und gesund geblieben.« War er vielleicht ihr eigenes Kind? Im Mittelalter war es dann auch, daß die verschiedensten Erzählungen vom Heiligen Gral üppig zu gedeihen begannen. Für Henry Lincoln, Michael Baigent und Richard Leigh verbanden alle diese Gralsgeschichten ein Stück Vergangenheit mit der damaligen Gegenwart des Mittelalters: Es waren volkstümliche Auslegungen der Geschichte der Familie Jesu und der Geschichte einer anderen großen Dynastie – der des französischen Königshauses der Merowinger. Ihre Hypothese: Im fünften Jahrhundert vereinigte sich das Geschlecht Jesu mit dem der Franken und brachte so die Dynastie der Merowinger hervor.

Historiker-Kollegen, denen ob so viel Kühnheit möglicherweise der Atem wegbleibt, hielten die Autoren auch gleich die eigene Blindheit vor, die vor lauter Spezialisierung keinen Blick über die eigenen Grenzen werfe. Eine Zusammenarbeit auf historischem, mythologischem und literarischem Gebiet sei längst überfällig, meinten sie in ihrem Buch über den Gral und seine möglichen Erben und wiesen auf Heinrich Schliemann hin. Ihm gelang es tatsächlich, Literatur und Geschichte vorzüglich zu verbinden, er entdeckte Troja nur deswegen, weil er Homer sehr genau las.

Tatsächlich liest man etwa in der »Queste del Saint Graal«, daß Galaad, ein Sproß des Hauses Davids, Jesus praktisch ebenbürtig ist; auch der Name Galaad läßt sich von Gilead ableiten, einer alten mythischen Bezeichnung für Jesus. Und dem Artus-Roman von Sir Thomas Malory zufolge stammt Galaad im neunten Grad von Jesus ab.

Wieder einmal macht man sich ans Rechnen, um festzustellen, daß sich die Gralsgeschichte zur Blütezeit der Merowinger abgespielt haben muß. Bei Wolfram von Eschenbach findet man den Hinweis, daß der französische Hof des Königs Artus nicht in England war, sondern im französischen Nantes, also im merowingischen Gebiet. In allen Fassungen aber taucht immer wieder die Familie auf, wird auf die Bedeutung des Blutes und auf ein großes Geheimnis hingewiesen – und es tauchen jene Ritter als Bewacher des Grals auf, die in der offiziellen Geschichte einen ebenso berühmten wie mysteriösen Platz zugewiesen bekommen haben: die Tempelritter.

Die Templer und die Ahnentafel des »Königs der Juden«

Von großen Geheimnissen ist in Zusammenhang mit den Templern die Rede, von magischen Künsten und von enormen Reichtümern. Die Kardinalsfrage in Zusammenhang mit dem später verfolgten und verbotenen Orden aber war schon immer der mysteriöse Schatz der Templer. Hinter diesem Schatz versteckt sich eine sehr einfach klingende Geschichte. Neun Jahre lang forschten neun »arme« Ritter unter den Tempelmauern in Jerusalem nach dem, was die römischen Legionen vergessen haben könnten. Zwar brachten sie Gold und Silber mit nach Rom, aber nicht nur die Templer, sondern auch die Gralssucher von heute vermuteten, daß Wertvolleres zu finden war – vielleicht die alten Aufzeichnungen über die Abstammung der jüdischen Könige. Bei Julius Africanus, einem Geschichtsschreiber des dritten Jahrhunderts, wiederum finden wir jene verräterische Stelle, nach der sich die Nachkommen Jesu über die Herodianer beschweren,

»weil diese sämtliche Genealogien des jüdischen Adels und damit alle Beweise vernichtet hätten, mit denen sie ihren Anspruch auf den Thron untermauern könnten«.

Fanden die Templer, die in Wirklichkeit gar nicht so arm über die Sicherheit der Pilger wachten, wie es Wilhelm von Cyrus in seiner Templergeschichte beschreibt, vielleicht jene Ahnentafeln wieder? Mit glänzend organisierten Kreuzzügen sorgten sie auf jeden Fall dafür, daß 1099 Gottfried von Bouillon in das Königreich Jerusalem einzog. Dieser war über das Geschlecht Wilhelms von Orange, über die Herzöge von Aquitanien und über die Familie des Hugo von Plantard ein direkter Nachfolger der Merowinger.

Würde diese These vom Blut Maria Magdalenas und Jesu in den Adern französischer Könige also tatsächlich zutreffen, so hätte er damit tausend Jahre nach der Flucht Maria Magdalenas in Jerusalem wieder sein rechtmäßiges Erbe angetreten.

Gottfried von Bouillon ist es auch, der die Brücke zwischen Geschichte, Literatur und Mythologie schlagen soll. Verschiedenen Berichten zufolge könnte er ein Nachfolger des sagenhaften Parzival sein, des höchsten Gralsritters – und so wie dessen Sohn Lohengrin hätte auch er die Frage nach seiner Abstammung unbeantwortet lassen müssen. Auf jeden Fall könnte man die Entstehung der Gralslegende zu seiner Regierungszeit als einen Versuch ansehen, die Geschichte der beiden großen Dynastien wenigstens unter der Hand weiterzugeben – für jene, die zwischen den Zeilen zu lesen verstanden.

Nicht zwischen den Zeilen zu lesen braucht man heute, um die jüdische Herkunft aller Geschichten vom Gral zu belegen. Ihren Ursprung dürften sie im damaligen Zentrum arabisch-jüdischer Gelehrsamkeit gehabt haben: in Toledo. Dort will Wolfram von Eschenbachs Gewährsmann Kyot, den man heute für den Troubadour Guiot de Provins hält, die Geschichte in einer alten arabischen Handschrift gefunden haben; in einer Erzählung, die angeblich vom Heiden Flegetanis stammt, der der jüdischen Überlieferung nach ein Nachkomme Salomons war. Kyot gab die Geschichte weiter an Wolfram von Eschenbach, der ausdrücklich auf die jüdische Abstammung hingewiesen haben könnte, wenn er schrieb: »Steigen die Sterne auf ihrer Bahn empor, dann überkommt das Gralsvolk tiefe Gram. Zu lange schon währt Gottes Zorn!«

Eine jüdische Gralsfamilie, deren Geschichte zur Zeit und am Schauplatz der Merowingerkönige spielt, war für Lincoln/Baigent/Leigh ein sprechender Fingerzeig auf die Nachkommen des Sangraal, des königlichen Blutes. Und sie bekamen einen Hinweis auf eine Vermischung der Nachkommen Maria Magdalenas mit den Franken und Galliern auch aus einem anderen geheimnisvollen Buch. Im »Heiligen Buch von Abraham dem Juden, Fürsten, Priester, Leviten, Astrologen und Philosophen jenes Stammes, der durch den Zorn Gottes unter die Gallier verstreut wurde« sagt schon der überlange Titel alles aus: Demnach wäre das Geschlecht der Merowinger durch die Heirat zwischen zwei jüdischen Stämmen entstanden, die in fremden Ländern verstreut waren.

Zur geheimnisvollen Abstammung der Merowinger, zu ihrer umstrittenen Rolle als Gralshelden gesellt sich aber auch anderes Mysteriöses, das über die französischen Priesterkönige selbst berichtet wird: Magische Kräfte sollen sie gehabt haben, hellseherische Begabungen; in ihren Schädeln will man rituelle Einschnitte gefunden haben, die bei den tibetanischen Lamas noch heute den Austritt des Geistes aus dem Körper und eine willentliche Wiedergeburt nach dem Tod ermöglichen sollen. Magische Kräfte schrieb man auch dem langen Haar der legendären Könige zu – vielleicht als Hinweis auf die familiären Bande zum Messias, die von der

Legende um die Abstammung des ersten Merowechs noch bestärkt wird. Doppelt gezeugt soll er worden sein, von seinem Vater und einem Meeresungeheuer. Auf das Meer deutet auch der Name »mer« hin. Eine andere Überlieferung weiß von einem Muttermal in der Form eines roten Kreuzes zu berichten, das schon in Zusammenhang mit den Benjamitern auftaucht.

Ein geheimnisvoller Orden, der die Geschicke der Menschheit bestimmt?

Dieser biblische Stamm ist es auch, der die ferne Vergangenheit und die moderne Gralssuche verbindet. Maria Magdalena könnte eine Benjamiterin gewesen sein und durch ihre Heirat mit einem Abkömmling aus dem Hause David eine neue Dynastie begründet haben. Und die Nachfolger dieser Dynastie könnten heute noch in einem geheimnisvollen Orden die Geschicke der Menschheit bestimmen. »Eines Tages verließen die Nachkommen Benjamins ihr Land; eine begrenzte Anzahl blieb zurück; zweitausend Jahre später wurde Gottfried von Bouillon König von Jerusalem und gründete den ›Ordre de Sion‹«, heißt es in den *Dossiers secrets*, den geheimen Schriften, die für das Autorenteam einer der wichtigsten Leitfäden zurück in die Vergangenheit waren.

Die Nachkommen Benjamins wanderten nämlich nach Griechenland in jenes berühmte Arkadien aus, das uns schon in der kleinen Kriminalgeschichte des Pfarrers Saunière begegnete, dem Zündfunken für die gesamte moderne Gralssuche. Die Benjamiter entpuppten sich später als die sugambrischen Franken, die vom Peloponnes heraufwanderten, um sich später mit den Nachkommen der Benjamiterin Maria

Magdalena zu verbinden. Der »Ordre de Sion« sollte sich ein wenig später als der Orden hinter dem Templerorden entlarven, eine geheime Vereinigung, die auch heute noch hinter der geheimnisvollen Geschichte vom Gral und seinen heute neu entdeckten Erben steckt.

Vor tausend Jahren waren es jedoch die Templer, die den Triumph Gottfrieds mit ihren Schwertern und einem finanziellen und politischen Hintergrund ebneten, der noch heute erstaunt. Über Nacht waren sie zu der einflußreichen *militia christi* geworden, die dreihundert Jahre nach ihren kreuzzüglerischen Erfolgen nicht nur den französischen Königen, sondern auch dem Papst zu mächtig wurden. Am berüchtigten 13. Oktober 1307 wurden unter Philipp dem Schönen und Papst Klemens V. die Templer verboten, alle ihre Besitztümer konfisziert und viele von ihnen hingerichtet. Darunter war der berühmte Großmeister Jacques de Molay, der vor seiner eigenen Verbrennung und der Verfluchung des Königs und des Papstes viele Bücher und Unterlagen dem Feuer übergab. War darunter das Geheimnis der Templer, das fortan die Bruderschaft von Sion, als Orden hinter dem Orden, mündlich weitergab? fragten sich Lincoln & Co. im Zuge ihrer Recherchen, um einem weiteren wichtigen Hinweis aus Rennes-le-Château nachzugehen. »Dieser Schatz gehört König Dagobert II und Zion«, hieß es in einem der Pergamente, und so sieht man sich wieder einmal einem Merowinger-König gegenüber: jenem König Dagobert, der 679 umgebracht wurde. Der als besonders aufgeschlossen gerühmte König zeigte vor allem eine Vorliebe für den Arianismus. Diese Sekte, die damals unter den Westgoten weit verbreitet war, bedeutete nicht nur eine zahlenmäßige Gefahr für Rom, den Papst und die Amtskirche – ihre Anhänger leugneten zudem auch Jesus als Gott und sahen in ihm nur einen Propheten.

Hätte die Kirche von der Abstammung der Merowinger

gewußt, wäre die Nachkommenschaft Jesu wahrscheinlich zu keinem Zeitpunkt gefährlicher für sie gewesen. Der Mord an Dagobert fand daher in kirchlichen Kreisen der damaligen Zeit auch Beifall. Als kleine Wiedergutmachung am Kirchengründer und eventuellen Ahnherrn Dagoberts wurde der Merowinger später heiliggesprochen.

Andererseits könnte das merowingische Blut jedoch den kirchenpolitischen Intrigen entgangen sein. Nach den Unterlagen des Ordens von Sion, den »Prieuré-Dokumenten«, soll Dagoberts Sohn Sigibert 681 »den Titel seines Onkels, Herzog von Razès und Graf von Rhedae angenommen und geerbt haben. Außerdem habe er sich den Bei- und Spitznamen ›Plant-Ard‹ (später Plantard) – eine Anspielung auf die Bezeichnung des Merowingerstammes als rejeton ardent (feuriger Sproß) – beigelegt.«

Womit man im »Heiligen Gral und seine Erben« wieder auf eine durchgehende Linie zu Gottfried von Bouillon stößt. Dessen Vorfahre war ein Hugo von Plantard, der uns zum Ausgangspunkt der Geschichte zurückführt: zu jenem Rennes-le-Château, das in besseren Tagen dreißigtausend Einwohner hatte und als nördliche Hauptstadt der Westgoten, als Rhedae, der Stammsitz Sigiberts war. Nur einen halben Tagesritt davon entfernt liegt Montségur, wo sich am 15. März 1244 das Ende einer anderen grausamen Geschichte abspielte, die ebenfalls in Beziehung zur Gralssuche und zu möglichen Nachkommen Maria Magdalenas stehen könnte.

Damals wurden am Fuße des Berges mehr als zweihundert Katharer verbrannt, von denen Bernhard von Clairvaux gesagt hatte: »Sicherlich gibt es keine christlicheren Predigten als die ihren, und ihre Sitten waren rein.«

Warum die Katharer dann trotzdem grausam verfolgt wurden, war lange Zeit eine Frage, die nur aus der Sicht ihres Glaubens beantwortet wurde. Die »Vollkommenen«, wie man sie auch nannte, waren strenge Dualisten, sie sprachen von einem Gott der Liebe und von einem Gott des Bösen, der als »Rex Mundi«, als König der Welt, alle materielle Schöpfung beherrschte. Vor allem aber leugneten sie das Dogma, daß Jesus Mensch und zugleich Gottes Sohn gewesen sei; für sie war er ein Prophet, der um der Liebe willen ans Kreuz genagelt wurde. Sie leugneten die Sakramente und dürften vor allem von der Kommunion eine völlig andere Vorstellung gehabt haben als die Kirche. Lincoln/Baigent/Leigh stießen bei ihren Recherchen auf einen rätselhaften Brief des Ratgebers Ludwigs IX. aus dem dreizehnten Jahrhundert: »Der König erzählte mir einmal, daß einige Albigenser den Grafen von Montfort aufgesucht ... und ihn aufgefordert hätten, mit ihnen zu kommen und den Leib Unseres Herrn zu betrachten, der in den Händen der Priester zu Fleisch und Blut geworden sei.« Montfort, heißt es weiter, habe es seinem Gefolge freigestellt, der Einladung Folge zu leisten. Er selbst habe es vorgezogen, sich in Zukunft dem Dogma der »Heiligen Kirche« zu unterwerfen.

Die Rätsel um den Schatz der Katharer

Was verstanden die Albigenser, die Mitstreiter der Katharer, unter dem »Leib Unseres Herrn«? Könnte es sich dabei um eine Ahnentafel gehandelt haben, die der wahre Schatz der Katharer war? Hinweise dafür gibt es wieder in der Gralsgeschichte. Nach Wolfram von Eschenbach lag die Gralsburg Monsalvach in den Pyrenäen und der Name selbst gleicht dem katharischen Begriff »Montsalvat«. In einem anderen Epos Eschenbachs heißt der Gralsherr Perilla – der Herr von Montségur war Raimon de Pereille. Durch die Gralsgeschichte zieht sich wie ein roter Faden immer wieder der Hinweis auf königliches Blut und eine geheimnisvolle Familie. War ihr Geheimnis auch das der Katharer, für das so viele von ihnen in den Tod gingen?

Auf jeden Fall passierten rund um die Belagerung von Montségur geheimnisvolle Dinge. Schon im Januar 1244 brachten zwei Vollkommene bei ihrer Flucht den legendären Schatz aus Gold und Silber aus der Burg. Zwei Monate später kapitulierte die Festung, und es kam zu einem zweiwöchigen Waffenstillstand. Die Katharer boten freiwillig Geiseln an, die hingerichtet werden sollten, sobald es zu einem Fluchtversuch aus der Burg kommen würde. Trotzdem unternahmen später fünf Vollkommene einen äußerst riskanten Fluchtversuch – mit dem Wissen der übrigen Katharer. An Seilen ließ man die steile Felswand jenen wirklichen Schatz hinab, um den es seither so viel Rätselraten gibt. Die materiellen Reichtümer waren erwiesenermaßen schon drei Monate zuvor durch die feindlichen Linien der Belagerer geschmuggelt worden. Also rätselt man heute, ob es sich bei den geheimnisvollen, in Sicherheit gebrachten Gegenständen um Bücher, Geheimschriften, Reliquien oder Manuskripte gehandelt habe. Es gibt allerdings auch die Vermutung, daß man aus Montségur Kinder in Sicherheit brachte – die Träger des königlichen Blutes.

Legenden zufolge wurde der Schatz irgendwo in den Höhlen der Umgebung versteckt; und Lincoln & Co. fragen sich heute nicht nur, ob es nicht Rennes-le-Château gewesen sein könnte, sondern auch, ob das geheime Wissen der Katharer der eigentliche Grund war, warum Rom die sogenannten Häretiker vernichtete. Die Katharer hätten ebenso wie die später verfolgten Templer die Hüter eines Geheimnisses sein können, auf das es in der Geschichte der letzten zweitausend Jahre immer wieder die verschiedensten Hinweise gab.

Einer davon war der Hinweis auf Arkadien, der vom Pfarrer Saunière kurz vor seinem mysteriösen Tod von einem der

Grabsteine vor der Magdalena-Kirche gelöscht wurde. Einem ähnlichen begegneten die Gralssucher auch auf den Pergamenten von Rennes-le-Château: dabei war die Rede von Nicholas Poussin und seinem berühmten Gemälde »Die Hirten in Arkadien«. Auch um dieses Werk rankt sich eine rätselhafte Geschichte. Sein ehemaliger Besitzer, ein Abbé Fouquet, wußte von Poussin, diesem berühmten Maler des 17. Jahrhunderts, zu berichten, daß er von Dingen Kenntnis habe, »die ihm abzuringen selbst Königen schwerfallen würde und die, wie er sagte, möglicherweise auch in kommenden Jahrhunderten niemand sonst je wiederentdecken würde«. Der anscheinend in gewisse Geheimnisse eingeweihte Abbé wurde später auf Veranlassung von Ludwig XIV. verhaftet und zu lebenslänglicher Einzelhaft verurteilt. Poussins Arkadien-Bild wurde vom König konfisziert, der es fortan in seinen Privaträumen verschlossen hielt.

Erst sehr viel später entdeckte man, daß es in der Nähe von Rennes-le-Château ein Grabmal gibt, das jenem auf dem Bild Poussins bis ins letzte Detail ähnelt und das dort seit Menschengedenken steht. Es dürfte dem Maler als Vorbild gedient haben, der sein von Hirten und Schäfern umringtes Grabmal mit dem Spruch »Et in Arcadia ego« (sinngemäß: Auch ich war einst in Arkadien) versah; also mit dem Spruch, daß der Tod sogar im Paradies des Schäfers lauern würde. Der Spruch könnte allerdings, wie wir gesehen haben, auch entschlüsselt ein Hinweis darauf sein, daß sich hinter der ganzen Thematik die »Geheimnisse Gottes« verbergen. Nach der Entdeckung der geheimen Schriften in Rennes-le-Château erschien das Gemälde Poussins jedenfalls in einem neuen Licht: Nicht nur der Stamm Benjamins zog über Arkadien nach Gallien, das Schäferparadies steht auch als Symbol für den in Arkadien entspringenden Fluß Alpheios. Dieser durchfließt laut alten Mythen das Mittelmeer, um in Sizilien wieder ans Tageslicht zu kommen. Für einen späteren Merowinger, für René von Anjou, den guten König René, galt er als das Symbol des Wissens, das von Generation zu Generation überliefert wird.

Und dieses Wissen dürfte tatsächlich immer weiter überliefert worden sein. Auf dem Stammbaum der Merowinger findet man nicht nur die Plantards, sondern auch die Lothringer als einen der breitesten Äste. Und in einer neueren Geschichte Lothringens entdeckt man jene merkwürdige Episode, nach der dem Herzog von Guise noch im sechzehnten Jahrhundert als Herzog von Lothringen mit dem Ruf »Hosianna dem Sohne Davids« zugejubelt wurde. Das Vorwort zu dem Buch schrieb übrigens ein anderer König von Jerusalem: Otto von Habsburg, der Streiter für ein Vereintes Europa, der noch heute Titularkönig der alten Hauptstadt Israels ist. Einem anderen lothringischen Herzog ist man schon zu Beginn der Geschichte begegnet: jenem Johann Salvator von Habsburg, der Pfarrer Saunière mit unerwartetem Reichtum beglückt haben soll.

Heute muß man sich fragen, ob Otto von Habsburg, der Sohn des letzten österreichischen Kaisers, wohl wußte, warum sein Vorfahre als Sohn Davids begrüßt wurde. Vor allem aber auch, ob Pierre Plantard, der nicht nur ein direkter Nachkomme Dagoberts II. ist, sondern auch Großmeister der geheimnisvollen Bruderschaft von Sion war, von seiner möglichen Abstammung von Maria Magdalena und Jesus weiß.

Nach Lincoln/Baigent/Leigh ist dies nicht nur der Fall, Pierre Plantard gab ihnen bei einem Interview auch »zu verstehen, daß die Prieuré de Sion im Besitz des verlorengeglaubten Schatzes aus dem Tempel in Jerusalem sei. Diese Gegenstände würden ›zur gegebenen Zeit an Jerusalem zurückgegeben‹.«

In dem Interview betonte er weiter, daß der Schatz keinerlei historische, archäologische oder gar politische Bedeutung habe. »Der wahre Schatz sei spirituell« und berge ein Geheimnis in sich, »das auf nicht näher bezeichnete Weise weitreichende gesellschaftliche Veränderungen in die Wege leiten« werde. Schon bald werde »eine dramatische soziale Umwälzung in Frankreich stattfinden, keine Revolution, sondern eine radikale Umwandlung sämtlicher Einrichtungen, die der Wiederherstellung einer Monarchie vorausgehen«.

Die Geschichte der Geschichten hat es also tatsächlich in sich: Sie führt von einem mit Dornen gekrönten tatsächlichen König der Juden über Maria Magdalena und die Nachkommenschaft von beiden hin zu einem Priesterkönig nicht nur für Frankreich, sondern, wie wir noch sehen werden, für ein Vereintes Europa. Wer lachend über die Wunschvorstellungen eines alten Monarchisten hinweggehen wollte, bekam bei der Erscheinung des modernen Gralsbuches von seinen Verfassern einen damals sehr erfolgreichen »priesterlichen« Herrscher vorgehalten, den vor seinem Erscheinen auch niemand für möglich gehalten hätte: Ayatollah Khomeini. In der Zwischenzeit sind Staaten und Völker auseinandergebrochen, eiserne Vorhänge und Mauern gefallen und halbe Glaubenskriege mitten in Europa ausgebrochen. Man inszenierte Staatsspektakel um die einfache Umbettung des Preußenkönigs Friedrich II. und spekulierte darüber, den letzten Zaren heiligzusprechen. Gleichzeitig wachsen die Unzufriedenheit mit den demokratisch gewählten Politikern und die Sucht der Jugend nach Höherem, der Drang zu den verschiedensten Sekten. Vor diesem Hintergrund schadet es sicherlich nicht, die Absichten der möglichen Erben der Frau aus Magdala einmal einer genauen Prüfung zu unterziehen. Angesichts des »Hauses Europa«, das seit ein paar Jahren in aller Munde ist, klingen sie nicht einmal mehr besonders utopisch. Denn Lincoln & Co. gehen davon aus, »daß die Prieuré die theokratischen Vereinigten Staaten von Europa anstrebt – eine trans- oder paneuropäische Föderation, geeint in einem modernen Reich und regiert von einer Dynastie, deren Herkunft auf

Jesus zurückgeht. Dieses Geschlecht würde nicht nur einen auf politischer Macht basierenden Thron beanspruchen, sondern unter Umständen auch den Stuhl Petri. Unter dieser obersten Autorität würde es ein ineinander verschachteltes Gefüge von Königreichen und Fürstentümern geben, eine Art ›feudales System‹, das dem zwanzigsten Jahrhundert angepaßt wäre und auf die Übergriffe, die die Geschichte dem Feudalismus anlastet, verzichten könnte. Die Regierungsgewalt ginge vermutlich von der Prieuré de Sion aus – vielleicht in der Form eines europäischen Parlaments mit exekutiver und legislativer Gewalt.« Weiter vermutet man, daß ein solches Europa ein ebenbürtiger Partner für die übrige Welt sein könnte – und diese ob seiner geistigen und emotionalen Wurzeln überflügeln könnte.

Religiöse Politikmacher für das nächste Jahrtausend?

Die Nachkommen Jesu und Maria Magdalenas als religiöse Politikmacher des nächsten Jahrtausends! Was zu unwahrscheinlich klingt, als daß es wahr sein könnte, wird ein wenig glaubwürdiger, wenn man sich vor Augen hält, daß die offiziellen Nachfolger von Jesus seit zweitausend Jahren nicht nur an der Macht sind, sondern in dieser Zeit ziemlich unangefochten ihre Version von diesem Jesus behauptet haben. Könnte es, so muß man sich heute fragen, nicht ebenso unangefochten eine Art Gegenversion und Gegenkirche gegeben haben? Könnte die offizielle Geschichte der letzten zwanzig Jahrhunderte nicht die Geschichte des Kampfes zwischen der Familie Jesu und Maria Magdalenas und derjenigen, die Jesus zum Messias machten, gewesen sein?

Im wesentlichen war es eine Geschichte von Glaubenskämpfen, von Intrigen und politischen Ränken, die oft religiös beeinflußt waren. Warum sollte man heute nur einäugig die Macht des Vatikans ins Kalkül ziehen und nicht auch die Möglichkeit einer Bruderschaft, die still und heimlich hinter den Kulissen agiert, um die Nachkommenschaft Maria Magdalenas wieder an die Macht zu bringen? Auch bekommen die vermeintlichen Erben des Gralsblutes schon einen ernsthafteren politischen Anstrich, wenn man sich ihren bisherigen politischen Hintergrund ansieht. Sie könnten nicht nur hinter der Geschichte des Grals stehen und als graue Eminenzen hinter manchen historischen Ereignissen wie den Kreuzzügen, sie könnten auch die Väter mancher esoterischer und freimaurerischer Systeme sein.

Kehren wir zurück zu Gottfried von Bouillon, jenem König von Jerusalem der ersten Jahrtausendwende: Er errichtete sein Königreich auf jenem symbolischen Stein von Zion, der auch der Namensgeber für die geheimnisvolle Bruderschaft Sion wurde, die ein neues großes Europa unter der Herrschaft eines Nachfolgers der Heiligen Familie anstrebt. Im Psalm 118 heißt es geheimnisvoll von einem solchen Stein: »Der Stein, den die Bauleute verwarfen, er ist zum Eckstein geworden.« Im ersten Petrusbrief ist im Zusammenhang mit dem Stein sogar eine Aufforderung enthalten: »...und laßt euch selbst als lebendige Steine aufbauen, als geistiges Haus zu einer geistigen Priesterschaft!«

Der Stein von Zion dürfte jedoch nicht nur in diesem Zusammenhang zu einem Eckstein geworden sein, ein solcher ist er auch in den vielen Freimaurerlogen, in deren Riten der legendäre Stein eine wichtige Rolle spielt. Von den Freimaurern behauptete schon Papst Klemens II., daß sie die Gottessohnschaft Jesu leugnen würden und die treibende Kraft hinter der Reformation sein könnten. Wenn dann in einem erst 1962 vom Vatikan freigegebenen Schriftstück weiter die Rede davon ist, daß eine Geheimgesellschaft »über die Jahrhunderte nur ein Ziel verfolgt habe, das Gebäude des Katholizismus niederzureißen«, fallen einem wieder die Brüder Sions ein. Sie wußten schon immer trefflich zwischen den verschiedenen Geheimgesellschaften herumzubalancieren. So war ein ehemaliger Templer der erste unabhängige Großmeister von Zion; später wurde der Enkelsohn dieses Johann von Gisors, Wilhelm von Gisors, angeblich der Begründer der hermetischen Freimaurerei. Der Verdacht, daß die Prieuré de Sion schon immer ein exklusiver Kreis war, der andere esoterische Gruppen zu seinen Zwecken gründete, beeinflußte und förderte, erhärtet sich in Anbetracht der Listen der Großmeister. Darin findet man nicht nur hauptsächlich merowingische Nachkommen, sondern als sechzehnten Großmeister etwa auch Robert Fludd, den bekannten Rosenkreuzer.

Die Klemensschen Befürchtungen erinnern auch an andere päpstliche Troubles. Es sind modernere, und sie hätten 1977 beinahe zu einem Schisma geführt. Dabei taucht nicht nur der Name des verstorbenen Marcel Lefebre auf, sondern auch der eines Abbé Ducaud-Bourget, des damaligen Großmeisters der Prieuré de Sion. Mit Lefebre hat der Abbé wohl nicht nur der wackere Kampf für die Aufrechterhaltung der Tradition verbunden, sondern auch die Absicht, den Stuhl Petri wieder einmal gehörig ins Wackeln zu bringen.

»Die englischen Parteigänger des Erzbischofs«, schrieb damals der »Guardian«, »vermuten, daß ihrem Oberhaupt in seiner Auseinandersetzung mit dem Vatikan noch eine schärfere Waffe zur Verfügung steht.« Weiß man von der Verbindung des Erzbischofs zu den Brüdern von Sion, so kann man sich vorstellen, welche Art von Waffe es möglicherweise gewesen sein kann. Friedlicher, aber ebenso mysteriös dürften andere Verbindungen zwischen den Nachfolgern auf dem Stein Zions und dem Stein Petri gewesen sein: Von Papst Johannes XXIII. geht die Mär, daß er noch zu seiner Zeit als apostolischer Delegat den Rosenkreuzern beigetreten sein soll. Keine Mär ist es, daß es dieser Papst war, der nicht nur erklärte, ein Katholik könne durchaus Freimaurer sein, sondern in einem Apostolischen Sendschreiben auch auf die hervorstechende Bedeutung des »kostbaren Blutes Jesu« hinwies; und dies nicht ohne zu betonen, daß die Erlösung vor allem dem Blutvergießen zu verdanken sei. Von Auferstehung war dabei keine Rede.

Unwillkürlich fällt einem wieder der obskure Kreuzweg des Pfarrers Saunière ein, und man beginnt den möglichen rosenkreuzerischen Papst ebenfalls für einen Eingeweihten zu halten. Geheimnisvolles wird schließlich auch von seiner Namenswahl berichtet, die in katholischen Kreisen manche Bestürzung hervorrief. Schließlich wurde der letzte Johannes XXIII. als Gegenpapst abgesetzt. Und in Paris, am Sitz der geheimnisvollen Gegenkirche, saß als Nachfolger der Dynastie Maria Magdalenas und Jesu zur gleichen Zeit auch ein Johannes, der zufällig zu jener Zeit auch der dreiundzwanzigste war. Die Brüder Zions nahmen in Erinnerung an den ersten Großmeister, den Templer Johann von Gisors, immer den Namen Jean an, den auch der Nachfolger auf dem Thron Petri erstaunlicherweise auswählte. Als Johannes XXIII. in Rom zum Papst gewählt wurde, scheint er auch die Malachias-Weissagungen erfüllt zu haben, welche die Päpste bis zu einen vermeintlichen Untergang der Welt (oder Untergang der Kirche) charakterisiert. Seine Regierungszeit stand nämlich unter dem Motto »Hirte und Steuermann« und auch damit traf er sich erstaunlicherweise wieder mit den Brüdern von Sion. Für den Johannes der katholischen Kirche war der Hirte der obligatorische Titel; der Steuermann aber paßte eher zu den Erben des Grals, denn die Großmeister Zions werden offiziell »Nautonier« genannt, was Steuermann bedeutet.

Hinter den johannitischen Steuermännern der Brüder Zions versteckten sich übrigens bekannte Namen: Nachdem es jahrhundertelang Abkömmlinge des merowingischen Stammbaumes nicht schafften, einen der ihren zumindest auf den französischen Königsthron zu hieven, dürfte man sich bei berühmten Künstlern und bekannten Persönlichkeiten mehr Erfolg versprochen haben. So findet man auf der Liste der Bruderschaft Charles Radclyffe, einen illegitimen Abkömmling des englischen Königs Karls II. Er soll die erste Loge der hochpolitischen Freimaurerei nach schottischem Ritus in Paris gegründet haben. Auf diese Loge und deren Vorgänger führt man sowohl die französische Revolution als auch die Gründung der Vereinigten Staaten von Amerika zurück. Ein berühmter Vorgänger Radclyffes stammt ebenfalls aus England, es war der Begründer der modernen Physik, Isaac Newton. Sein Name erstaunt ebenso wie die Namen von Victor Hugo, Claude Debussy und Jean Cocteau, die im 19. und 20. Jahrhundert auftauchen.

Dies alles erinnert daran, daß die möglichen Nachkommen Maria Magdalenas schon immer mit den verschiedensten Methoden ihren Einfluß geltend gemacht zu haben scheinen. Ein Beweis dafür ist die militärische, wirtschaftliche und geistige Macht, welche die Templer repräsentierten; ein ebensolcher aber sind auf literarischem Gebiet die Geschichten vom Gral, die Religion, Dichtung und Musik seit ihrem Bestehen beeinflussen.

So fragt man sich noch heute, ob der Gral tatsächlich eine Schale mit Blut war, oder ob das Wort Gral aus dem »Sangraal« oder dem englischen »Sangreal« entstand, von dem in alten Gralsepen noch die Rede ist. Nach unserer modernen Schreibweise würde dies »königliches Blut« bedeuten, und es wäre der beste Beweis dafür, daß Maria Magdalena einen oder mehrere Erben Jesu über das Meer gebracht hätte.

Hinweise darauf fand das australisch-britisch-amerikanische Autorenteam des modernen Gralbuches auch bei einer anderen großen historischen Gestalt, die heute wieder zu Ehren kommt: So sprach Nostradamus immer wieder von einem kommenden großen König in französischen Landen. Mitten in dem geheimnisvollen Labyrinth dieser Geschichte stellen sich jedoch Zweifel an der Sehergabe ein, angesichts der Rolle, die seine Familie schon am Hofe der Merowinger spielte – sein Großvater war ein angesehener Kabbalist und Arzt am Hofe Renés von Anjou, der fest an die Überlieferung von Generation zu Generation glaubte. Er selbst scheint ein Geheimagent der Lothringer gewesen zu sein, der am Hofe der gegnerischen französischen Könige nicht nur in die Sterne sah, sondern auch tatkräftig spionierte. Seine Prophezeiungen dürften also nicht nur den Sternen, sondern auch den Wunschvorstellungen der Lothringer von ihrem zukünftigen Königtum entsprungen sein.

Eine andere berühmte Marionette in dem religiös-politischen Ränkespiel könnte die Jungfrau von Orleans gewesen sein, die angeblich von René d'Anjou an den Hof des Dauphins begleitet worden ist. Mit ihren Visionen hätte Jeanne d'Arc die Visionen der Jeans von der Prieuré de Sion zur Wirklichkeit werden lassen können.

Es war ein Versuch unter vielen, das königliche Blut der Dynastie wieder in der Öffentlichkeit und vor allem in einer Machtposition pulsieren zu lassen. Im siebzehnten Jahrhundert wäre es den Lothringern dann beinahe gelungen, Ludwig XIV. den Thron zu entreißen; ein Jahrhundert später war es Marie Antoinette, die Tochter Kaiser Franz' I., des Herzogs von Lothringen, die nicht ganz so gewaltsam, sondern habsburgisch und daher heiratspolitisch lothringisch-merowingisches Blut nach Frankreich gebracht hatte. Die Gegenseite schlug in der Französischen Revolution gewaltsam zurück.

Und man weiß nicht, was man davon halten soll, denkt

wieder an die Wirklichkeit, welche die phantastischsten Geschichten weben soll, und hält sich an die merkwürdige Inschrift auf jener Schale, die René d'Anjou gehört haben soll und angeblich schon bei der Hochzeit von Kana verwendet wurde:

»Wer richtig trinkt,
wird Gott sehen.
Wer den Becher mit einem Schluck leert,
wird Gott und Maria Magdalena sehen.«

Die Frau mit den zwei Gesichtern

Die Gesichter der Frau aus Magdala mögen vielseitig sein, sicherlich aber hatte Maria ebenso wie Jesus ein öffentliches und ein privates. Von Jesus wissen wir, daß er zum inneren Kreis seiner Jünger anders sprach als zum Volk. »Ich hüte meine Geheimnisse und sage sie nur denen, die ihrer würdig sind« heißt es bei Thomas dem Zwilling (62), und bei Matthäus warnt er seine Anhänger: »Gebt das Heilige nicht den Hunden preis und werft eure Perlen nicht den Schweinen vor, damit diese sie nicht mit ihren Füßen zertreten und sich umwenden und euch zerreißen« (Mt 7,6).

Gerade die Perlen tiefen religiösen Wissens aber sind das Geheimnis jenes Meisters Jesus, das uns nach zweitausend Jahren noch immer fasziniert. Der Mann aus Nazareth, der vielleicht gar nicht der arme Zimmermann aus einem nicht existierenden Ort solchen Namens war, mag vieles gewesen sein: Revolutionär, ein tatsächlicher König der Juden oder auch ein Angehöriger der Essener – auf jeden Fall war er einer der Großen der Menschheitsgeschichte. Hinter diesem Jesus, der auch heute noch nicht seine Wirkung verloren hat, stand eine Frau, über deren Wissen uns weniger bekannt ist. Aus der Sicht des Christentums wurde Maria Magdalena zur bekehrten Sünderin, aus der Sicht ihrer Zeiten wäre eine

Frau, aus der sieben böse Geister ausgefahren waren, nicht nur eine mögliche Eingeweihte in eine der Mysterienreligionen gewesen; sie hätte sicherlich auch als eine höchst entwickelte Person gegolten, die den Kampf mit allen möglichen unterirdischen Trieben und Begierden bestanden hatte. Allerdings müßte zu den sieben Geistern, die aus Maria Magdalena ausgefahren sind, ja zumindest der Geist der Unzucht gehört haben, wie Rudolf Augstein zum Thema Magdalena in seinem Buch »Jesus Menschensohn« so treffend bemerkt.

Dieser Geist würde damit zumindest symbolisch jene Brücke zwischen der neuen Religion der Christen schlagen, für die Maria Magdalena zum Mythos der Büßerin wurde, und den alten Religionen, denen sie vielleicht angehörte. In der Nachfolge der reuigen Sünderin geht es um Reue und um Vergebung. Bereut wurde dabei in den letzten zweitausend Jahren zumeist die Sexualität.

Das uralte Akzeptieren von Werden und Vergehen, Dunkel und Hell, Licht und Schatten, Oberwelt und Unterwelt, Bewußtem und Unbewußtem ist vielleicht der deutlichste Unterschied zwischen den Religionen der Göttinnen und dem nachfolgenden Herr-Gott. Nur wenn wir die zwei Gesichter der Göttin verstehen, können wir auch etwas von den zwei Gesichtern Maria Magdalenas erahnen.

Beides ist sogar heute noch keine leichte Sache. Vor hundert Jahren hielt man Bachofen vor, als er von uralten Matriarchaten sprach, als ordentlicher Christ müsse er eigentlich wissen, daß die Erde erst seit 5800 Jahren bestehe. Heute lachen wir über den damaligen kurzen Zeitbegriff und verfügen über eine Unmenge von neuem Wissen. Trotzdem wird im Zusammenhang mit alten weiblichen Göttinnen von einem Kult gesprochen, während die Verehrung der Männer im Himmel Religion ist.

Und das, obwohl zum Beispiel vom berühmten Jericho der Juden heute nicht nur bekannt ist, daß seine Mauern irgendwann in der Zeit der Väter unter dem Klang der Trompeten zusammenbrachen, sondern auch, daß es dort 7000 Jahre vor unserer Zeitrechnung eine hochentwickelte Kultur gab. Die Menschen, die damals schon in Häusern mit Türpfosten lebten, huldigten der Muttergöttin, wie ungezählte ausgegrabene Astarte-Figuren in ganz Palästina beweisen. Aber um die Revolution im Weltbild der damaligen Zeit zu begreifen, ist auch heute noch ein gewaltiges Umdenken nötig. Es würde uns wenig kosten, das Wissen dazu haben wir dank der modernen Wissenschaft; allerdings müßten wir unsere Einstellung ändern, die noch immer von dem Gott der letzten zwei- und viertausend Jahre und von weiblichen Sünderinnen wie Maria Magdalena geprägt ist.

Bestes Indiz für die religiöse Revolution, deren letzte Ausläuferin vielleicht die Frau aus Magdala war, ist die Tatsache, daß es sowohl im Alten wie im Neuen Testament kein Wort für Göttin gibt. Auch die nachfolgende männlich dominierte Religion des Islam kennt keine Bezeichnung dafür. Was also den Griechen nur halb gelungen ist, nämlich die Zeiten der Göttin zu verfälschen, das vollendeten Jahwe und die Nachfolger Jesu und Mohammeds. Sie strichen die Urzeiten der Religion völlig aus der Geschichte und verfälschten alles, was davon übriggeblieben scheint. Das sprechendste Beispiel für diese Verfälschung sind vielleicht die sieben Geister, die aus Maria Magdalena ausgefahren sind. Dank ihnen wird uns gleichzeitig aber auch ein großes Stück unserer Vergangenheit verständlicher. Der böse Geist, das Dunkle, das gleichzeitig zur Bedingung für das Helle, Neue wird, war den Menschen schon immer geläufig. Sie hatten nicht nur beobachtet, daß eine Pflanze sterben muß, um für neue Samen zu sorgen, sie glaubten auch, daß der Mond beim Abnehmen von einer dunklen, bösen Macht aufgefressen würde.

Der Mond am Himmel und die Natur auf der Erde waren die ersten und sicherlich besten Lehrer. Der Mond galt nicht nur als Symbol für die Fruchtbarkeit der Frau, er war auch der erste Zeitenlenker. Ohne Uhr und Kalender konnte man sich nur nach dem Licht oder der Dunkelheit des Mondes richten und verband die Mondphasen unbewußt auch mit der Fruchtbarkeit der Pflanzen. Säen und Ernten wurde nach dem Mond berechnet, beim Licht des Mondes konnte man in wärmeren Gebieten in der Nacht reisen oder Versammlungen abhalten. Das Verschwinden des Mondes war also eine weit bedenklichere Sache, als wir es uns heute vorstellen können.

Das einzige Mittel gegen das Vergehen war das Werden, die Hoffnung auf einen neuen, jungen Mond und die Hoffnung auf die eigene Wiedergeburt. Und diese Hoffnung lag in der Hand der Frauen. Darum war Gott eine Göttin und der Mond zumeist eine Sie, die später in den Rang der Mondgöttin erhoben wurde. Die ursprünglichen sehr einfachen und durchaus einsichtigen Wurzeln der Religiosität wurden aber im Laufe der Zeit komplizierter, obwohl sie sich nach allem, was wir zu wissen glauben, sehr logisch und folgerichtig entwickelten.

Die Menschen erkannten, daß der Samen in der Erde nicht nur deswegen auszutreiben begann, weil zuvor etwas Altes hatte sterben müssen, sondern auch weil es eine Art befruchtende Macht vom Himmel her gab. Diese Macht war der Mond, der sich im Gegensatz zur immer gleichbleibenden Sonne ebenso wandelte wie die Natur. Und so dürfte man in den Anfangszeiten der Geschichte den Mond für das zeugende Prinzip schlechthin gehalten haben. Noch lange Zeit, nachdem man dann die Männer als Väter erkannte, galten gewisse Kinder, zumeist die Kinder von Königinnen, als vom Mond gezeugt.

Mit der Entdeckung der Zeugung wurde der manchmal auch als zweigeschlechtlich betrachtete Mond wieder zum Symbol für alles Weibliche. Man sprach der Frau eine Mondnatur zu – dies aber nicht nur deshalb, weil der an- und abschwellende Mond ein Zeichen für die Schwangerschaft zu sein schien. Der Mond wurde auch zum Zeichen für die geheimnisvolle Menstruation der Frau, die je nach herrschenden Sitten als verhängnisvoll oder als ein Zustand des Erfülltseins von Zauberkraft gesehen und das erste große Tabu der Menschheit wurde.

Wie sehr sich der erste Glaube der Menschheit an heilbringende und unheilvolle Dinge auch noch auf unsere Gegenwart auswirkt, sehen wir an der Herkunft unseres Sonntags. Er stammt vom jüdischen Sabbat ab, und dieser wiederum hat, wie bereits angedeutet, eine Geschichte, die weit in die Tage der Göttinnen zurückgeht.

Esther Harding schreibt: »Ebenso glaubte man, daß Istar, die babylonische Mondgöttin, bei Vollmond menstruiere, wenn man den ›Shabattu‹ oder ›schlimmen Tag‹ (Tag des Unheils) der Istar beging. Das Wort shabattu oder sabattu kommt vom Sabat und bedeutet ›Herzruhe‹; es ist der Ruhetag, den der Mond sich nimmt, wenn er voll ist, denn zu der Zeit nimmt er weder zu noch ab. An diesem Tag, dem direkten Vorläufer des Sabbat, galt es für unheilvoll, irgendeine Arbeit zu verrichten oder gekochtes Essen zu genießen oder eine Reise anzutreten. Dies sind die Dinge, die der menstruierenden Frau verboten sind. An dem Tag, an dem der Mond menstruierte, war jedermann, ob Mann oder Frau, ähnlichen Einschränkungen unterworfen, denn das Tabu der menstruierenden Frau lag auf allen. Ursprünglich wurde der Sabbat nur einmal im Monat begangen, nach verschiedenen Berichten. Entweder bei Vollmond oder Neumond, aber später feierte man sowohl den neuen wie den vollen Mond und noch später jedes Viertel der Mondphasen. Diese Tage hießen ›umu limnu‹, übler Tag, ihre Daten fielen auf den 7., 14., 21. und 28. Tag des Monats, denn als die Zeit noch nach dem Mond berechnet wurde, waren die Monate gleich lang, nämlich 28 Tage, entsprechend dem Mondumlauf.«

Die Geschichte des Sabbats zeigt sehr deutlich, wie sehr

einst der Mond und die Fruchtbarkeit alles beeinflußten: das Leben auf Erden und die Zeitrechnung ebenso wie die Vorstellung vom Treiben im Himmel.

Und dieses Treiben hatte für die Menschheit zwei Gesichter: die zweite Hälfte des Mondes war das Symbol für die Kräfte der Vernichtung und des Todes. Die Mondgöttin, in manchen Gegenden auch der Mondmann, stiegen in die Unterwelt hinab – und diese Phase des dunklen Mondes wirkte sich auch auf die Menschen aus. Man glaubte, daß den Menschen in dieser Periode Tod und Unheil, Unwetter und Krieg drohen würden. Die zunehmende Mondsichel des jungen Mondes war dann das Zeichen eines erfolgreichen Kampfes. Der junge Mond hatte den Kampf mit dem Dunkelteufel bestanden, der den alten Mond aufgefressen hatte.

Die großen Feste, die zu Vollmond oder Neumond gefeiert wurden, waren neben dem allgemeinen Vergnügungswert vor allem dazu da, um die befruchtende Macht des Mondes anzuregen. Die Hohe Zeit, als »hieros gamos« der Vorläufer unserer Hochzeit, sollte die Fruchtbarkeit der Äcker garantieren, und sie wurde nicht nur im Tempel ernst genommen, sondern auch vom Volk. Die Sinnlichkeit, die etwa unseren heutigen Karneval noch kennzeichnet, der nicht umsonst ebenso wie Ostern mit den Mondphasen zusammenhängt, hat ihre Wurzeln in dieser Zeit. Vor allem die Frauen waren damals verpflichtet, für das Wohlergehen des Volkes so gut wie möglich zu sorgen. Esther Harding schreibt darüber: »Es wird berichtet, daß die Frauen während dieser Feste eine Hemmungslosigkeit und grobe Sinnlichkeit an den Tag legten, die mit ihrem sonstigen Wesen durchaus nicht übereinstimmten. Die Teilnehmerinnen mochten im täglichen Leben ehrbare Mitglieder der Gesellschaft sein. Aber zur Zeit dieser Riten war es Pflicht, sich der gröbsten Sinnlichkeit hinzugeben…«

Diese Sinnlichkeit war schon deswegen notwendig, damit

der Mond, die spätere Mondgöttin oder der Mondgott wieder auferstehen konnten. Die Reihenfolge dabei ist ziemlich unklar: Einmal ist es der Mann im Mond, der neu geboren werden soll, dann wieder verweilt die Göttin in der Unterwelt, und währenddessen schläft jede Begierde auf der Erde; schließlich finden wir die Göttin als Mutter, die ihren Sohn opfert, damit er wiedergeboren wird. Aber immer begegnen wir der dunklen Seite des Mondes. Glaubte man in sehr frühen Zeiten an einen Dunkelteufel, der den Mond auffraß, so wurde später die Mondgöttin selbst als Ursache von Leid und Unheil angesehen. Sie schenkte Leben und tat ihr möglichstes, um die Fortpflanzung zu fördern. Sie vernichtete aber ebenso unbarmherzig; sie war es, die ihren Sohn betrauerte, doch ebenso gnadenlos seiner Opferung zusah.

Dabei wurden die Mondphasen nicht nur zum Symbol für Fruchtbarkeit und Gedeihen, sondern auch für das Helle und Dunkle, das sich offensichtlich überall bekämpft. In der Phase ihres sichtbaren und oberirdischen Lebens ist die Göttin licht und hell, gut, gütig und Segen verheißend; steigt sie aber dann in die Unterwelt, wird sie als die Dunkle zur Vernichterin, deren schwarzem, unheilvollem Antlitz nicht zu trauen ist.

Dieses doppelte Gesicht des damaligen Himmels wirkte sich auch auf die Menschen aus. Sie akzeptierten den dunklen Teil in sich und lebten ihn anscheinend gerade bei den Mondfesten hemmungslos aus. Die späteren Religionen aber begannen diese Doppelgesichtigkeit hinter sich zu lassen – und wir haben sie beinahe völlig vergessen. Nicht umsonst verlangen wir, wie Esther Harding so treffend schreibt, »daß eine Gottheit entweder gütig oder böse sei, beides zusammen geht nicht. Vom christlichen Standpunkt ist es so gut wie unmöglich, sich einen Gott vorzustellen, der gleichzeitig gütig und grausam ist, der erzeugt und vernichtet. Für uns ist Gott gut. Das Übel ist immer das Werk des Teufels. Aber für die Anbeter der Mondgöttin bestand kein Widerspruch, denn ihre höchste Gottheit war wie der Mond und nicht wie die Sonne. Ihrer ganzen Natur nach war sie zwiefach.«

Diese Zwiefachheit wurde später im Zeichen der Sonne tatsächlich verdrängt. Mit der beginnenden Verehrung der Sonne in Ägypten und dem Aufkommen der ersten monotheistischen Religionen scheint man langsam, aber sicher vergessen zu haben, daß das Licht immer den Schatten benötigt und der Schatten das Licht. Man glaubte mit dem Licht auszukommen und beging unter dem Banner des Guten die greulichsten Schandtaten.

Greueltaten im Namen Jahwes

Die Geschichte des Bundes zwischen einem auserwählten Volk und seinem Gott ist der sprechendste Beweis dafür, daß die Vorstellung von einem allwissenden Gott vieles vergaß, was man vorher anscheinend wußte. Die sieben bösen Geister, die aus der Frau aus Magdala noch ausfahren durften, waren ganz gewiß dabei. Denn im Namen Jahwes durften jede Menge Greueltaten begangen werden, über die man auch heute noch stolz berichtet. Im Buch der Bücher liest man über den Eroberungszug der zwölf Stämme zum Beispiel über den Fall Jerichos folgendes: »Als sie so die Stadt eingenommen hatten, vollstreckten sie den Bann an allem, was sich in der Stadt befand, an Männern wie an Weibern, an jung und alt, an den Rindern wie am Kleinvieh und den Eseln: alles wurde mit der Schärfe des Schwertes niedergemacht« (Jos 6,21).

Der Bann war der Bann des einen Gottes, und dieser wollte seine Einzigartigkeit anscheinend um jeden Preis bestätigt wissen. So heißt es über die Begegnung zwischen Moses und

Aaron und einem König der Stadt Jahaz: »Der Herr, unser Gott lieferte ihn uns aus. Wir schlugen ihn, seine Söhne und sein ganzes Volk... keinen ließen wir überleben (Dt 2,33). Über die Vollziehung des Bannes an der Stadt Ai schreibt Josua: »Die Zahl aller, die an diesem Tag fielen, Männer und Weiber, betrug zwölftausend, die ganze Einwohnerschaft von Ai« (8,25).

Das Vertrauen der levitischen Priester auf ihren Gott war so groß, daß sie sich in dessen Namen sogar berechtigt fühlten, die Metzeleien so ausführlich wie möglich zu beschreiben. Von diesen gab es jede Menge. Nicht nur die Bibel selbst berichtet darüber, auch die Geschichte zeigt, daß das erhoffte Land keineswegs jenes unbesiedelte Gebiet war, für das man es lange Zeit hielt. Die hebräischen Stämme kamen, geführt von einem unbesiegbaren Sendungsglauben der Nachfolger von Moses in das Land von Kanaan, das damals eine hochentwickelte Kultur hatte. Im vierten Buch Mose berichten die ausgesandten Kundschafter: »Wir haben uns in das Land begeben, in das du uns gesandt hast: es fließt wirklich von Milch und Honig über, und dies sind Früchte von dort. Jedoch das Volk, das im Lande wohnt, ist stark und die Städte sind befestigt und sehr groß« (Num 13, 27–28).

Das Volk von Kanaan huldigte den alten Fruchtbarkeitsreligionen, vor allem der Göttin Aschera oder Aschtoreth, einer Variante der phönizischen Astarte. Und diesem Glauben mußte natürlich im Namen des kämpferischen Jahwe ein heiliger Krieg angesagt werden. Es war ein äußerst erfolgreicher Kampf. Nicht umsonst läßt »Er« im 11. Psalm Feuer und Schwefel auf die Gottlosen regnen, und im 50. Psalm lesen wir: »Unser Gott kommt und kann nicht schweigen, verzehrendes Feuer geht vor ihm her, und rings um ihn stürmt es gewaltig...«

Bei Josua lesen wir, wie nacheinander die Städte Makkeda, Jericho, Libna, Lachisch, Eglon, Hebron, Debir niedergemacht und ausgerottet werden, denn Josua vollstreckte den Bann an allem »wie der Herr, Gott Israels, es geboten hatte« (10,40). Allerdings wurde der Gott Israels erst im Zuge eines langen Kampfes zu einem solchen. Der Kampf für Jahwe, den »Eifersüchtigen«, wurde nicht nur gegen die ursprünglichen Einwohner Palästinas und deren Religionen geführt, sondern auch gegen die verschiedensten alten Götter der Stämme. Denn die Israeliten selbst taten immer wieder, »was dem Herrn mißfiel«, und sie »vergaßen den Herrn, ihren Gott und dienten den Baalen und den Astarten« (Buch der Richter 10,6).

Behilflich dabei waren ihnen sicherlich die Frauen; dies nicht nur der Göttin Aschtoreths und ihres Geliebten Baal wegen, sondern auch wegen der eigenen Vergangenheit. Die Religion der Großen Mutter, die auch noch in den sieben bösen Geistern der Frau aus Magdala anklingt, wurde nicht nur wegen ihrer Anziehungskraft nie vergessen, sondern auch wegen der ganz spezifischen Geschichte der jüdischen Frauen. Nur ein kleiner Teil von ihnen scheint nämlich tatsächlich mit den Stämmen ins Land gekommen zu sein, ein Großteil von ihnen dürfte von den Frauen abstammen, die schon immer in Kanaan ansässig waren. Zwar waren anfänglich alle Teile der besiegten Bevölkerung dem Untergang geweiht, Frauen ebenso wie Greise und Kinder, im Laufe der Zeit aber dürften die Kämpfe Nachwuchssorgen bereitet haben. So findet man schon zur Zeit des Aaron folgende Aufforderung: »So tötet nur alle männlichen Kinder unter ihnen, und ebenso tötet alle weiblichen Personen, die schon mit einem Mann zu tun gehabt haben; aber alle Kinder weiblichen Geschlechts, die noch mit keinem Mann zu tun gehabt haben, laßt für euch am Leben« (Num 31,17).

Die weibliche Beteiligung am Bunde mit Jahwe dürfte also auf jeden Fall einen ziemlich eigenartigen Beigeschmack gehabt haben. Da die Hebräer bei ihrem Auszug aus Ägypten sicher nicht allzu viele Frauen und Kinder mitnahmen, bestanden die zukünftigen Anbeterinnen des eifersüchtigen Gottes aus Kindern von Eltern, die diesem Gott zum Opfer gefallen waren. Wenn man sich aus heutiger Sicht nur ein wenig in die Lage der Mädchen hineinversetzt, deren Eltern, Geschwister und Großeltern vom zukünftigen Ehemann und seiner Familie umgebracht wurden, so erkennt man, welche zwiespältige Art der Verehrung damals entstanden sein muß. Einerseits waren die übriggebliebenen Kinder so verschreckt, daß sie sich wohl oder übel in die strengen Sitten der Juden für Frauen einfügten, andererseits lebte in einigen wenigen gewiß der alte Glaube als eine Art besonderer Sprengsatz weiter.

Und wenn man daran denkt, daß die Juden schon immer das Volk mit der besten Erinnerung an ihre Geschichte und an die Geschichte ihres Bundes mit Gott waren, so kann man sich auch vorstellen, daß religiöse Erinnerungen an die Gegengöttin ebenso dauerhaft waren – vor allem dann, wenn sie so gewaltsam unterdrückt wurden.

Die Riten und Gebräuche der verschiedenen Göttinnen verlockten also nicht nur von seiten der Nachbarvölker, sie lagen den Israeliten selbst im Blut. Blättert man nur ein wenig in der Hebräischen Bibel und liest die genauen Schilderungen der gewaltigen Kämpfe, so kann man sich vorstellen, daß nicht nur die männliche Geschichte so akribisch weitergegeben wurde. In Zeiten ohne Fernseher, Zeitungen und Bücher war das Geschichtenerzählen das einzig Aufregende. Und so kann man sich heute sicherlich zu Recht fragen, ob die Frauen ihren Töchtern und Söhnen nicht manchmal ganz andere Geschichten erzählten als es die levitischen Priester Jahwes in der Öffentlichkeit taten. Wie wir gesehen haben, wurde die Verehrung der Aschtoreth erst unter Kaiser Konstantin im Jahre 300 n.Chr. endgültig verboten. Es liegt also durchaus im Bereich des Möglichen, daß die sieben bösen Geister der Maria Magdalena zu einem Initiationsritus der Mondgöttin Astarte gehört haben.

Die Begleiterin Jesu wäre dann die letzte Botschafterin der jüdischen Frauen, die auch unter der strengen Herrschaft Jahwes noch weiter an das »Stirb und Werde« der alten Religionen glaubten. Nicht umsonst klagte ja Ezechiel, daß die Frauen in Israel immer noch um Tammuz weinten; und nicht umsonst standen um das Grab eines späteren Gottes auch wieder Frauen. Den Aposteln des späteren Messias waren sie zwar ein Dorn im Auge, aber das Klagen der Frauen am Grabe Jesu gehörte zumindest mythologisch noch in die Zeit der Opferung des Geliebten der Königin und damit zum Ritus der alten weiblich dominierten Religionen.

Erst aus deren Sicht wird uns auch der Sinn eines solch möglichen Opfers ein wenig klarer. Je mehr aus der ursprünglichen Erdmutter auch eine Himmelskönigin wurde, je höher sich die Religionen einer Isis in Ägypten, einer Ischtar in den südarabischen Gebieten, einer Kybele in Griechenland und einer Aschtoreth in Kanaan entwickelten, um so mehr stand auch die Idee des Opfers an erster Stelle. Die Geliebten der Göttin hießen Baal, Tammuz, Adonis oder Osiris – Opfer forderte das dunkle Gesicht der Göttin immer.

In alten Zeiten war es die Opferung des Geliebten der Königin, später mußte der König bekanntlich seine und die Sünden der Umgebung nur mehr öffentlich betrauern. Die vielen kleineren Opfer, die dazwischen lagen, sind freilich heute unauslotbar. So fand man rund um die Heiligtümer der Astarte manchmal Skelette von Säuglingen, von denen man nicht weiß, ob sie der Bevölkerungskontrolle wegen getötet wurden oder zu Ehren der Göttin. Vielleicht traf beides zu. Schließlich ist es aus heutiger Sicht nicht mehr zu klären, ob es für die Frauen auch immer so angenehm war, sich dem Liebesdienst im Tempel hinzugeben. Glaubt man dem Buch Hosea, so machte sich zwar Hoseas eigene Ehefrau und Mutter seiner Kinder immer zu einer Art Freudenfest auf, wenn sie sich freiwillig zu dem erotischen Brauchtum im Tempel begab, andererseits gab es auch schon damals Mauerblümchen. Es mußte sich in Babylon jede Frau einmal in ihrem Leben der Umarmung eines Fremden hingeben. Dies führte im Tempel zu wahren Warteschlangen, über die Herodot schrieb: »Die schlimmste babylonische Sitte ist die, die jede Frau nötigt, einmal in ihrem Leben im Tempel der Liebe zu sitzen... Die Männer gehen vorbei und treffen ihre Wahl... So sind denn die Frauen, die schön und gut gewachsen sind, bald frei, daß sie fort können, aber die unansehnlicheren müssen lange warten, weil sie das Gesetz nicht erfüllen können, so daß manche von ihnen drei oder vier Jahre warten müssen.«

Man sieht, das Geschenk der Sexualität, das die Frauen der Göttin opferten, war nicht immer so begehrenswert, wie man denken könnte. Allerdings dürften die Frauen in Kanaan lange Zeit lieber dieser offenen Sexualität gehuldigt haben als der im Zeichen der Fortpflanzung in einer Ehe verwalteten. Nicht nur Hosea beschimpfte zwischen 750 und 735 v. Chr. seine Frau als Buhlerin und Dirne, die zu ihren Liebhabern ausging, die erotischen Bräuche waren auch noch lange Zeit Teil des Kultes in den Tempeln des Herrn.

Der Göttin wurde also vielerlei und ihr wurde unter den verschiedensten Bedingungen und Umständen geopfert. Als sich die Zeiten der weiblich dominierten Religionen im Himmel ihrem Ende zuneigten und langsam männliche Götter im Himmel auftauchten, begannen sich zum Beispiel einige wenige Männer zu kastrieren. Die Ansichten über dieses uns eigenartig anmutende Phänomen gehen auseinander: Manche Autoren sind der Meinung, daß die Eunuchen-Priester dadurch mehr Einfluß auf die Religion bekommen wollten; Esther Harding wiederum schreibt über die entmannten Priester, die in ihren langen Frauenkleidern und mit ihrem Verzicht auf die Sexualität zu Vorläufern unserer Priester werden sollten: »Dies sind die Opfer, die die Mondgöttin fordert, wenn auch nicht von jedem Menschen, so doch von einigen auserwählten und stellvertretenden.«

Die Idee eines solchen Opfers war also zu Jesu Zeiten zumindest noch bei der Kreuzigung präsent. In einer anderen Form begegnen wir ihr in Maria Magdalena. Nach der Überlieferung bereute sie ihre Sünden, und wenn wir die Bibel halbwegs richtig interpretieren, so waren diese Sünden die sieben Geister, die aus ihr ausfuhren.

Aus heutiger Sicht und mit den Augen der Psychoanalyse betrachtet, war aber schon das Ausfahren der Sünden selbst das Opfer. Wir alle wissen heute, daß »Geister« wie Gier, Eifersucht, übermäßiges Macht- und Besitzstreben oder auch die Lust an der Lust, soweit sie schädlich ist, nicht so einfach verschwinden. Dazu gibt es, einmal ganz abgesehen von der Reue, einiges zu tun. Vor allem muß jeder dies selber tun, niemand nimmt einem ein Opfer ab, Erlösung gibt es nur durch sich selbst.

Falls aus Maria Magdalena also tatsächlich sieben Geister ausfuhren, so ist dies bereits die Umschreibung einer sehr geistigen Form des Opfers und die damalige Religion der Astarte eine hoch entwickelte. Dies könnte durchaus zutreffen. Waren doch die weiblichen Göttinnen, die sich um die Zeitenwende noch immer zwischen den Göttern behaupten konnten, eine Art besonderer Geheimtip. Im Namen der Astarte, der Isis oder der Demeter und Kybele wurde in Kanaan, in Ägypten, in Griechenland und Kleinasien in den Mysterienkulten das geheime Wissen der alten religiösen Ideen weitergegeben.

Die Mysterienkulte waren eine Art letzter Höhepunkt des Glaubens an eine weibliche Präsenz im Himmel; aus der Erdmutter war im Laufe der Zeit die Himmelsgöttin geworden, diese wurde mit dem größeren Einfluß der Männer auf der Erde zur Gattin der Götter; in ihren Endzeiten wandelte sich die Göttin zur Mutter einer Heiligen Familie, die etwa in Ägypten aus Isis, Osiris und dem Horusknaben bestand. Daß diesen Heiligen Familien und der Muttergöttin eine spätere Heilige Familie und eine Muttergottes folgten, ist uns aus dem Neuen Testament bekannt. Weniger bekannt war in den letzten zweitausend Jahren die Rolle, die das dunkle und helle Gesicht der Mondgöttin in unseren Mythen spielte. Diesem Gesicht, dem Licht und dem Schatten in allem Geschehen sowie der Rolle des Opfers begegnete man zur Stunde Null unserer Zeiten vor allem in den Mysterienkulten. Maria Magdalena als mögliche Anhängerin der Astarte-Mysterien ist also zumindest jene Symbolfigur, die uns auch in der Bibel noch daran erinnert, daß Götter einst doppelgesichtig waren – und daß jeder von uns dies in einem gewissen Sinn noch immer ist.

Das Böse ist immer das andere

In der Umgebung des einen Herr-Gotts wußte man zwar noch immer um den Schatten, aber im großen Kampf um das Licht verlegten die Priester das Böse immer mehr nach außen, in die Umwelt. Nicht mehr Gott hatte böse Seiten – obwohl der eifersüchtige Jahwe anscheinend noch ganz schön mit seinem Jähzorn zu kämpfen hatte –, das Böse lag immer bei den fremden Götzendienern, die nicht an den einen Gott im Himmel glauben wollten.

Daran hat sich nicht viel geändert: Auch zweitausend Jahre nach der Zeitenwende, an deren Beginn ein Prophet der Liebe stand, ist das Böse noch immer das andere. Zu den Zeiten, da Abraham und Moses auszogen, die ersten Steine für die gewaltige »Kathedrale« des späteren Monotheismus zu legen, war es nicht anders.

Nach der Bibel kam Abraham aus Ur in Chaldäa, einem Zentrum der Mondverehrung: Nach den ausgegrabenen Kultgegenständen zu schließen, huldigte man in Ur zwischen 1800 und 1300 dem Mondgott Sin und der Mondgöttin Istar. Der legendäre Stammvater der Hebräer kam also aus einer Kultur, die sicherlich weitgehend weiblich beeinflußt war. Der Kampf, den seine Nachfolger später gegen die weiblich dominierten Religionen führten, war also zumindest zu einem Teil von den Schwierigkeiten mit den Regeln der eigenen zurückgelassenen Heimat geprägt. Auch von Moses wissen wir, daß er am Hofe des Pharaos inmitten einer Gesellschaft von sehr emanzipierten Frauen aufgewachsen sein soll. Zu einem gewissen Prozentsatz war der Bund mit einem männlichen Gott also die Reaktion auf das andere, das Weibliche in der eigenen Gesellschaft zurückzuführen. Nun gibt es keinerlei historischen Beweis für die tatsächliche Existenz Abrahams, und manche Autoren vermuten, daß die Patriarchen erst von den Redaktoren der Bibel zu einer Gemeinschaft zusammengeschweißt wurden, um Israel einen festen Ursprungsmythos zu geben.

Doch auch eine solch nachträglich fabrizierte Schöpfungsgeschichte der Juden weist noch immer auf die Wurzeln in einer Gesellschaft von weiblichen Göttinnen hin. So findet die legendäre Gesetzgebung auf dem Berg Sinai just zu dem Zeitpunkt statt, da im gar nicht so weit entfernten Griechenland der mythische Kampf um Helena entbrennt. Von ihm vermutet man heute, daß er die literarische Umschreibung des Kampfes einer Frau um den Thron Spartas war. Während also auf dem Boden Kleinasiens zumindest noch der Mythos eines Geschlechterkampfes durchexerziert wurde, setzten die Hebräer diesem anscheinend gerade am Berg Sinai einen Schlußstein. Sinai heißt Mondberg und erinnert noch heute daran, daß vor Moses' Zeiten der Mondgott Sin der Gesetzgeber war. Mit den Gesetzestafeln, die Moses auf einem Mondberg von einem neuen Gott empfing, wollte man vielleicht darauf aufmerksam machen, daß die Zeiten des Mondes endgültig hinter den Menschen liegen.

Ein anderer Hinweis, den noch heute Juden rund um den Erdball erbringen, ist die Beschneidung. Nachdem wir gesehen haben, welche religiösen Wurzeln hinter vielen Dingen des alltäglichen Lebens liegen, lohnt es sich, auch diese urjüdische Sitte einmal mit den Augen der Göttin zu sehen. Deren dunkle Seite forderte die verschiedensten Opfer. Die Beschneidung könnte durchaus ein Überbleibsel sein, das uns inmitten der Männerreligion der Juden noch immer an die Zeiten der Göttin erinnert. Esther Harding vermutet nicht ganz unbegründet, daß die Opfer, welche die Göttin forderte, nicht immer ganz so groß wie die Verstümmelung oder sogar der Tod waren: »Zu den Riten, die von den Männern im Dienste der Mondgöttin ausgeführt wurden, gehörte auch die Beschneidung, die eine symbolische Kastration darstellt... Beschneidung und Geißelung... entsprechen vielmehr dem abgemilderten Opfer der Frauen, die ihr Haar hingeben durften statt der Jungfräulichkeit, wenn sie sich im Tempel zur Hingabe einfanden.«

Dieser Opferung der Haare, die mancherorts im Laufe der Zeit die sexuelle Hingabe ersetzte, begegnen wir im Laufe unserer Geschichte mit umgekehrten Vorzeichen wieder: dann ist es nicht mehr das freiwillige Opfer einer Frau, sondern die Strafe, die sie etwa in Frankreich nach dem Zweiten Weltkrieg für Kollaboration bekam. Eine solche Umkehrung der Werte fand anscheinend bei den sieben Geistern der Maria Magdalena statt – auch bei ihr wurde aus einem anfänglichen Opfer die Strafe der Reue und des schlechten Rufes. Auch bei der Beschneidung könnte es solch eine Gegenreaktion auf das anfängliche Opfer gegeben haben. So vermutet etwa Merlin Stone, daß die Idee der Beschneidung eine Reaktion auf die Eunuchenpriester der Göttin war. Sie verweist darauf, daß bei den Hebräern ein Mann ohne Penis kein Mitglied der Gemeinschaft werden durfte und schreibt in ihrem Buch »Als Gott eine Frau war« weiter: »Interessanterweise wird in der Bibel darauf insistiert, daß Jahwes Bündnis mit Abraham auch den Brauch der Beschneidung genau festlegte. Sie mußte an allen männlichen Hebräern kurz nach der Geburt vollzogen werden. Dies wurde von heutigen Autoren oftmals als eine vorbeugende Maßnahme gegen Geschlechtskrankheiten dargestellt, vielleicht aber war es in Wirklichkeit ein Mittel, um die ›Männlichkeit‹ der Hebräer von der ›Weiblichkeit‹ der Männer abzuheben, die in den Dienst der Göttin getreten waren.«

Aus der Beschneidung als ursprüngliches Opfer an die Göttin könnte also das erste Opfer an den neuen Gott geworden sein. Einer, der beide Arten des Opfers transzendierte, war Jesus. Zu seiner Meinung zur Beschneidung befragt, gab er nicht nur die uns bereits bekannte zutiefst unjüdische Antwort: »Wäre die Beschneidung nützlich, dann hätte euch euer Vater schon beschnitten im Mutterleib gezeugt.« Auf den wahren Sinn des Opfers wies er hin, als er fortfuhr: »Doch gibt es auch eine Beschneidung im Geiste und diese ist von wahrem Nutzen« (Thomas der Zwilling 53).

Ein Indienreisender namens Jesus, ein mysteriöses Grab in Kaschmir und eine Antwort auf die Lücke in Jesu Leben

Die Beschneidung im Geist gleicht jenem Opfer, das Maria Magdalena vielleicht gebracht hat, als sie die sieben Geister in sich bekämpfte. Der Kampf gegen das Böse und den Schatten in sich selbst zeigt uns aber nicht nur die Frau aus Magdala als mögliche Anhängerin der alten Lehren der Mondgöttin, sie zeigt uns auch Jesus in einem anderen und wieder neuen Licht. Seitdem man begonnen hat, die ursprünglichen Lehren des Meisters Jesus genauer zu untersuchen, tauchte immer wieder die Frage auf, ob Jesus nicht vielleicht von den Lehren Buddhas beeinflußt war.

In einer Zeit, in der Tausende Jugendliche aus dem Westen nach Indien pilgerten, um später die Weisheit des Ostens in den Westen zu bringen, erscheint auch ein Aufenthalt des jüdischen Rabbi in Gebieten, in denen der Buddhismus gelehrt wurde, nicht mehr ganz so absurd wie früher angenommen. Und so schließt sich an die Hypothese, daß Jesus ein Essener war, an die Möglichkeit, daß er Revolutionär und/oder politischer Anwärter auf einen Thron war, auf jeden Fall auch die Vermutung an, daß er sich seine Weisheit in buddhistischen Ländern geholt haben könnte. Der Geist des Buddhismus, der sich inmitten der religiösen Vielfalt des damaligen Palästina an alle gewendet haben könnte, hätte sicherlich auch Maria Magdalena fasziniert. Der Achtfache Pfad, der zur Erlösung führt, wendet sich an alle, an Frauen ebenso wie an Männer, an Arme ebenso wie Reiche – vor allem aber könnte er durchaus dem Kampf gegen die sieben Geister geglichen haben.

Der Buddhismus lehrt nicht nur an die Zehn Gebote Gemahnendes wie »Du sollst Vater und Mutter ehren«, er preist auch die Demut und Ehrfurcht, Zufriedenheit und Reinheit, lauter Tugenden also, die dem Schatten in jeder Persönlichkeit entgegenwirken. Die Hypothese, daß vor zweitausend Jahren ein sehr hochentwickeltes »Blumenkind« namens Jesus bei seiner Rückkehr aus Indien auf ein »Blumenkind« namens Maria Magdalena traf und beide mit neuen Ideen an die Öffentlichkeit traten, ist also zumindest nicht weniger plausibel wie alle ansonsten geäußerten Vermutungen über den Meister und die Frau neben ihm.

Die Idee, daß Jesus vor zweitausend Jahren genau dasselbe tat wie noch heute viele mehr oder minder spät berufene Hippies, stammt aus der Bibel selbst. Bei Matthäus geht die Rückkehr der Familie Jesu aus Ägypten übergangslos zur Taufe durch Johannes den Täufer über; bei Markus beginnt die Heilsbotschaft erst mit dieser Taufe; Johannes läßt Jesu Wirken ebenfalls erst mit der Zusammenkunft mit dem Täufer beginnen. Einzig bei Lukas ist jene berühmte Suche nach Jesus im Tempel erwähnt, bei der er seiner Mutter als Antwort gibt: »Wie habt ihr mich suchen können? Wußtet ihr nicht, daß ich im Hause meines Vaters sein muß?« (2,49). Und auch das ist das Letzte, was man in den Evangelien über den heranwachsenden Messias hört. Er begegnet uns erst wieder als herumziehender Prediger. Dazwischen liegen zwanzig bis zweiundzwanzig Jahre, eine Zeitspanne also, die sich mit einer Reise nach Indien leicht vereinbaren läßt. Lange Zeit galten die großen räumlichen Entfernungen als erstes Hindernis für Wahrheitssuchende jener Zeit. Wenn man sich aber klarzumachen versucht, welche Strecken Paulus bereiste, wenn er auf seiner Wanderschaft in Arabien, Kleinasien, Griechenland, Italien, Spanien und Zypern missionierte, so wird auch ein Jesus in Indien denkbar. Außerdem weiß man heute, daß zu Jesu Zeiten Handelsstraßen zwischen dem Fernen Osten und Rom befahren wurden, daß buddhistische Mönche Anhänger in Alexandrien suchten und es später Verbindungen zwischen Buddhisten in Südindien und den Anhängern des gnostischen Thomas-Evangeliums gab.

Die Zeiten waren also beweglicher, als wir es uns heute vorstellen, und die Beeinflussung zwischen den einzelnen Glaubensrichtungen vielleicht um einiges vielfältiger, als man lange Zeit auf Grund der Bibel vermutete.

Ein Hinweis auf Jesus als möglichen Propheten des Buddhismus kommt aus der ursprünglichen Lehre des Prinzen Siddhartha. Der spätere Buddha verkündete nämlich in einer Zeit, wo es überall nur so von Göttern und Göttinnen wimmelte, eine Lehre ohne Gott. Wir kennen heute nur mehr die vielen späteren Spielarten des Buddhismus, aber zu Jesu Zeiten war die Lehre Gautamas eine Ethik der Selbsterlösung. Mit den Vier edlen Wahrheiten, dem Wissen vom Leiden, seiner Entstehung, seiner Vernichtung und dem Weg dieser Vernichtung führte der Buddhismus auf jenen Achtfachen Pfad, der Maria Magdalena vielleicht schon hilfreich beim Austreiben der Geister war. Dabei ging und geht es um die rechte Anschauung, rechtes Wollen, Reden, Tun, Leben, Streben, Gedenken und Sichversenken.

Dies ist genau die Beschneidung im Geist, von der Jesus sprach, und die Vier edlen Wahrheiten über das Leiden könnten eine Anhängerin der alten Mondgöttin an das doppelte Gesicht der Göttin erinnert haben. Das Nirwana, als eine Art mögliches »Himmelreich«, das zu erreichen es galt, glich zumindest entfernt der einzigen monotheistischen Religion der damaligen Zeit, dem Glauben an Jahwe, dem Jesus zumindest offiziell angehört haben muß. Allerdings ist der Buddhismus mit seiner Forderung nach Selbstverantwortung sehr viel eher eine Philosophie als eine Religion. Vielleicht aber war es gerade das, was Jesus anzog, so wie es heute bei sehr vielen Menschen auf der ganzen Welt noch immer passiert.

Der Theorie, daß Jesus sich einen großen Teil seiner Lehre als Lernender in Indien, Afghanistan und Kaschmir holte, sind in letzter Zeit viele Autoren nachgegangen. Einer davon ist Siegfried Obermeier, der in seinem Buch »Starb Jesus in Kaschmir?« eine mögliche Reise in ein größeres historisches Umfeld einbettet. Ihm zufolge war der spätere Messias nicht der einzige Jude, der sich auf so weite Wege weg vom Gelobten Land machte, sondern es lebten schon vor Jesu Zeiten Juden sowohl in Afghanistan als auch in Kaschmir, wo man übrigens noch heute das vermeintliche Grab des Propheten Issa, also Jesus, verehrt. Zu diesen versprengten Abkömmlingen des Hauses Israel könnte Jesus nämlich tatsächlich zurückgekehrt sein, nachdem er die Kreuzigung überlebt hatte. Bei Matthäus fordert Jesus seine Jünger *expressis verbis* auf: »Den Weg zu den Heidenvölkern schlagt nicht ein... geht vielmehr zu den verlorenen Schafen des Hauses Israel« (Mt 10,5). Demnach suchte sich Jesus den ehemaligen Saulus aus, der als Paulus eine Weltreligion gründete, die Jünger und er selbst aber wurden auf die Lehre für die Juden beschränkt.

Natürlich kann man die Sache auch umdrehen und vermuten, daß Saulus/Paulus sich den gekreuzigten Jesus als die geeignete Hauptperson für seine zukünftige Lehre ausgesucht habe. Der Mittelweg, nämlich die Episode, daß Jesus Paulus »erschienen« ist, bekommt gerade von einer möglichen Indienreise von Jesus eine Bestätigung. Falls Jesus die Kreuzigung überlebt hat und sich aufmachte, um die Juden in Kaschmir zu missionieren, hätte er auf dem Weg nach Damaskus auch Paulus begegnen können, der sich in diese Richtung auf Christenjagd aufgemacht hatte. In der Bibel selbst gibt es dazu eine ziemlich eindeutige Stelle. Als eine kanaäische Frau Jesus bittet, ihre kranke Tochter zu heilen, gibt er die Antwort: »Ich bin nur zu den verlorenen Schafen des Hauses Israel gesandt« (Mt 15,24). Nun haben wir diese Fixiertheit auf das eigene Volk schon bei anderen Jesus-Varianten kennengelernt. Als möglicher Essener könnte Jesus fest auf einen einigenden Priesterkönig für das auserwählte Volk gehofft haben; als Revolutionär und Widerstandskämpfer hätte er für die Freiheit dieses Volkes gekämpft, und als möglicher König der Juden wäre er dafür gestorben. Andererseits stand Jesus nach allem, was wir wissen, immer in Opposition zu der Religion und zu den Priestern dieses Volkes. Versuchte er deshalb vielleicht als buddhistischer Missionar, das auch in seinem Glauben schwer beeinträchtigte Volk zu einen?

Zwei Dinge sprechen für diese Hypothese: Erstens war damals der Buddhismus die einzige Religion oder Philosophie, die Missionare ausschickte, und Jesus könnte es mit Paulus und den anderen Aposteln diesem Vorbild nachgetan haben. Zweitens waren die Nachkommen der Stämme Israels ebenso weit verstreut, wie ihr Glaube an den einen Gott der Beeinflussung durch zahlreiche Götter ausgesetzt war. Bei den Juden hatte sich nach der Landnahme in Palästina zwischen dem 14. und 12. Jahrhundert langsam, aber sicher aus dem Bewußtsein von versprengten Normadenvölkern eine Art Staatsbewußtsein gebildet. Dies fand seinen Höhepunkt unter den legendären Königen David und Salomon, unter denen die Bundeslade nach Jerusalem gebracht und diese Stadt zur Hauptstadt gemacht wurde. Schon bald aber fielen die beiden Staaten Juda und Israel wieder auseinander. Die Goldene Zeit der Stammväter David und Salomon blieb den Juden immer in Erinnerung. Schon deshalb, weil unter den Assyrern 722 v. Chr. die gesamte Oberschicht des Landes, alle Abkömmlinge Jakobs und Josephs deportiert wurden. Aber nicht nur der legendäre Sargon holte aus Samaria die Herren des Landes, um sie in Assyrien als Handwerker und Bauern anzusiedeln. Anno 605 passierte unter dem Babylonierkönig Nebukadnezar II. dasselbe: Ein großer Teil der Bevölkerung kam in die legendäre Babylonische Gefangenschaft, der Rest floh nach Ägypten. Diese Gefangenschaft dauerte mehr als ein halbes Jahrhundert, aber 536 v. Chr. durften die Juden auf die Anordnung Kyros' II. von Persien zurück.

Für heutige Historiker erhebt sich natürlich die Frage, ob alle Juden aus der babylonischen Gefangenschaft zurückkehrten; außerdem wurde nie ganz geklärt, was mit den schon beinahe zweihundert Jahren zuvor von den Assyrern Verschleppten geschehen war. Diese, so vermutet man heute, müssen sowohl Religion wie Sitten im Laufe der Zeit geändert und sich neue »gelobte Länder« gesucht haben. Auf der Suche nach den verschollenen Stämmen glauben heute manche Forscher, daß völkische Reste der Juden sowohl in Afghanistan als auch in Kaschmir leben. Beweis dafür sind dabei nicht nur die »jüdischen Gesichtszüge« der Bewohner, sondern auch Berichte, nach denen alte afghanische Chronisten ihr Volk »Beni Israel« nannten. Ferner behauptet man von Saul abzustammen, während Kaschmir sich oft »Garten Salomons« nennt. Außerdem verehrt man noch heute in Kaschmir ein Grab von Moses, und Sprachforscher fanden frappierende Ähnlichkeiten zwischen Orten in Kaschmir und Afghanistan und solchen der Bibel.

Die Juden zu Jesu Zeiten waren also sehr viel weiter verstreut, als man gemeinhin annimmt. Aber nicht nur die vielen Exiljuden hatten damals um ihren Glauben zu kämpfen, auch in Palästina selbst waren sie ununterbrochen von den verhaßten Heiden umgeben. Nach der Rückkehr aus Babylon und aus der Herrschaft der Perser kamen 333 v. Chr. mit Alexander dem Großen die Griechen. Nach dessen Tod beherrschten die ägyptischen Ptolemäer das jüdische Gebiet, ihnen folgten die syrischen Seleukiden, denen erst 175 v. Chr. der Makkabäer-Aufstand der Juden ein Ende bereitete. Unter den Makkabäern dürfte sich endgültig die Sekte der Essener geformt haben, die mit ihrem Leben gegen die Sündhaftigkeit der griechisch-römischen Kultur protestierten. Und gerade diese Essener und ihr Protest gegen die Religion der Priester und die Herrschaft der Römer führen uns zu einer möglichen buddhistischen Beeinflussung von Jesus.

Lange Zeit hielt man die kämpferische Seite der Essener nicht mit einem friedliebenden Jesus vereinbar; auch eine mögliche Indienreise von Jesus paßte nicht in das asketische Essenertum in der Wüste. Heute sieht es beinahe so aus, als ob alles nicht ganz so unvereinbar wäre. Gravierendster Hinweis dafür ist die Rede, welche die Widerstandskämpfer auf

Masada nach ihrem gemeinsamen Selbstmord hinterließen. Sie ist zutiefst religiös und wahrscheinlich essenisch beeinflußt, vor allem aber bestätigt sie, daß zwischen den Essenern und Indien Beziehungen vorhanden haben sein *müssen*. Bei Josephus Flavius hört sich im »Jüdischen Krieg« ein Auszug aus dieser Abschiedsrede so an: »Ist es nicht töricht, der Freiheit im Leben nachzujagen, auf die unsichtbare Freiheit aber zu verzichten... Laßt uns auf die Inder blicken, die sich bemühen, die Weisheit zu leben! Die Inder sind wirklich edle Männer, und sie ertragen die Zeit ihres irdischen Lebens nur mit Widerwillen... sie können nicht schnell genug aus den Fesseln des Körpers befreit werden« (Buch 7.7.7).

Hippies, Blumenkinder und ein grosser Prophet unter den zweiundzwanzig Buddhas

Es gab also zu der damaligen Zeit ein ziemlich genaues Wissen um die Religion Indiens, vor allem aber scheinen die Widerstandskämpfer und die Essener die Inder bewundert zu haben. Es könnten also in Zeiten, in denen eine allgemeine Unsicherheit nicht nur politischer, sondern auch religiöser Art herrschte, durchaus junge Leute zum Studium der Religion nach Indien geschickt worden sein. Jesus hätte auf seinen Studienreisen den verschleppten Juden begegnen und nach seiner Verfolgung und Kreuzigung in Jerusalem wieder nach Afghanistan oder Kaschmir zurückkehren können.

Vielleicht begegnete er dort auch Maria Magdalena?

Die große Freiheit, die Maria Magdalena genossen hat, könnte einerseits auf ihre Stellung aus einem reichen königlichen Haus zurückzuführen sein, andererseits liefert eine mögliche Indienreise einen ganz anderen Hintergrund. Jesus hätte eine Magdalena, die in die Mysterien der Göttin eingeweiht war, auch auf seiner Reise treffen und kennenlernen können. Als solche hätte sie durchaus Jüdin sein und mit Jesus in die Heimat ihrer Ahnen zurückkehren können.

Wir kennen die »bekehrte Sünderin« als die ausdauerndste Begleiterin des predigenden Jesus und als die Frau, die unter dem Kreuz bis zum Schluß aushielt und die als erste am Grab war. Was spricht dagegen, daß sie Jesus schon zuvor auf seiner Reise in Indien begleitet haben könnte? Falls sie aus einem der verstreuten und verschollenen Stämme kam, wäre sie in Jerusalem als Fremde wahrscheinlich auch nicht nach den strengen Gesetzen für jüdische Frauen behandelt worden. Daß Jesus sie mit ganz anderen Augen gesehen haben könnte als die anderen Frauen, geht schon aus der einleuchtenden Tatsache hervor, daß ein Mensch, der als Halbwüchsiger auszieht, um die Welt kennenzulernen, sicherlich andere Vorstellungen von Liebe, Moral und Sitten hat als einer, der inmitten fester Gebräuche aufwächst. Ein weisheitssuchender Hippie namens Jesus mit einem Blumenkind namens Maria Magdalena an seiner Seite erscheint bei genauerem Betrachten der damaligen Zeitenwende nicht mehr ganz so unwahrscheinlich.

Über diese Spekulationen hinaus erzählt vor allem Siegfried Obermeier die Geschichte eines russischen Abenteurers namens Nikolaus Notowitsch. Dieser bereiste Ende des 19. Jahrhunderts Afghanistan, Indien, Kaschmir und Tibet. Dort will er überall auf Spuren der Lern- und Lehrtätigkeit von Jesus gestoßen sein. Ein tibetischer Lama erklärte ihm, daß Buddha »in der geheiligten Person« von Jesus wieder Fleisch angenommen habe und jener Issa ein großer Prophet unter den zweiundzwanzig Buddhas gewesen wäre. Verschiedene andere Lamas erzählten Notowitsch, daß das Volk zwar von Issas Wirken nichts mehr wüßte, Jesu Wirken aber in den Schriftrollen der Klöster verzeichnet wäre. Alle

Erzählungen gingen davon aus, daß sich Buddha als Seele des Weltalls von Zeit zu Zeit inkarniere und daß dies vor zweitausend Jahren wieder einmal der Fall gewesen wäre: »Als das heilige Kind ein gewisses Alter erreicht hatte, brachte man es nach Indien, wo es, bis es ein Mann geworden war, alle Gesetze des großen Buddhas studierte...«

Mit dieser Theorie würde sich also die Lücke im Leben Jesu in der Bibel schließen lassen, und sie klingt nicht einmal unglaubwürdig, wenn man daran denkt, daß buddhistische Lamas auch heute noch die Inkarnationen ihrer Meister auf der ganzen Welt, in letzter Zeit etwa in Spanien, suchen.

Nach seiner langen Reise als Lernender und Studierender soll Jesus dann nach sechs Jahren die Gebirge Nepals und des Himalaja verlassen haben, um fortan unter den Menschen als Prediger die Lehren Buddhas zu verbreiten. Tatsächlich erinnern viele der Sprüche des Meisters Jesus an die Lehren des Prinzen Siddharta. Buddha sprach davon, daß es die schwerste Tugend sei, den Reichtum aufzugeben, und daß der Reiche sein Herz auch nicht an die Güter der Welt und an Weib und Kind hängen dürfe.

Bei Matthäus finden wir das umstrittene Jesuswort: »Und jeder, der um meines Namens willen Brüder oder Schwestern, Vater oder Mutter, Weib oder Kinder, Äcker oder Häuser verlassen hat, wird vielmal Wertvolleres empfangen und ewiges Leben erben« (Mt 19,29).

Bei Buddha galt es als oberstes Gebot, Zorn nicht mit Zorn zu erwidern und den nicht zu schelten, der schilt; bei Jesus gibt es das berühmte Liebesgebot: »Liebet eure Feinde, tut denen Gutes, die euch hassen...« (Lk 6,27). Blättert man weiter im Neuen Testament, so findet man überall den Hinweis auf ein höheres Prinzip, eine höhere Welt, der alles Handeln auf dieser Erde unterzuordnen ist. Das Himmelreich und der Vater im Himmel gleichen nicht mehr dem strengen persönlichen Gott der Juden, sondern einer Dimension, in die man nur durch das Nadelöhr der persönlichen Verantwortung gelangt. Diese Verantwortung könnte den Prediger Jesus aus Indien auch wieder zurück nach Palästina geführt haben. Auf seine Erfahrungen mit anderen Ländern weist übrigens Jesus selbst hin mit dem bereits zum Gemeingut gewordenen Spruch: »Ein Prophet gilt nirgends weniger als in seiner Vaterstadt und in seiner Familie« (Mt 13,57). Dieser Hinweis auf eine Prophetentätigkeit in ferneren Gebieten fällt, nachdem man sich in der Synagoge gefragt hatte: »Woher hat dieser solche Weisheit und die Machttaten (oder Wunderkräfte)?« (Mt 13,54).

Die Wundertätigkeit ist ein anderes Verbindungsglied zu Buddha, der unter seinen Anhängern gepriesen wurde: »Weil die Blinden sehen, weil die Tauben Töne vernehmen...« Diese Worte kommen uns bekannt vor, und wie so vieles andere könnten sie ein Indiz dafür sein, daß Jesus tatsächlich die Ursprünge seiner Lehre aus Indien mitgebracht hatte.

Eine Kreuzigung ohne tödliche Verletzungen

Was könnte uns beweisen, daß Jesus, nachdem er die Kreuzigung überlebt hat, sich nicht nach Ägypten oder auch später nach Masada begab, sondern viel eher den langen Weg zurück nach Kaschmir zog?

Zuerst vielleicht wieder einmal die Kreuzigung. Auch Siegfried Obermeier weist in »Starb Jesus in Kaschmir?« auf alle die zweifelhaften Details rund um Golgatha hin. Auf die verblüffend kurze Zeit, die Jesus am Kreuz hing – nach Markus, Lukas und Matthäus nur sechs Stunden, nach Johannes nur zwischen zwei oder drei Stunden. Nicht umsonst wunderte sich Pilatus, daß Jesus schon tot war – lebten die meisten Verurteilten doch bis zu drei Tagen. Ein anderes wichtiges Beweisstück für ein mögliches Überleben Jesu ist der berühmte Lanzenstich in die Brust. Dieser findet zwar in den Evangelien nur bei Johannes statt, aber da floß laut einem Augenzeugenbericht Blut und Wasser heraus. Was für den Apostel vielleicht noch eine Bestätigung des Todes sein sollte, ist heute das genaue Gegenteil: Nach neuesten medizinischen Kenntnissen deutet nämlich das Herausfließen von Blut auf noch existierendes Leben hin. Jesus hätte, nachdem die Kreuzigung ja zu keinen tödlichen Verletzungen führte, durchaus nur ohnmächtig sein können. In dieselbe Kerbe schlagen, wie bereits angedeutet, alle Vermutungen rund um das berühmte Turiner Leichentuch. Siegfried Obermeier weist darauf hin, daß die Spuren auf diesem heiß umstrittenen Tuch zeigen, daß Jesus noch im Grabtuch aus einigen Wunden heftig geblutet haben muß: »Es ist aber nun eine feststehende medizinische Tatsache, daß Tote nicht mehr bluten. Schätzt man das ganze Hin und Her nach Jesu angeblichem Tod gegen 15 Uhr nachmittags ungefähr ab, so muß mindestens eine Stunde vergangen sein, bis Joseph von Arimathäa den Pilatus um Erlaubnis fragte, wieder zur Richtstätte ging, die Nägel entfernt waren und Jesu Körper, in Linnen gewickelt im Grab lag... Nach dieser Zeit ist das Blut bei Toten längst gestockt, die Oberfläche der ja nicht allzu großen Wunden eingetrocknet.«

Die Zweifel am Tod und an der leiblichen Auferstehung, an die jeder Christ glauben muß, gehen noch weiter. Paulus legte bekanntlich in seinem ersten Korintherbrief eine Reihenfolge jener Personen fest, die Jesus nach der Auferstehung als erstes gesehen haben sollen. Diese Reihenfolge war einerseits sehr darauf bedacht, daß die Rolle der Frauen am Grab gemindert wurde, andererseits taucht darin eine Anzahl von Brüdern auf, die auf den ersten Blick ziemlich unerklärlich erscheint: »Ich habe euch nämlich an erster Stelle mitgeteilt, daß... er dem Kephas (= Petrus) erschienen ist, danach den Zwölfen. Darauf ist er mehr als fünfhundert Brüdern auf einmal erschienen... zu allerletzt aber ist er gleichsam als der Fehlgeburt (= meiner unzeitigen Geburt) auch mir erschienen« (1 Kor 15,5–8).

Diese Weisung kann man nun sehr unterschiedlich auslegen. Es kann Paulus in den dreißig Jahren nach den tatsächlichen Ereignissen um eine Bedeutungssteigerung seiner Person und um die Minderung Maria Magdalenas gegangen sein; andererseits kann nur die Rolle des Petrus als dem Fels, auf dem später die Kirche ruhen sollte, ein wenig aufgewertet worden sein. In diesem Fall hätte Paulus, der für sein gestörtes Verhältnis zu Frauen bekannt ist, nur Maria Magdalena aus der möglichen Nachfolgeliste des Messias gestrichen, hätte aber in bezug auf die Begegnung der Brüder und seine eigene mit Jesus vielleicht die Wahrheit gesprochen. Falls nämlich Jesus die Kreuzigung tatsächlich überlebt hätte, so gab es nichts Wichtigeres zu tun, als aus dem Einflußgebiet des Pontius Pilatus zu fliehen. Und bei Markus lesen wir tatsächlich: »Geht aber hin und sagt seinen Jüngern und (besonders) dem Petrus, daß er euch nach Galiläa vorausgeht: dort werdet ihr ihn wiedersehen, wie er euch gesagt hat« (Mk 16,7).

Ganz abgesehen davon, daß der Engel vor dem leeren Grab dies den Frauen um Maria Magdalena auftrug, ist Galiläa natürlich ein sprechender Hinweis darauf, daß Jesus gar nicht gestorben, sondern in ein Gebiet geflüchtet sein könnte, wo Pilatus tatsächlich keinen Einfluß mehr hatte. Außerdem lag das Land genau auf dem Weg nach Damaskus, den Jesus genommen haben könnte. Auf dieser Flucht, vorbei am See Genezareth, könnten ihm auch die fünfhundert »Brüder« begegnet sein, die eigentlich im Kontrast zu der kleinen Gruppe um Jesus stehen, die wir aus der Bibel kennen. Ein Beweis für diese Hypothese wäre auch jene sehr handgreifliche Stelle bei Lukas, bei der Jesus sagt: »›Betastet mich und beschaut mich; ein Geist hat ja doch kein Fleisch und keine Knochen, wie ihr solche an mir wahrnehmt.‹ Als sie aber vor Freude immer noch ungläubig und voll Verwunderung waren, fragte er sie: ›Habt ihr nicht etwas zu essen?‹ Da reichten sie ihm ein Stück von einem gebratenen Fisch; das nahm er und aß es vor ihren Augen« (Lk 24,39–43).

Neben einem in letzter Zeit immer mehr umstrittenen Tod am Kreuz steht also eine Auferstehung, von der man nicht weiß, ob sie eine symbolische war nach einer Art Scheintod, oder eine tatsächliche Auferstehung nach einem tatsächlichen Tod. Auch das dritte große Ereignis in diesem Zusammenhang, nämlich die Himmelfahrt Jesu, ist ungeklärt. Während bei Johannes zuallerletzt nur von einem Hirtenauftrag für Petrus die Rede ist, gebietet Jesus bei Matthäus den Jüngern nur zu taufen und zu lehren, um sich dann mit den Worten »Ich bin bei euch alle Tage bis ans Ende der Weltzeit« (Mt 28,20) zu verabschieden.

Ausdrücklich von einer Himmelfahrt die Rede ist nur bei Markus, wo es heißt: »Nachdem nun der Herr Jesus zu ihnen geredet hatte, wurde er in den Himmel emporgehoben« (16,19). Diese Stelle gilt allerdings oft als eine Vervollständigung, die erst im Zeichen der Schlußredaktion der Evangelien im zweiten Jahrhundert vorgenommen wurde. Dafür spricht auch der Schluß des Lukas-Evangeliums. Auch hier gibt es eine Himmelfahrt, allerdings wurde diese in Klammern dazugesetzt: »...während er sie segnete, schied er von ihnen (und wurde in den Himmel emporgehoben)« (Lk 24,51).

Wägt man die vier Textstellen und die beiden umstrittenen gleichlautenden »in den Himmel emporgehoben« ab, so könnte sich Jesus tatsächlich von den Jüngern verabschiedet haben – und in Richtung Afghanistan gezogen sein.

Auch Paulus, so vermutet Siegfried Obermeier, könnte Jesus auf dem Weg nach Damaskus begegnet sein, wo es eine große Anhängerschaft von Jesus gab.

Für eine mögliche Rückkehr des Meisters nach Kaschmir gibt es ebenfalls interessante Indizien. Obermeier berichtet von einem Briefwechsel zwischen Jesus und einem König Abgar in der heutigen Türkei, der noch von dem Kirchenhistoriker Eusebius im dritten Jahrhundert n. Chr. überliefert worden sein soll. In diesem Briefwechsel bittet der zwischen 9 und 46 n. Chr. in Edessa lebende König Jesus, »der in der Ortschaft Jerusalem erschienen ist«, sein Leiden zu heilen. Ausdrücklich geht aus dem Brief hervor, daß König Abgar in Jesus weder einen Gottessohn noch einen Messias sah, sondern einen Heiler. Jesus soll nach Überlieferung von Eusebius versprochen haben, einen Jünger zu senden, um das Leiden des Königs zu heilen.

Für eine Reiseroute, die dann weiter in den Osten führte, sprechen alte Legenden, die sowohl in Afghanistan als auch in Pakistan und Kaschmir von »Yus Asaf« berichten, was übersetzt »Jesus, der Versammler« heißen würde. Über die Ankunft Jesu in Kaschmir findet man in dem Werk des islamischen Historikers Mullah Nadiri »Tarik-i-Kaschmir« einige erstaunliche Stellen. Demnach kam Jesus zur Zeit des Königs Gopananda nach Kaschmir: »Zur selben Zeit traf Yus Asaf aus Palästina ein und begann als Prophet im Tal von Kaschmir zu wirken... er brachte das Wort Gottes dem Volk von Kaschmir... viele folgten ihm und wurden seine Schüler.«

Im Text ist dann noch einmal die Rede davon, daß Yus Asaf von den Stämmen Israels kam und in Kaschmir als Prophet im Jahr 54 eintraf. Nach verschiedenen Berechnungen muß dies das Jahr 78 n.Chr. gewesen sein, und Jesus wäre damals schon ziemlich betagt gewesen. Trotzdem gibt es in Kaschmir auch heute noch eine uralte Legende, nach der Jesus in hohem Alter auf Wunsch des Königs eine Familie gründete und Kinder bekam. Der Journalist Andreas Faber-Kaiser berichtet in seinem Buch »Jesus died in Kaschmir«

von einer Familie in Srinagar, die sich um das vermeintliche Grabmal Jesu kümmert, weil der Großvater des Großvaters des Vaters ein Prophet namens Yus Asaf gewesen sein soll. Die Familie besitzt auch eine Ahnentafel, auf der eine gewisse Maryan aus einem Schafzüchterdorf im Tal von Pahalgam als Jesu Frau bezeichnet wird.

Wir sehen: Die Marien verlassen uns nicht. Zwar wird es sich angesichts des fortgeschrittenen Alters Jesu bei dieser möglichen Maria nicht mehr um Maria Magdalena gehandelt haben, aber auch hier begegnet uns eine Art Gralsgeschichte. Die geheimnisvolle Abstammung, die sich im europäischen Gralsmythos durch die Geschichte zieht, ist hier der Großvater des Großvaters des Vaters. Jenseits aller Legenden aber erstaunt die Tatsache, daß das vermeintliche Grab von Jesus nicht nur als Grab von »Isa Sahib«, also von Jesus bezeichnet wird, sondern auch als »Nabi Sahib«, als die Ruhestätte eines Propheten. Die Bezeichnung »Nabi« für Prophet gibt es aber nur im Hebräischen und im Arabischen. Irgend jemand muß den Begriff also nach Kaschmir gebracht haben. Daß es Jesus selbst war, vermutete schon zu Beginn dieses Jahrhunderts Sir Francis Younghusband, der englische Gouverneur in Kaschmir, der in einem Buch über das Land schrieb: »Es lebte in Kaschmir vor etwa 1900 Jahren ein Heiliger mit dem namen Yus Asaf, der in Gleichnissen predigte und viele der Gleichnisse gebrauchte, die wir von Christus kennen, wie etwa das vom Sämann. Sein Grab ist in Srinagar, und die Theorie des Gründers der Qadiani-Sekte lautet, daß Yus Asaf und Jesus ein und dieselbe Person sind.«

Denkt man daran, daß sowohl der Koran als auch die Gnostiker immer wieder darauf beharrten, daß Jesus nicht in Jerusalem getötet wurde, so steht die These von einem möglichen Tod in Kaschmir gleichberechtigt neben allen anderen Hypothesen von einem nachträglichen Wirken des Meisters und einem sehr viel späteren Tod.

Die große Zeitenwende vor unserer Zeitenwende war zumindest eine ebenso aufregende Zeit wie wir sie heute erleben, und ein ebensolches Zusammentreffen verschiedener Religionen wie es heute der Brauch ist, liegt durchaus im Bereich des Möglichen.

In einer solchen Zeit hätte Maria Magdalena schon lange vor den aus der Bibel bekannten Predigerzeiten in Palästina die Gefährtin Jesu sein können. Und das Bild einer Anhängerin alter Religionen paßt sogar in das, was in tibetischen Quellen laut Nikolaus Notowitsch von der Stellung Jesu zu den Frauen berichtet wird. Danach soll Jesus ausdrücklich betont haben: »Ehret die Frau; denn sie ist die Mutter des Weltalls, und die ganze Wahrheit der göttlichen Schöpfung beruht auf ihr.« Dieses Lob auf die Frau und die Betonung der weiblichen Schöpfungskraft erinnert uns an die Bezeichnung Maria Magdalenas als »die Frau, die das All kennt«. Und obwohl man laut Siegfried Obermeier nicht weiß, was daran buddhistisch-tibetische Erfindung ist oder was Notowitsch hinzufügte, beeindruckt die persönliche Anteilnahme, mit der Jesus fortgefahren haben soll: »Sie ist die Grundlage alles dessen, was es Gutes und Schönes gibt, wie sie auch der Keim ist des Lebens und des Todes...«

Die Doppelsichtigkeit der Göttin, der Kreislauf von Werden und Vergehen, begegnet uns also auch hier. Und es begegnen uns wieder die zwei Gesichter, die Maria Magdalena mit Sicherheit hatte: ein öffentliches und ein privates. Dieses Gesicht, von dem wir nur wenig ahnen, könnte als Anhängerin der Göttin hinter dem Frauenbild Jesu gestanden haben; ebenso aber hinter der Idee des Opfers am Kreuz.

Macht euch die Erde untertan: der »göttliche« Aspekt der modernen Umweltkatastrophen

Die zwei Gesichter der Maria Madgalena sind aber auch eine letzte Erinnerung daran, daß die Menschen mit den Zeiten der Göttinnen die Erde als Ursprung allen Werdens vergaßen. Die neuen großen Männer-Religionen forderten den Menschen auf, sich die Erde untertan zu machen, und seitdem war die Beziehung zwischen Mensch und Natur die Beziehung zwischen Despoten und Sklaven. Die Natur, der man einst Opfer brachte, wurde nun ausgebeutet. Allerdings ist der diabolische Aspekt aller modernen Umweltkatastrophen ebenso alt wie schwer zu durchschauen. Zudem hat er etwas Göttliches an sich. Denn für uns wie für Generationen von Christen vor uns ist und war Gott gut; alles, was in seinem Namen geschah, war positiv und lobenswert – alles, was uns als Übel erschien, war ein Werk des Teufels. Mit den Männer-Kirchen und vor allem mit der katholischen Kirche mit ihren Machtansprüchen ging die Zwiefachheit früherer Gottesbilder verloren. Die Mondgöttin von einst hatte ihren Schatten und die Menschen waren die Schatten der Götter ebenso gewohnt wie ihre eigenen. Unter dem Patriarch im Himmel mußte dieser Schatten nicht so sehr erkannt, wie versteckt werden. Und er ließ sich auch gut verstecken – wie wir wissen, immer in den anderen: in anderen Völkern, in anderen Rassen und Religionen, und in den Frauen als anderem Geschlecht.

Die Aufforderung, sich die Erde untertan zu machen, kennt viele Antworten – und die Erde selbst ist heute nur die letzte Verliererin –, aber immer wurde sie von einigen Männern mit großen Machtgelüsten dahin mißverstanden, daß Untertan-Machen bloß Ausbeuten, Zerstören, Plündern und Mißhandeln bedeutet.

Wenn heute die Belastung von Stickoxiden jährlich in die Hunderttausende Tonnen geht, so ist dies sicherlich eine »Errungenschaft« der modernen Wissenschaft, es ist aber auch eine Folge des zwanzig Jahrhunderte falsch verstandenen Begriffes vom Untertan-Machen. Zwar hat »untertan« noch immer den falschen Beigeschmack dieser Zeit, aber wir sind heute soweit einzusehen, daß »Etwas-unter-sein-Tun-Stellen« eigentlich bedeutet, es zu verstehen, Vor- und Nachteile zu begreifen, das Gute und auch die Schatten zu sehen. Und wenn uns Maria Magdalena und ihre angeblichen bösen Geister zur modernen Psychologie führen, die uns alle an die besseren und böseren Geister erinnert, so ist vielleicht auch die Zeit reif, moderne Schatten zu suchen. Denn die Teufel des dritten Jahrtausends sind ausgezogen: Sie sitzen nicht mehr so sehr ausschließlich im Menschen selbst als inmitten der Schwarzen Messen der sich verselbständigenden Wirtschaft, Wissenschaft, Industrie und Politik. Dort sind die Todsünden Habsucht, Neid und Stolz längst zum obersten Gebot geworden. Um des Fortschritts willen wird allen jene Bescheidenheit und Nächstenliebe abgewöhnt, die der Gründer einer Religion forderte, die dann aufbrach, die Welt zu erobern. Daß sie beinahe zu Ende erobert ist, daß unser Fortschritt die Erde und den Menschen kaputtmacht, wissen wir heute alle, trotzdem nehmen wir es einigermaßen gelassen hin, daß auf dieser Erde mehr Sprengstoffe als Nahrungsmittel hergestellt werden. Schuld daran ist nicht nur das biblische Untertan-Gebot, sondern auch der Spruch, der in jeder katholischen Kirche rund um den Erdball täglich wiederholt wird: Wie im Himmel – so auf Erden. Und so wie eine männliche Kirche ihren Gläubigen noch immer einen rächenden Patriarchen vorbetet, so bleibt die gesamte westliche Gesellschaft noch immer auf der Stufe eines immer mehr fordernden aggressiven männlichen Kriegsgottes stehen. Als ob es einen Jesus, der auf die persönliche Verantwortung, auf die Beschneidung im Geist, auf Liebe und den Wert des richtigen Tuns hingewiesen hat, nie gegeben hätte. Man betrauert auch heute noch viel und gern sein Leiden und macht die Augen zu, wenn es um das Leiden der Natur geht, wenn ununterbrochen mehr Wachstum, mehr Energie, mehr Autos, mehr Straßen und mehr Konsum gefordert werden.

Die vielleicht wichtigste Forderung, die Jesus an die Menschen stellte, war der Aufruf an seine Jünger im Garten Gethsemane. Das »Schlafet nicht!« begreifen wir vielleicht erst heute in vollem Ausmaß. Es bezieht sich auf vielerlei, denn Gethsemane ist überall, und der Aufruf zum Erwachen bezieht sich auf alle Menschen aller Zeiten. Er ist aber heute aktueller als je zuvor, denn gerade die Zerstörung der Umwelt zeigt uns, wie sehr wir seit zu langer Zeit nur in Richtung Untertan-Machen und nie in Richtung Verstehen marschiert sind.

Wir beginnen aufzuwachen, wenn wir endlich sehen, daß jedes Mehr auch ein Weniger in sich birgt. Jedes Zuviel an unhinterfragtem Fortschritt ist ein Zuwenig an guter Luft, unbelasteter Nahrung, klarem Wasser. Jede neue Eroberung und Ausbeutung der Natur kreuzigt, wenn wir nicht sehr aufpassen, ein Stück Leben.

Aber es gibt einen Trost: In den alten weiblichen Religionen war der böse Geist, der dennoch zur Ursache und zur Bedingung für etwas gutes Neues werden kann, den Menschen geläufig. Wenn wir ihn wie Maria Magdalena in uns selbst erkennen und nicht weiterhin in die Außenwelt verlegen, um dieser dann die Schuld in die Schuhe zu schieben, erkennen wir auch die wandelbaren zwei Gesichter des Fortschritts. Jeder kann das Weniger-und-Mehr-Spiel auf seine Art umdrehen und sich die Erde in einem völlig neuen Sinn untertan machen: indem er sie unter seine Verantwortung stellt und ihr durch sein eigenes Tun ein Stück Leben zurückgibt.

Der Theologe Eugen Drewermann wirft der Kirche vor, daß es nicht gleichzeitig eine Verkrümmung des Rückgrats und eine Geradheit des Herzens geben kann: »Es gibt nicht gleichzeitig die allseitige Wendigkeit des Herzens und die Windigkeit des Denkens und Verhaltens und das Geradeaus einer festen Haltung und Entscheidung...«

In der Tat können wir uns alle die Windigkeit des Denkens nicht mehr leisten. Wenn jede Minute auf dieser Erde eine Million Mark für die Rüstung hinausgeworfen wird, während alle paar Sekunden ein Kind verhungert, so spricht dies Bände darüber, wie wir mit der Natur in uns und um uns umgehen. Der deutsche Theologe Horst Herrmann schreibt in seinem Buch »Die sieben Todsünden der Kirche«: »Soll hingenommen werden, daß offizielle Verlautbarungen der Kirche bis in die jüngste Zeit hinein sich dezidiert für die Vernichtungswaffen aussprechen, daß Atomwaffengegner mit dem mitleidheischenden Namen ›Pazifisten‹ belegt sind? Muß es abendländisch-vernünftig bleiben, daß man Abrüstungsvorleistungen als der Bergpredigt des Jesus aus Nazareth widersprechend hinstellt, daß Kontinente sich zu Tode verteidigen lassen...«

Für ihn ist unsere Gegenwart geprägt von patriarchalen Kulturen, und alle Patriarchen der Neuzeit haben von der Männerkirche ihre Lektion gelernt. Gott der Herr weist uns schon darauf hin: In den letzten zwei-, ja dreitausend Jahren war es vor allem der Wille zur Gewalt, der sich ein Gottesbild schuf, in dessen Namen der Mensch und die Erde ausgebeutet werden durften. »Ein solcher Gott muß notwendig ein Kriegsgott sein!« meint Horst Herrmann und sieht in der Folge dieses kämpferischen Mann-Gottes eine ungezählte Reihe von Apostel-Männern, Papst-Männern und Priester-

Männern, die jene patriarchalen Strukturen schufen, die unter den Zeichen von absoluter Macht und absolutem Gehorsam überall lebendige Tote zurücklassen.

Die Bereitschaft, die Erde zu opfern und die Verantwortung für einen atomaren Schlag dem Herrn im Himmel zu überlassen (für den auf der Erde schon die kriegerischen Vorarbeiten geleistet werden dürfen), ist nur eines der letzten und vielleicht gravierendsten Beispiele für die Mißachtung alles Natürlichen. Dies haben innerhalb der Kirche, aber auch in den Umweltschutz- und Friedensbewegungen vor allem die Frauen erkannt, die ja zur Natur nie ein solch gestörtes Verhältnis hatten wie die Männer. Allerdings wurde gerade dies ihnen immer von der Männerkirche verübelt – ja es scheint beinahe so, als ob sich die latente Frauenfeindlichkeit auch auf die Geringschätzung der Natur auswirkte, ebenso wie die schlechte Behandlung von Mutter Natur auch die Frauen beeinträchtigte. Darum ist es heute an der Zeit, aufzuwachen und zu sehen, daß die Zeiten eines Gottes der Toten eigentlich schon zweitausend Jahre vorbei sind; daß man seither vor lauter patriarchaler Rückgratverkrümmung nie den aufrechten Gang eines Jesus gelernt hat, der immer wieder zu einer Beschneidung im eigenen Geist und nicht nur Beschneidung der Rechte anderer aufgerufen hat. Und vielleicht sind es gerade die Hilferufe der Natur, die selbstverursachten Umweltkatastrophen und die Gefahr einer atomaren Vernichtung auf diese oder jene Art, die uns heute an eine sehr alte Jesus-Forderung erinnern: daran, daß neuer Wein in neue Schläuche gefüllt gehört (Mt 9,17).

Die Erbin Evas

Inmitten all der möglichen Rollen, die Maria Magdalena gespielt haben könnte, gibt es eine unbestreitbare: Sie ist jene Frau, welche die Verbindung zwischen der Stammutter Eva und der Erlöserin Maria herstellt; sie ist nach der in jedem Sinn in einen ziemlich sauren Apfel beißenden ersten Frau die zweite große Sünderin in der Bibel – vor allem aber ist sie die einzige, mit der sich eine Normalfrau seit zweitausend Jahren identifizieren konnte.

Maria, die Gottesmutter, schwebte als Trösterin auf einer Mondsichel im männlich gewordenen Himmel; zu ihren Füßen konnte man sich nur niederwerfen. Eva lag im Dunkel der Geschichte und hatte die Frauen zu dem gemacht, was sie in der letzten Epoche auch waren: Dulderinnen, die sich selbst ob der verschiedensten Sündenfälle schuldig vorkamen. Maria Magdalena als die dritte Frau in dieser Troika war den Frauen schon immer näher. Sie sündigte, bereute und wurde von ihren Sünden befreit. Genau dasselbe taten in ihrer Nachfolge Millionen Frauen – ohne jemals den Begriff Sünderin genauer zu hinterfragen.

Maria Magdalena hat die schwere Erbschuld ihrer Vorgängerin ein wenig gemildert, und ihre Reue ebnete jedesmal den Weg zur Trösterin im Himmel. Sie war die zutiefst menschliche unter den drei wichtigsten Frauengestalten der christlichen Religion, und als solche konnte man sie bis heute eigentlich vergessen.

Wenn wir heute jedoch zugeben, daß Jesus eigentlich in einem ziemlich luftleeren Raum schwebt, daß neben dem immer umstritteneren Jesusbild der Bibel alle möglichen anderen Jesusbilder möglich sein könnten, so müssen wir auch den luftleeren Raum untersuchen, in dem Maria Magdalena noch immer schwebt. Beide wurden immer aus der Zukunft möglicher Glaubender gesehen, wichtig war die Idee, die sie als Mythos in einem späteren Glauben spielen sollten. Ihre Gegenwart schimmert nur selten oder gar nicht durch. Und sogar, wenn wir glauben, ein Stück davon erhaschen zu können, müssen wir berücksichtigen, daß wir immer Geschichten aus dritter Hand bekommen, die den Glauben des Erzählers widerspiegeln. Ein gutes und immer wieder zitiertes Beispiel dafür ist der spanische Conquistador Fernando Cortéz. Er wurde von den Indianern zunächst für einen Gott gehalten. Hätten wir nur die Geschichte der ersten Indianer, die ihn erlebten, so wüßten wir nicht, daß es sich um einen Eroberer handelte.

Die Geschichte hat viele Gesichter – und sie ist vor allem nicht nur eine Sache der Berichterstattung auf der einen Seite und von Tatsachen auf der anderen; sie ist vor allem das, was unausgesprochen dazwischen liegt. Das tatsächliche »historische Fleisch« wären im Fall Cortéz dann weder die verschiedensten Siege noch die spätere Enttäuschung der Indianer, es wäre der Zusammenprall zweier Kulturen, die Erwartung, die in diesem Treffen lag, und die historische Tradition, mit denen die beiden Parteien in dieses Treffen gingen: der Glaube an die Ankunft der Götter und die historisch bedingten Angriffsgelüste der vermeintlichen Götter. Cortéz zeigt uns aber auch, daß Religion eigentlich immer politisch ist. Die Spanier wollten im Namen Gottes

Amerika erobern, die Indianer erhofften einen einenden Gott.

Zu Jesu Zeiten war es nicht anders. Die Vorstellungen von einem jüdischen Messias als einer Art Priesterkönig waren andere als das römisch geprägte paulinische Messiasbild. Wir wissen heute nicht, wie sehr Paulus von der Auferstehung des Tammuz geprägt war und diese in das Messiasbild eingebaut hat. Bekanntlich lag der in Kanaan verehrte Gott drei Tage im Grab, bevor der Felsen vom Grab weggerollt werden durfte und die symbolische Auferstehung erfolgen konnte. Überraschenderweise war dieser Gott auch der Sohn einer Jungfrau, und zu den Auferstehungsriten gehörte eine Wunde an der Seite des Auferstandenen.

Darüber, was Jesus selbst über Glauben und Religion dachte, kann sich jeder nur ein sehr persönliches Bild machen, allerdings hilft uns auch hier noch einmal das Beispiel von Cortéz. Glauben ist nämlich eine sehr persönliche Sache, und der Glaube der Indianer an einen fremden Gott ist ebenso legitim wie eine moderne Sicht der tatsächlichen Verhältnisse. Wir könnten den Indianern ihren Glauben ruhig lassen und gleichzeitig die Gründe für diesen Glauben durchleuchten. Ebenso ergeht es uns, wenn wir die möglichen Bilder einer Maria Magdalena oder Evas und Marias untersuchen: Es geht nicht um den Glauben an eine Muttergottes, nicht um die Frage, ob es diese Eva tatsächlich gegeben hat, sondern um das »historische Fleisch« hinter den religiösen Gestalten der letzten paar tausend Jahre. Und dazu müssen wir wieder in die Vergangenheit gehen, bis hin zu den ersten Menschen – oder zumindest zu einem Adam und einer Eva, welche die ersten Menschen gewesen sein sollen.

Daß sie dies auf sehr verschiedene Art und Weise waren, zeigt uns schon ein Blick in die Hebräische Bibel. Im ersten Schöpfungsbericht, in dem sich Gott am sechsten Tag an die Erschaffung der Menschen macht, heißt es: »Da schuf Gott den Menschen nach seinem Bilde: nach dem Bilde Gottes schuf er ihn; als Mann und Weib schuf er sie« (1 Mose 1,27). Ein wenig später sieht dieselbe Schöpfungsgeschichte schon ganz anders aus: Aus den beiden Geschlechtern, die gleichberechtigt und gleichzeitig nach dem Ebenbilde Gottes geschaffen wurden, wird die Erschaffung des Mannes, aus dessen Rippe später Eva entsteht. Noch später wird aus dieser Eva die erste Sünderin, die der Menschheit die Erbsünde beschert.

Wie wir gesehen haben, spiegelt sich die prähistorische Geschichte der Menschheit nirgendwo so deutlich wie in den Mythen. Die Götter waren aus den Glaubensvorstellungen der Menschen erwachsen, und die Menschen waren selbst kleinere Abbilder dieser Götter.

Gott der Herr als Gebärer einer neuen Kultur

Die Bibel selbst und der Irrtum eines Gottes, der zuerst sein männlich/weibliches Wesen gleichberechtigt auch auf Frauen und Männer übertrug, um dann zu einem reinen Männergott zu werden, macht uns also auf die gesellschaftlichen Umwälzungen jener Zeit aufmerksam. Denn »hierauf sagte Gott der Herr: ›Es ist nicht gut für den Menschen, daß er allein ist: ich will ihm eine Hilfe (Gehilfin) schaffen‹« (1 Mose 2,18). Aus dem anfänglichen »Gott« ist also im zweiten Kapitel des ersten Buches Mose bereits »Gott der Herr« geworden, der Begriff Mensch steht an dieser Stelle schon für den Mann allein, und die Frau wird nur mehr als Gehilfin angesehen. Es geht aber noch aufschlußreicher weiter. Gott entnimmt Adam im tiefen Schlaf eine Rippe, gestaltet diese »zu einem Weib und führt diese dem Menschen zu.

Da rief der Mensch aus: ›Dies endlich ist es: Gebein von meinem Gebein und Fleisch von meinem Fleisch! Diese soll Männin heißen; denn vom Manne ist diese genommen‹« (1 Mose 2,23).

Wüßten wir nicht, daß an späterer Stelle der Frau verheißen wird, daß sie in Zukunft in Schmerzen gebären soll, so müßten wir im Anschluß an diese Stelle eigentlich glauben, daß unter den Menschen die Männer die Kinder bekommen. Genau in diese Richtung scheint der Schöpfungsmythos der Bibel aber geschrieben worden zu sein. Wir wissen von den levitischen Priestern, denen wir Adam und Eva wahrscheinlich verdanken, daß sie bestrebt waren, eine männliche Erbfolge und damit eine Sicherstellung von Besitz und Ordnung einzuführen. Solange die Vaterschaft nicht hundertprozentig gesichert war, solange wackelte auch das Bild des einen Herrgotts im Himmel gewaltig. Vor allem aber bedeutete die Gleichberechtigung der Frau zu Zeiten, als die Geschichte unserer Stammeltern niedergeschrieben wurde, wahrscheinlich auch noch immer eine Gleichstellung der Göttin.

Indirekt erinnert uns ja das Sechstagewerk der Schöpfung noch daran: Wenn Frau und Mann nach dem Ebenbild Gottes gestaltet waren, dann war das göttliche Prinzip im damaligen Himmel zumindest ein gleichberechtigtes – wenn nicht ein androgynes. Uns erscheint die Vorstellung einer weiblichen Gottheit nach nunmehr zweitausendjähriger Herrschaft des christlichen Gottvaters noch immer ungewohnt, andererseits war ein Mann als Gott und als eine Art »Gebärer« einer anderen Kultur vielleicht ebenso verwunderlich.

Die Eva, die sozusagen aus Adam »geboren« wurde, scheint nämlich gegen eine Gesellschaft gerichtet gewesen zu sein, in der alles aus der Frau »geboren« wurde: Religion, Kultur, Gesellschaft und Sitten. »Wenn man sich die Zeit der Menschen auf dieser Erde mit 2000 Jahren vorstellt, dann gibt es Männerherrschaft erst seit einem Jahr«, schreibt Richard

Fester in der Untersuchung über die Urgeschichte »Weib und Macht«, und diese Zeitraffung erinnert daran, daß Abraham ja auch erst zwischen dem 19. und dem 16. Jahrhundert vor Christus im Heiligen Land eingetroffen ist. Davor gab es überall im Nahen Osten und um das Mittelmeer die blühendsten Kulturen. Aus der ursprünglichsten aller Beziehungen, aus der Beziehung zwischen Mutter und Kind, entwickelten sich dabei die ersten höheren Gesellschaftsordnungen. Die Biologin Doris F. Jonas etwa vertritt heute die Ansicht, daß unsere Vorstellungen vom Mann als Jäger und Versorger der Familie völlig falsch sind, weil damals andere Verhältnisse herrschten als die, von denen wir ausgehen. Durch das Herumtragen des Nachwuchses auf den ersten Wanderungen wurde das Leben der Frauen völlig an das Kind gebunden, und daraus erwuchsen später die Versorgungsgesellschaft, sehr viel später Kultur und jene großen matriarchalen Gesellschaften, denen der Gott Adams endgültig den Garaus machen sollte. Die Männer scheinen zu Zeiten, als ihre Rolle als Erzeuger noch ungeklärt war, eine geringe Rolle gespielt zu haben, später widmeten sie sich vor allem der Jagd, und es entstanden jene Männerbünde, die im Haus und auf dem Hof eher wenig zu sagen hatten. Einen Eindruck von jener weiblich dominierten Phase der Kultur bekommt man durch die Vorstellung, daß jedes heutige Kind in zusammengedrängter Form diese Phase der Evolution der Menschen durchmacht. Doris F. Jonas macht darauf aufmerksam, daß für das Kind die Mutter die Quelle von Wissen, Trost und Nahrung ist und zieht dann die Verbindungslinie: »Die ersten Menschen müssen diese Welt notwendigerweise als eine umfassend weiblich bestimmte Ordnung empfunden haben. Die Spuren ihrer Kunst, die uns überlieferten Mythen, Glaubensvorstellungen, wie sie durch Bestattungsbräuche und durch die alles überlagernden Schichten späterer Religionen schimmern, sie alle bestätigen das.«

Und so wie jedes Kind im Laufe der Zeit mehr oder weniger in eine männliche Welt hineinzuwachsen beginnt, so geschah dies auch mit der Menschheit. Ein Wendepunkt, das völlige Überwechseln von der Seite der Mutter auf die des Vaters, könnte der biblische Schöpfungsbericht gewesen sein. Mit ihm brach das endgültige Ende des Matriarchats, der ökonomischen und familienrechtlichen Vormachtstellung der Frau an.

Das Matriarchat gehört ebenso wie die weiblichen Züge Gottes auch heute noch zu den Themen, an denen sich Gemüter erhitzen können. Wer an einen Schöpfungsmythos glaubt, in dem ein Mann als Mensch und eine Frau als Männin zu einer Zeit erschaffen werden, in dem sich andere Hochkulturen schon wieder ihrem Ende zuneigten, für den wird Gott und die Geschichte auch männlich bleiben. Wer allerdings ein wenig zwischen den Zeilen des Bibelberichts zu lesen versteht, erkennt dahinter vor allem die Erbfolge durch die Mutter, die mit Hilfe des neuen Geburtsrechtes der Bibel aus der Welt geschafft wurde. Diese matrilineare Erbfolge war trotz aller gegenteiligen Bemühungen der levitischen Priester so einflußreich, daß sich sogar Herodes daran hielt: Er verstieß seine erste Frau und heiratete eine jüdische Prinzessin, um so seine Position zu festigen.

Eineinhalbtausend Jahre zuvor muß das Erbrecht durch die Mütter noch um einiges schwerer gewogen haben. In Zeiten, da freie Sexualität herrschte und die Frauen in den Tempeln der freien Liebe der Göttin huldigten, konnte niemand mit Sicherheit feststellen, wer der Vater war. Entsprechend schwach war die Stellung der Männer. Dazu kam die wirtschaftliche Stärke der Frau: Joseph Campbell schreibt in seinem Buch »Primitive Mythologie« über die Frauen der frühen Kulturen: »Sie waren nicht nur die Gebärerinnen der Kinder, sondern auch die Haupterzeugerinnen der Nahrung. Indem sie feststellten, daß man sie nicht nur sammeln, sondern auch anbauen kann, hatten sie die Erde wertvoll gemacht und wurden dementsprechend zu deren Besitzerinnen. Auf diese Weise gewannen sie sowohl ökonomische wie auch soziale Macht und Anerkennung.«

Diese ökonomische Macht auf Erden spiegelte sich auch im Himmel wider: Die ägyptische Göttin Isis galt als Vermittlerin von Einsicht und Weisheit und war Gesetzgeberin; im alten Griechenland war Gaia die Quelle der Weisheit und Demeter Gesetzgeberin; in Mesopotamien betete man zu Ischtar als Regentin und Prophetin, und die ägyptische Maat war für die Ordnung und die Wahrheit im Universum zuständig. Die hohe Stellung der Frau in der Gesellschaft festigte die hohe Stellung der Himmelsgöttin, andererseits war diese wiederum der Garant für den Einfluß der Frauen.

Wir kennen dies mit umgekehrten männlichen Vorzeichen für die letzten zweitausend Jahre, trotzdem erscheinen vielen solch mutterrechtliche Zeiten noch immer eher unwahrscheinlich. Aber es gibt nicht nur die Bibel als einen sprechenden Hinweis für den Kampf der verschiedenen Kulturen. In der Orest-Sage läßt Aischylos Apollon als Anwalt des Muttermörders Orest klagen. »Es zeugt der Vater, aber sie bewahrt das Pfand…«, um schließlich auch das Ende des Matriarchats anzuzeigen:

»O neue Götter!
Altes Gesetz, uraltes Recht –
Ihr rennt sie nieder, reißt sie fort aus meiner Hand…«

Damit drückte der Dichter genau dasselbe aus, was uns in der Bibel als Schöpfungsmythos begegnet. Es galt, die Macht der Großen Mutter zu brechen, und der begegnete man überall: Rund um die Tempel waren die ersten Ackerbauzentren entstanden, und diese gehörten als Keime der zukünftigen Städte den Priesterinnen. Diese Priesterinnen beschäftigten sich mit der Bearbeitung und dem Verkauf dieses Landes, woraus später der Handel entstand. Ihr Eigentum vererbten sie später ihren im Tempel als Jungfrauen empfangenen Kindern, wobei anscheinend gerecht zwischen Mädchen und Jungen aufgeteilt wurde. Allerdings legte man vielerorts Wert auf weibliche Kinder, weil diese allein die matrilineare Linie und die Weitergabe des Blutes garantierten. Dies scheint auch der Grund gewesen zu sein, daß die Thronrechte im Nahen und Mittleren Osten in den frühen Zeiten den Frauen zustanden. So schrieb etwa Charles Seltman schon 1952 über die kretische Lebensweise folgendes: »Unter den Bewohnern der Mittelmeerländer baute sich die Gesellschaft im allgemeinen um die Frau auf, selbst auf den höchsten Ebenen verlief die Abstammung in der weiblichen Linie. Ein Mann wurde nur durch eine förmliche Heirat ›König‹ oder ›Anführer‹ und die Nachfolge trat nicht sein Sohn, sondern seine Tochter an...«

Dieser Abstammung durch die weibliche Linie sagte unser Adam den Kampf an, als er die Männin als Gebein von seinem Gebein erkannte. Und wenn wir uns diesen Wechsel in den Machtverhältnissen genauer ansehen, so regt sich der Verdacht, daß Maria Magdalena in der Geschichte des Mythos eine ebensolche Rolle gespielt hat. Wir wissen nicht, wer sie war, ob Sünderin, die Begründerin einer Dynastie, Rebellin oder Blumenmädchen. Wir kennen aber den roten Faden, der hinter allen möglichen Geschichten von ihr auftaucht: der Zusammenprall zwischen einer alten weiblichen Kultur, die in den letzten Zügen lag, und einer sehr jungen männlichen, die jede Erinnerung an weibliche Macht aus den Annalen der Geschichte streichen wollte. Zweitausend Jahre lang ist ihr dies beinahe gelungen. An herausragenden Frauengestalten sind uns nur Eva, Maria Magdalena und die Mutter Jesu verblieben. Bei genauerem Hinsehen sind aber diese drei schon genug, wenn man nur auf die Geschichten hört, die sich rund um sie spinnen.

Der Anfang des Christentums und die Hysterie der Frauen

Die Geschichten, die man sich ansieht, um hinter das Geheimnis der Maria Magdalena zu kommen, müssen nicht einmal immer aufregende Geschichten sein. So kann man sich etwa im Anschluß an die vielen möglichen schillernden Rollen der Frau aus Magdala fragen, ob Magdalena vielleicht gar nicht jene faszinierende Person gewesen ist, als die wir sie uns bisher vorgestellt haben. Vielleicht war sie tatsächlich nur eine Art Zaungast, war in den Meister nur unglücklich verliebt oder verehrte ihn still und heimlich als kommenden Messias. Auch ihre Rolle am Grab kann man mit ganz anderen Augen sehen. So bemerkt Rudolf Augstein in seinem Buch »Jesus Menschensohn«, daß sich schon Celsus, der Christenfeind, über die Halluzinationen der »halbrasenden« Magdalena mokiert habe, und er schließt weiter: »Merkwürdig, daß es Frauen gewesen sein sollen, die den Auferstandenen als erste sahen; im Zeugnis des ältesten und frühesten Zeugen Paulus kommen sie nicht vor, obwohl doch im Alten Testament Frauen sogar als Prophetinnen auftreten. Trauten die Anhänger sich selbst nicht, und nahmen darum als Erstzeugen Personen, deren Aussage vor Gericht nicht galt? Wollten sie unbewußt die Hysterie der Frauen verantwortlich machen? Oder stand am Anfang die Hysterie der Frauen?«

War Maria Magdalena also nichts anderes als eine hysterische Frau? Die Antwort kann ebenso ja und nein lauten wie bei allen anderen Hypothesen rund um die Frau an Jesu Seite. Allerdings bleibt dann noch immer die Frage, warum die Frau aus Magdala genau in der Art im Neuen Testament landete, in der sie uns nun schon seit langer Zeit auf diese oder jene Art beeinflußt: als reuige Sünderin, aus der sieben Teufel ausfuhren und die danach büßen und dienen durfte. Falls die treueste Begleiterin von Jesus tatsächlich völlig nichtssagend war, so wird ihre Rolle als Sünderin zumindest aus den beiden anderen großen Frauengestalten der Bibel ein wenig einleuchtender: aus ihrer Vorfahrin Eva und aus der Frau, die auch ihre Schwiegermutter hätte sein können, aus Maria.

Aber sogar diese unbefleckte Maria wird nur aus jener Eva verständlich, die zu Beginn der biblischen Geschichte die ganze Menschheit befleckte. Darum führt jede nur mögliche Suche nach den zwei Frauen um Jesus zuerst zurück zu Eva. Man ist sich zwar heute nicht mehr ganz so sicher, ob Eva als Verführerin schon immer an den Anfängen der Menschheit stand, und vermutet, wie etwa Prof. Edward Chiera von der University of Chicago, daß die Episode, die den Fall der Menschheit verursachte, erst sehr viel später in die Geschichte vom Anfang unserer Zeit eingesetzt wurde. Um so interessanter wird natürlich die Frage, warum der Menschheit eine Schuld aufgebürdet wurde, die Maria erst sehr viel später milderte, indem sie den Kopf der Schlange zertrat.

Die Geschichte dieser Schlange ist uns allen bekannt, aber im Zusammenhang mit all dem, was frühere Zeiten über Schlangen dachten, wird sie wieder einmal zu einem sprechenden Zeugnis dafür, daß die Schöpfungsgeschichte nichts anderes als ein Kampfmittel war. In der Geschichte des Sündenfalls heißt es: »Nun war die Schlange listiger als alle Tiere des Feldes, die Gott der Herr geschaffen hatte; die sagte zum Weibe: ›Sollte Gott wirklich gesagt haben: Ihr dürft von allen Bäumen des Gartens nicht essen.‹ Eva antwortet darauf der Schlange, daß das Verbot nur für den Baum in der Mitte des Gartens gelte und daß sie sterben würden, wenn sie den Baum auch nur anrühren. Da erwiderte die Schlange dem Weibe: ›Ihr werdet sicherlich nicht sterben, sondern Gott weiß wohl, daß, sobald ihr davon eßt, euch die Augen aufgehen werden und ihr Gott selbst sein werdet...‹« (1 Mose 3,1–6).

Lange Zeit hat man das Kosten der verbotenen Frucht mit dem Ringen um Erkenntnis gleichgesetzt. Und etwas Ähnliches scheint der Sündenfall Evas auch gewesen zu sein. Allerdings in einem viel weiteren Sinn als man gemeinhin annimmt. Wir kennen das Wort »er-kennen« gerade aus der Bibel auch in einem sexuellen Sinn; es ist ein Überbleibsel aus jener Zeit, als das sexuelle Er-kennen dem Er-kennen der Göttin gleichgestellt und ihr im erotischen Kult geopfert wurde. Ebenso ist die Schlange schon immer ein phallisches Symbol gewesen, das in Zusammenhang mit der Versuchung deutlich genug sagt, worum es sich dabei gehandelt haben könnte. Die eigentliche Erbsünde ist also vordergründig einmal nichts anderes als die freie Sexualität der Frau, die durch den Mythos von der Verführung durch die Schlange für unmoralisch und bestrafenswert erklärt wurde.

Die Magie der Schlange

Neben dieser vordergründigen Interpretation weisen uns aber die Schlange und Eva als Männin darauf hin, daß die Symbolik der weiblich dominierten Zeiten endgültig vorbei ist. Jahrtausendelang war die Schlange das Tier der Göttin. Die Schlange war schon immer magisch belastet, was daran gelegen haben mag, daß die Menschen seit jeher staunend ihrer Häutung und der darauffolgenden Erneuerung zusahen. Dazu gesellten sich ihre Rolle als Phallussymbol, das Kobraauge als Symbol mystischer Erkenntnis und die Rolle, die Schlangengift als Rauschgift gespielt haben dürfte. Nicht umsonst wurde die babylonische Ischtar immer mit einem Stab dargestellt, um den sich zwei Schlangen wanden – ein Symbol, das sich vielleicht auf die heute geläufiger gewordene Kundalinikraft bezieht. In der babylonischen Schöpfungsversion tritt Tiamat übrigens als Schlange auf und wurde somit vielleicht zum Vorbild der späteren Geschichte der Bibel. Ägypten verehrte seine Schlangen so sehr, daß nicht nur die Kobragöttin Ua Zit eine der ältesten Gottheiten ist, ihrer Botschaft begegnet man als Uräusschlange auch auf dem Stirnband der Pharaonen. In allen Mythen, Darstellungen und Berichten über die Göttin Athene darf die Schlange nicht fehlen; um die legendäre Pythia ringelt sich eine Python. In anderen Orten der Schlangenverehrung dürfte es nicht anders gewesen sein. So berichtet noch Herodot, daß er in Ägypten in einem Orakeltempel der Göttin Ua Zit eine Menge Schlangenskelette liegen sah, und auch der griechischen Python dürfte es erst ziemlich spät an den Kragen gegangen sein: damals, als die Priester die Tempel übernahmen, und die ersten Geschichten darüber erzählt wurden, daß Apollon die Python ermordet habe.

Etwas Ähnliches passierte anscheinend der Schlange der Bibel. Sie war nicht mehr länger das Symbol der Weisheit, sondern wurde unter allen Tieren, den zahmen und wilden, verflucht. Gott der Herr dachte sich aber noch eine besondere Strafe für das Wappentier der Göttin aus: »Auf dem Bauch sollst du kriechen und Staub fressen dein Leben lang! Und ich will Feindschaft setzen zwischen dir und dem Weibe und zwischen deinem Samen und ihrem Samen: er wird dir nach dem Kopfe treten und du wirst ihm nach der Ferse schnappen« (1 Mose 3,14–16).

Der Samen der Schlange waren die Anhänger der alten Göttinnen, und der Samen des Weibes scheinen jene Nachkommen Evas zu sein, die fortan um den Preis der Erbsünde dem neuen Herrgott opfern durften. Dabei war Eva nicht immer die bestrafte Verführerin. Es gibt sehr viele alte Schöpfungsmythen, die uns ein völlig anderes Bild zeigen. Richard Fester etwa weist auf die fatale Folge dieses Sündenfalls hin, der Fleischeslust und Sünde für immer untrennbar verbunden hat: »Die echte Version von einer Stammutter Eva, die Jahwe gebar und mit ihm Adam ›zeugte‹, schimmert noch durch das Märchen von der Rippe Adams, aus der mit Gottes Hilfe die arme Eva entstand.« Andere Mythen hören sich ähnlich an: Die Sumerer verehrten Inanna als Urmutter aller Dinge, die später ihren Sohngeliebten Tammuz aus eigenen Kräften zeugte; in Babylon wartete die Urmutter Thalat zwei Generationen ab, bis sie das Götterpaar Apsu und Thiamat schafft; bei den Griechen entsteigt Gaia als erste dem »alles merkenden Abgrund« und schafft ebenfalls ganz allein den Himmel Uranos, mit dem zusammen sie dann das Geschlecht der Titanen »zeugt«.

Bei so viel weiblicher Überkraft im Himmel bekommt man beinahe schon ein Verständnis dafür, daß die Männer auch einmal ein wenig »Gebärer« spielen wollten. Weniger verständlich ist es, daß man noch heute den Schöpfungsmythos der Männer ebenso unhinterfragt hinnimmt, wie es vielleicht in alten Zeiten mit den »zeugenden« Göttinnen passiert ist. Seit zweitausend Jahren wird das christliche Frauenbild von einer Eva geprägt, die wahrscheinlich den Köpfen einiger weniger Priester entsprang – und noch immer wagt man nicht daran zu rütteln. Dabei ist aus heutiger historischer Sicht das Zustandekommen der Geschichte von der bösen Schlange und der »Männin« relativ einfach: »Während die Verfechter des Jahwekultes die Tempel der weiblichen Gottheiten zerstörten, wo sie nur konnten«, schreibt Merlin Stone, »schrieben die levitischen Priester die Schöpfungsgeschichte. Sie verkündete, daß die männliche Vorherrschaft keine neue Idee war, sondern in Wirklichkeit durch die männliche Gottheit am Uranfang aller Existenz im göttlichen Ratschluß vorherbestimmt war. Hebräische Frauen standen plötzlich ohne die Rechte ihrer Nachbarinnen da. Aber die Herrschaft des Mannes über die Frau fügte man nicht einfach als ein weiteres

Gesetz hinzu, vielmehr wurde dieser Zustand als einer der ersten wichtigsten Akte und Verkündigungen des männlichen Schöpfers in die Bibel aufgenommen.«

Und genau dies ist die Geschichte aus einem anfänglichen Paradies auch seither geblieben. Nicht nur die Schlange als Symbol der Göttin wurde verflucht, auch die Frau wurde gleichzeitig vor einer Rückkehr zur alten Religion gewarnt: »Viele Mühsal will ich dir bereiten, wenn du Mutter wirst: mit Schmerzen sollst du Kinder gebären und doch nach deinem Manne Verlangen tragen; er aber soll dein Herr sein!« (1 Mose 3,16).

Im Klartext bedeutet dies, daß die Schmerzen bei der Geburt fortan eine Strafe für die Sexualität sein sollen, daß aber sündiges Verlangen trotzdem für eine Nachkommenschaft des Mannes sorgen soll. Das sündige Verlangen aber mußte aus guten Gründen gezügelt werden: hatten die Juden doch eine ziemliche Angst vor diesem »Gift« der Schlange. Eine alte Überlieferung erzählt, daß es ihnen beinahe gelungen wäre, dem Gift zu widerstehen, das Eva verdorben hatte, daß das Gift aber wieder an Einfluß gewann, als die Israeliten das Goldene Kalb umtanzten. Dieses Goldene Kalb war einerseits ein Symbol dafür, daß sich ein Jude keine Götterbilder machen sollte, andererseits galt es auch für die Götzenanbetung, in die das auserwählte Volk immer wieder verfiel. Dies war nicht so schwer, wie man annehmen möchte, denn in Israel gab es überall einen ganz besonderen Schlangenkult, welcher der Göttin geweiht war. Nicht nur Moses wird erstaunlicherweise immer wieder mit einer »ehernen Schlange« dargestellt, die Schlange wurde auch im Tempel in Jerusalem sehr zum Unwillen mancher Propheten noch bis zum Jahre 700 v. Chr. verehrt. In einem Tempel auf der Halbinsel Sinai wurde Isis-Hathor als Schlangenherrin angerufen, und die ungezählten Astarte-Darstellungen, die man in Kanaan ausgrub, zeigen immer wieder die

Schlange als Begleiterin der Göttin. Auch die Philister, nach denen später Palästina benannt wurde, waren schon wegen ihrer kretischen Abstammung Anbeter der Schlangengöttin.

Die Verfluchung der Schlange kam nicht von ungefähr. Und ihr schlechter Ruf blieb nicht nur an Eva hängen. Nach der jüdischen Geheimlehre, der Kabbala, hatte Adam nämlich vor Eva schon eine andere Gattin. Die verführerische, oft als rothaarig beschriebene Lilith weigerte sich aber, den Befehlen des Mannes zu gehorchen und unter ihm zu liegen. Diese Weigerung bescherte der armen Lilith noch einen schlechteren Ruf als später Eva: Sie wurde zum Symbol des Bösen, zum weiblichen Teufel. Im Zohar wird sie als Königin der Dämonen beschrieben, die Männer verführt, um sich aus dem Sperma neue Dämonen zu schaffen. In den Schöpfungsmythen des Iran finden wir erstaunlicherweise eine Schwester dieser Vorgängerin Evas: die bereits bekannte Jeh als »Königin aller Hurendämonen«, die sich mit dem Teufel verband, um dadurch alle Frauen zu beflecken. Es ging also nicht nur den Hebräern darum, eine neue Geschichte zu schreiben, an deren Anfang die Erbsünde als Schuld der Frau stand. Es ging an dieser Zeitenwende überall darum, die Herrschaft des Mannes über die Frau zu verkünden. Dazu aber brauchte man zuerst den Sündenfall.

Der Sündenfall, der Baum der Erkenntnis und ein neues Frauenbild für die Welt

Welcher Art dieser Sündenfall tatsächlich gewesen sein könnte, entdeckt man, wenn man nicht nur die Schlange als magisches Symbol betrachtet, sondern auch den verhängnisvollen Baum samt seinen Früchten: »Da nun das Weib sah, daß von dem Baum gut zu essen sei, und daß er eine Lust für die Augen und ein begehrenswerter Baum sei, weil man durch ihn klug werden könne, so nahm sie eine von seinen Früchten und aß und gab auch ihrem Manne, der bei ihr war und der aß auch« (1 Mose 3,6). Aus moderner Sicht erscheint es eigentlich ziemlich unklar, warum Eva nicht von dem Baum gegessen haben sollte, wenn die Früchte nicht gerade giftig waren, was uns ja die Fortsetzung der Geschichte lehrt. Ging es also nur um den Gehorsam Gott gegenüber oder versteckt sich hinter dem Baum mehr? Schließlich gilt er nicht umsonst als der Baum der Erkenntnis von Gut und Böse, und Früchte, die den Menschen lehren, daß er nackt ist, sind auch etwas Besonderes: »Da gingen ihnen beiden die Augen auf, und sie nahmen wahr, daß sie nackt waren; darum hefteten sie Blätter vom Feigenbaum zusammen und machten sich Schürzen daraus« (1 Mose 3,7).

Das, was man allgemein als den Fall aus der Unschuld des Paradieses bezeichnet, war tatsächlich der Fall aus einer Welt in die andere; nur daß die giftigen Früchte zuerst am Baum der Göttin hingen. Die Feige war tatsächlich nach alten ägyptischen Schriften der Baum der Göttin Hathor, die auch als Schlangengöttin verehrt wurde. Und die Frucht des Feigenbaumes hatte nach Merlin Stone auch eine besondere Beziehung zur Göttin: Die Feige heißt mit ihrem botanischen Namen noch heute »Ficus Sycomorus«; Hathor wurde schon vor Tausenden Jahren in Ägypten als die Herrin der Sycomore verehrt. Ihr Baum gilt als der lebende Körper der Göttin auf dieser Welt, und eine Feige zu essen bedeutet Fleisch und Blut der Göttin aufzunehmen.

Wer schon einmal die rauhe, beißende Unterfläche von Feigenblättern betastet hat, wird sich sicherlich gewundert haben, daß sich für unsere Vorfahren mitten in einem Garten Eden keine besseren Blätter für ihre Schürzen fanden – die Feigenbäume einer Göttin sind allerdings eine gute

Erklärung, warum sie unter den Priestern des Herrgotts zu Schürzen degradiert wurden. Die Feige scheint nämlich nicht nur ein Symbol der ägyptischen Göttin gewesen zu sein, sie wurde auch von anderen Völkern verehrt. Die Feigen standen neben den Tempeln, und die kleinen Früchte, die auf der Sycomore wie Weintrauben hingen, scheinen als eine Art Kommunion mit der Göttin verspeist worden zu sein. Man vermutet heute, daß viele der in der Bibel immer wieder beschimpften »asheras«, nicht nur Kultpfähle der Göttin waren, sondern Feigenbäume, die als Geschenk der Göttin betrachtet wurden. Auf Wandgemälden in Knossos kann man den Feigenbaum noch immer neben den Altären bewundern, und auch in Indien galt der »Ficus Sycomorus« als heilig. Osiris in Ägypten soll in einem Sarg aus dem Holz eines Feigenbaumes bestattet worden sein, und in mykenischen Gräbern fand man goldene Feigenblätter als Grabbeigabe.

Ob der Baum deshalb verehrt wurde, weil seine Früchte auffallend den Geschlechtsorganen der Frau ähneln, läßt sich heute nicht mehr feststellen, fest steht, daß die Frucht in alten ägyptischen Texten als »Fleisch und Flüssigkeit der Hathor« beschrieben und deshalb als eine Art Kommunion zu sich genommen wurde.

Dies erinnert an eine neuere Form der Kommunion, bei der Brot und Wein als Symbol für Fleisch und Blut Jesu dienen. Unwillkürlich fragt man sich, ob auch dieser Kult, dem noch heute Millionen Menschen rund um den Erdball huldigen, nicht auch aus der Zeit der Göttin stammt und nur ein wenig umgewandelt wurde.

Eine solche Wandlung von alten Symbolen, Sitten, Riten und Bräuchen, wie wir sie nicht nur in bezug auf Adam und Eva, sondern bei allem, was weiblich war, erlebt haben, läßt natürlich auch die Stellung Maria Magdalenas immer wieder in einem neuen Licht erscheinen. Was immer sie auch gewesen sein mag, ihre Stellung mußte auf diese oder jene Art der

Bibel und dem allgemein gültigen Glauben angepaßt werden. Daß es unter der Hand die verschiedensten Überlieferungen gegeben hat, beweisen uns die apokryphen Evangelien und sogar die »Legenda aurea«, in der sie als Frau von königlichem Geblüt eine ganz andere Rolle spielt, als bei den Evangelisten. Und sogar für den Fall, daß die Frau unter dem Kreuz ein richtiger »Niemand« war, eine ganz normale Sterbliche, die unter anderen Umständen nie in die Geschichte eingegangen wäre, spielt sie für uns eine große Rolle. Nicht umsonst stand sie neben der zweiten Maria, neben der Mutter Jesu, an deren Seite sie eben die zweitwichtigste Frauenrolle im Neuen Testament und im christlichen Glauben spielt. Zu dieser Maria hätte die Frau aus Magdala sehr verschiedenartige Beziehungen haben können: War sie vielleicht tatsächlich die Schwiegertochter der später dogmatisierten Gottesmutter? Oder war sie in deren Augen eine hergelaufene Sünderin, die ihrem Sohn bis unter das Kreuz nachlief? Waren sie vielleicht beide insgeheim noch Anhängerinnen der alten Göttinnen-Religionen und wurden von Jesus bekehrt? Oder sahen die beiden Frauen in der Kreuzigung eine Erinnerung an die alten Opferungsriten? War Maria Magdalena für Maria nur eine Reisegefährtin eines nach Indien ausgerissenen Sohnes oder in einem sehr positiven Sinn eine Frau, welche die sieben Teufel in sich bekämpft hatte? Vielleicht aber handelte es sich bei Magdalena auch nur um ein mehr oder weniger hysterisches Klageweib, das Jesus auf seinen Reisen schon begegnet war und ihn dann mit seiner Mutter am Grab beweinte?

Die Beziehung der Mutter Jesu zu der Frau an seiner Seite wird nie geklärt werden. Auch in den Evangelien sorgt die Reihenfolge ihrer Erwähnung eher für Verwirrung. Bei Matthäus »gingen Maria von Magdala und die andere Maria hin, um nach dem Grabe zu sehen« (Mt 28,1); bei Markus »kauften Maria von Magdala und Maria, die Mutter des Jakobus, und Salome wohlriechende Salben, um hinzugehen und ihn zu salben« (Mk 16,1). Bei Lukas erscheinen zwei Männer in strahlenden Gewändern gleich einer ganzen Gruppe von Frauen: »Es waren dies aber Maria von Magdala und Johanna und Maria, die Mutter des Jakobus, und die anderen Frauen mit ihnen« (Lk 24,10).

Glaubt man an die Heilsbotschaft des Johannes, dann war Maria Magdalena ganz allein am Grab: »Am ersten Tag nach dem Sabbat aber ging Maria Magdalena frühmorgens, als es noch dunkel war, zum Grabe hin und sah, daß der Stein vom Grabe weggenommen war« (20,1). An erster Stelle steht also immer Maria Magdalena, Maria selbst erscheint nur sehr verhüllt; als Mutter des Jakobus war sie nämlich lange Zeit den Christen unbekannt. Erst seitdem auch jene Stellen publik werden, nach denen Jesus Geschwister hatte, weiß man, daß Jakobus der Bruder des späteren Messias war und die beinahe nebenbei erwähnte »andere Maria« als Mutter des Jakobus auch die Mutter Jesu war.

Es scheint so, als ob man sich bei der Verfassung der Evangelien sehr wohl Gedanken darüber machte, wer erwähnt werden durfte und auf welche Art und Weise dies geschehen sollte. Die Paulus-Weisungen über die Personen, die Jesus als Auferstandener zuerst gesehen haben soll, zeigen uns ja, welch großen Wert die Kirchenväter der jungen christlichen Kirche gerade auf Grablegung und Kreuzigung legten. Um so mehr verblüfft es, daß an erster Stelle nirgendwo ausdrücklich die Mutter Jesu genannt wird, vielmehr jedoch die bekehrte Sünderin. Aber vielleicht war es gerade jener Ruf, der Maria Magdalena anhaftete, der sie zur passenden Symbolfigur unter dem Kreuz und am Grab werden ließ.

In einem geistigen Sinn passen die Sünderin und derjenige, der sich für die Sünden der Welt opfert, ja hundertprozentig zusammen. Im Hinblick auf eine zweitausend Jahre dauernde Glaubensgeschichte war die Wirkung natürlich fatal:

Die Sünderin war eine Frau, der Erlöser ein Mann. Nun haben wir aus der wechselvollen Geschichte der Stammutter Eva gesehen, daß es den Verfassern der Bibel nicht immer nur um ein geistiges Symbol gegangen ist. Es galt die Macht der Schlange zu brechen, die das Symbol für alles Weibliche und für eine sehr freie Form der Sexualität war. Auf dem Weg zu diesem Ziel war, wie wir gesehen haben, den Juden schon das Goldene Kalb in den Weg gekommen. Einen neuen Versuch, diese Macht endgültig zu brechen, unternahm dann ein neuer Glaube mit einem neuen Gottesbild. Dieses Bild eines monotheistischen Gottes war bereits nicht mehr das gewaltige Gottesbild eines jähzornigen, eifersüchtigen Jahwe; Jesus brachte nicht mehr nur Gesetz und Ordnung, vor allem aber Unterordnung, er ging einen gewaltigen Schritt nach vorn und sprach von Liebe und einem neuen Bewußtsein. Dieser neuen Botschaft entsprach die alte Eva nicht mehr, sie kündete von den Anfängen der Menschheit und war immer noch eine gute Warnung an die Frauen, ihrem Mann und Herrn untertan zu sein. Es brauchte aber ein variableres Bild der Sünderin, diese Rolle hat sicherlich Maria Magdalena übernommen. Sie ist so facettenreich, daß wir sie auch beim besten Ermessen nirgends einordnen können, nirgendwo im Neuen Testament wird ausdrücklich festgestellt, daß sie der »Sünde der Unzucht« verfallen gewesen wäre – und doch glaubte ein ganzes langes Zeitalter jeder daran. Das liegt sicherlich an ihrem schweren Erbe, das ihr anscheinend schon seit Evas Zeiten zugedacht war: Die Erbschuld war die Sünde der Verführung und die Sünde der Sexualität – Maria Magdalena trug sie im Mythos auf ihre Art und Weise weiter. Dadurch wurde sie zum Verbindungsglied zwischen Eva und der späteren Muttergottes, denn auch diese hat als Unbefleckte sehr viel mehr mit der Sexualität und ihrer Verdrängung zu tun, als wir allgemein annehmen.

Ebenso wie die Frau aus Magdala hat Maria viele Formen und Gestalten. Zu Jesu Zeiten war sie es den Jüngern und späteren Chronisten anscheinend nicht einmal wert, *expressis verbis* unter denen erwähnt zu werden, die am Grabe standen. Spätere Zeiten aber wußten Maria als Himmelskönigin sehr brauchbar einzusetzen. Auffallend dabei sind immer wieder jene Bilder, auf denen eine Frau hoch oben am Himmel den Kopf der Schlange auf der Erde zertritt. Hinter dieser Verbindungslinie zwischen Maria und Eva scheint sich mehr als ein einfacher Symbolismus zu verbergen. Ida Magli schreibt in ihrem Buch »Madonna« über die Formbarkeit des Frauenbildes zwischen den beiden Gestalten folgendes: »Die Kontrastierung von Eva und Maria, die schon den Kirchenvätern der ersten nachchristlichen Jahrhunderte geläufig war, wird zum charakteristischen Zug der Marienverehrung und zur Waffe gegen die Frauen. Indem sich die Kirchenväter an der Schöpfungsgeschichte der Bibel schadlos hielten, hatten sie Maria dargestellt als aus Erde geformte, makellose erste Eva, die Gott auf eine Weise gestaltet hat, daß durch ihre Mutterschaft die Macht der Schlange zerstört wird. Von daher ist die Erschaffung einer neuen Menschheit zu verstehen. Die Parallele zwischen Eva und Maria gewinnt jedoch um so größere Bedeutung, als alles Übel Eva, der ersten Frau, durch die der Tod auf die Welt kam, aufgebürdet wird. Diese Bürde wird auf alle Frauen übertragen…«

An der Wiege dieser Erschaffung einer neuen Menschheit durch das Christentum steht nach allem, was wir heute zu wissen scheinen, eine dritte Frau als Vermittlerin. Maria Magdalena haftet nicht nur der Duft des Schwefels an, den ihr Eva vererbt hat, immer schwebt auch der Weihrauch der anderen Maria über ihr. Sie wird zum Symbol für die Möglichkeiten des Menschen, die für viele Gläubige gerade Maria verkörpert.

Um uns Maria Magdalena zu nähern, müssen wir also auch einen Blick auf die Mutter einer ganzen Kirche werfen. Dieser Blick ist nicht leicht: als weibliche Trösterin im Himmel eines Herrgottes und seines Sohnes war sie eine sehr hilfreiche Zuflucht für die Menschen, genaugenommen die einzige, die zumindest symbolisch noch von den Zeiten einer Göttin kündete. Kein Wunder also, daß man ihre Himmelfahrt und das spätere Dogma der Unbefleckten Empfängnis sogar als sehr trostreich empfand. Erst in den letzten Jahren werden Zweifel an dieser Rolle laut. Die Kardinalsfrage dabei ist der alte Streitpunkt um die Sexualität. Befleckt eine »Unbefleckte Empfängnis« nicht indirekt die Sexualität aller Frauen, fragen sich heute nicht nur Feministinnen. Ist ein vom Heiligen Geist empfangener Messias nicht ein Attentat auf jede Beziehung zwischen Mann und Frau?

Zweitausend Jahre war der Glaube eine Sache und die Auslegung der Bibel eine andere – sie konnte man ruhigen Gewissens den Theologen überlassen, dies war ihr Geschäft. Heute beginnt man sich eingehender mit Glaubensinhalten zu befassen, und die Antwort auf seine Beziehung zu Maria muß sich jeder selbst geben. Allerdings gibt es zu Maria drei Arten von Sichtweisen, an denen wir nicht vorbeikommen: eine kirchliche, die bis heute unhinterfragt übernommen wird, die Frage, wie Maria heute auf selbstbewußtere und kritischere Menschen – vor allem Frauen – wirkt, schließlich die Frage nach den tatsächlichen Wurzeln der »anderen Maria« am Grab ihres Sohnes. Alle drei Fragen sind so miteinander verwoben, daß sie uns auch viel über Magdalena sagen. Deren Rolle blieb im Laufe der Geschichte des Christentums widersprüchlich und immer ungeklärt, sie wandelte sich aber kaum. Denn die Sünderin, die bereut hatte, mußte nicht den gewaltigen Wandlungsprozeß durchmachen, durch den Maria im Lauf der Zeit ging.

Der Grund hierfür war vielleicht die Tatsache, daß Maria eine vorerst sehr normal erscheinende Familienmutter war. Wir haben bereits gesehen, daß diese Rolle in der Berichterstattung von der Grablegung verschleiert wurde. Man begegnet ihr aber zum Beispiel im ersten Korintherbrief, wo es heißt: »Haben wir nicht das Recht, eine Schwester (Christin) als Ehefrau (auf unseren Reisen) bei uns zu haben wie die übrigen Apostel und die Brüder des Herrn...« (1 Kor 9,5). Bei Matthäus heißt es: »Während er noch zu den Volksscharen redete, siehe, da standen seine Mutter und seine Brüder draußen und wünschten ihn zu sprechen« (Mt 12,46).

Jesus gibt darauf übrigens die berühmte familienfeindliche Antwort »Wer ist meine Mutter, und wer sind meine Brüder?« (Mt 12,48). Dies weist drauf hin, daß den späteren Kirchenvätern nicht nur Geschwister nicht ins Konzept paßten, sondern, daß auch die Rolle der Frau und Mutter von den Juden geprägt und daher schlecht war.

Betrachteten die vorgeschichtlichen Kulturen die Frau noch als ein Gefäß des Lebens, so war dieses Gefäß des Lebens unter den Juden zu einem streng bewachten »Behälter« für die Nachkommenschaft einer Familie geworden. Die berühmte Leviratsheirat, bei der eine Witwe nur den Bruder ihres Gatten oder gar ihren Schwiegervater heiraten durfte, ist ein Zeugnis dafür, wie eifersüchtig man darüber wachte, daß die Frau nichts anderes war als ein Gefäß für den Samen ein und derselben Familie. Sehr viel mehr ist Maria auch noch nicht im Jahre 431 n. Chr., wo sie beim Konzil zu Ephesus offiziell zur Gottesgebärerin, zur »theotokos« gemacht wird.

Die strengen jüdischen Gesetze für Frauen könnten sich auch hinter dem Mythos der Jungfräulichkeit versteckt haben, der gewiß daran beteiligt war, daß die Geschwister Jesu lange Zeit nicht erwähnt wurden. Aus heutiger Sicht könnte man ganz einfach vermuten, daß Maria ein uneheliches Kind zur Welt brachte und den Heiligen Geist erfand, um der Steinigung zu entgehen. Aber sogar, wenn man diesen einfachsten und natürlichsten Weg wählt, bleibt die Tatsache, daß dann der Symbolismus vom Heiligen Geist einem jungen jüdischen Mädchen bekannt gewesen sein muß. Was er zweifellos war. Jahrtausendelang waren es die Frauen gewohnt, ihre Jungfräulichkeit im Tempel zu opfern; die Kinder, die diesem Geschlechtsverkehr entsprangen, waren – zuerst Mondkinder, später Kinder der Göttin – als solche jungfräulich empfangen. Merlin Stone berichtet von einer Inschrift in Westanatolien, die von einer Frau namens Aurelia Aemilias eingeritzt wurde, die stolz bekanntgab, die Tochter einer Tempelpriesterin zu sein und als solche ebenfalls an den sexuellen Riten im Tempel teilgenommen zu haben. Im Jakobus-Evangelium, einer apokryphen Schrift, die in syrischen, lateinischen, arabischen, armenischen, koptischen, griechischen sowie kirchenslawischen Versionen überliefert ist, liest man eine Geschichte, die uns bekannt ist und gleichzeitig an die stolze Frau in Westanatolien erinnert. In der Geschichte verspricht Anna, die Mutter Marias, als sie endlich schwanger wird: »Das Kind, ob männlich oder weiblich, will ich dem Herrn meinem Gott als Opfergabe darbringen, auf daß es ihm diene alle Tage seines Lebens…«

Als Maria dann ein Jahr alt ist, bringt Joachim sie zu den Priestern in den Tempel, darf sie aber wieder mit nach Hause nehmen. Erst mit drei kommt die spätere Madonna in das Haus Gottes, wo sie bis zwölf bleibt, so lange also, bis die Priester es mit der Angst zu tun bekommen, daß sie den Tempel beflecken könnte. Und weil man nicht so recht wußte, was mit dem Mädchen geschehen sollte, betete der Hohepriester Zacharias zum Herrn, damit ihm dieser mitteile, was mit dem Mädchen geschehen sollte. Die Antwort darauf erinnert uns an die Zeiten, als jede Frau einmal die Sexualität im Tempel opfern mußte, vor allem erklärt sie auch das hohe Alter Josephs: »Und siehe ein Engel des Herrn erschien ihm und sprach zu ihm: Zacharias, Zacharias, geh hinaus und versammle die Witwer des Volkes! Und es soll jeder einen Stab tragen und wem der Herr ein Zeichen gibt, des soll die Jungfrau sein« (Jakobus 4–7). Ein wenig später bekommt Maria sogar noch Gesellschaft: Die Priester werden vom Hohenpriester angewiesen, die unbefleckten Jungfrauen aus dem Stamm Davids zu holen, und es wird das Los geworfen, wer das Garn spinnen sollte. Maria wurde auserwählt, sie durfte die königlichen Farben spinnen. Dies war anscheinend als Anspielung auf die zukünftige königliche Dynastie gedacht, deren Stammutter sie als vom Herrn Auserwählte werden sollte. Daß dieses Auserwähltsein vielleicht durch uralte Sitten zustande kam, verrät Joseph sehr viel später, als er kurz vor der Geburt von Jesus von einer Hebamme gefragt wird: »Wer ist die, die in der Höhle gebiert? Und ich sprach zu ihr: meine Verlobte. Und sie sprach zu mir: So ist sie nicht dein Weib? Und ich sprach zu ihr: es ist Maria, die auferzogen ward im Tempel des Herrn, und durchs Los ward sie mir gegeben zum Weib und ist doch nicht mein Weib, sondern sie empfing vom Heiligen Geist (Jakobus 19).

Diese unbefleckte Geburt, die man unter sehr verschiedenen Blickwinkeln sehen kann, ist in der Geschichte, wie wir gesehen haben, eigentlich nichts Neues. Die großen Göttinnen wurden immer als Jungfrau und Mutter dargestellt, berühmte mythologische Gestalten wie zum Beispiel Romulus und Remus treten immer ohne Väter auf. Welchen Wert man vielleicht damals tatsächlich auf eine Jungfrauengeburt gelegt haben könnte, geht daraus hervor, daß man sogar im Zusammenhang mit einem Jesusgrab in Kaschmir heute dort noch immer betont, er sei ein Prophet gewesen, der von einer Jungfrau geboren wurde.

Allerdings kann der Begriff »Jungfrau« auch einfach falsch

übersetzt worden sein. Die Mitteilung Jesajas, daß eine Jungfrau schwanger ist und einen Sohn gebären wird, könnte auch ganz einfach eine »junge Frau« gemeint haben. Im apokryphen Nikodemus-Evangelium, das früher unter dem Namen Pilatus-Akten bekannt war und bis ins zweite Jahrhundert zurückgehen soll, wird bei dem Prozeß vor Pilatus tatsächlich die mögliche uneheliche Geburt von Jesus erörtert. Die Hohenpriester Hannas und Kaiphas warfen dabei dem Pilatus vor: »Ein schlechter Richter bist du! Das ganze Volk versichert, daß er aus einem anrüchigen Verkehr stammt, und du glaubst einigen Proselyten und Jüngern von ihm... und wir, das ganze Volk, schreien laut, daß er ein uneheliches Kind sei und ein Magier und einer, der sich zum Sohn Gottes und König aufwirft und du glaubst uns nicht!« (Nik 2).

Bleibt also die Frage, ob Maria vielleicht tatsächlich in einem Tempel als »Jungfrau im Sinne der Göttin« einen Sohn empfing, ob sie schlicht und einfach eine ledige Mutter war, oder ob sie als ganz normale Familienmutter erst später zu Ehren ihres Sohnes zur Jungfrau gemacht wurde.

Wie wir gesehen haben, paßten viele der alten Symbole sehr gut in die Vorstellungen der neuen Kirche hinein. Ein Beweis dafür könnte nicht nur der jungfräuliche Ruf sein, der Maria schon immer begleitete, sondern auch andere Glaubensinhalte, an die wir uns alle so gewöhnt haben, daß wir sie für rein christlichen Ursprungs halten. Dazu gehört zum Beispiel die Taufe, die noch heute der christliche Aufnahmeritus schlechthin ist. Schon in den alten Eleusinischen Mysterien aber galt die Taufe als eine Reinigung von den Sünden und als »Eintrittskarte« für die Mysterien. Auch der Kult des Dionysos oder der Isis pflegte seine Mitglieder zu taufen. Der 15. August, den wir heute als das Datum der Himmelfahrt Marias begehen, wurde nicht umsonst auf dieses Datum gelegt: Zwei Tage zuvor feierte man in ganz Griechenland das Fest der Mondgöttin Hektate und in Rom das Fest der Diana. Man dankte für die Ernte, die in diesen Regionen um diese Zeit eingebracht war, und bat um den Segen für die kommende. Auch das Osterfest hat weibliche Wurzeln; in Anlehnung an das ältere Passah-Fest fällt Ostern immer auf den ersten Sonntag nach dem ersten Vollmond nach Frühlingsbeginn. Dieses Datum wurde erst 325 beim Konzil von Nizäa festgelegt, aber es erinnert uns noch immer an die Zeit, als die Mondphasen auf die Wiedergeburt hinwiesen. Auch das Ostermahl war schon in alten Zeiten bekannt; nicht nur Jesus zelebrierte das letzte Abendmahl mit seinen Jüngern, zu allen Zeiten und bei allen Völkern gab es die Sitte, sich mit dem jeweiligen Gott zu vereinigen. Im Dionysos-Kult war es nicht das einfache Lamm und Brot samt dem Wein, die bei den Juden zu Ostern üblich waren, dort wurden die zuerst getöteten Tiere später von den Mänaden gemeinsam verspeist. Einen grausam anmutenden Brauch fanden die Spanier bei den Azteken vor. Wenn bei diesen die Priester das Herz der Geopferten verspeisten, wurde gebetet: »Ich trinke das Blut meines Gottes und esse sein Fleisch.« Cortéz erklärte die Ähnlichkeit dieses Ausspruches zur christlichen Kirche als ein fatales Teufelswerk, und er erinnert uns auch wieder daran, daß wir wenig darüber wissen, wie Mythen und historische Überlieferungen zustande kommen.

Ein Beispiel dafür ist das Dogma der »Unbefleckten Empfängnis«, das Maria erst 1854 auch offiziell zu der unverletzbaren und erbsündenfreien Heiligen Jungfrau machte, die sie im Glauben der Menschen schon immer war. Das Dogma erfolgte nicht nur deswegen, um die Gläubigen auch in den Zeiten der beginnenden industriellen Revolution noch in der Kirche zu halten, es war anscheinend auch aus kirchenpolitischen Gründen notwendig. Das Dogma, das Maria nicht nur von aller Sexualität freisprach, sondern sie auch noch zu der Frau machte, die ohne Erbsünde war, paßte als neuer Anreiz zum Glauben gerade in eine Zeit, in der Pius IX. mit dem Ende des Kirchenstaates zu kämpfen hatte.

Maria, die Heilige, die nie in Versuchung geführt werden konnte

Spät wurde also Maria von all dem befreit, was die anderen Menschen zu solchen macht. Ohne Sünde geboren, heilig schon vor der Geburt und ohne jede Beziehung zu einem Mann, entschwand die Jungfrau dadurch noch ein wenig weiter in den Himmel. Vielleicht aber war es genau das, was die späte Mythisierung Marias bewirken sollte. Normalerweise kommt ein Mythos aus einer längst entschwundenen Zeit auf uns zu, im Falle des Dogmas der »Unbefleckten Empfängnis« wurde ein uralter Mythos mit einem neuen Mythos verbunden: Man schlug einen Bogen von der befleckten Eva zur unbefleckt Empfangenen und wertete die alten Geschichten von den jungfräulichen Müttern im Göttinnenhimmel neu auf. Maria bekam damit zweifellos einen neuen, wichtigeren Stellenwert. Die vollen Marien-Wallfahrtsorte sind der sprechendste Beweis dafür, wie dankbar die Menschen auf das in Maria reagieren, was sie so zwiespältig macht: ihre Menschlichkeit einerseits und die unerreichbare Transzendenz der Madonna hoch oben im Himmel. Andererseits ist diese Maria wenig Hilfe im alltäglichen Leben. Ohne Makel zu sein und jungfräulich schwanger zu werden ist einer Normalfrau nicht möglich – ganz abgesehen davon, daß sich die wenigsten Frauen dies wünschen würden. Aber genau dies zeigt die Problematik der Marienverehrung auf: Genau besehen wird nämlich eine Sündenlosigkeit und eine Keuschheit bewundert, die keines von beiden ist. Die Mutter der Erbsünde, Eva, wurde noch in Versuchung geführt. Maria konnte gar nicht in Versuchung kommen, weil ihr Heiligsein dies von Anfang an verhinderte. All das, was Adam und Eva vorgeworfen wird, jener Treubruch Gott gegenüber, für den auch Adam sein Brot in

Zukunft im Schweiße seines Angesichtes verdienen muß, bestand für die »Unbefleckte Empfängnis« erst gar nicht als Versuchung. Eine von jeder Sünde befreite Maria hätte nie jenen Ehebruch Gott gegenüber begehen können, als der er im Sündenfall dargestellt wird. »Wenn Maria die Schlange zerquetschte«, schreibt Ida Magli, »so deshalb, weil sie den Kampf mit ihr nicht aufgenommen hat. Wenn sie da ist, gibt es den Versucher nicht. Doch was ist die Schlange anderes als die männliche Sexualität?«

Der Kreis zwischen der ersten Mutter der Christenheit und der späteren Muttergottes im Himmel schließt sich. Was Eva der Menschheit als Erbsünde eingebrockt hat, soll durch die völlige Unbeflecktheit Marias wieder gutgemacht werden. Dazwischen aber bleibt die Frage aller religiösen Fragen: Wurde das Böse von Gott geschaffen oder ist der Teufel nur die andere Seite Gottes? Die Frage ist wahrscheinlich so alt wie die Menschheit, und es fällt einem dazu nicht nur der eine gute Christengott ein, sondern auch das dunkle Gesicht der Göttin. Zudem gibt es in der Bibel einen Hinweis auf Gut und Böse. Gott der Herr sagte, nachdem er Adam und Eva mit Röcken aus Fell bekleidet hatte, einen sehr erstaunlichen Satz: »Der Mensch ist jetzt ja geworden wie unsereiner, insofern er gut und böse zu unterscheiden weiß« (1 Mose 3,22).

Es sieht also fast danach aus, als sei der Sündenfall für die Menschheit notwendig gewesen: Gut und Böse unterscheiden zu können, bedeutet auch zu wissen, ob man selbst Böses oder Gutes tut. Das Böse war schon in den ersten Seiten der Bibel in die Hände der Menschen gelegt worden. Die Menschen durften selbst darüber bestimmen, was gut und böse war, aber die Priester Jahwes und spätere Priester sorgten dafür, daß nur von Versuchung und Strafe die Rede war, und davon, daß Adam der Herr der Stammutter war. Das mythologische Geflecht, das seither über der Sexualität, der

Rolle der Frau und der Beziehung der Geschlechter liegt, ließ auch der Wirklichkeit wenig Raum. Man war als Frau eine Eva und wollte immer ein wenig Maria spielen. Und zwischendurch war man immer wieder Maria Magdalena, die sündigte und büßte, büßte und sündigte.

Und nicht immer wurden die Frauen nur aus Gründen der Sexualität zu einer Nachfolgerin Maria Magdalenas gemacht, sehr oft waren ihre Sünden auch den Machtgelüsten einer patriarchalen Kirche zu verdanken. Sehr viel mehr war schließlich die äußere Geschichte des Christentums nicht. Den Gläubigen wurden zwar von den Kanzeln die Worte Jesu verkündet, die hohe Kirchenpolitik war aber immer eine Politik ohne Religion. Jesus hielt allen Menschen die Hand hin, als er sagte: »Denn wer nicht gegen uns ist, der ist für uns« (Mk 9,40), aber schon bei Matthäus wurde der Satz umgekehrt und das zutiefst unchristliche »Wer nicht mit mir ist, der ist gegen mich« wurde zum Leitsatz der Machtpolitik des Christentums.

Schlachten an der Front der Empfängnisverhütung

Zwanzig Jahrhunderte wußte die Macht-Theologie einiger weniger Männer immer sehr genau, was für die übrige Menschheit gut und böse war. Vor allem wußten sie es für die Frauen. Diese wurden und werden nach Belieben zu Heiligen und Sünderinnen gemacht. Sie durften zu »Müttern der Nation« werden, wenn die Männer und die Männerkirche Nachwuchs für die großen Kriege brauchten; sie durften ihre Kinder als Opfer dieser Kriege betrauern, aber trotzdem waren sie immer die anderen dieser Kirche. Und immer war es ihre

Sexualität, die verdammt und gleichzeitig dringend benötigt wurde. Doch gerade wegen dieser zwiespältigen Sicht der Sexualität mußten sie in einer ausschließlichen Männerkirche immer diejenigen bleiben, die nie ganz im Einklang mit der Kirche und somit die ersten großen »Feinde« dieser Kirche waren. Niemand dachte sowohl in der hohen Kirchenpolitik als auch in der Macht-Theologie gegenüber Frauen daran, daß Jesus im Matthäus-Evangelium wenige Zeilen nach dem ihm vielleicht sogar unterschobenen Satz reinster Machtpolitik genau das Gegenteil behauptete: »Auch wenn jemand ein Wort gegen den Menschensohn ausspricht, wird es ihm vergeben werden: wer aber gegen den Heiligen Geist spricht, dem wird weder in dieser Weltzeit noch in der künftigen vergeben werden« (Mt 12,30).

In der vergangenen Weltzeit war von sehr vielen Sünden, vor allem von weiblichen Sünden die Rede, aber kaum je von der Sünde gegen den Heiligen Geist, den Jesus als ein verbindendes weibliches Prinzip ansah. In der Nachfolge jenes Mannes, der in der Bergpredigt die Sanftmütigen, Gerechten, Barmherzigen und Friedfertigen selig gesprochen hatte, wurde Gott zu einem strengen Richter – vor allem aber zu einem Gott der Macht, in dessen Namen die größten Verbrechen begangen wurden.

Man muß sie heute nicht mehr aufzählen. Das »Gott mit uns!«, das die Christen als Schlachtruf in die verschiedensten Kriege begleitete, ist allgemein bekannt. Weniger bekannt ist, daß die Stellung der Frau in der Kirche sehr viel mit diesen Kriegen zu tun hatte. Immer galt es zuerst die Frauen unter die Zuchtrute zu nehmen, dann erst konnte man sich anderen Feinden zuwenden.

So wunderte man sich in den dreißiger Jahren mancherorts über die große Aufregung, die das Aufklärungsbuch »Die vollkommene Ehe« des Holländers Hendrik van de Velde im Vatikan und in höchsten kirchlichen Kreisen auslöste.

Bei einem längeren Blick auf die Rolle, die Frauen in der kirchlichen Machtpolitik spielen, ist daran nichts Verwunderliches. Während nämlich beinahe der gesamte deutsche Episkopat Hitler als ein Bollwerk gegen den Kommunismus pries, wurde das erste Buch über eine freudvollere Sexualität und eine verantwortungsvolle Geburtenkontrolle als Pest in der Literatur und als eine Schrift über ein vollkommenes Dirnentum verteufelt. Frauen, die Freude an der Liebe hatten und die Kinder bekamen, die sie wollten, waren in Kriegszeiten schließlich nicht gefragt und mußten schon aus diesem Grund wieder einmal zu Dirnen gemacht werden.

Immer wenn Schlachten im Namen des patriarchalen Gottes angesagt waren, fanden auch Schlachten an der Front der Empfängnisverhütung statt: Da hatte man als Frau die Wahl, zu einer »Mutter der Nation« zu werden oder sich als verantwortungslose Dirne zu fühlen. Verantwortungslos war man gegenüber dem Vaterland – und natürlich gegenüber der Kirche.

So erinnerte schon 1913 die Fuldaer Bischofskonferenz daran, daß gläubige Eheleute die Pflicht hätten, den Fortbestand von Kirche und Staat zu sichern. 1915 konnte man in einer deutschen Jesuitenzeitschrift lesen, daß das Deutsche Reich ohne hohe Geburtenziffern nicht genügend Widerstand leisten könne; 1919 entdeckten schließlich auch die französischen Bischöfe, daß die Lücken, die der Tod in die Schlachtreihen gerissen hatte, wieder aufgefüllt werden müßten. Die Liste läßt sich beliebig lang weiterführen, es genügt aber festzustellen, daß es sich manche Geistliche nicht verkneifen konnten, Eltern, die ihren einzigen Sohn auf dem Schlachtfeld verloren hatten, selbst dafür verantwortlich zu machen: Der Tod des eigenen Kindes war quasi die Strafe für die Verhütung anderer. Die Querelen, die an der Verhütungsfront auch heute noch stattfinden, sind spitzfindiger, man sollte sie aber schon deswegen nicht ausschließlich aus einer moraltheologischen Sicht sehen, weil die Frage, ob Frauen Kinder bekommen, sie verhüten oder abtreiben, von einer dem Männlichkeitswahn verfallenen kirchlichen Elite immer vor allem mit den Augen einer Theologie der Macht gesehen werden.

Kinder wurden von dieser Elite nie nur als ein Geschenk Gottes angesehen, das es zu behüten und zu schützen gilt, Kinder waren vor allem immer ein Machtmittel: Mit den frömmsten Begründungen forderte man zwar Kinder für den Krieg, niemandem fielen aber genügend fromme Gründe ein, um den Kindern dieser Welt Kriege zu ersparen. Darum heißt es auch heute sehr genau hinhören, wenn ein »moderner« Papst befürchtet, daß Männer, die sich an empfängnisverhütende Mittel gewöhnt hätten, vor Frauen keine Ehrfurcht mehr empfinden würden. Welche Ehrfurcht hatten die Päpste dieses oder vergangener Jahrhunderte vor den Kindern, die im Krieg starben? Und welche Ehrfurcht ist gemeint: die Ehrfurcht vor Körpern oder die Ehrfurcht vor einer geistigen Beziehung zwischen Mann und Frau, in die sich die Kirche auch heute noch einmischt?

Und dies mit einer ehrfurchtslosen Tradition, die blutige Wurzeln hat. So ist die Geburtenregelung nicht unbedingt jenes streitbare Kind einer Macht-Theologie der Neuzeit, als das sie erscheinen mag. Im Altertum und im Mittelalter wußte man sehr wohl um die verschiedensten Arten der Empfängnisverhütung; allerdings wurde dieses Wissen grausam ausgerottet, als viele der weisen Frauen der damaligen Zeit, viele Hebammen und Kräuterfrauen als Hexen verbrannt wurden. Seit damals war die verantwortungsvolle Fortpflanzung ein Tabu und ein Werk des Teufels, und wahrscheinlich war es gerade diese Eigeninitiative der Frauen, die Abertausenden von ihnen das Leben kostete. Mit Hilfe der Hexenprozesse (warum eigentlich gab es so wenige Hexer?) vernichtete man nicht nur die Selbstverantwortung in Sachen

Sexualität, man machte die Frauen auch zu jenen sexuellen Objekten, die sie ja heute noch sind, wenn die Ehrfurcht vor dem Weiblichen mit empfängnisverhütenden Mitteln assoziiert wird. Daß es dabei nie und nimmer um irgendeine Art Ehre für Frauen geht, beweist das Kirchenrecht, wenn es um die Auflöslichkeit der Ehe geht: Dabei dreht sich alles um den männlichen Samen, der in das richtige »Gefäß«, nämlich die weibliche Vagina, zu kommen hat; was bedeutet, daß ein Coitus interruptus nicht als Ehevollzug gilt, während ein sexueller Verkehr nach der verpönten Pilleneinnahme sehr wohl als Ehevollzug angesehen wird. Nicht umsonst weist Uta Ranke-Heinemann auf das auch heute noch übliche »Diktat aus lustfeindlicher, zölibatärer Eheverachtung und Jungfräulichkeitsmanie« hin und stellt fest, daß noch immer die Ejakulation des männlichen Samens in die Scheide das Entscheidende ist, während die Disposition der Frau keine Rolle zu spielen scheint.

Auf die Frau kommt es auch in anderen, noch schwerwiegenderen Fällen nicht an. So kann das grundlegende Recht auf Menschenleben auch heute noch Frauen in höchste Gefahr bringen, die ihr Kind in einem katholischen Krankenhaus zur Welt bringen. Noch immer hängt über der werdenden Mutter das Damoklesschwert, daß im Notfall, wie Jahrhunderte üblich, das Leben der bereits getauften Mutter zugunsten des ungetauften Kindes zu opfern ist. Zwar ist die einstmals berüchtigte Leibaufschneiderei an werdenden Müttern drastisch zurückgegangen, seit die Kirche die Entscheidung den Ärzten überläßt, aber auch diese dürfen rein theoretisch nur in aussichtlosen Konfliktfällen der Mutter zu Hilfe eilen. Im Klartext liest sich dieses dunkle Kapitel klerikaler Frauenfeindlichkeit bei Ranke-Heinemann so: »Falls beide, also Mutter und Kind, sterben, wird respektiert, daß der Arzt das Leben der Mutter rettet, indem er das Leben des Kindes opfert. Also nicht bei der Zwangslage: Mutter oder Kind sterben, sondern nur bei der Zwangslage: Mutter und Kind sterben, darf der Arzt die Mutter durch Abtreibung retten.« Die Hauptperson, die werdende Mutter, wird dabei übrigens nicht gefragt, man hofft allerdings noch in unseren Zeiten – etwa in einer Jesuitenzeitschrift des Jahres 1978 –, daß die meisten Frauen lieber sterben, als ihr Gewissen zu verraten.

Dieser höchste Wert, der auf das Recht auf Leben gelegt wird, gilt in einer Kirche von Patriarchen anscheinend nur für neues Leben; nicht für das Lebensrecht von Frauen, die um jeden Preis Nachkommenschaft zu liefern haben, nicht für das Leben von ungezählten Kindern, die in heute noch immer als gerecht sanktionierten Kriegen sterben.

Es klingt ein wenig makaber, daß im Laufe der christlichen Geschichte nicht nur mit dem Ruf »Gott mit uns« in den Krieg gezogen wurde, sondern sehr oft auch mit dem Namen Marias auf den Fahnen; aber tatsächlich wurden im Namen der Gottesmutter Millionen Kinder anderer Mütter hingemetzelt. Schon deswegen kann man am Muttermythos der katholischen Kirche, der noch immer zwischen Dirnentum und Heiligenschein hin- und herpendelt, nicht vorbeigehen. So warnten etwa vor dreißig Jahren, als sich überall die Verhütungsmethode nach Knaus-Ogino durchsetzte, Priester und Bischöfe vor dem Überhandnehmen der Selbstsucht, und in theologischen Kreisen war die Rede von der »Ketzerei der leeren Wiege«. Galt die Zeitwahl damals als Ketzertum, ist sie heute als »natürlicher Rhythmus« der Frau die einzige erlaubte Form der Empfängnisverhütung und bereichert nach Papst Johannes Paul II. die Zärtlichkeit der ehelichen Vereinigung. Das einzig Tröstliche an einer Theologie, die sich immer wieder in die intimsten Beziehungen der Menschen hineindrängt und sie um jeden Preis mitbestimmen will, ist ihre Wandelbarkeit. Wenn heute dieselbe Methode eine eheliche Beziehung bereichert, die sie noch vor nicht allzu langer Zeit selbstsüchtig und ketzerisch machte, dann muß man sich fragen, welche Gültigkeit die Aussagen der Herren im Vatikan denn eigentlich haben.

Und wenn heute noch immer einige wenige eheuntüchtige Männer sogar gegen die Abtreibung von hirngeschädigten oder schwerst behinderten Föten sind, so muß man sich nach dem Sinn einer Morallehre fragen, die Kindern innerhalb des Mutterleibes jedes Recht zuspricht, und Millionen auf Grund von Überbevölkerung sehr leibhaftig hungernden Kindern außer frommen Worten nicht das geringste. Just bevor im Juni 1987 die Geburt des fünfmilliardsten Menschen bekanntgegeben wurde, verkündete Papst Johannes Paul II.: »Was die Kirche über Empfängnisverhütung lehrt, ist kein Gegenstand, der von den Theologen frei diskutiert werden kann.« Noch weniger natürlich von Laien oder gar von betroffenen Frauen. Dabei lehrt schon ein kurzer Blick auf die Weltbevölkerung das Grauen: Vier Fünftel aller je in diese Welt geborenen Menschen leben heute; vom Jahre der angeblichen Geburt von Jesus bis zum Jahre 1800 bevölkerten insgesamt eine Milliarde Menschen diese Erde; diese Zahl verdoppelte sich bis zum Jahre 1920, die dritte Milliarde war 1958 erreicht, die vierte 1975 – und heute sind wir bei der sechsten angelangt. Weiterhin aber muß nach Papst Johannes Paul »jeder Geschlechtsverkehr für die Weitergabe des Lebens offen sein«.

Daß solche von der Kanzel verkündeten Wahrheiten nicht immer ganz so wahr, vor allem nicht ganz so gültig sind, bewies 1990 eine Dokumentation der Fernsehsendung »Stern-TV«: Sie berichtete nicht mehr und nicht weniger, als daß nach Untersuchungen der Mailänder Staatsanwaltschaft die Vatikanbank jahrelang mit einem Chemieunternehmen, das die Pille fabrizierte, kräftig an der Verhütungsfront mitverdient hat. In Sachen Zwiespältigkeit gegenüber dem werdenden Leben aber sind moderne Päpste nicht allein. »Die

Geschichte zeigt«, schreibt Peter de Rosa in seinem Buch »Gottes erste Diener«, »daß die Päpste durchaus nicht imstande waren, diese schwierigen moralischen Zwangslagen ein für allemal zu lösen, sondern vielmehr so ratlos waren wie alle anderen auch. Sie hatten keinen Zugang zu privilegierter Information. Sie mußten Argumente vortragen, die man widerlegen konnte. So sagte zum Beispiel Gregor XIII. (1572–85), es sei kein Mord, einen Embryo von weniger als vierzig Tagen zu töten, denn er sei nicht menschlich. Selbst nach vierzig Tagen war es zwar Mord, aber nicht so schlimm wie der Mord an einem schon Geborenen, denn es wurde nicht aus Haß oder Rache getan. Sein Nachfolger, der ungestüme Sixtus V., der die Bibel umschrieb, war ganz anderer Meinung. In seiner Bulle ›Effrenatum‹ von 1588 sagte er, jede Abtreibung aus jedem Grund sei Mord und werde mit Exkommunikation bestraft, die dem Heiligen Stuhl vorbehalten sei. Unmittelbar nach dem Tod Sixtus' V. sah Gregor XIV. ein, daß Sixtus' Auffassung im gegenwärtigen Stand der theologischen Lehrmeinung zu streng war. In einer fast einzigartigen Entscheidung sagte er, Sixtus' Verurteilungen seien zu behandeln, als hätte er sie nie ausgesprochen. Päpste können voreilig sein. Sie hatten nie Antworten zu aktuellen moralischen Problemen in petto.«

Vor allem scheinen sie immer dazu geneigt zu sein, sich ihre eigenen Fragen zu beantworten. In Zeiten eines im Westen deutlich spürbaren Pillenknicks sind die einzige Hoffnung für zukünftige Kirchen, zukünftige Priester und zukünftige Kirchensteuern die Länder der dritten und vierten Welt. Darum muß das Geschlechtsleben auch dann noch geregelt und verwaltet werden, wenn in zivilisierten Ländern schon jeder darüber lacht und allgemein bekannt ist, daß die tatsächlich hochdiffizile Frage der Abtreibung dann an Bedeutung verliert, wenn die Frage der Verhütung geklärt ist.

Mitren, Macht und Management zu Ehren Gottes

Die katholische Theologin Magdalena Bussmann schrieb dem Papst anläßlich seines Deutschlandbesuches im Jahr 1987 einen offenen Brief, der die Gefühle vieler katholischer Frauen zusammenfaßt: »Solange in Rom zölibatäre ältere Männer zusammenkommen, um autoritativ über den Sinn und die Gestaltung der Ehe, Sexualität, Familie, Partnerschaft bestimmen zu wollen, ohne daß die Betroffenen ein Recht zum Mitreden oder Mitentscheiden hätten, ist doch all Ihr Gerede von Partnerschaft, Mündigkeit der Gläubigen, Freiheit der Kinder Gottes unglaubwürdig... Wenn Sie schon kommen wollen, dann registrieren Sie bitte einmal, wie sich die katholische Kirche in der Bundesrepublik repräsentiert: Männer, Mitren, Macht und Management zur größeren Ehre Gottes bzw. des Heiligen Vaters, wobei mir dieses Wort kaum aus der Feder will, denn es ist für mich eine Blasphemie.« Dem bleibt nichts hinzuzufügen, außer der nochmaligen Betonung, daß der Begriff »Heiliger Vater« den Frauen – und nicht nur ihnen – tatsächlich langsam zutiefst verdächtig werden müßte. Gewiß, die Zeiten anderer »Heiliger Väter«, die in ihren Kriegen und Kreuzzügen mehr Menschenleben auslöschten als alle anderen unheiligen Eroberer zusammen, sind vordergründig vorbei. Wer jedoch soll in Zeiten unüberschaubarer Bevölkerungsexplosion einen »Heiligen Vater«, eine Religion und eine Theologie ernst nehmen, die mit ihren Antiverhütungskampagnen sogar vor Gebieten nicht haltmachen, wo täglich Hunderte und Tausende Kinder an Unterernährung sterben?

Vielleicht sollte man ihn aber gerade deswegen ernst nehmen. Die Männer an der Spitze der Kirche sorgten Jahrhunderte für eine Blut- und Opfertheologie sondergleichen, heute könnte der Männlichkeitswahn im Vatikan die Opferung des gesamten Planeten bedeuten. Dies hat sich in letzter Zeit sogar innerhalb der Mauern des Vatikans herumgesprochen. So sprach sich im Juni 1994 die Päpstliche Akademie der Wissenschaften erstmals für eine unumgängliche Geburtenkontrolle auf eine Kinderzahl von 2,3 pro Ehepaar aus. Die Frage bleibt, wie sehr der Papst auf die besorgte Warnung seiner eigenen Akademie hört. Denn so heilig die Väter in diesem Vatikan auch sein mögen – sie vergessen das, was jede Mutter wüßte: daß ein übervolles Nest häufig den Tod aller Nachkommen bedeutet. Auch aus diesem Grund sollten die Frauen sich daran erinnern, daß ihnen die Rolle der Eva als Verführerin, die Symbolik von Maria Magdalena als reuige Büßerin und das Vorbild der »Unbefleckten Empfängnis« nicht umsonst immer wieder vorgehalten wird. In allen diesen Rollen dienen sie vorzüglich einer Männerkirche, die nichts so sehr fürchtet, wie den Verlust ihrer Macht. Dies bewies sie einst mit vielen gerechten Kriegen, heute mit ihrer Bereitschaft, die Erde zu opfern. War in der Frühkirche das Gebot »Du sollst nicht töten« noch so wichtig, daß es für einen Mord keine Strafe gab und daß der Kirchenlehrer Basilius Soldaten jahrelang die Kommunion verweigerte, so wurde unter Kaiser Konstantin bereits die Exkommunikation von Fahnenflüchtigen beschlossen. Der heilige Augustinus traf dann die Unterscheidung zwischen gerechten und ungerechten Kriegen mit der beinahe makaber klingenden Erklärung: »Was hat man gegen den Krieg, etwa, daß Menschen, die doch einmal sterben müssen, dabei umkommen?«

Heute läßt sich ein möglicher Atomschlag auf eine ähnliche Weise rechtfertigen: Ein Atomkrieg ist nicht absolut unsittlich, weil die Erde ja ohnehin einmal sterben muß. Keine Frage nach den Folgen eines solchen Atomschlages, falls die Erde dabei doch nicht draufgeht, kein Grübeln über die in diesem Fall atomar abgetriebenen ungeborenen Kinder oder die geschädigten Geborenen. Der Krieg gegen Waffen und der Krieg gegen den Krieg war nie so wichtig wie der Krieg gegen Verhütungsmittel und eine freudvolle Sexualität.

Vielleicht sollte man sich noch einmal genauer jene Stelle im Neuen Testament durchlesen, nach der Jesus gesagt haben soll: »Und niemand auf Erden sollt ihr euren ›Vater‹ nennen; denn einer ist euer Vater, der im Himmel; auch Lehrer sollt ihr euch nicht nennen lassen; denn einer ist euer Lehrer, nämlich Christus. Der größte unter euch soll euer Diener sein. Wer sich aber selbst erhöht, wird erniedrigt werden, und wer sich selbst erniedrigt, wird erhöht werden« (Mt 23,9–12).

Im Anschluß daran fragt man sich am besten, mit welchem Recht es sich heute einige zölibatäre Männer in Rom anmaßen, weiter über das Leben und die Fruchtbarkeit, beziehungsweise in der Folge über die Unfruchtbarkeit dieser Erde zu bestimmen.

Indirekt geben alle Enzykliken und Beschlüsse von Päpsten zu, daß in Sachen Leben das, was einstmals böse war, nicht immer böse sein muß und daß sich sogar das Gute wandeln kann. Vielleicht kommt man langsam auch zu der Erkenntnis, daß die Zeiten der »Heiligen Väter« ihrem Ende zugehen, weil die Erde und die Menschen nicht unbedingt eine heilige, aber eine dem Leben zugewandte Mutter benötigen.

Eingeweiht in die Geheimnisse des Alls

In der Geschichte der Menschheit scheint es schon immer einen geheimen Kampf zwischen Glauben und Wissen gegeben zu haben. Das Wissen erwuchs aus einem anfänglichen Glauben, andererseits war immer neues Wissen für einen neuen Glauben notwendig. Auf diese Art und Weise entstanden unsere Religionen, entstand die Zivilisation, entstanden Kultur und Wissenschaften. Ebenso schafft sich jeder sein eigenes Weltbild: aus dem Glauben werden feste Überzeugungen, die nur durch mehr Wissen überschritten werden und dann zu einem neuen, möglicherweise größerem Glauben führen.

Ein gutes Beispiel für dieses grenzüberschreitende Prinzip, das in allem Lebendigen als eine Art Evolutionsfaktor wirkt, ist unsere Annäherung an große historische Persönlichkeiten. Jeder weiß heute, daß zum Beispiel Kolumbus nicht der wirkliche Entdecker von Amerika war, daß die Wikinger schon um das Jahr 1000, also gut fünfhundert Jahre vor Kolumbus die Küste von Nordamerika besiedelt hatten. Trotzdem halten wir an Christóbal Colón als Entdecker fest. Wir haben dies in der Schule gelernt, und es bräuchte schon ein größeres Wissen um die Wikinger und ihre Eroberungszüge ins sogenannte »Weinland« in Amerika, wie sie die Ostküste nannten, um die spanische Eroberung in einem neuen Licht zu sehen und Kolumbus einen neuen Stellenwert zu geben.

Noch schwieriger wird die Diskrepanz zwischen Glauben und Wissen, wenn es um Jesus geht. Hier begegnet uns nicht nur eine historische Person, sondern der Gottessohn der westlichen Welt. Und zwischen Geschichte und Theologie, dem, was Jesus tatsächlich gewesen sein könnte, und dem, was er als Gründer einer Religion sein sollte, versteckt sich als dritter Faktor immer wieder dieser oder jener Glaube. Nicht nur der Glaube einer Christenheit, die zweitausend Jahre blind das glaubte, was in der Bibel stand, sondern auch eine Art Gegenglaube, der sich über die Häretiker der frühen nachchristlichen Zeit, über Tempelritter und verschiedenste Geheimgesellschaften bis in heutige Zeiten zieht. Vieles von dem, was wir heute als Esoterik bezeichnen, ist die Tradition eines uralten Wissens, und Jesus und Maria Magdalena könnten vor zweitausend Jahren dieses Wissen neu geformt und zu einer Art größerem Glauben ausgebaut haben. Wenn Jesus für den offiziellen Zweig des Christentums im Laufe der Geschichte zu einem Gottmensch wurde, so war er vielleicht für einen inneren Kern auf eine ganz andere Art das große Vorbild. Während für einen äußeren exoterischen Kreis von Gläubigen der bekehrte Saulus als Paulus auf Jesus ein Gottesbild aufbaute, in dem Sünde und Reue die Hauptrollen spielten, scheint Jesus für einen esoterischen, inneren Kreis einiger weniger Erleuchtung und Selbstbefreiung von den Sünden gepredigt zu haben.

»Ich werde euch auswählen, einen aus Tausend und zwei aus Zehntausend. Und die Erwählten werden stehen als Einziger«, heißt es im Evangelium von Thomas dem Zwilling (23), das nach der Meinung mancher Gnosis-Kenner deshalb den Namen »Zwilling« trägt, weil es andeuten soll, daß Jesus den Leser als seinesgleichen, als Zwilling, ansprechen will. Im selben Evangelium sagt Jesus: »Viele stehen vor der Tür, aber es sind die, welche ein Einziger sind, die in das Brautgemach eintreten werden« (75). Dies erinnert an das Gleichnis vom Nadelöhr und an andere Gelegenheiten, bei denen man auch in den offiziellen synoptischen Evangelien immer wieder auf die Exklusivität der Lehre des Meisters Jesus stößt. »Das Reich Gottes kommt nicht mit äußerlichen Gebaren, man wird auch nicht sagen können: ›Siehe, hier ist es!‹ oder ›Dort ist es!‹ Denn wisset wohl: Das Reich Gottes ist mitten unter euch«, heißt es bei Lukas (17,20–22). Über Generationen von Christen wurde diese Stelle so ausgelegt, daß Jesus in ihrer Mitte weile. Wenn man heute in dem gnostischen Evangelium von Thomas dem Zwilling beinahe denselben Ausspruch findet, so ist dieser ein Fingerzeig darauf, was Jesus tatsächlich gemeint hat: »Aber das Königreich ist in eurem Inneren und außer euch. Erkennt euch selbst, dann werdet ihr erkannt werden« (2), ist jener Aufruf zur Selbstfindung und Selbstverantwortung, den wir auch heute in den Bemühungen um eine ganzheitlichere Sicht des Menschen und der Welt finden.

Es ist jener Aufruf zur Selbsterkenntnis, der in der Gnosis als die Erkenntnis Gottes angesehen wird; für einige wenige Anhänger Jesu lag das Königreich also tatsächlich auch und vor allem im eigenen Inneren; das Selbst und das Göttliche waren untrennbar verbunden. Für den äußeren Kreis der Gläubigen war jedoch der Schöpfer von seiner Schöpfung getrennt. Gott sandte zwar seinen Sohn – aber an den mußte man glauben und durfte ihn nie hinterfragen. Der Glaube, der für Jesus und einen möglichen inneren Kreis eine Hingabe an ein höheres Prinzip war, wurde in der Kirche des Jesus Christus zum Glauben an Dogmen, die weit entfernt von den Menschen selbst waren. Jesus ist deshalb ein Paradebeispiel für größere und kleinere Glaubensinhalte und dafür, daß ein größeres Wissen einen größeren Glauben schafft.

Der bekannte Ausspruch von den Jüngern, denen es gegeben ist, das Geheimnis des Reiches Gottes zu erkennen, weist allzu deutlich auf einen inneren Kreis hin, dem im Zusammenhang mit dem späteren Messias auch heute noch zu wenig Bedeutung geschenkt wird. »...den Außenstehenden aber wird alles nur in Gleichnissen zuteil, damit sie immerfort sehen und doch nicht wahrnehmen«, heißt es bei Markus (4,11), und heute sieht es so aus, als sei zweitausend Jahre das Augenmerk nur auf die Außenstehenden gerichtet worden. Erstaunlicherweise tauchten alle jene Hinweise, die uns heute Jesus als möglichen Meister und Eingeweihten in einem sehr elitären Sinn zeigen, beinahe gleichzeitig zu der Zeit auf, da die Einheit, die Jesus immer wieder forderte und die Selbstverantwortung genau in die neue ganzheitliche Sicht des Menschen des beginnenden dritten Jahrtausends paßt. Nicht nur der Fund der gnostischen apokryphen Evangelien in Nag Hammadi warf ein völlig neues Bild auf die Geschehnisse um Jesus, auch der Fund der Qumranrollen am Toten Meer zeigt uns das frühe Christentum in einem völlig neuen Licht.

Genauer betrachtet sind es zwei Bilder: Der neue Bund, den Jesus anführt, wurde unter dem Banner des Paulus im Christentum ein weltweiter; in den gnostischen Bewegungen, die sich auf Jesus berufen, wurde er ein sehr exklusiver Bund der »Wenigen gegen die Vielen«.

Anführerin des esoterischen Christentums

In diesem Bund eines sehr frühen esoterischen Christentums berief man sich jedoch nicht nur auf Jesus: Immer wieder werden vor allem Maria Magdalena und Jakobus, der Bruder Jesu, als Anführer genannt. Die Frau an der Seite Jesu wurde zwar von den Jüngern als weibliche Konkurrenz angesehen, aber aus den gnostischen Schriften wissen wir, daß sie anscheinend eine führende Stellung im frühen Christentum innehatte – wenn nicht gar *die* führende. Sie war diejenige, die Jesus zu einem lebendigen Geist machen wollte, »vergleichbar den Männern. Denn jede Frau, die sich männlich machen wird, wird eingehen in das Himmelreich« (Thomas der Zwilling 114).

Aus heutiger Sicht betrachtet, bedeutet dies, daß Jesus Maria Magdalena zu einer geistigen Führerin machen wollte. Sein immer wieder erfolgender Aufruf, ein Einziger zu sein oder die Zwei zu Einem zu machen, ist schließlich nichts anderes als der Ruf nach dem »modernen« Anima-Prinzip: die Aufforderung also, die verschiedenen Seelen in jeder Brust, die weibliche »Anima« im Mann und den männlichen »Animus« in der Frau mit der äußeren Geschlechtlichkeit zu vereinbaren.

Maria Magdalena scheint dies auch gelungen zu sein. Im apokryphen Evangelium der Maria trauern die Jünger um den Menschensohn und fragen sich weinend, ob sie jetzt zu den Völkern hinausgehen müssen, um das Evangelium zu predigen. Daraufhin erhebt sich Maria, »gab allen den Friedens(kuß) und sprach zu den Brüdern: ›Weint nicht, trauert nicht und zweifelt nicht, denn seine Huld wird mit euch sein und euch hüten. Laßt uns seine Größe rühmen, denn er hat uns hergerichtet und aus uns Menschen gemacht.‹« Nachdem die Apostel wieder mutiger werden, wendet sich Petrus an Maria: »Schwester, wir alle wissen, daß der Retter dich lieber hatte als alle anderen Frauen. Sage du uns Worte des Retters, derer du dich erinnerst und die du kennst, wir aber nicht, weil wir sie auch nicht gehört haben.«

Maria erscheint also als die dominierende Gestalt – und dies, obwohl Petrus am Ende des Gesprächs wiederum Zweifel bekommt und sich weigert, einer Frau das zu glauben, was der Herr im geheimen lehrte. Petrus bekommt darauf von

Levi die uns bereits bekannte Rüge: »›Petrus, du bist immer aufbrausend gewesen... Aber wenn der Heiland sie würdig gemacht hat, wer bist du, sie abzuweisen? Sicherlich kennt der Herr sie sehr genau. Deshalb hat er sie mehr geliebt als uns.‹ Daraufhin akzeptierten die anderen übereinstimmend Marias Lehren und gingen durch sie ermutigt aus zu predigen.«

Wie wir gesehen haben, weisen Stellen wie diese darauf hin, daß Maria Magdalena für eine bestimmte Gruppe zur Anführerin wurde. Gegenüber dem eher orthodoxen Petrus und dem politisch angehauchten Religionsgründer Paulus könnte sie daher jenes Wissen durch Erfahrung weitergegeben haben, das wir heute Esoterik nennen. Dies führt uns zurück zu dem ursprünglichen Glauben des Meisters Jesus, zu jenen urchristlichen Wurzeln, denen man seit dem Fund der Qumran-Rollen sehr viel näher gekommen ist als in den letzten zweitausend Jahren.

Beim Fund der Rollen im Jahr 1947 ging es beinahe ebenso spannend zu, wie bei der Entdeckung der gnostisch-apokryphen Evangelien im nicht so weit entfernten Ägypten. Um den Fund selbst ranken sich vielerlei Geschichten. Kurz zusammengefaßt: Ein Hirtenjunge fand bei seiner Suche nach einer verlorenen Ziege in einer Höhle jene in Leinen eingewickelten Lederrollen, die seither immer wieder für Aufregung sorgten. Dies nicht ohne Grund, stellten sie doch jenes Jesusbild immer wieder in Frage, das eine sehr eng begrenzte Gruppe von kirchlichen Meinungsbildnern seit zweitausend Jahren aufrechterhält. Vor allem aber kann man aus den Qumran-Rollen Rückschlüsse auf die Konkurrenz zwischen direkten Jesus-Nachfolgern wie seinem Bruder Jakobus und der paulinischen Kirche ziehen. Die Lederrollen, die Auskunft darüber geben, woher Jesus und seine Nachfolger ihre Lehren haben könnten, wurden anscheinend an einen Scheich und später an einen Antiquitätenhändler verkauft. Ein Teil davon gelangte schließlich an den syrischen Erzbischof Athanasius Jeschua Samuel, ein anderer Teil dürfte während der verschiedensten Verhandlungen zerbröselt sein. Der Erzbischof schickte in der Folge zwei Männer nach Qumran, wo diese in der Nacht heimlich die Höhle nach restlichen Rollen absuchten. Niemand weiß heute, ob dabei weitere Rollen gefunden wurden. Diejenigen, die sich bereits in den Händen des Metropoliten befanden, kamen schließlich Miles Copeland zu Augen, der im Nahen Osten für die CIA tätig war. Dadurch gelangten die ersten alarmierenden Fotografien von Ausschnitten des Buches Daniel im Alten Testament in die amerikanische Botschaft nach Beirut. Die Fotografien wie die Rollen selbst wurden nicht mehr gesehen, ebenso wie in Forscherkreisen auch heute noch die Rede von geheimen Informationen über verlorengegangene andere Rollen die Rede ist.

Qumran erschüttert die Glaubensdogmen

Währenddessen bemühte sich der Erzbischof Samuel weiter um einen Fachmann, der das Alter der restlichen Rollen bestimmen könnte. Er gelangte schließlich an Professor Eleazar Sukenik, den Chef der archäologischen Abteilung der Hebräischen Universität. Bevor Sukenik jedoch noch die Rollen des Metropoliten begutachten konnte, wurden ihm von einem Antiquitätenhändler neue Rollen angeboten. Es waren die drei Rollen, die dem Metropoliten anscheinend fehlten, und sie wurden zu einer Art Omen über dem neuen Israel: Sukenik bekam die Rollen an jenem 29. November 1947 in Bethlehem in die Hand, an dem um Mitternacht der Beschluß der Vereinten Nationen für einen Staat Israel im Radio verbreitet wurde. Sein Sohn Yigael Yadin, der spätere

Leiter der jüdischen Haganah, sah es als ein ganz besonderes Vorzeichen für die Freiheit des neuen Staates und die Kinder Israels an, daß die Rollen zweitausend Jahre lang just bis zu dem Zeitpunkt verborgen waren, zu dem ein neues Israel geschaffen wurde.

Wenig später wurde klar, daß die Schriften nicht nur für Israel bedeutsam waren. Erzbischof Samuel hatte sich an das amerikanische Albright-Institut gewandt und wurde kurz danach zum bedeutendsten Handschriftenfund der Neuzeit beglückwünscht. Im Anschluß daran folgten die verschiedensten Kontroversen und Streitigkeiten um die Rollen. Michael Baigent und Richard Leigh, die Autoren der Bücher »Der Heilige Gral und seine Erben« und »Das Vermächtnis des Messias« beschreiben in »Verschlußsache Jesus – Die Qumranrollen und die Wahrheit über das frühe Christentum« eine regelrechte Verschwörung rund um den Fund. Dabei geht es nicht nur um akademische Querelen, um finanzielle Spekulationen oder internationale Streitigkeiten, sondern vor allem darum, daß ein Großteil der aramäischen und althebräischen Texte noch immer geheimgehalten wird, um die Glaubensdogmen des Christentums nicht zu erschüttern. Der Grund dafür liegt nicht nur in der Gestalt Jesu, sondern auch in der Geschichte des Christentums selbst. So wie man heute nur Vermutungen darüber anstellen kann, wer Jesus wirklich war, so sind auch die Wurzeln der späteren Lehre umstritten. Stammt das spätere Christentum aus einem eher pazifistischen Geheimbund oder entwickelte es sich aus einer revolutionären zelotischen Gruppe? Liegen seine Anfänge im römisch-griechischen Denken des Paulus oder kommen sie aus einer jüdischen Gruppe, die sich schon vor Paulus von dem Bund gegenüber dem mosaischen Gesetz distanziert hat?

Jeder mögliche Versuch einer Antwort wird schon deswegen schwierig, weil sie mit der »Einzigartigkeit« des Messias in Konflikt gerät. Als etwa schon 1956 darauf hingewiesen wurde, daß die Qumran-Rollen und ihre Berichte über die Essener ein bereits hundert Jahre vor Jesus bekanntes »Vaterunser« und ein ebenso altes gemeinsames Abendmahl beschreiben, brach ein Sturm der Entrüstung los. Inzwischen ist das Jesusbild um einiges biegsamer geworden, aber von den kirchenpolitischen Ränken vor zweitausend Jahren hört man noch immer nicht besonders gern etwas Neues. Dabei zeigen uns gerade die Qumran-Rollen den möglichen Hintergrund und die Nachfolgekämpfe um den Religionsgründer Jesus sehr deutlich.

Falls nämlich Jesus bei den Essenern gelebt hat oder selbst einer von ihnen war, worauf viele Indizien hinweisen, so finden wir auch hier ein »inneres« und ein »äußeres« Jesusbild. Wie uns die neuesten Forschungen im Zusammenhang mit den Funden am Toten Meer zeigen, waren die Essener nämlich tatsächlich nicht jene asketische Gruppe, als die wir sie lange Zeit kannten. Es gab, wie bereits erwähnt, Siedlungen von Essenern, die über das ganze Land verstreut waren, deren Mitglieder heirateten, Kinder bekamen und den Römern gegenüber feindlich eingestellt waren. Daneben scheint es eine Gruppe von Eingeweihten gegeben zu haben, die von einem Meister geleitet wurde, und es gibt die Vermutung, daß der Begriff »Essener« sich vom griechischen Wort für heilig »hosios« oder vom aramäischen Begriff dafür, »assayya«, ableitet. Michael Baigent und Richard Leigh vermuten, daß sich der Ruf der Heiligkeit, der zumindest gewisse Mitglieder der Essener begleitete, von ihrem Ruf als »Wahrer des Bundes« ableitet. Für diese Rolle findet man auch oft den Begriff des »Weges« oder »Werkes«, den wir heute aus dem Taoismus kennen und den die Essener anscheinend als ihren »Weg vollkommener Gerechtigkeit« ansahen. Diesem Weg begegnen wir immer wieder in der Überlieferung der gnostischen Evangelien aus Ägypten, den »Bund mit Gott« aber finden wir immer wieder in der offiziellen Kirche.

Darum war man sicherlich auch mehr als erstaunt, als 1950 der französische Professor für semitische Sprachen, André Dupont, darauf hinwies, daß in den Rollen die Rede von einer »Sekte des Neuen Bundes« sei; der Führer der Sekte wird in dem Text als »Lehrer der Gerechtigkeit« und als Messias beschrieben, der verfolgt und gefoltert wurde und als Märtyrer starb.

Die Spuren zumindest der Vorbilder von Jesus, wenn nicht tatsächlich von ihm, sind also in den Rollen vom Toten Meer unübersehbar. Auch vieles aus der Gemeinderegel, die in der Höhle 1 in Qumran gefunden wurde, erinnert an die Überlieferung an Jesus. So bestand der Rat der Gemeinde aus zwölf Männern, die den Glauben bewahren und Schuld sühnen sollten, indem sie Rechtes taten. Auf diese eigenständige Form der Sühne weist auch ein tägliches Reinigungsritual hin, eine Art tägliche »Taufe«, die nicht als einmaliges Ereignis gedacht war, sondern als persönliche Bekräftigung des Bundes mit Gott. Es gibt Regeln für den Meister, vor allem aber auch die Vorschrift, »den Weg der Vollkommenheit zu wandeln« bis der Messias oder verschiedene Gesalbte kommen würden.

Die »Söhne des Lichts« gegen die »Söhne der Finsternis«

Dieser Messias sollte bekanntlich die Juden zum Sieg über die Römer führen. Neben dieser äußeren kriegerischen Rolle hatte der erhoffte Priesterkönig aber anscheinend noch eine andere Funktion: Der Kampf, der Essener, Zeloten, Nazoräer und die Söhne Zadoks verband, wird in den Kriegsrollen aus Qumran auch als die Schlacht der »Söhne des Lichts« gegen die »Söhne der Finsternis« beschrieben.

Damit wird deutlich, daß nicht nur hinter der Lehre eines Esseners namens Jesus eine Art Geheimlehre, ein esoterischer zweiter Glauben, gestanden haben könnte, sondern auch hinter dem Kampf, der nach außen hin und für viele Juden nur der Kampf gegen die Römer war. Als »Söhne des Lichts« erhalten die Essener eine metaphysische Dimension, die sich möglicherweise auf alle theologischen Streitereien der letzten zweitausend Jahre ausgewirkt hat. Nicht umsonst weisen Baigent/Leigh in »Verschlußsache Jesus« darauf hin, daß am Anfang des Christentums ein Streit zwischen den Verfechtern der ursprünglichen Essener-Lehre und Paulus als Propagandist einer neuen Religion gestanden haben könnte.

Hauptperson dabei ist jener in den anerkannten Evangelien nur verschämt erwähnte Jakobus, der als Bruder Jesu aus den verschiedensten Gründen nicht sehr opportun ist. Einer davon war, wie wir gesehen haben, die angestrebte tatsächliche Jungfräulichkeit der Mutter Jesu. Ein weitaus gewichtigerer aber könnte die Rolle sein, die Jakobus als späterer Verfechter der ursprünglichen Botschaft gespielt hat. Vielleicht wurde auch Maria Magdalena als die Frau, die nach den gnostischen Schriften mit Jakobus gemeinsam weiterlehrte, deswegen zur Sünderin gestempelt.

Baigent/Leigh vermuten, daß die Gemeinde von Qumran weitgehend identisch mit jener Urkirche in Jerusalem war, der Jakobus vorstand. In Qumran hätte Paulus auch jene drei Jahre dauernde Lehrzeit absolvieren können, über die er im Galaterbrief berichtet: »Drei Jahre später ging ich nach Jerusalem hinauf, um Kephas (= Petrus) kennenzulernen ... Von den übrigen Aposteln habe ich damals keinen gesehen außer Jakobus, den Bruder des Herrn« (Gal 1,18-20).

Darauf, daß Paulus nicht sehr beliebt war, weist schon diese Stelle hin, laut der er keine Jünger kennengelernt hatte; es gibt aber auch in der Apostelgeschichte noch einen Beweis dafür, daß man in der Gruppe um Jakobus Saulus/Paulus nicht recht vertraute: »Als er dann nach Jerusalem gekommen war, machte er dort Versuche, sich an die Jünger anzuschließen; aber alle fürchteten sich vor ihm, weil sie nicht glauben konnten, daß er ein Jünger sei« (9,26). In der Folge wird vom Anschlag auf das Leben des Paulus berichtet, den griechisch sprechende Juden unternommen haben sollen, und davon, daß die »Brüder« ihn schnell nach Cäsarea und später nach Tarsus schafften.

Von dort aus begann Paulus seine langen Auslandsreisen und schuf schließlich eine Weltreligion. Aus der Sicht der Gruppe um Maria Magdalena und Jakobus hätte Saulus/Paulus aber durchaus der erste Häretiker der vollkommenen Lehre sein können, den man sich der Einfachheit halber vom Leib geschafft hatte, indem man ihn auf die Mission zu den Heiden schickte.

Dort entwarf Paulus jenes Jesusbild, das ihn zum Gegenstück der ehemaligen Geliebten der Göttin wie Baal, Tammuz oder Adonis machte. Auf die Diskrepanz zwischen dem anderen Jesus in der ursprünglichen Lehre wies er übrigens im zweiten Korintherbrief selbst hin: »Denn wenn irgend jemand daherkommt und euch einen anderen Jesus verkündet, den wir nicht verkündet haben, ... oder eine andersartige Heilsbotschaft, die ihr (durch uns) nicht erhalten habt, so laßt ihr euch das bestens gefallen« (11,4–5). Im Anschluß daran versichert er seinen Zuhörern noch, daß er in keiner Weise hinter den »unvergleichlichen« Aposteln zurückgeblieben sei.

Der große Zwiespalt des eigentlichen Stifters des Christentums wird noch einmal kurz vor seinem Prozeß deutlich. Nach der Apostelgeschichte trifft sich im Jahr 58 n.Chr. Paulus in Jerusalem mit Jakobus. Es wird ihm vorgeworfen, daß er auch den Juden im Ausland den Abfall von den Gesetzen Moses' predige; als eine Art Sühne soll er sich einer Reinigungszeit von sieben Tagen unterziehen, was den Juden beweisen soll, daß an den häretischen Gerüchten rund um Paulus nichts Wahres daran ist. Nach dieser Reinigung wird Paulus jedoch von der Volksmenge beinahe umgebracht. Als Verräter an der Lehre, am jüdischen Volk und am Gesetz sorgt er für einen Aufstand in Jerusalem, der von den Römern beendet wird, indem er als römischer Bürger von einer Eskorte von Soldaten nach Cäsarea gebracht wird. Ein solcher Aufwand war nötig, weil die Juden schon nach der Festnahme des ehemaligen Saulus gedroht hatten: »Hinweg mit einem solchen Menschen von der Erde! Er darf nicht am Leben bleiben!« (Apg 22,22) und auch im Gefängnis ein Mordanschlag auf den Missionar der neuen Lehre geplant war.

Unter den Todfeinden des Paulus scheinen also nicht nur die Anhänger der offiziellen jüdischen Religion gewesen zu sein, sondern auch Essener und damit Anhänger der Gruppe um Jakobus, der sich für Paulus ja schon zuvor zumindest einer Reinigung unterwerfen mußte. Jakobus selbst scheint nach allem, was wir von Josephus Flavius über ihn wissen, von den Sadduzäern zum Tode verurteilt worden zu sein: »Er versammelte daher den hohen Rat zum Gericht und stellte den Bruder des Jesus, der Christus genannt wird, mit Namen Jakobus, sowie noch andere, die er der Gesetzesübertretung anklagte und zur Steinigung führen ließ...« (»Jüdische Altertümer« XX. 9.1).

Baigent und Leigh, die sich in ihrer Sicht der Rolle des Jakobus gegenüber dem Kirchengründer Paulus auf die Arbeiten des Religionswissenschaftlers Robert Eisenman stützen, vermuten sogar, daß die Steinigung des Jakobus (ungefähr 62 n. Chr.) einer der auslösenden Faktoren des Aufstandes der Juden und der Invasison der Römer 66 n. Chr. war.

Jakobus, der in der offiziellen Kirchengeschichte das Los der Maria Magdalena teilt und kaum erwähnt wird, scheint nämlich nach anderen Quellen eine bedeutende Persönlichkeit gewesen zu sein. So muß er schon nach den Paulus-Briefen als der Führer der Urkirche beachtlichen Einfluß gehabt haben, aber es gibt noch wichtigere Hinweise auf Jakobus als Wahrer eines alten Glaubens. Im Jakobusbrief selbst befindet sich eine Anklage darüber, daß ein Gerechter hingemordet wurde, allerdings kein Hinweis auf die Person des Ermordeten; bei Eusebius, dem Bischof von Cäsarea und dem wichtigsten kirchlichen Historiker der Frühzeit, gibt es einen Hinweis darauf, daß Jakobus der »Gerechte« genannt wurde und als eine Art Gegenspieler gegen das Hohepriestertum gesteinigt wurde.

Jakobus könnte also als Nachfolger der Lehre der »Brüder des Lichts« durchaus in die Fußstapfen seines Bruders getreten sein und nicht nur gegen die Römer, sondern auch gegen die Priester im Tempel gekämpft haben. Ein Beweis dafür ist vielleicht jene Tempelrolle, die man in der Höhle 11 in Qumran fand, die so etwas wie eine alternative Thora darstellt. Die offiziellen Gesetzesbücher der Juden bestehen aus Genesis, Exodus, Leviticus, Numeri und Deuteronomium, also den ersten fünf Büchern Mose. Die Gesetzesrolle, die genaue Auskünfte über die Verwirklichung des Glaubens im täglichen Leben gibt, ist aber als ein sehr aktiver Leitfaden zu verstehen, der über die Thora hinausgeht.

Eine solche praktische Sicht des Glaubens spiegelt sich auch in dem Jesus-Ausspruch wider: »Wer das All erkennt, sich selbst aber verfehlt, der verfehlt das Ganze« (Thomas der Zwilling 67). Der Glaube an die Möglichkeiten des Menschen stand aber im Widerspruch zu dem auf der Gesetzgebung aufgebauten Glauben der Hohenpriester im Tempel. Und genaugenommen widersprach er auch dem Glauben des Paulus, der die neue Kirche auf der Erlösung durch den Sohn Gottes aufbaute.

Dem Widerspruch zwischen der ursprünglichen Lehre Jesu und seinen Nachfolgern will Robert Eisenman auch in den Schriftrollen vom Toten Meer begegnet sein. Im Habakuk-Kommentar steht eine Person im Mittelpunkt, die als »Lehrer der Gerechtigkeit« bezeichnet wird. Dieser Lehrer, den man als Jakobus vermuten kann, hat zwei große Gegner. Einer davon könnte Paulus sein. Im Text ist dabei immer wieder die Rede von einem »Mann der Lüge«, der Teile der Gemeinde des »Lehrers der Gerechtigkeit« zu seinen Anhängern macht. Originaltext im Habakuk-Kommentar: »Die Abtrünnigen mit dem Lügenmann... hören nicht auf die Worte des Lehrers der Gerechtigkeit aus dem Munde Gottes.«

Von Paulus ist bekannt, wie allergisch er auf die Anschuldigung der Lüge reagierte. Sowohl im ersten Brief an Timotheus als auch im zweiten Brief an die Korinther beschwört er ausdrücklich, daß er nicht lügt, und dies sind nach Baigent/Leigh nur zwei Beispiele von Paulus' zwanghaftem Begehren, sich von der Lüge reinzuwaschen. Schuld daran könnten jene Anschuldigungen in den Schriftrollen vom Toten Meer sein, in denen einmal sehr ausdrücklich nicht nur vom »Lügenprediger« die Rede ist, sondern auch von einem, der viele verleitet und eine Gemeinde auf der Lüge aufbaut.

Der zweite Gegner des »Lehrers der Gerechtigkeit« ist ein »Frevelpriester«, den man anscheinend in der etablierten Priesterschaft des Tempels in Jerusalem suchen muß. Die Lehre, die Jesus vielleicht von den Essenern übernahm, bereicherte und neu gestaltete, hatte sich nach den Rollen von Qumran also gegen zwei Glaubenssysteme zu verteidigen: gegen den alten Glauben an einen jähzornigen und eifersüchtigen Gott, und gegen einen Glauben, in dem der Sohn dieses Gottes geopfert wurde, um die Sünden dieser Welt hinwegzunehmen. Hält man sich auch religionshistorisch an einen Evolutionsfaktor, nach dem neues Wissen einen neuen Glauben schafft, so ging Paulus zweifellos einen großen Schritt hin zu einer anderen und neuen Religiosiät der Menschheit. Er verband einen Teil des Wissens des Religionsgründers Jesus mit dem Wissen der verschiedensten alten Religionen, und daraus entstand jene Liebesreligion, die eigentlich nie eine war. Denn die Liebe wurde vom Himmel erwartet, von einem Erlöser, der jedoch immer wieder auf die persönliche Verantwortung des Menschen hingewiesen hatte. Sogar das berühmte Gebot »Du sollst deinen Nächsten lieben wie dich selbst« (Mt 22,39) weist darauf hin, daß der Mensch bei sich selbst anfangen muß. Bei Thomas dem Zwilling hört sich die unerbittliche Aufforderung zur All-Liebe übrigens ein wenig anders an: »Liebe deinen Bruder wie deine Seele und hüte ihn wie deinen Augapfel.« Bei der Widersprüchlichkeit, die uns in den vielen überlieferten Aussprüchen des Meisters begegnet, könnte sich der Begriff »Bruder« durchaus nur auf einen kleinen Kreis von Eingeweihten bezogen haben. Schließlich war, wie wir gesehen haben, Jesus auch gekommen, das Feuer zu bringen oder Zwietracht zu säen. Ihm scheint es nicht um ein Gesetz, nicht um den Glauben an einen Liebesgott gegangen zu sein – er wollte die Selbsterlösung des Menschen. In dem apokryphen Kerinthos-Brief, hinter dem sich Jakobus selbst als Verfasser verborgen haben könnte, liest man zuerst einmal den ausdrücklichen Auftrag an Jakobus: »Ich habe dir aufgetragen, daß du mir nachfolgen sollst…«, und die dringliche Aufforderung: »Erinnere dich, o Jakobus, wie oft ich dir und den anderen gesagt habe, ihr möget euch erlösen.«

An einer anderen Stelle wird das, was den Glauben Jesu wahrscheinlich von dem jüdischen Glauben vor ihm und dem christlichen nach ihm unterscheidet, noch einmal ganz deutlich: »Darum sage ich euch: seid eifrig bemüht um die Lehre. Denn das Wort hat drei Seiten. Und seine erste Seite ist der Glaube, die zweite die Liebe und die dritte sind die Werke. Den Werken aber entstammt das Leben« (Kerinthos 7). Man kann heute also sagen, daß Jesus vielleicht der Prophet einer Geheimlehre war; diese könnte nicht nur zum Grundstein für das Christentum, sondern vielleicht auch zum Anstoß für die Zerstreuung des Judentums geworden sein. Der Aufstand der Juden gegen die Römer hatte vielerlei Gründe, und es kämpften dabei nicht nur Juden gegen die Römer, sondern auch Juden gegen die Juden. Die Feindschaft zwischen dem Hohenpriester Ananias, der Jakobus steinigen ließ und bald darauf selbst ermordet wurde, und den Zeloten, Nazoräern und den »Söhnen des Lichts« könnte aber maßgeblich an den Auseinandersetzungen beteiligt gewesen sein, die erst mit dem Fall von Masada endeten. In der Folge davon verboten die Römer die Wiederaufnahme des jüdischen Kults, der völlig ausgebrannte Tempel in Jerusalem durfte nicht wieder aufgebaut werden und der Ältestenrat und das Amt des Hohenpriesters wurden abgeschafft.

Die bestimmende Rolle des Jakobus wird übrigens nicht nur aus den Qumran-Texten deutlich. Auch in den gnostischen Evangelien, die in Ägypten gefunden wurden, werden Jakobus und neben ihm Maria Magdalena als eigentliche Vermittler der Tradition bezeichnet. Die Apostel, die ja selbst Jesus einmal als »kleine Kinder ... die auf einem Feld hausen, das ihnen nicht gehört« (Thomas der Zwilling 21) bezeichnet haben soll, spielen daneben eher eine Nebenrolle. Elaine Pagels beschreibt in »Versuchung durch Erkenntnis«: »Einige behaupten, daß die Zwölf – darunter auch Petrus – noch nicht ›gnosis‹ erhalten hätten, als sie zuerst Zeugen von Christi Auferstehung wurden.«

Diese »Gnosis«, das Wissen durch Erfahrung auch in religiösen Dingen, ist das, was den Essener Jesus mit den Gnostikern und den Mysterienkulten der damaligen Zeit verbindet. In all diesen religiösen Traditionen ging es nicht nur um Glaube und Liebe, sondern vor allem auch darum, beides zu leben. Das Werk, dem nach Jesus das Leben entstammen soll, wird zum »Weg«, der nicht nur bei den Essenern eine Rolle spielte, sondern auch heute in der Esoterik als Weg bekannt ist, der in sich ja oftmals schon das Ziel ist.

Allerdings ist der Weg im Sinne der vollkommenen Gerechtigkeit, wie ihn Jesus verstanden haben könnte, nicht leicht, und man fragt sich unwillkürlich, wie und wo Jesus auf diesem Weg mit Maria Magdalena zusammentraf. Wir haben die Frau aus Magdala als mögliche Sünderin, als Rebellin, als eventuelle Gattin Jesu und als Angehörige der Religion der alten Göttinnen erlebt. Neben diesen Spekulationen bleiben am Schluß die extremsten Positionen: diejenige, daß sie als »Niemand« zwischen den zwei großen Frauengestalten der Bibel, zwischen Eva und Maria eingebaut wurde, und die Frage, ob sie dem Meister nicht vielleicht ebenbürtig war.

Ebenbürtigkeit bedeutet in unserem Fall ein gleiches oder zumindest ähnliches Wissen und einen ähnlichen Glauben. Falls die inneren Kreise der Essener, die Gruppen um den Meister nur für Männer zugelassen waren, was nach allem, was wir wissen, wahrscheinlich ist, so müßte Maria Magdalena als die Frau, die im gnostischen »Dialog des Erlösers« als »Frau, die das All kennt« gerühmt wird, ihr Wissen woanders erhalten haben.

Nun gab es zu Beginn unseres Zeitalters jede Menge Religionen, Götter und Göttinnen; die Quintessenz aller Religionen, jenes geheime Wissen, das immer und überall hinter den äußeren Formen des Glaubens stand, wurde in den Mysterienkulten weitergegeben. Auf Maria Magdalenas Zugehörigkeit zu solch einem Glauben könnten, wie man gesehen hat, auch die sieben bösen Geister hinweisen, die aus ihr ausgefahren sein sollen. Sie könnten die sieben Initiationsstufen symbolisieren, bei denen der Mensch Schritt für Schritt ein Stück seiner Tiernatur zurückläßt, um zur höchsten geistigen Entwicklung aufzusteigen.

Die Mysterienkulte, die damals überall im Nahen Osten und in den Ländern rund um das Mittelmeer verbreitet waren, waren aber nicht nur ein Weg zu jener Selbstentwicklung, die auch Jesus immer wieder forderte – sie waren der Spiegel, in dem sich die religiöse Entwicklung der Menschheit am besten beobachten ließ. Von der Anbetung der Natur über die großen himmlischen Mythengestalten, die den Menschen auf der Erde glichen, hatte sich das religiöse Empfinden bis zur frühchristlichen Zeit hin zu den höchsten geistigen Vorstellungen entwickelt.

Ein Bewußtsein davon hatte es schon immer gegeben. So verehrte man zu Zeiten der Ischtar die Sternbilder des Zodiakus nicht nur als den »Gürtel der Himmelskönigin«, sondern auch als eine Art moralische Leiter, auf welcher der Mensch hinaufsteigen konnte. Diese Leiter, die später zu der uns bekannten Jakobsleiter geworden sein dürfte, hat ein Pendant im Lebensbaum. Diesem begegnen wir nicht nur im Baum der Erkenntnis, an dem die verbotenen Früchte hängen; der Lebensbaum findet sich auch im Baum der Göttin, in den Feigenbäumen, die in Palästina überall als »asheras« verehrt wurden, aber auch im späteren sephirothischen Lebensbaum der Kabbala oder in der heute modern gewordenen Lehre von der Kundalinikraft mit ihren sieben Chakren.

Das Wissen um die verborgenen Dimensionen im Menschen, die in den sieben Teufeln der Maria Magdalena ebenfalls anklingen, gelangte in den Mysterienkulten zu einem vorläufigen Höhepunkt, – aber auf andere Art und Weise hatte die Menschheit auch davon schon immer gewußt. Die Unterwelt, in die sich die Göttin begab, wenn der Mond nicht am Himmel stand, war das Zeichen dafür, daß das Unterbewußte im Menschen seine eigenen Gesetze hat; der Abstieg in den Hades und der Kampf Jesu mit dem Satan ist eine spätere Reprise der gefährlichen Höllenfahrt, die einst die Göttin unternahm. Aber so wie es im alten Babylon Ischtar gelang, die Dunkelheit zu bekämpfen und als eine, die sich selbst neu »gebärt«, aufzuerstehen, so gingen auch die in die Geheimnisse Eingeweihten, die Initianden, als andere Menschen aus den Mysterien hervor.

Dies scheint der tiefere Sinn der sieben Geister gewesen zu sein, die Maria Magdalena bekämpfte; und dies könnte auch der Sinn hinter der vordergründig frauenfeindlichen Bemerkung Jesu zu seiner Mutter gewesen sein. Wenn er davon sprach, daß er nichts mit ihr zu tun habe, oder auf die berühmten Worte »Selig ist der Mutterschoß, der dich getragen und die Brüste, die dich genährt haben« (Lk 11,27) eine ziemlich abweisende Antwort gab, so könnte dahinter die Betonung jener geistigen »Selbstgeburt« in den Mysterien gegenüber der natürlichen Abstammung stecken.

Sich zweitausend Jahre später in jene Mysterien auch nur hineinzufühlen, ist ein schwieriges Unterfangen; allerdings lebt die Hauptidee aller dieser alten Geheimnisse, die berühmten Schleier der Isis, auch heute noch so sehr in jeder

Form von Religiosität weiter, daß wir es zumindest versuchen sollten.

»Meinen Schleier hat noch kein Sterblicher gelüftet« war ungefähr um die Stunde Null unserer Zeitrechnung auf eine Isis-Statue in Sais eingraviert worden, und seither versucht man den Schleier immer wieder zumindest ein wenig zur Seite zu schieben. Diejenigen, die es versucht haben, erklären den Schleier als jenes Netz der Isis, das bei der Geburt eines jeden Menschen um den göttlichen Funken geschlungen wird, der sich im Körper inkarniert. Isis als die Verkörperung des Wachstums und der Natur webt um das geistige Prinzip in jedem Menschen das Sinnenspiel der äußeren Natur, jene sichtbare Welt, die man nur durchschaut, wenn man wiedergeboren aus den Mysterien herauskommt.

In den alten Ritualen Ägyptens galt ein solch Wiedergeborener als zweifach geboren, und genau das wird in allen Religionen angestrebt. Die Taufe des Christentums ist das Symbol für eine zweite geistige Geburt, und die Aufnahmezeremonien in Klöstern gleichen noch heute den Zeremonien in den Mysterienspielen. Auch sie deuten auf einen inneren Kreis innerhalb eines breiteren Glaubens für viele hin. Daß es aber Leute gegeben haben könnte, die noch tiefer in die Geheimnisse hinter dem Schleier eingedrungen sind, davon erzählt uns die Geschichte von Isis selbst. Ihr Kult war weit verbreitet, von Ägypten drangen die Mysterien des Osiris und der Isis nach Rom und auch nach Delphi. Man kann also annehmen, daß einiges davon auch in Palästina hängenblieb und Maria Magdalena eine Isis-Eingeweihte hätte sein können.

Das meiste von dem, was wir heute über den Isis-Kult wissen, verdanken wir zufällig auch einer Frau. Plutarch, selbst ein Eingeweihter, schrieb im zweiten Jahrhundert v. Chr. eine Abhandlung über die Mysterien und richtete diese an eine Frau namens Klea, die als Eingeweihte im Isis-Tempel in Delphi eine hohe Stellung einnahm. Esther Harding, die sich in ihrem Buch »Frauen-Mysterien« mit dieser philosophischen Abhandlung auseinandergesetzt hat, weist darauf hin, daß viele spezielle Geheimnisse dabei übergangen wurden – trotzdem ist sie eine hilfreiche Regenbogenbrücke zwischen den alten Religionen, den Mysterien und der neuen Form von Religiosität, die mit Jesus begann. Dieser sollte nämlich zum Vollender jenes Werkes werden, das schon Echnaton in Ägypten begonnen hatte: das Mond-Denken als Symbol für die Weisheit der Natur in jenen Sonnen-Geist umzuwandeln, der die Menschheit endgültig aus den Kinderschuhen der Religion herausholte.

Bekanntlich gab es die ersten Anzeichen für den Wandel der alten Mond-Religionen bereits beim ersten Eindringen der Indoeuropäer in die Länder des Nahen Ostens. Aus den Mondgöttinnen wurden die Gattinnen von Göttern, später die Mütter von göttlichen Söhnen. Auch auf der Erde nahm der Einfluß der Frauen ab, die levitischen Priester, die höchstwahrscheinlich indoeuropäische Wurzeln hatten, bereiteten der Verehrung des Mondes ein endgültiges Aus. All dies, der tatsächliche historische Ablauf der Geschichte, findet sich auch in den Symbolen der Mysterien wieder. Isis ist laut Plutarch die alles-empfangende Mutter Natur, Osiris soll den Logos darstellen – die Bewegungen des Geistes. Darum war Osiris für die Ägypter der Nil, der stieg und fiel, und Isis symbolisierte das Land. Osiris war aber auch der

Mondmann, der als König die Menschen lehrte, während Isis später als eine der ersten Musen galt. Alles geht ziemlich idyllisch zu, die Menschen lernen den Ackerbau, Kultur, Gesetz und die Verehrung der Götter – bis es zu jenem rituellen Mord an Osiris kommt, den wir bereits von der Opferung der Geliebten der Göttin kennen: Typhon oder Set, ein Bruder des Osiris, der die ungezähmten Triebe des Menschen symbolisiert, stellt bei einem Fest einen Sarg zur Schau. Er verspricht ihn demjenigen, der genau in den Sarg passen wird. Einer nach dem anderen legt sich hinein; als die Reihe an dem Mondkönig Osiris ist, macht Typhon den Deckel zu und läßt den Sarg ins Meer hinaustreiben.

Ein kleines Detail am Rande notiert Esther Harding: der Überfall passiert anscheinend »rein zufällig« im 28. Jahr der Herrschaft des Mondmannes, was auf die symbolische Ermordung der Mondzeit hinweist, die durch die 28 bestimmt wird.

Isis findet den Sarg ihres Mannes in der kanaaitischen Stadt Byblos. Der Sarg hat sich in einem Baum verfangen, den ein Königspaar namens Malek und Astarte als Stütze des Palastdaches verwendet hat. Isis schneidet den Sarg aus dem Baum und segelt mit ihm auf der Mondbarke davon. Laut Plutarch befindet sich auf der Barke aber auch der jüngste Sohn des Königspaares, und dieser wird Zeuge der ekstatischen Liebe, mit der sich Isis über den Körper des toten Osiris wirft. Das Kind fällt dabei in Ohnmacht und stirbt. Sein Name aber wurde als »Maneros« überliefert, was so viel bedeutet wie »Verstehen der Liebe«, an anderer Stelle spricht man von ihm auch als Fischer, einer Bezeichnung, der wir noch begegnen werden.

Als im weiteren Ablauf der Geschichte die Mondgöttin den Sarg allein läßt, um Hilfe bei ihrem Sohn Horus zu suchen, geht Typhon/Set auf eine Jagd, die dem Mond entgegen in eine Richtung führt, in der er den Sarg findet. Die

Jagd in Richtung Mond ist natürlich die Jagd auf den Mondkönig Osiris, und diesen zerreißt Set dann auch in vierzehn Stücke. Nach Esther Harding könnten die vierzehn Tage für die vierzehn Tage des abnehmenden Mondes stehen. Damit wären sie auch das Symbol für das Verweilen des Gottes in der Unterwelt, und so kann sich Isis daranmachen, den Osiris neu auferstehen zu lassen. Sie sammelt dreizehn Stücke zusammen und bildet durch Zauberkraft auch den fehlenden Phallus nach. Dieses Kunststück feierte ganz Ägypten an einem Fest namens Phallephoria, und kraft ihrer Liebe empfing Isis vor einem Bild des Phallus, das dabei herumgetragen wurde, den jüngeren Horus, der allerdings lahm war.

Der Mythos berichtet uns also *expressis verbis*, daß die Religion der Söhne anfänglich keinen zu großen Einfluß hatte. Die Zeit der Gottessöhne brach erst durch den älteren Horus an. Er brachte seiner Mutter den gefesselten Set, als Typhon also das Symbol für die Triebnatur des Menschen. Isis soll den Mörder richten, als typische Göttin mit zwei Gesichtern weigert sie sich aber und läßt ihn frei. Als Rache dafür reißt Horus seiner Mutter die Krone herab und setzt ihr Kuhhörner auf. Aus der Lichtkrone wird der gehörnte Neumond und von Isis heißt es, daß sie bei diesem Racheakt ihres Sohnes verkrüppelt oder sogar getötet wurde.

Osiris und Isis symbolisieren also als Logos und als Allempfangende das Walten in allem Existierenden, sie zeigen uns aber auch den weiteren Verlauf der Menschheit im Spiegelbild der Religion. Typhon ist als der dunkle Schatten vorhanden, Isis als helle und dunkle Göttin, ebenso wird der Gott geopfert, um Neuem den Weg zu ebnen. Eine Königin namens Astarte erinnert uns an die alten Göttinnen als Vorgängerinnen der Mysterien, und der umworbene Phallus an die Macht der Sexualität.

Zugleich hat die Geschichte, die in den Mysterien immer wieder aufgeführt wurde, eine dritte Ebene: Sie zeigt uns den

Übergang von den alten Mond-Religionen zur Verehrung der Sonne. Diese Verehrung finden wir ebenfalls in den Mythen. »In Ägypten«, schreibt Esther Harding, »wurde Osiris, der ursprünglich als der Mondmann angesehen wurde, nachdem er durch die Macht der Isis von den Toten auferweckt war, unsterblich. Er bleibt der Mond, der Gatte der Isis, trotzdem ist er schließlich eins mit Ra, der Sonne.«

Dieses Festhalten am Natürlichen und die gleichzeitige Erhebung zum Geistigen war die Essenz aller Mysterien. In Ägypten galt der König als eine Inkarnation des Mondmannes und in der Passion des Osiris spielt er die Hauptrolle. Ebenso wie der Gott mußte er durch die Unterwelt und wurde später neu geboren. Nachfolgende Zeiten übernahmen dieses Wiedergeburtsdrama in die Einweihungsriten der Mysterien, und so wurden die Initianden zu Osiris und damit göttergleich. Die Mutproben, die der Mysterienschüler während der zehntägigen Zeremonien zu bestehen hatte, waren so zahlreich, daß er am Ende sich und die Umwelt in einem anderen Licht sah: Die Welt, die man als Wiedergeborener erblickte, war noch immer die Welt der Isis mit dem ununterbrochenen Konflikt zwischen Werden und Vergehen. Gleichzeitig erkannte der oder die Initiierte aber auch, daß das wirkliche, rein geistige Geschehen hinter den Schleiern der Isis verborgen war.

Das Werden und Vergehen hielt aber auch vor diesem rein geistigen Geschehen nicht an. Es hat immer wieder Vermutungen darüber gegeben, daß viele der Geschehnisse um Jesus der Verbindung zu Mysterienschulen entsprangen. Die Opferung am Kreuz könnte ein Beweis dafür sein, ebenso wie die Bekämpfung der sieben Geister durch die wichtigste Frau neben dem Meister. Es gibt aber noch andere Indizien dafür. Jesus steht tatsächlich genau an der Zeitenwende zwischen dem Symbol des Mondes und dem Symbol der Sonne. Und er wurde auch – bewußt oder unbewußt – immer für das hellere Lichtsymbol gehalten. Die Sonne erleuchtet den Tag, also den bewußten, strahlenden Teil des Menschen; der Mond ist das Zeichen für das Licht der Nacht, also für das Unbewußte und den Schatten. In Anlehnung an die alten Göttinnen wurde daher die Mutter Jesu häufig auf einem Mond thronend dargestellt, während der Sohn der »Mondmutter« schon von den Strahlen der leuchtenden Sonne umgeben ist.

Fünf neue Tage für die Kinder der Sonne

Diesem großen Wechsel in der Religionsgeschichte begegnen wir immer wieder in den Mysterien, aber auch im alltäglichen Leben, wenn alles, was einst dem Mond geweiht war, sich langsam, aber sicher zu wandeln beginnt. Ein gutes Beispiel dafür ist der Umgang mit Daten und Zahlen als Symbol. Nicht nur Osiris starb nach 28 Jahren, also nach dem zeiträumlichen Symbol für einen Mondmonat, auch die ursprünglichen Mondfeste wurden abgewandelt. Aus den Osiris-Feiertagen, die in Ägypten bei Neu- und Vollmond begangen wurden, entwickelten sich die vier Feiertage, die zuerst jedem Mondviertel zugedacht waren, später zu Tagen der Sonne wurden.

Auch unser Sonnenjahr ist ein Ergebnis einer Geschichte, die Plutarch zufolge in den Mysterienreligionen immer wieder als eine Art Schöpfungsgeschichte ganz besonderer Art erzählt wurde. Danach wurde Nut als Mutter der Götter heimlich geschwängert und wollte diese Schwangerschaft vor dem Sonnengott, ihrem rechtmäßigen Gatten, verbergen. Als dieser es jedoch entdeckte, schwor er, daß sie nur an einem Tag gebären könne, der in keinem Kalender vorkomme. Die alten Kalender waren die Mondkalender, also mußten für die neuen Gotteskinder neue

Kalender geschaffen werden. Nut wandte sich an Thot, den Gott der Gesetze, der ebenfalls in sie verliebt war, und dieser spielte mit Selene, der Mondgöttin, um die Zeit, die für die Geburt der zu erwartenden Himmelskinder notwendig war. Als er gewann, nahm er der Mondmutter ein Siebzigstel jedes Tages; diesen Anteil setzte er zusammen und schuf daraus die fünf Tage des neuen Sonnenjahres.

Seitdem hat die Menschheit im Juli, wenn der Hundsstern Sirius aufsteigt, fünf Tage mehr. Und diese fünf Tage signalisieren nicht nur die Ankunft fünf neuer Götter, sondern auch die endgültige Abkehr vom 360tägigen Mondjahr. Dieser moderne Sonnenkalender ist übrigens ziemlich »jung«. So weisen Michael Baigent und Richard Leigh darauf hin, daß sich die Gemeinde von Qumran an einem einzigartigen Sonnenkalender orientiert habe und nicht an dem judäischen, der nach dem Mond verlief. Auch das Gemeindeleben der Essener richtete sich nach dem neuen Sonnenkalender. Nach der sogenannten Kriegsrolle von Qumran wurde die Anzahl der Vorsteher der Gemeinde mit 52 an die Anzahl der Wochen im Sonnenkalender angepaßt, und die Zahl der Priesterwache im Tempel war 26.

»Jede Priesterwache«, schreibt Johannes Lehmann in seinem Buch »Das Geheimnis des Rabbi J.«, »sollte demnach zweimal im Jahr eine Woche Dienst tun, während der Jerusalemer Tempelkult entsprechend der Länge des Mondjahres nur 24 Priesterwachen kennt.«

Der Wechsel von der dunkleren Zeit des Mondes, der nach Esther Harding auch den dunklen Eros der Gefühle symbolisieren soll, zum Licht der Sonne und des Logos wird aber noch an anderer Stelle deutlich: Jesus sammelt zwölf Jünger um sich und erinnert damit an die zwölf Haupteigenschaften des neuen Sonnengottes. Dieser hatte zwölf »Herkulesarbeiten« zu bewältigen, was so viel bedeutet, als daß er die Drachen des Unbewußten und der Unwissenheit in sich selbst erschlagen mußte. Das erinnert uns an die sieben bösen Geister der Maria Magdalena, aber auch daran, daß am berühmten letzten Abendmahl nur die zwölf Jünger Jesu teilnahmen.

Wenn man sich fragt, warum die Begleiterin Jesu nicht mit den anderen Frauen um Jesus an diesem jüdischen Brauch beteiligt war, so bekommt man die Antwort darauf aus den Qumran-Funden. Diese nämlich beweisen erst heute, daß das letzte Abendmahl nicht das übliche Passahmahl, sondern etwas völlig Neues war. Erstens fand es nach dem essenischen Sonnenkalender statt, woher auch die ganze Verwirrung um das wirkliche Datum von Verhaftung, Verhör und Passahfest rührt. Und zweitens waren daran keine Frauen beteiligt, weil die strenge Regel der Essener dies verbot; drittens mußte während dieses Mahles anscheinend das strenge hierarchische System des inneren Kreises der Essener gelten, weshalb es sogar bei diesem letzten Mahl zu einem Streit um die Sitzordnung zwischen den Jüngern kam.

Lazarus: Schwager, Geliebter oder Eingeweihter?

Nun fragt man sich natürlich, wie gerade Maria Magdalena als Frau eine Beziehung zu Jesus als einem möglichen Eingeweihten in ein völlig neues Denken bekam. Die einzige mögliche Antwort darauf ist jene, daß sie vielleicht selbst sehr ähnlich dachte und auf eine andere Art und Weise eingeweiht war. Tatsächlich gibt es neben den sieben bösen Geistern ein anderes Indiz dafür, daß Maria Magdalena einem Mysterienkult angehört haben könnte: In der »Legenda aurea« wird die Frau aus Magdala als Schwester des Lazarus und der Martha bezeichnet, der ein Teil von Bethanien gehörte. In der Bibel selbst liest man zwar keinen ausdrücklichen Hinweis darauf, daß Magdalena die Schwester des Lazarus war, aber bei Johannes klingt es sehr danach, wenn er den Tod des Lazarus beschreibt: »Es lag aber ein Mann krank danieder, Lazarus von Bethanien, aus dem Dorfe, in welchem Maria und ihre Schwester wohnten. Es war die Maria, die den Herrn mit Myrrhenbalsam gesalbt und seine Füße mit ihren Haaren getrocknet hat« (11,1–2).

Nun ranken sich um Lazarus heute beinahe so viele Theorien wie um Jesus selbst. Die einleuchtendste ist vielleicht jene, daß er gar nicht starb, sondern als Schüler einer Mysterienschule nur einen symbolischen Tod und die symbolische Auferstehung erlitt. In der »Legenda aurea« wird Lazarus als reicher Ritter bezeichnet, und auch bei Johannes erscheint das Haus der Martha in Bethanien als reich und weltoffen; es hätte durchaus der Mittelpunkt einer Gruppe von jungen Leuten sein können, die sich für die Geheimnisse des Kults der Isis oder einer anderen Gottheit interessierten. Lazarus hätte aber durchaus auch ein Mitglied der Essener oder, wie man gesehen hat, ein Schwager Jesu sein können. Auf jeden Fall weist der Hilferuf der zwei Schwestern Martha und Maria »Herr, siehe, der, den du lieb hast, der ist krank!« (Joh 11,3) auf ein inniges Verhältnis zwischen Jesus und Lazarus hin. Dieses wird noch bekräftigt von jener Stelle, an der Jesus um Lazarus weint: »Seht, wie lieb hat er ihn gehabt!« (Joh 11,36), meinten die umherstehenden Juden am vermeintlichen Grab des Lazarus. Beide Textstellen rütteln irgendwie an dem ansonsten eher aseptisch-asexuellen Jesus, wie Rudolf Augstein ihn einmal treffend bezeichnete. Um sein Verhältnis zu den Frauen hatten sich seine späteren Biographen anscheinend Sorgen gemacht – dieses ist in den anerkannten Evangelien tatsächlich aseptisch rein. Kein Wunder also, daß man sich über die Liebe zu Lazarus den Kopf zu zerbrechen begann, als man das Bild Jesu näher unter die

Lupe nahm. Man begann sich also zu fragen, ob Jesus nicht vielleicht homophil war, und bekam noch Schützenhilfe von jener rätselhaften Stelle im Johannes-Evangelium, in der es über das letzte Abendmahl heißt: »Es hatte aber einer von seinen Jüngern bei Tisch seinen Platz an der Brust Jesu, nämlich der den Jesus lieb hatte« (Joh 13,23).

Nun ist die Hypothese, daß Jesus homophil war, sicherlich ebenso berechtigt wie alle anderen Hypothesen über das Leben des Religionsstifters, andererseits erscheinen die drei Stellen in einem völlig anderen Licht, wenn man Lazarus als Eingeweihten sieht, dem Jesus besonders verbunden war. Ein Hinweis darauf könnte die Vermutung mancher Autoren sein, Lazarus sei auch der Jünger beim letzten Abendmahl gewesen und selbst der Verfasser des sehr inspiriert klingenden Johannes-Evangeliums. Falls dies zutreffen sollte, oder falls das Evangelium auch nur auf einer Überlieferung durch Lazarus beruht, so gibt der Verfasser darin selbst einen Hinweis auf die Mysterien, die sich hinter der offiziellen Kirchengeschichte verbergen: »Dies ist der Jünger, der von diesen Dingen Zeugnis ablegt ... und wir wissen, daß sein Zeugnis wahr ist. Es gibt aber noch vieles andere, was Jesus getan hat; wollte man alles im einzelnen aufschreiben, so würde nach meiner Überzeugung die Welt die Bücher nicht fassen, die dann zu schreiben wären« (Joh 21,24).

Eine dieser unerzählten Geschichten könnte jene sein, daß sich Lazarus, von dem wir in den Evangelien nur von Johannes berichtet bekommen, einer Initiation unterzog und daß dies nicht so problemlos verlief wie vorgesehen. Die Schwestern Maria und Martha hätten sich daraufhin an Jesus wenden können, der auf die Nachricht von der Krankheit seines Freundes ziemlich eigenartig reagiert. Er beschließt zwar, nach Bethanien zu ziehen, bemerkt aber eher nebenbei: »Unser Freund Lazarus ist eingeschlafen; aber ich gehe hin, um ihn aus dem Schlaf zu wecken« (Joh 11,11). Als die Jünger darauf fragten, ob dies bedeute, daß er wieder gesund werde, spricht er erst vom Tod des Lazarus, obwohl er in dem Augenblick, als er die Nachricht erhalten hatte, ausdrücklich feststellte: »Diese Krankheit führt nicht zum Tode...« (Joh 11,4). Die Jünger wiederum beschließen: »Laßt uns hingehen, um mit ihm zu sterben« (Joh 11,16).

All dies sieht genau danach aus, als habe sich Lazarus nach bewährtem Vorbild in eine Gruft einschließen lassen, um einen symbolischen Tod zu erleiden, und daß die Jünger ihm dies auch noch nachtun wollten. Als Initiierter und Angehöriger eines Mysterienkults wäre Lazarus natürlich mit Jesus besonders verbunden gewesen, und er hätte durchaus der Jünger sein können, den Jesus den anderen, noch nicht eingeweihten Jüngern vorzog. Eine ähnliche Bevorzugung scheint ja zumindest nach den gnostisch-apokryphen Evangelien auch Maria Magdalena erlebt zu haben. Auch sie liebte Jesus mehr als die anderen, und ihr gegenüber bezeichnete er seine Jünger als kleine Kinder. Falls Lazarus also nicht der Schwager Jesu war, so könnten Maria Magdalena und ihr möglicher Bruder als Astarte- oder Isis-Eingeweihte mit Jesus gewisse Geheimnisse geteilt haben, die ein besonders enges Band zwischen den dreien knüpften. Was waren nun wohl jene Geheimnisse, von denen Jesus bei Thomas dem Zwilling sagt: »Ich hüte meine Geheimnisse und sage sie nur denen, die ihrer würdig sind« (62)?

Einige davon entdeckt man immer wieder und immer von neuem zwischen den Zeilen des Neuen Testaments, das nicht umsonst eines der faszinierendsten, aber auch zugleich verwirrendsten Bücher ist. Der Grund dafür mag in den letzten Zeilen des Johannes-Evangeliums verraten worden sein: Der Glaube Jesu wurde darin für einen äußeren Religionskreis interpretiert, für eine Schar von vielen, während immer wieder das Denken eines esoterischen inneren Kreises einiger weniger durchschimmert.

Das Wissen dieser Wenigen war ein anderes Wissen als das der meisten Menschen der Zeitenwende, andererseits war es vielleicht genau dieses Wissen, das den Glauben des äußeren Kreises sehr genau festlegte und ihm einen Rahmen gab. In diesem Sinn hätte der Opfertod Jesu tatsächlich inszeniert worden sein können – als das Religionsgeschichte machende Ereignis für die nächsten zweitausend Jahre.

Die Kreuzigung Christi als ein Symbol, das überall und zu allen Zeiten real wird: Menschen, die hingerichtet werden, Ideen, die gekreuzigt werden, der zwischen Himmel und Erde hängende Mensch. Die Rollen in dem großen Theater der Evangelien werden ohne Unterbrechung von der Geschichte aufgeführt – keine Zeit ohne ihren Judas, ohne ihren Pilatus, ohne Hohepriester und natürlich auch nicht ohne Maria Magdalena und Jesus.

Es sieht beinahe so aus, als ob das Schauspiel einstmals die Religion schuf und seither die Religion das Drama aufrechterhält: als eine Art Hinweis auf den kosmischen Kampf zwischen Licht und Dunkel, dem Spiel zwischen Weiblichem und Männlichem, dem Konflikt zwischen Göttern und Menschen.

Daß vieles aus der Bibel einem inszenierten Mysterienspiel gleicht, bemerkt man bei näherer Betrachtung der Isis-Initiationen, die uns durch Plutarch bekannt sind. Dabei ging der Kandidat zuerst durch eine Periode, in der er fasten, sich des Geschlechtsverkehrs enthalten und meditieren mußte. Dann erst begannen die offiziellen Zeremonien: Der Kandidat wurde in der Tiergestalt des Typhon verspottet und mißhandelt, und die Torturen dabei gingen so weit, daß Apuleius darüber berichtet: »Ich näherte mich den Grenzen des Todes.« Zuvor schon war der Fastende selbst von den Begierden des Typhon in Versuchung geführt worden, später mußte er auch noch jede Art der Erniedrigung erleiden; dazu wurde er den verschiedensten Versuchungen ausgesetzt, um sich der Macht des eigenen Unbewußten und der eigenen Instinkte bewußt zu werden. Das Fasten, die Versuchung und die Verhöhnung, die wir auch aus der Geschichte Jesu kennen, war dazu da, um dem Menschen die falschen Züge seiner Persönlichkeit zu zeigen: die Begehrlichkeit, die ihn immer wieder in die Schleier der Isis verstrickte. Dann erst erfolgte die tatsächliche Initiation, über die Apuleius im »Goldenen Esel« schreibt: »Ich ging bis zur Grenzscheide zwischen Leben und Tod. Ich betrat Proserpinas Schwelle, und nachdem ich durch alle Elemente gefahren, kehrte ich wiederum zurück. Zur Zeit der tiefsten Mitternacht sah ich die Sonne in ihrem hellsten Licht leuchten; ich schaute die unteren und die oberen Götter von Angesicht zu Angesicht und betete sie in der Nähe an. Siehe, nun hast du alles gehört: aber auch verstanden? Unmöglich.«

Auch hier finden wir den Hinweis auf das Geheimnis hinter den Mysterien. Aber es geht bei Apuleius noch aufschlußreicher weiter. Als er sich mit den Priestern berät, sagen ihm diese, daß er zwar in die Geheimnisse der Göttin eingeweiht wäre, »aber in die des großen Vaters, des höchsten Vaters der Götter, des unüberwindlichen Osiris, wäre ich noch nicht aufgenommen«.

Und obwohl die Priester betonen, daß weibliche und männliche Gottheit und Religion verbunden seien, gebe es einen Unterschied in der Weihe zum großen Gott.

Als Initiand hatte der Kandidat dann den Ritualtod des Osiris nachzuvollziehen und wurde am nächsten Morgen in einem strahlenartigen Gewand als Gott bestaunt. Die Passion Jesu hatte also nicht nur viel Ähnlichkeit mit den alten Opferriten, bei denen die Könige für die Sünden ihrer Umwelt zu büßen hatten, sondern auch mit den Einweihungsriten der Mysterien. Auf jeden Fall war das Leiden aber ein Opfer an den »großen Gott«, der auch in den Mysterien immer mehr an Bedeutung gewann. Obwohl man als Initiand immer noch zu Isis als der Mutter aller Natur betete, über die auf der Isis-Statue zu Sais geschrieben steht: »Ich bin das All, das Vergangene, Gegenwärtige und Zukünftige«, gehörte die äußere Religionszukunft einem männlichen Gott. Zum Sohn dieses Gottes hätte Jesus durch eine geistige Wiedergeburt in einer Initiation und später bei der Kreuzigung werden können. Er wurde damit zum Nachfolger jenes Menschensohnes, der schon die Zeitenwende vom Matriarchat zum Patriarchat angekündigt hatte; als Gottessohn führte der offizielle Jesus zweitausend weitere Jahre die Menschen hin zu einem sehr männlichen Himmel – einem kleinen Kreis aber kündete er vielleicht davon, daß nicht nur er, sondern jeder Mensch Göttliches in sich trägt.

Dies führt auch zu einer neuen Sicht von Maria Magdalena. Wenn Jesus davon sprach, daß er sie männlich machen wollte, damit sie ein lebendiger Geist werden würde, dann sprach er von jener geistigen Androgynität, welche die üblichen Geschlechterrollen überschritt. Diese geistige Form der Emanzipation war in den Mysterien durchaus üblich, schließlich stand Isis auch für die griechische Weisheit »Sophia«. Für einen äußeren Kreis seiner Zuhörerschaft aber soll Jesus immer wieder davon gesprochen haben, daß er die Werke des Weibes zerstören wolle. Und vielleicht hat er dies tatsächlich auf verschiedenen Bedeutungsebenen versucht. Wäre Maria Magdalena eine Rebellin und eine sehr frühe Feministin gewesen, hätte, wie wir gesehen haben, auch Jesus gegen die altmodische Frauenrolle im Judentum angehen können. Genaugenommen tat er dies auch, wenn er von einer geistigen Emanzipation sprach: »Denn jede Frau, die sich männlich machen wird, wird eingehen in das Himmelreich«, sagt er Thomas dem Zwilling (114) zufolge zu Simon Petrus. Dies ist genau jener Abbruch aller Geschlechtsbarrieren, die es in einem inneren Kreis des Glaubens nie gegeben haben dürfte. Bei den

Gnostikern, bei denen Maria Magdalena später gelehrt haben soll, wurde Gott als Vater und Mutter gleichzeitig verehrt. Für diejenigen, die nicht diesem Kreis angehörten, hätte Jesus aber durchaus das Gleichnis von der Zerstörung der Werke des Weibes für eine äußere Welt gebrauchen können. Schließlich ging es um nichts anderes. Die Zeiten der Religionen der Mondgöttinnen waren ebenso vorbei wie die Zeiten der ungezügelten Sexualität. Aus den immer wieder als dunkel verrufenen Zeiten des Matriarchats waren noch immer sehr dunkle erste Zeiten des Patriarchats geworden. Der Mensch stand auf einer neuen Entwicklungsstufe, und es war Zeit, aus den gefühlvollen Zeiten des Mondes aufzubrechen hin in eine Zeit, die vom sonnenhaften Logos, vom Bewußtsein, gelenkt sein würde. Ungefähr so ähnlich könnten, grob gesprochen, die Überlegungen gewesen sein, die in die Mysterien Initiierte wie Jesus, Maria Magdalena, Lazarus oder Jakobus – und vielleicht auch Paulus – angestellt haben.

Es geht hier nicht darum zu beurteilen, ob die Zeiten der Göttinnen tatsächlich dunkel waren und ob die von der Sonne überstrahlten anbrechenden Zeiten neuen Bewußtseins tatsächlich heller wurden. Wichtig ist heute, daß wir beide Seiten kennen, nicht nur die oft täuschende Helle des Bewußtseins, für die Jesus als Religionsgründer stand, sondern auch den dunklen Teil, dem Jesus als Eingeweihter immer wieder Rechnung trug. Als solcher wies Jesus nämlich nicht nur immer auf die eigenen Schattenseiten hin, er übernahm auch die Verantwortung für alles Seiende. Im Evangelium von Thomas dem Zwilling finden wir den berühmten Spruch »Ich bin das Licht dieser Welt« nämlich auch in die andere Richtung ausgedehnt: »Ich bin das All; und das All ist zu mir zurückgelangt. Spaltet ein Holz, so bin ich da; hebt einen Stein, so werdet ihr mich finden« (77).

Dies ist die Sicht der modernen Physiker von allem Seienden als etwas miteinander Verbundenem. Der Spruch gibt aber auch einen Grund für einen möglichen Tod am Kreuz ab: Je mehr man über dieses Ereignis nämlich nachzudenken beginnt, um so wahrscheinlicher werden die vorerst unwahrscheinlichsten Möglichkeiten. Bei genauerem Hinsehen ist es nämlich viel plausibler, sich vorzustellen, Jesus sei in Wirklichkeit nicht gestorben, als diesen Tod als eine bewußte und freiwillige Hinwegnahme der Sünden anzusehen. Wie kann sich ein Mensch vorstellen, für all das Unrecht und Leid büßen zu können, das vielleicht in Zukunft sogar im eigenen Namen begangen wird? Die Frage ist schwer zu beantworten, um so mehr als Jesus um eine mögliche Verfälschung seiner Lehre gewußt haben dürfte. Im gnostischen apokryphen Evangelium des Barnabas warnt er vor falschen Propheten, vor denen, die sich seiner Lehre im Namen Satans bedienen.

Die einzig mögliche Antwort auf einen tatsächlichen freiwilligen Tod am Kreuz ist daher jene moderne Sicht der Welt, nach der alles in einer Art morphogenetischem Feld miteinander verbunden ist und dadurch jedes Ding und jeder Mensch auch sein eigenes Karma hat. Eine solche Sicht der Verbundenheit von allem und jedem und das Akzeptieren der Dinge als das, was sie sind, erklärt vielleicht auch ein wenig die Geschehnisse um Golgatha, falls sie dort tatsächlich so stattgefunden haben, wie wir sie aus dem Neuen Testament kennen.

Das Schicksal von Judas und Maria Magdalena

Danach ging Jesus sehr freiwillig und sehr bewußt in den Tod. Das Beispiel dafür ist jener Judas, der in der Überlieferung eine ebenso bezweifelbare Rolle spielt wie Maria Magdalena. Bei Matthäus sagt Judas beim letzten Abendmahl auf

Jesu Feststellung, daß einer ihn ausliefern werde: »Ich bin es doch nicht Rabbi!« Dieser erwidert ihm: »Doch, du bist es« (26,25). Bei Markus und Lukas spricht Jesus nur davon, daß der Verräter mit am Tisch sitze, bei Johannes aber entlarvt Jesus Judas sogar dadurch, daß er ihm als dem Verräter eigenhändig einen Bissen reicht. All dies weist darauf hin, daß der Verrat zwischen Jesus und Judas ausgemacht war, vor allem deswegen, weil bei Johannes Jesus noch ausdrücklich betont: »Was du zu tun vorhast, das tu bald« (13,27).

Betrachtet man den großen Verräter des Christentums unter diesem Gesichtspunkt, müßte er eigentlich einen Heiligenschein aufgesetzt bekommen. Er war es schließlich, der den letzten Ausschlag für die Erlösung der Menschen gab, und er tat dies dadurch, daß er anscheinend freiwillig zum Verräter wurde. Geht man noch einen Schritt weiter, so opferte er dadurch seine Seele, während das große Opfer am Kreuz vordergründig nur ein körperliches war.

Die Rätsel um die Rolle des Judas werden allerdings kleiner, wenn man den freiwilligen Verräter als jemanden sieht, der ebenso wie Lazarus oder auch Maria Magdalena ein Anhänger eines geheimen Kreises von einigen wenigen war. Nicht nur die Rolle des Judas spricht dafür, sondern auch Maria Magdalenas Anwesenheit am Grab. Nach allem, was wir heute wissen, ging es in der Isis-Osiris-Initiation nicht nur um eine Wiedergeburt im Geist, man sah in ihr auch eine Art Wegweiser durch andere Welten. Im Ägyptischen Totenbuch findet man dazu genaue Anweisungen für die Begräbnisriten. Diese basieren auf den Handlungen, die Isis am Körper des toten Osiris ausgeführt haben soll und die dem Toten ein ewiges Leben garantieren sollten. Falls die Zeremonie erfolgreich durchgeführt wurde, erlangte die Seele des Verstorbenen dadurch, daß er in die Brust des Horus einging, Lebenskraft. Die vereinigte sich mit Osiris und wurde identisch mit dem Gott im Himmel.

Dies erinnert an die Auferstehung in der Bibel. Zumindest bei Johannes begegnen wir bekanntlich einer Auferstehung, um die sich einige Rätsel ranken. Jesus gebietet Maria Magdalena, ihn nicht anzurühren. Um dieses Anrühren, um eine tatsächliche leibliche Auferstehung oder um eine Erscheinung geht es, wie wir gesehen haben, auch bei vielen Begegnungen mit den Jüngern.

Immer wieder vermutete man in diesem Zusammenhang, daß Jesus Magdalena und vielleicht auch den Jüngern in seinem Astralleib erschienen sei. Falls dies tatsächlich der Fall war, hätte ihm Maria Magdalena als hohe Eingeweihte bei dem Übergang ins Reich der Toten helfen können. Aus vereinzelten Aussprüchen von Jesus geht hervor, daß er solch einen Astralkörper nicht für selbstverständlich hielt. Er war etwas, das es zu erringen galt. »Wenn ihr in euch erzeugt den, welchen ihr habt, wird er euch retten«, heißt es bei Thomas dem Zwilling, aber darauf erfolgt auch gleich die Mahnung: »Wenn ihr ihn aber nicht in euch habt, wird er euch töten« (70). Und die Gnostiker als mögliche Nachfolger der Mysterienkulte und der essenischen Lehren sprachen tatsächlich von einer Art »subtilstem Äther« und von dem Körper als materiellem Gefängnis, aus dessen Fesseln die Seele mit Freude davonfliegt.

Die Gnostiker, die um die Zeit Christi rund um Alexandrien lebten, und in deren Überlieferung immer wieder Maria Magdalena auftaucht, scheinen aus heutiger Sicht auch das geheime Verbindungsglied zwischen dem alten Glauben an den ewigen Tanz der Göttin und dem neuen an ein größeres Bewußtsein des Menschen darzustellen. So wie die Essener sprachen sie in der Erinnerung an die persische Zarathustra-Lehre von den Kräften von Licht und Dunkel, und sie betrachteten den Menschen als Emanation Gottes, die auf ihrer Seelenreise in höhere Sphären aufsteigen könne. Dies war nicht nur ein Weg des Glaubens, sondern auch eine

Sache von Visionen und Einsichten. Diesen Weg des Mystizismus gingen in der offiziellen Kirche des Meisters Jesus nur wenige, in der geheimen Tradition wurde aber anscheinend viel Wert darauf gelegt. So wird Maria Magdalena im gnostischen »Evangelium der Maria« als diejenige gerühmt, deren Visionen jene der Apostel bei weitem übertrafen; auch betonten die Gnostiker immer wieder, daß Jesus nur jenen erschienen sei, die Geheimnisse solcher Art ertragen konnten. Und im »Evangelium des Philippus« heißt es ausdrücklich: »Denn er offenbarte sich nicht in der Weise, (in der) er war, sondern in der sie (fähig sein) würden, ihn zu sehen.«

Falls dies zutrifft, hielt der Meister Maria Magdalena für besonders befähigt. Bekanntlich ermutigte die Frau aus Magdala nach dem Tod Jesu die weinenden und klagenden Jünger. Und als Petrus Maria auffordert, von den Worten des »Retters« zu berichten, erzählt Magdalena von den Versuchungen, denen die Seele auf ihrer Reise ausgeliefert ist; die Erzählung wird aber von den Jüngern als nicht glaubhaft hingestellt. Nun klingt manches, was Jesus gesagt haben soll, tatsächlich vordergründig seltsam. Ein anderes Wissen schafft eben einen anderen Glauben, und der Glaube von Jesus und der von manchen seiner Anhänger scheinen ziemlich unterschiedlich gewesen zu sein. Das muß nicht nur die Vorstellung von einem Astralkörper gewesen sein, der schon in der Einweihungszeremonie der Isis als »Doppel« und »Ka« bekannt war, und an den man heute in nahezu allen esoterischen Lehren glaubt. Es gibt noch andere Begriffe in dem Glauben rund um Jesus, die erst durch eine esoterische, innere Sicht der Dinge ein wenig verständlicher werden.

Erinnern wir uns an Isis, wie sie sich auf der Mondbarke in einem ekstatischen Liebesakt über Osiris wirft, und an den Königssohn, der als ein »Versteher der Liebe« sterben mußte: Ist das nicht ein Hinweis auf eine völlig neue Art der Liebe, eine ohne Bedingungen, ohne »Wenn und Aber«?

Verstand der Knabe sie als eine völlige Hingabe an das All, in dessen Wirken auch der Tod seine Rolle spielen muß – und mußte er deshalb selbst sterben, um mit einem neuen Verständnis wiedergeboren zu werden? Ließ sich deswegen Jesus an das Kreuz als einen symbolischen Baum der Erkenntnis nageln?

Isis erinnert uns auch daran, daß die mystische Erfahrung immer wieder mit erotischen Symbolen umschrieben wurde. Ihre völlige Hingabe erinnert uns an die spirituelle Hochzeit zwischen Himmel und Erde, Mensch und Gott, die sowohl bei Jesus als auch bei seinen Nachfolgern in das Symbol des Brautgemachs gekleidet wird. Der Körper des Menschen wurde dabei zum Gefäß, zu einem Brautgemach für die Hochzeit mit einer höheren Welt. In einem in Nag Hammadi entdeckten Text, der sich »Authentikos Logos« nennt, wird berichtet, wie sich die Seele bemüht, Erkenntnis über Gott zu erlangen, wie dies aber mit Hilfe aller Predigten nicht gelingt. Schließlich kommt sie »zur Ruhe in dem Ruhenden, legt sich in das Brautgemach« – und bekommt endlich von jenem »Mahl«, das sie so lange gesucht hat.

Daran, daß der Weg zu höheren Erfahrungen über den Körper und seine Beherrschung führt, erinnert auch der umstrittene Begriff der Jungfräulichkeit. Nach einem äußeren Religionsbegriff mag die Jungfräulichkeit all das sein, was wir bereits gehört haben: die Erinnerung an die Zeiten, als die Frauen im Tempel ihre Sexualität der Göttin opferten, aber auch das Bemühen, einem Messias eine himmlische und unbefleckte Abstammung zu verleihen. Aus einer esoterischen Weltsicht aber ist die Jungfräulichkeit der Hingabe und dem bedingungslosen Akzeptieren der Isis zu vergleichen: dem Fehlen jedes Widerstandes und dem Überwinden alter negativer Prägungen in Körper und Gehirn.

Isis selbst galt übrigens als Jungfrau, als eine, die selbst ungeboren war und Horus unbefleckt empfing. In ihrer

Nachfolge waren auch alle Priesterinnen der Isis Jungfrauen, weil, wie Philo von Alexandrien ca. 30 n. Chr. schrieb, »die Zusammenkunft der Menschen, um Kinder hervorzubringen, aus Jungfrauen Frauen macht, wenn aber Gott beginnt, sich der Seele zuzugesellen, so bringt er es zustande, daß sie, die vorher eine Frau war, wieder zur Jungfrau wird«.

Damit hätten wir eigentlich auf einen Schlag viele der Querelen rund um die Jungfräulichkeit Marias geklärt. Wenn wir aber den Bogen noch ein wenig weiter spannen, finden wir noch eine andere Bedeutung der Jungfräulichkeit. Nach der Interpretation der C.-G.-Jung-Schülerin Esther Harding schafft der »hieros gamos«, die Vermählung mit Gott, eine Frau, die über die spezielle psychische Eigenschaft einer Jungfrau verfügt: Sie wird zu »Einer-in-sich-Selbst«, welche die männlichen Teile ihrer Seele nicht mehr auf einen männlichen Partner projizieren muß, der eine Art göttliche Autorität ausübt. War es genau das, was Jesus wollte, als er versprach, Maria Magdalena männlich zu machen, damit sie ein lebendiger Geist würde? Für jeden, der ein wenig mit dem Anima-Prinzip und den Teilen in der »Brust« eines jeden Menschen vertraut ist, auf die Jesus immer wieder anspielt, ist dann natürlich auch klar, daß die Jungfräulichkeit auch für Männer gilt. Auch sie müssen sich des weiblichen Teils in sich bewußt werden, ebenfalls »In-sich-selbst-Gefestigte« werden.

Die moderne Tiefenpsychologie erinnert an den Jesus-Ausspruch »Selig sind, die ein Einziger sind, und die Auserwählten, denn sie werden das Königreich finden« (Thomas der Zwilling 49). Das »einzig« ist jene Jungfräulichkeit in einem esoterischen Sinn, die in sich selbst ruht, befreit von Trieben und Begierden, die auf die Außenwelt gerichtet sind. Und sie ist auf jenes Brautgemach des Körpers gerichtet, das die moderne Esoterik als Seele in den subatomaren Bereichen unseres Körpers ortet.

Aber wir können Jungfräulichkeit und Brautgemach

ruhig den Zeiten hinterlassen, in denen andere als alltägliche Erfahrungen umschrieben werden mußten. Zweitausend Jahre nach Jesus weiß jeder, der nur ein wenig Tiefenentspannung und Meditation betreibt, daß dem Menschen sehr viel mehr Möglichkeiten offenstehen, als uns eine Epoche gelehrt hat, in der jedes Erdenleben nur vom Himmel abhängig war. Wenn Jesus und vielleicht auch Maria Magdalena eine Art Guru für ihre Anhängerschaft waren, so kann jeder heute sein eigener Lehrer sein. Wir wissen dies aus der Medizin, in der uns neue ganzheitliche Methoden zeigen, wie der Geist den Körper beeinflussen kann; wir kennen es von den verschiedensten Selbsterfahrungs- und Meditationsgruppen, und nicht zuletzt hat eine ganze Generation von psychedelisch Reisenden ähnliche Dimensionen besucht wie vielleicht einst die Schüler der Mysterienkulte.

Wenn es heute heißt, jeder könne sein eigener Guru sein, so hat diese Aufforderung uralte Wurzeln. Und auch diesen begegnet man schon im Mythos von Isis und Osiris: Der Königssohn, der die Absolutheit der neuen Form der Liebe begreift, wird auch Fischer genannt. Und Menschenfischer nannte sich später Jesus als derjenige, der durch seine Passion diese Liebe in die Welt bringen sollte.

Nun ist der Fisch ein sehr ambivalentes Symbol, und vielleicht begegnet man ihm deshalb immer wieder im Zusammenhang mit dem Religionsgründer Jesus. Einerseits steht der Fisch als Geschöpf des nassen, dunklen Wassers für den Instinkt und das Unbewußte im Menschen, das nicht so recht greifbar ist; andererseits wurde der Fisch oft mit Schlangen verglichen, deren Häutung so sehr der Wiedergeburt in den Mysterien glich. Vielleicht ist dies einer der Gründe, warum Jesus vor allem in der mittelalterlichen Mythologie oft als »Ichtyos«, als Fisch bezeichnet wurde. In der esoterischen Tradition eines inneren Kreises ging es aber anscheinend noch um mehr: Man sollte Fisch und Fischer sein, Schüler und Lehrer zugleich, und so also selbst jene Aufgabe übernehmen, die in der äußeren Religion Jesus als Menschenfischer übernommen hatte. Der Mensch, der am Göttlichen ebenso teilhat wie am Menschlichen, sollte durch Selbsterkenntnis und durch freiwilliges Leiden die Rolle übernehmen, die sonst Gott zukam: er sollte sein eigener Gott werden.

Vielleicht ist dies genau das, was uns Jesus mit dem Tod am Kreuz sagen wollte, und vielleicht hat ihm eine Eingeweihte namens Maria Magdalena dabei geholfen. Glaubt man den apokryphen gnostischen Evangelien, war sie auf jeden Fall diejenige, die einen großen Teil der ursprünglichen Lehre nach Ägypten gebracht haben könnte. Nach dem »Evangelium der Maria«, in dem zwar niemals ausdrücklich die Rede von Maria Magdalena ist, das man aber allgemein ihr zuspricht, war sie die Vertreterin der Gnostiker gegenüber der orthodoxen Gruppe des Petrus und den griechisch-reformistischen Bestrebungen des Paulus. Mit Jakobus könnte die Frau, die das All gekannt haben soll, also zur Überlieferung einer geheimen Tradition von Wissen geworden sein, das wir erst heute langsam wieder in einem größeren Ausmaß zu verstehen beginnen. Und damit würde Maria Magdalena nicht nur zur »Mutter« eines Glaubens für einige wenige – sie könnte auch zum Anstoß für einen größeren Glauben an Jesus als Symbol für viele werden.

Auf der Suche nach einem neuen Gottesbild

Tatsächlich ist es erstaunlich, welche Brisanz auch heute noch das Leben eines Mannes hat, das vordergründig sehr armselig verlief: geboren in einem Stall, verstorben zwischen zwei Schwerverbrechern. Das, was dazwischen lag, ein

Leben, das nicht so sehr dem Glauben als vielmehr dem Werk zur Bestätigung dieses Glaubens gegolten haben könnte, ragt jedoch noch heute als eine Art Wegweiser in unsere Zeit hinein. Und als jener Mann, für den Werk und Ziel immer auch der Weg war, hat Jesus heute noch eine Dynamik besonderer Art. Vor allem dann, wenn man zu überlegen beginnt, welche Rolle Religiosität in einem dritten Jahrtausend nach Christus noch spielen könnte.

Wir haben zweitausend Jahre hinter uns, in denen Gott zwar gepredigt, aber kaum je erfahren wurde. Die Gruppe um Jesus, vor allem um Maria Magdalena, der wir das Weiterleben der Botschaft Jesu verdanken, war wahrscheinlich auf der Suche nach einem modernen Gottesbild. Genau dies fehlt den modernen Gläubigen. Zwischen verkitschten Jesus- und Maria-Bildern werden die wichtigsten religiösen Probleme weggebetet. Es fehlen noch immer jene drei Grundbausteine jeder Religion, die Jesus einst in der Bergpredigt festgelegt haben soll: Liebe, Geduld, aber vor allem Toleranz. Jesus selbst sah dies voraus, als er über die Schriftgelehrten sagte: »Nach ihren Werken richtet euch nicht; denn sie sagen es nur, tun es aber nicht« (Mt 23,3). Die Geschichte seiner Kirche hat ihm recht gegeben, zwanzig Jahrhunderte wurde das Augenmerk auf eine sehr äußerliche Form der Religiosität gelegt und das Göttliche im Menschen vergessen. Katholiken durften Anhänger und Anbeter Jesu sein, aber nie jene Nachfolger, die Jesus suchte, wenn er nach der Liebe und dem Glauben immer wieder das Werk forderte.

Jesus bezeichnete seine Jünger einst als Kinder auf einem Feld, das ihnen nicht gehört – sehr viel mehr hat sich seit seiner Zeit nicht geändert. Seine männlichen Nachfolger, im Laufe der Zeit zu höchsten irdischen Würden gekommen, tummelten sich zwar durchaus auch in göttlichen Regionen, aber es war eben bis heute ein Feld, das ihnen nicht gehörte. Im Namen des Vaters, des Sohnes und eines vermännlichten Heiligen Geistes, verwaltete man dabei ausschließlich das irdische Leben. Immer war mehr von Sünde und Unzucht, von Opfern und Reue die Rede als von jener Selbsterlösung, die Jesus forderte. Davon profitierte nicht nur die Kirche – denn ohne Schuld und Sühne, ohne etwas zu Verzeihendes, würde es sie nicht geben. Es entstand auch jener menschliche Selbsthaß, der die Nachfolger Jesu (und die meisten ihrer Zuhörer) alles das hassen ließ, was nicht wie sie war. Und so wie einst Maria Magdalena nicht auf das Feld der Apostel paßte, so passen auch heute kritische Frauen nicht hinein, die immer wieder auf die wahren Anliegen einer Kirche hinweisen.

Die Welt der auf einem fremden Feld spielenden Apostel war mit ihrem männlichen Himmel zwanzig Jahrhunderte lang jener äußere Kreis der Religion, auf den auch Jesus hinwies. Diese kleine Welt einiger zölibatärer Männer baute ein Reich Gottes auf, dessen Betonung auf der irdischen Macht der Kirche, der Abhängigkeit und der Angst der Menschen lag. Daran hat sich bis heute nichts geändert.

»Zuchtloser Akt« betitelte nicht zufällig im Herbst 1992 das Nachrichtenmagazin »Der Spiegel« seinen Artikel über den neuen römisch-katholischen Weltkatechismus. Über das neue Moral- und Glaubensbuch ließe sich viel sagen, kurz zusammengefaßt zeichnet sich aber genau jenes Bild ab, das der »Spiegel« über die Aktualisierung der christlichen Botschaft zeigt: Den Gläubigen wird klargemacht, was Gott und Kirche nicht von ihm wollen (Steuerbetrug, Drogenhandel, Schmiergeldzahlungen, Terrorismus, Facelifting, den Blick ins Horoskop, Gen-Manipulation, Alkohol am Steuer und sogar die Schädigung der Umwelt); was sie von ihm wollen (Gehorsam als Schüler, Angestellter und Bürger gegenüber Lehrern, Bossen und natürlich dem Vaterland), zusätzlich lernt man, was man am besten verleugnen muß (Homosexualität, in derem Fall der Akt »wahrhaft ungeordnet« ist und dem »natürlichen Gesetz« widerspricht; Masturbation gilt als ein »schwer zuchtloser Akt«; mißlungene Ehen, bei denen es gilt, weiterhin das Kreuz auf sich zu nehmen und natürlich die Gefühle eines Priesters zu einer Frau – denn das Pflichtzölibat bleibt ohne den kleinsten Zweifel).

Diesem typisch patriarchalen System von Verboten, Forderungen und Leugnung all dessen, was nicht in die Vorstellung von männlichen Kirchenvätern paßt, fügt der erste Katechismus seit dem Konzil von Trient (1545–1563) noch den Zusatz hinzu, daß die Frau dem Mann »als Hilfe gegeben« ist, beide Geschlechter unterschiedliche Rechte, Pflichten und eine unterschiedliche Verantwortung haben – und natürlich sind weiterhin nur Männer für das Priesteramt vorgesehen. Nichts Neues also unter der Sonne des einen Mannes im Himmel? Oder doch?

Kennzeichen unechter Religion scheint mir zu sein, daß sie sich an die Angst der Menschen hält. Genau in diese Richtung sind die 2865 Katechismus-Paragraphen geschrieben; die Nächstenliebe, das Alpha und Omega christlicher Ursprungszeiten, kommt in ganzen fünfzehn Zeilen vor. Echte Religion aber orientiert sich an der Liebe. Und heute begreifen vor allem Frauen innerhalb und außerhalb der Kirche, daß das Reich Gottes weit über jede Kirche hinausgeht.

»Ich habe gesagt: Götter seid ihr!«

Jesus beschrieb dieses Reich einst als eine innere Entwicklung des Menschen. Man sollte ihm heute vor allem in dieser Hinsicht genauer zuhören. Denn nachdem Christus zweitausend Jahre lang als das Heilige, das Wahre und Echte über einem sehr äußerlichen Religionsverständnis schwebte, wird heute der Unterschied zwischen unechter und echter Religiosität immer augenscheinlicher. Die Menschheit ist längst auf der Suche nach einem umfassenderen und sehr viel toleranterem Gottesbild, in dem vor allem auch die Gleichberechtigung der Frau ihren Platz hat. Der erste und wichtigste Schritt dabei ist eine Befreiungstheologie der Frau, die ja mit Maria Magdalena als Galionsfigur auch am Beginn der geschwisterlichen Kirche stand. Dazu aber müssen sich die Frauen ihrer religiösen Wurzeln erinnern. Einst war Isis das All, das Vergangene, Gegenwärtige und Zukünftige, später gab es im Himmel nur mehr einen sehr männlichen Gott. Aber schon dessen Sohn kündete von jener geistigen Androgynie, von jener Zweigeschlechtlichkeit im Denken, die jenseits des rein irdischen Körpers herrscht – und er versprach sie vor allem Maria Magdalena als seiner wichtigsten Nachfolgerin. Um sich heute dem Gottesbild von einem mütterlichen Vater oder einer väterlichen Mutter, einem geistigen Prinzip jenseits aller irdischen Verschiedenartigkeiten zu nähern, müssen sich die Frauen der wechselvollen Geschichte der Religionen bewußt werden: Diese religiöse Geschichte birgt die Zeiten, in denen Gott eine Frau war, ebenso wie den weiblichen Kreuzgang durch eine Männerkirche, die sich auf einen Mann beruft, der vor zweitausend Jahren gekreuzigt worden sein soll, weil er gegen ungerechte Gesetze rebellierte.

Es müssen sich aber nicht nur die Frauen aus den Fesseln befreien, die ihnen im Namen eines männlichen Glaubens jahrhundertelang auferlegt wurden; es müssen auch die Männer jene Fesseln ablegen, die sie sich unbewußt selbst verpaßten, als sie den Frauen jeden Einfluß in der Kirche nahmen.

Mit der Emanzipation der Frau ist es also nicht getan. Auch die Männer müssen sich von jenem Frauenbild verabschieden, das die Nachfolger der Apostel uns allen mitgaben – schon dadurch, daß sie allein auf einem männlichen Feld

Vermittler für das Himmelreich spielten. Heute ergeht der Ruf zur Emanzipation auch an sie. Maria Magdalena, die erste und wichtigste Stellvertreterin Jesu, zeigt uns, daß dieser nicht nur ein neues Gottesbild wollte, sondern vor allem ein neues Bild vom Menschen.

Dieser Auftrag harrt noch immer seiner Erfüllung – und gleichzeitig ist er wichtiger denn je zuvor. Das Gottesbild, aber auch das Menschenbild der Gegenwart ist zu schwach für die Zukunft, es hat keine Kraft zur Erneuerung und wird einer immer widersprüchlicher werdenden Welt nicht gerecht. Ein verkopftes Christentum braucht dringend die dynamische Kraft des Weiblichen. Vor allem aber brauchen zweitausend Jahre lang verängstigte und bevormundete Gotteskinder endlich die Gewißheit, daß das Göttliche in ihnen selber steckt. Erst dann wird die Menschheit jenen nächsten Evolutionssprung machen, nach dem die Verantwortung für das eigene Schicksal und die Beziehung zu den Mitmenschen und der Umwelt nicht in einen ominösen Himmel verschoben, sondern endlich in sich selbst gesucht wird.

Vor sehr langer Zeit sprach einer der größten Meisterpsychologen der Menschheit das vielleicht revolutionärste Wort in dieser Menschheitsgeschichte: »Ich habe gesagt: Götter seid ihr!« Der Meisterpsychologe war Jesus. Er wurde schon damals, wenn man Johannes Glauben schenkt, der Gotteslästerung angeklagt (Joh 10,33–35). Genaugenommen aber wiederholte Jesus dabei nur einen Satz, der angeblich aus noch berufenerem Munde stammen soll. Denn die revolutionäre Passage steht schon im 82. Psalm, in dem es heißt: »Wohl habe ich selber gesagt, daß ihr Götter seid.« Diese Göttlichkeit gilt es heute neu zu entdecken. In esoterischen Gefilden tut dies bereits eine gar nicht so geringe Zahl der verschiedensten Göttinnen-Gott-und-Göttlichkeitssucher; trotzdem führt auch an der katholischen Kirche heute kein Weg vorbei. »Wehe euch Gesetzgelehrten! Ihr habt den

Schlüssel zur Erkenntnis weggenommen; ihr selbst seid nicht hineingegangen, und die, welche hineingehen wollten, habt ihr daran gehindert« (Lk 11,52), schleuderte ein kompromißloser Jesus den Priestern seiner Zeit entgegen – dem bleibt auch heute nichts hinzuzufügen.

An der Schwelle zum neuen Jahrtausend

Wie ein Puzzle haben wir die verschiedensten Möglichkeiten eines Bildes von Maria Magdalena zusammengefügt. Wenn wir uns jetzt fragen, was uns heute an der Zeitenwende zu einem dritten Jahrtausend eine Frau sagt, die irgendwann vor zweitausend Jahren geboren wurde, so müssen wir uns zuerst einmal klar darüber werden, daß es erst seit kurzer Zeit möglich ist, diese Frage überhaupt zu stellen. Noch vor ein-, zweihundert Jahren war die Behandlung eines biblischen Stoffes außerhalb des theologischen Rahmens völlig unmöglich. Wenn wir noch ein wenig weiter zurückgingen, würden Schreiber und Leser eines solchen Stoffes wahrscheinlich auf dem Scheiterhaufen gelandet sein. Trotzdem klang gerade die Maria-Magdalena-Idee immer wieder in allen Bereichen der Kunst an. Die Kunst war noch bis vor kurzem die einzige Möglichkeit, zumindest symbolisch einen Kampf gegen religiöse Lehren und Dogmen zu führen. Neben der Kanzel war die Kunst jener Schauplatz, auf dem Maria Magdalena daher auf sehr verschiedene Art und Weise zu einem Mythos wurde, der in der letzten großen Epoche Gegenwart und Zukunft maßgeblich mitbestimmen sollte. Über den Mann, an dessen Seite die Frau aus Magdala berühmt wurde, sagte zu Beginn des 16. Jahrhunderts Papst

Leo X. wortwörtlich: »Er ist uns sehr nützlich gewesen, dieser Mythos Christi.«

Am Beginn des dritten Jahrtausends nach der Zeitenwende geht es nicht mehr nur um den Mythos Jesus, es geht um den Mythos des Weiblichen in der Bibel. Religionsgeschichte kann nämlich heute als vielerlei definiert werden. Für den Gläubigen ist es sicherlich zuallererst die Geschichte seines Glaubens; darüber hinaus aber ist die Geschichte jeder Religion auch eine des Einflusses und der Wirkung ihrer Symbole. In der Theologie ebenso wie in der Kunst ist Maria Magdalena zwischen Eva und der Muttergottes das wichtigste weibliche Symbol im Christentum. Sie ist der für jeden Menschen nachvollziehbare Mittelweg zwischen tiefster Sünde und höchster Gnade. Sie belastet uns zwar nicht mehr mit der Erbschuld Evas, aber sie fordert von uns auch nicht die unerreichbare Heiligkeit einer »Unbefleckten Empfängnis«. Vierhundert Jahre nachdem der Mythos Jesus *expressis verbis* als nützlich erkannt wurde, müssen wir uns daher fragen, wie nützlich der Mythos der Maria Magdalena war.

Und beinahe scheint es so, als ob ihr Schatten tatsächlich noch immer über der Welt schweben würde. Denn es gab nicht nur vor zweitausend Jahren eine Maria Magdalena – es gibt auch eine Maria Magdalena der Zukunft.

Spricht man heute Frauen auf ihre Beziehung zur Frau aus Magdala an, berichten diese zumeist von der Fußsalbung, von Liebe und Reue und von der weinenden Magdalena am Grab Jesu. Befragt man Männer, so sagt ihr vieldeutiges Lächeln oft mehr als die ausführlichste Antwort: Für die Männerwelt ist Maria Magdalena noch immer der Inbegriff der schönen Sünderin, die durch ihre späte Reue etwas ehrbarer wurde. Der Mythos hat also, auch wenn heute biblische Fragen kaum mehr eine Rolle spielen, zumindest unterirdisch noch immer seine Wirkung. Magdalena kündet auch zweitausend Jahre nach ihrem Auftritt in der Menschheitsgeschichte davon, daß Frauen die Verführerinnen sind und als Strafe dafür zu Büßerinnen und Dienerinnen gemacht werden müssen. Inzwischen ist die Menschheit auf dem Weg ihrer Evolution ein gutes Stück vorangeschritten. Die Messiasvorstellungen sind größer und weiter geworden – nur die weibliche Symbolik im Neuen Testament wird noch immer viel zu wenig hinterfragt. Dies wirkt sich auf uns alle fataler aus, als wir es uns vorzustellen vermögen. Das Symbol, das im Unbewußten sein eigenes bildhaftes Spiel treibt, läßt uns so lange nicht aus seinem Machtbereich, als wir es nicht durchschaut und erforscht haben. Man muß heute keinen besonderen Glauben mehr haben, man muß nicht in die Kirche gehen, muß auch gar nicht Frau sein: Der Mythos der dienenden Sünderin wirkt sich auf Männer und Frauen, auf Gläubige und Ungläubige aus, denn er steigt aus der Tiefe unseres Unbewußten, das so wenig Beziehung zu unserem rationalen äußeren Leben hat. Mit diesem sehr fortschrittlichen und logischen Leben einer hochindustrialisierten Gesellschaft scheint die Frau aus Magdala auf den ersten Blick absolut nichts zu tun zu haben. Und doch ist auch der Mythos Maria Magdalena noch immer sehr hilfreich, wenn es um einengende Geschlechterschranken geht.

Stellvertreterin der sündigen Menschheit

Die unterirdische Triebkraft eines Symbols hat uns die Geschichte der Religion gezeigt: Aus der lebenspendenden Göttin wurde die Gattin eines Gottes, später die Mutter von göttlichen Söhnen. Das himmlische Symbol, das einer Gesellschaft und dem Leben auf der Erde entsprach, übte schon immer eine unbezwingbare Anziehungskraft auf die

Menschen aus. In der Stunde Null unserer Zeitrechnung wurde aus dem noch immer strafenden und jähzornigen Gottvater ein liebevollerer, der seinen Sohn ein neues Liebesbewußtsein auf die Erde bringen ließ. Doch immer hatte diese Liebe für die Sünden zu büßen, die man dem vorhergehenden Zeitalter der offenen Sexualität auflud – und diese formte auch das Bild der Maria Magdalena.

Am deutlichsten wird die Rolle der Frau aus Magdala in der Kunst. Sowohl in der Dichtung als auch in der Malerei und der Musik ist sie die Stellvertreterin der sündigen Menschheit, die durch die Auferstehung erlöst wird. Sie ist diejenige, die einen Schritt von Eva weg gemacht hat, welche die Urmutter, das unerlöste Heidentum und die unerlöste Menschheit des Alten Testaments symbolisiert. Als demütig bereuende Sünderin bei der Fußwaschung macht sie den ersten Schritt hin zu jener Bekehrung, die unter dem Kreuz ein vorläufiges Ende findet. Als Paradebeispiel der passiven-liebenden Frau prägte sie so nicht nur die Kunst, sondern auch das Leben des Alltags. Ihre spätere mögliche Entwicklung als Lehrerin und Anführerin der Gnostiker, die sie wahrscheinlich zur Gegenspielerin der paulinischen Kirche werden ließ, wird nur manchmal angedeutet. So tritt sie etwa im Großen Benediktbeurer Passionsspiel des Mittelalters von einem Teufel begleitet auf die Bühne, um dort von den Freuden des weltlichen Lebens zu berichten. Erst auf die dreimalige Ermahnung des Engels hin legt sie einen schwarzen Umhang an, um Jesu Füße im Hause des Simon zu salben. In der Kunst der christlichen Mystik wird sie zur Braut Gottes, deren Kranz die Ewigkeit ist; oftmals folgt dabei auf die leidenschaftliche Hingabe an Jesus eine leidenschaftliche Kasteiung, die schließlich zur mystischen Ekstase wird.

Maria Magdalena bleibt also in jedem Fall das Bindeglied zwischen der Frau, die uns als Eva die Erbsünde vermacht hat, und Maria als derjenigen, die durch ihre Heiligkeit von der Erbsünde verschont blieb. Und die Frau aus Magdala wird zum Symbol für alle Arten der Sexualität: für eine offene, sinnenfreudige, die ebenso verdammt wie insgeheim bewundert wird; für eine rechtschaffen dienende, und für eine Sexualität, die in einem höheren Glauben, in der Hingabe an Gott, sublimiert wird.

Im 15. Jahrhundert erscheint sie in einem Mysterienspiel, in der Passion d'Angers von J. Michel, als reiche und elegante und von ihren Dienerinnen verwöhnte Kurtisane auf dem Schloß zu Magdala. In anderen Mysterienspielen behandelte man den Gegensatz zwischen der leichtsinnigen Magdalena und der ehrbaren Martha und legte dabei anscheinend nicht zu viel Gewicht auf den Ausspruch Jesu, Maria habe den besseren Teil gewählt, indem sie seinen Lehren zuhörte. Zumeist endeten die Spiele nämlich in der büßenden Umkehr der lebenslustigen Maria Magdalena, die damit zum großen Vorbild für die Frauen wurde, obwohl man kurz zuvor noch ihre Schönheit als Buhlerin bewundern durfte.

Dieses zwiespältige Bild Magdalenas kommt auch in den drei neuen Versionen der Frau an Jesu Seite zum Ausdruck, die im Laufe des Mittelalters auftauchten. In der »Legenda aurea« wird am Ende der Geschichte, nachdem Maria Magdalena nach Frankreich kam, dort lehrte und Wunder wirkte, erwähnt, daß sie die Braut des Johannes gewesen sein könnte: »Es sprechen etliche, daß Maria Magdalena Sanct Johannis des Evangelisten Braut sei gewesen; und da sie Hochzeit wollten halten, rief der Herr den Johannes zu sich vor der Hochzeit: da ward sie zornig, daß sie ihres Gemahles beraubt war, ging hin und ergab sich der Wollust.«

Man sieht: die Unsicherheit darüber, wer diese Frau war, ist groß. In der »Legenda aurea« verhieß Jesus Magdalena das geistige Prinzip der Liebe. Er wollte nicht, daß die Berufung des Johannes zu einer Verdammung Maria Magdalenas führen sollte, und er brachte sie »zur Buße«. »Und weil er sie von den höchsten leiblichen Gelüsten kehrte, so erfüllte er sie dafür mit der höchsten geistlichen Liebe.« Läßt man sich diese Worte aus dem Mittelalter auf der Zunge zergehen, bekommt man vielleicht ein Gespür dafür, wie groß die damalige Kluft zwischen der Körperlichkeit des Menschen auf der einen Seite und der Geistigkeit auf der anderen gewesen sein muß. Dies offenbart uns eine andere mögliche Funktion religiöser Symbole: Im Laufe der Geschichte scheinen sie nicht selten dazu verwendet worden zu sein, um die Triebnatur des Menschen zu zähmen. Nicht nur Tabus und Sitten wurden errichtet, um den Instinkt des Menschen, vor allem die ungebändigte Geschlechtlichkeit im Zaum zu halten, die am Anfang der Menschheitsgeschichte gestanden haben dürfte. Auch ein Mythos wie der Maria Magdalenas war ein gutes Werkzeug, um die Sexualität zu bändigen. Moderne Künstler haben diese Rolle der Frau aus Magdala durchaus durchschaut. Während in den alten Interpretationen die schillernde Faszination, die Magdalena umgibt, nur sehr zaghaft hervorblinzelt, begegnen wir ihr ab dem 19. Jahrhundert immer häufiger. Magdalena wird dabei unter anderem zur Braut des Judas, der ihretwegen Verrat an Jesus begeht; sie nimmt sich einen römischen Liebhaber, um Jesu Tod zu verhindern, oder sie ist die Frau eines Rabbiners, die als Geliebte eines Römers gesteinigt werden soll. In der jüngsten Vergangenheit wagt sich vor allem die Belletristik an immer weitere Magdalena-Bilder heran, die alle eines gemeinsam haben: Sie schließen Jesus mit ein und verleihen auch ihm immer neue Rollen.

Die aufrührerischste Version eines neuen Jesus-Bildes lieferte wohl D. H. Lawrence, der in seiner Novelle »Der Mann der starb« die sexuelle Begegnung Jesu mit einer Isis-Priesterin in einem Mysterientempel beschreibt. Nach einer Art tantrischer Einweihung verkündet Jesus: »Ich bin auferstanden!« Dies mag zwar für einen gläubigen Christen schockierend klingen, es schmälert allerdings nicht unbedingt die Größe des Bildes Jesu. Nach allem, was wir von den Mysterien wissen, gehörten sowohl Drogen als auch die Sexualität zu den Einweihungsriten, welche die Initianden zu einem höheren Bewußtsein führen sollten. Moderne Tantristen sehen in der sexuellen Triebkraft einen geheimen Schlüssel sowohl zum Körper als auch zu den Vorgängen des Gehirns und des Denkens, und niemand kann heute mit Sicherheit sagen, ob der in so viele Geheimnisse des Lebens eingeweihte Jesus nicht auch in die Mysterien der Sexualität eingeführt worden ist. Zieht man diese Hypothese ebenso in Betracht wie alle anderen Vermutungen rund um Jesus, so hätte durchaus Maria Magdalena als Isis-Priesterin den Meister in die Mysterien der Sexualmagie einführen können.

Wir kennen heute Jesus in anderer Beziehung als Magier, als einen Menschen mit besonderem Wissen und besonderen Kräften, als einen, der heilte und Wunder tat. Wenn man sich also fragt, ob Jesus in dem Sinn ein Magier war, als Magie immer mit einem anderen Bewußtsein von den verborgenen Energien und Kräften hinter allem Sichtbaren zu tun hatte, so gehört die tantrische Sexualmagie durchaus in diesen Bereich. Vielleicht ist sie sogar die logische Konsequenz der Beziehung zwischen dem Meister der letzten Zeitenwende und der schillernden Frau an seiner Seite.

Zieht man am Ende dieses Buches eine vorläufige Bilanz,

so treffen sich neben allen Vermutungen, neben naheliegenden und ferner liegenden Hypothesen drei rote Fäden, die abgesehen von allen anderen Details das Leben von Jesus durchziehen. Der erste Faden ist der Menschheit seit zweitausend Jahren bekannt – es ist die Tatsache, daß Jesus ein außergewöhnlicher Mensch gewesen sein muß, einer der großen Vermittler zwischen Himmel und Erde, die im Laufe der Geschichte immer wieder mit dem Hinweis auf das höhere Erbe des Menschen auftauchten. Daß Jesus selbst vielleicht der Erbe eines solch höheren Erbes sein könnte, ist der zweite rote Faden, der uns bis in die Gegenwart begleitet. Die Abstammung Jesu war anscheinend schon zu seinen Lebzeiten ein Geheimnis, sie war der Gegenstand vieler Heiligengeschichten im Mittelalter. Geheimnisumwoben war sie bei den Gnostikern, in deren Schriften immer wieder vom »wahren Geschlecht« die Rede ist, noch geheimnisvoller wird sie durch die moderne Geschichte der Prieuré de Sion als einer Art politische Nachfolgepartei des Geschlechts Jesu und als mögliche Königsmacher des nächsten Jahrtausends.

Der dritte große Faden aber ist bei weitem der geheimnisvollste. Er zieht sich unterirdisch durch die letzten zweitausend Jahre, ebenso wie er sich durch das Leben des engsten Kreises um Jesus und Maria Magdalena gezogen haben könnte. Und die Brisanz dieses dritten Fadens führt uns weit über die Vermutung von D. H. Lawrence, Jesus sei von einer Isis-Priesterin namens Maria Magdalena in die Geheimnisse der Sexualität eingeweiht worden, hinaus. Diese dritte große rote Linie beginnt dort, wo auch in den von der Kirche anerkannten Evangelien immer wieder von Geheimnissen die Rede ist, die nur für einen sehr kleinen Kreis bestimmt sind. Selten aber hat man sich gefragt, was hinter dieser Botschaft von einer Lehre für Auserwählte und einer für den Rest der Welt tatsächlich steckt. Auf der einen Seite ist sie relativ leicht erklärlich, als eine Glaubensbotschaft für die vielen und als ein Aufruf zur Selbsterkenntnis für einen kleinen Kreis, der dazu fähig ist; auf der anderen Seite nimmt der rote Faden der Geheimhaltung vor allem bei den Gnostikern Ausmaße an, die dahinter etwas sehr viel Schwerwiegenderes vermuten lassen.

In einem Brief des Jakobus, von dem man vermutet, daß sich dahinter der Bruder Jesu verbirgt, an den Sohn Kerinthos, heißt es: »Du hast mich gebeten, dir jene geheimen Lehren zu verkünden, die mir und Petrus von Jesus Christus, unserem Herrn, geoffenbart wurden. Doch es gibt Dinge, über die zu sprechen sich nicht schickt.« Der Verfasser des Briefes berichtet dann weiter, warum er trotzdem auf die Bitte eingeht, um aber dann zu warnen: »Darum sei sorgsam und hüte dich, diese geheime Lehre einem Unwürdigen mitzuteilen! Denn diese Lehre wollte der Erlöser nicht einmal allen von uns, seinen zwölf Jüngern, mitteilen.«

Im Evangelium nach Thomas dem Zwilling fragen die Jünger nach einer Unterredung zwischen Thomas und Jesus: »›Was hat Jesus dir gesagt?‹ Thomas antwortet ihnen: ›Wenn ich euch nur eines der Worte sage, die er zu mir sprach, werdet ihr Steine nehmen und sie gegen mich werfen und Feuer wird aus den Steinen kommen und euch verbrennen.‹«

Die geheime Lehre des Meisters scheint also tatsächlich eine ganz besondere Perle gewesen zu sein, mit Sicherheit aber eine, die nicht einmal für alle Jünger bestimmt war. Fragt man sich heute nach der Besonderheit dieses gut gehüteten Wissens, so kommt man an der Tatsache nicht vorbei, daß die Zeiten Jesu bekanntlich genau jener Zeitabschnitt waren, zu dem es zum letzten großen Zusammenprall zwischen den alten Fruchtbarkeitsreligionen und einer Religion kam, die den Eros zu tabuisieren begann. Auch dieser Zusammenprall mischt sich unter die drei großen roten Fäden – nur daß die Möglichkeit eines unterirdischen Stromes, in dem uraltes erotisches Wissen nicht zuletzt mit der

Hilfe Jesu und Maria Magdalenas weitergegeben wurde, heute noch zu wenig in Betracht gezogen wird.

Um solch einen Strom durch die Jahrtausende zu verstehen, versetzt man sich am besten in das Jahr 3000 vor Christus: Von Indien über den heutigen Iran, den Irak, Syrien, Israel und Ägypten herrschten blühende Kulturen, in denen die Sexualität eine hervorragende Rolle spielte. Das Mittelmeer war ebenfalls eingerahmt von mediterranen Zivilisationen, in denen man daran glaubte, daß Gott an der Schöpfung mittels des Eros teilnehmen würde. Funde und Ausgrabungen aus der heutigen Türkei, aus Griechenland, Italien, Spanien, Tunesien und Marokko beweisen, daß die damaligen Kulturen keineswegs primitive Fruchtbarkeitskulte waren, sondern die Verehrung der Sexualität bis zu den höchsten geistigen Stufen reichte. Der Geschlechtsakt galt als heilig. Er war das Spiel der Götter, das nicht nur im Himmel gespielt wurde, sondern im Andenken daran auch auf Erden.

Dann fielen jene nomadischen Reiterstämme in alle diese Zivilisationen ein, die später als Indogermanen oder Arier ruhmreich in die Geschichte eingehen sollten. Als Brahmanen machten sie in Indien dem erotischen Lebensgefühl ein abruptes Ende, unter den Israeliten waren es die Leviten, die dem Eros den Kampf ansagten – und in der Nachfolge des strengen Herrn im Himmel des Judentums war es das Christentum, das die alten Fruchtbarkeitskulte mit strengen Tabus bekämpfte und dabei selbst zu einer Art Sterilitätskultur wurde.

Trotzdem vergaß das Unbewußte der Menschheit nie seine zutiefst erotischen Wurzeln. Alle großen Mythen erinnern daran, daß die Sexualität einst heilig war – und bei genauerem Hinsehen gibt und gab es immer Gegenbewegungen zu den strengen moralischen Gesetzen der Indogermanen und ihrer Nachfolger. Der Tantrismus in Indien war solch eine typische Reaktion auf die strengen Kastengesetze und eine neue Moral, die den Frauen alle Rechte nahm; und wie es aussieht, gab es unter den Gnostikern eine ebensolche Gegenbewegung gegen die strengen Gesetze der Juden. Die Troubadourbewegung im mittelalterlichen Frankreich war ein Aufflammen der erotischen Urreligion gegen das die Sexualität unterdrückende Christentum der damaligen Zeit. Und bei genauerem Hinsehen fügen sich in die Reihe solch möglicher Gegenbewegler Jesus ebenso ein wie die Katharer, die Erfinder des Gralsmythos, oder die Templer.

Im Evangelium nach Thomas dem Zwilling fragen die Jünger Jesus, wann er sich ihnen offenbaren wird. Die Antwort darauf befremdet nach zweitausend Jahren, in denen die Scham beinahe schon eine erlösende Rolle gespielt hat – Jesus antwortet nämlich: »Wenn ihr eure Scham ablegt und eure Kleider nehmt und unter eure Füße legt, wie die kleinen Kinder, und sie mit Füßen tretet, dann werdet ihr den Sohn des Lebendigen sehen…« Der Sohn des Lebendigen galt bei den Gnostikern als Seele. Im Evangelium der Maria sagt Jesus ausdrücklich: »… der Sohn des Menschen ist inwendig in euch. Ihm sollt ihr nachgehen.«

Aus dieser Sicht bekommt auch der Begriff »Menschensohn« eine innere, esoterische Bedeutung. Nach einem modernen Verständnis kann man diesen »Sohn des Menschen«, also die Seele, als Bioplasma ansehen; als jene subatomare Welt des Körpers, in die man nach tantrischer Meinung am besten mit Hilfe der Sexualität gelangt. Unsere moderne, von Sex besessene oder teilweise auch schon wieder frustrierte Welt stellt sich unter Tantra zwar hauptsächlich die ausgefallensten Stellungen beim Geschlechtsverkehr vor, bei genauerem Hinsehen aber ist Tantra eine orgiastische Lebensphilosophie, der es vor allem um die Verbindungslinien zwischen allem und jedem geht. Tantra trennt nicht, Tantra vereint. Und wo könnte dies besser geschehen als beim Geschlechtsakt, der für den Menschen der einzige Weg ist, um seine Ichhaftigkeit zu transzendieren.

Auf einen sehr simplen Nenner gebracht, ist die Sexualität eine Art Fährmann, der die Menschen allein dadurch ans andere Ufer bringen kann, daß sie während des Geschlechtsaktes ganz auf ihren Körper konzentriert, zumeist entspannt und hingabebereit sind, und sich voll und ganz okay fühlen. Dieser Zustand, den unser auf die Außenwelt gerichtetes Denken nur selten erfährt, ist das ideale Sprungbrett, um höhere Bewußtseinszustände zu erleben. Etwas komplizierter ausgedrückt, setzt gerade die Sexualität psychische und physische Energien frei, die uns Zugang zu inneren Welten verschaffen.

Vielleicht spielte Jesus auf solch eine Art erotischer Meditation an, wenn ihm im bereits erwähnten Kerinthos-Brief folgende Worte in den Mund gelegt werden: »Begehrt das Fleisch denn nicht nach der Seele? Wahrlich, ohne die Seele kann der Leib nicht sündigen, wie die Seele nicht ohne den Leib erlöst werden kann.«

Erlösung durch den Leib ist auch das Ziel des Tantrismus. Die normale Sexualität spielt dabei nur die Rolle der untersten Stufe: Mit den verschiedensten Methoden wird versucht, die erotische Energie durch den ganzen Körper fließen zu lassen. Eine wichtige Rolle spielen dabei die Chakras, die im Tantrismus als Energieräder angesehen werden, die Geist, Seele und Körper verbinden. Anatomisch gesehen kann man sie mit den wichtigsten Nervengeflechten des autonomen Nervensystems vergleichen. Ziel jedes tantrischen Aktes ist es daher, immer höher steigend ein Rad nach dem anderen in Aktion zu setzen, so lange, bis das Energiezentrum im Genitalbereich und im Gehirn verbunden sind und der Mensch quasi erleuchtet ist.

Genaugenommen ist es eine Integration des gesamten Nervensystems, die dadurch erreicht wird, daß man nicht, wie allgemein üblich, auf den Orgasmus losstürmt, sondern seine Leidenschaften so lange beherrscht, bis der Orgasmus wie eine Rakete explodiert, die das normale Ego-Bewußtsein einfach mit sich reißt.

War es diese ungezügelte, ganz normale Leidenschaft, welche die Gnostiker immer wieder bekämpften und die im »Brautgemach«, von dem so oft die Rede ist, umgewandelt wurde? Hinweise darauf gibt es genug. So ist im Philippus-Evangelium die Rede von »diesem Licht im Fleisch«, und später davon, daß es nötig ist, in diesem Fleisch aufzuerstehen, was tatsächlich fatal an D. H. Lawrence und seinen dank der Sexualität auferstandenen Jesus gemahnt. Im selben apokryphen Evangelium gibt es den Hinweis auf drei Bäume in der Mitte des Paradieses: Nun ist der Baum des Lebens sehr oft ein Synonym für die Kundalini-Schlange der Tantriker, für die Wirbelsäule, die zentrale Lebensachse des Menschen. Laut dem Tantrismus befindet sich in ihr nicht nur der wichtigste Teil unseres Nervensystems, sondern auch sublimierte sexuelle Energie, durch deren »Hochziehen« beim Geschlechtsakt man nicht nur Erleuchtung, sondern auch Gesundheit und sogar ewiges Leben erlangen kann. Bei den Gnostikern dürfte man das sehr wohl gewußt haben. Immer wieder findet man bei ihnen den Hinweis auf verschiedene Arten der Sexualität. So bringt der eine Baum im Paradies Tiere hervor, die wiederum Tiere hervorbringen. Der andere schafft Menschen, und von einem dritten sagte Philippus: »Aber der Baum des Lebens ist in der Mitte des Paradieses, und der Ölbaum, dem die Salbung entstammt. Durch sie (entstand) die Auferstehung.«

Der Baum des Lebens und das Symbol der Schlange gehören ohne Zweifel zu den wichtigsten Symbolen der Menschheit. Wie wir gesehen haben, kann man sie auf sehr vielen verschiedenen Ebenen auslegen. Als die Embleme einer uralten erotischen Kunst, der Fähigkeit, die Kraft des

Sexus nicht nur biologisch, sondern auch geistig zu nützen, vereinen sie aber viele vorherige Deutungen. Die Schlange steht für den Phallus, für das Aufsteigen der sexuellen Urenergie durch die Wirbelsäule; sie ist aber gleichzeitig das Wappentier der Göttin, das Symbol für die Offenheit und Hingabe alles Weiblichen. Eines der Mysterien des Tantrismus ist die Energie, die beim Geschlechtsakt durch das Zusammentreffen dieser passiven, weiblichen und der aktiven, männlichen Kraft entsteht. Vielleicht hat das Philippus-Evangelium genau jene polare Wiedervereinigung im Auge, wenn es davon spricht, daß die Erlösung im Brautgemach stattfindet. Für die Gnostiker war die Trennung von Mann und Frau der Anfang des Todes. Aber laut Philippus kam Jesus, »damit er die Trennung, die von Anbeginn bestand, wieder beseitige und sie beide vereine...«.

Aber auch in diesem Zusammenhang folgt sogleich die Unterscheidung zwischen normaler Sexualität und einer Art tantrischer Meta-Sexualität: »Die sich aber im Brautgemach vereint haben, werden sich nicht mehr trennen. Deshalb trennte sich Eva von Adam, weil sie sich nicht mit ihm im Brautgemach vereint hatte.«

Eva dürfte also sehr wohl vom Baum der Erkenntnis genascht haben, sie mag den Gnostikern zufolge dabei auch ein Verständnis der normalen Sexualität erlangt haben, das sie und Adam dank der Feigenblätter bemäntelten – das Geheimnis der Sexualität aber blieb beiden verborgen. Und daran hat sich bis heute eigentlich nichts geändert. Die Menschheit sieht die Sexualität noch immer als ein biologisches Spielchen an, das Nachkommenschaft beschert und zudem mehr oder minder Spaß macht. Die großen Geheimnisse der Sexualität beginnt sie erst heute langsam zu entdecken.

Gerade im Zuge dieser Entdeckungen führt jedoch kein Weg daran vorbei, daß frühere Kulturen sehr wohl von diesen Geheimnissen wußten und daß dieses Wissen in bestimmten Kreisen weitergegeben wurde.

In den Isis- und Osiris-Riten wird bei der Bestattung eines Toten von der Seele und von der Kundalini-Kraft im Menschen folgendes gesagt: »...sein Schlangenführer ist in seiner Brust, eine sehende Seele, ein feuriger Uräus.« Aber dieses Geheimnis der Schlange, das Zeichen der Götter, war nur für Auserwählte bestimmt. So warnt auch Jesus im Matthäus-Evangelium davor, die Perlen deswegen nicht vor die Schweine zu werfen, »damit diese sie nicht mit ihren Füßen zertreten und sich umwenden und euch zerreißen« (Mt 7,6).

Es geht also nicht nur um die Nichtachtung geheimen Wissens; dieses Wissen scheint auch noch so gefährlich zu sein, daß man dafür zerrissen werden könnte. Falls es das Wissen um die Schlange war, bestand dafür sicherlich jeder Grund. Und wenn wir bei Matthäus weiterlesen, könnte Jesus sehr wohl um die Gefährlichkeit dieses Wissens für alle Seiten gewußt haben. Es folgt nämlich das berühmte: »Bittet, so wird euch gegeben werden«, gleich darauf aber die Feststellung, daß dem Menschen nur das gegeben werden kann, wozu er selbst bereit ist: »Oder wäre jemand unter euch, der seinem Sohn, ... wenn er ihn um einen Fisch bittet, ihm eine Schlange gäbe?« (Mt 7,7–11).

Genau in diesem Sinn dürften alle späteren Nachfolger von Jesus und Maria Magdalena gehandelt haben. Die Gnostiker waren dafür berühmt, daß sie ihren Glauben nicht nur durch das Wort, sondern auch durch das Werk beweisen wollten. Im Kerinthos-Brief warnt Jakobus: »Doch wenn ihr das Himmelreich nicht durch die Gnosis empfangt, dann werdet ihr es niemals empfangen.« Für diese Empfängnis aber mußte man bereit sein.

Und während des langen Kampfes der Kirche gegen gnostische Kreise fragte man sich in den Reihen der Orthodoxie immer wieder, was diese Empfängnis war und wie sich die Gnostiker dafür vorbereiteten. Einerseits war von den Gnostikern bekannt, daß manche von ihnen eine Gelöstheit von den Dingen an den Tag legten, die auch jede sexuelle Begierde weit hinter sich ließ. Andererseits wurde den Gnostikern immer wieder Unmoral vorgeworfen. So heißt es in einer Streitschrift des Epiphanius gegen die libertinistische Gnosis: »...zuerst haben sie ihre Frauen gemeinsam ... wenn sie gespeist und sozusagen die Adern zum Überfluß gefüllt haben, geben sie ihrer Leidenschaft nach. Denn der Mann zieht sich von seiner Frau zurück und sagt zu ihr: Steh auf, feiere die Agape mit dem Bruder... Wenn sie aus der Leidenschaft der Hurerei Verkehr gehabt haben, dann strecken dazu die Frau und der Mann ihre eigene Schande zum Himmel, sie nehmen den Ausfluß des Mannes in ihre eigenen Hände und stehen da, zum Himmel blickend ... und sagen: ›Wir bringen dir diese Gabe, den Leib des Christus.‹ Und so essen sie es, indem sie ihre eigene Schande genießen und sagen: ›Dies ist der Leib Christi und dies ist das Passa um deswillen unsere Leiber leiden...‹«

Nun ist diese Streitschrift zweifellos darauf angelegt, die Gnostiker in Verruf zu bringen, und sie und die Phantasie dahinter zu bezweifeln, ist ebenso legitim, wie an dem Verruf ein Körnchen Wahrheit zu wittern und die Stelle aus einer modernen tantrischen Sicht erklärlicher zu machen.

Im Tantrismus gilt der Same als etwas ganz Besonderes. Von den Yogi als Lebenselixier schlechthin angesehen, sagt uns darüber hinaus heute die moderne Medizin, daß frisches Sperma alle wesentlichen Mikronährstoffe enthält und dazu noch antibiotische Eigenschaften hat. Der nächste Schritt aber geht schon über das Biologische weit hinaus. Jedes Spermatozoon hat sozusagen ein magisches Fluidum: Es enthält das Erbgut der gesamten Menschheit.

Der dritte Schritt aber betrifft wieder die Gnostiker direkt. Sie glaubten an eine Schöpfung, die in sieben Stufen geschaffen worden war. Für sie war die Welt die unterste Stufe, die vom Demiurgen verwaltet wurde – und sie war weit weg vom wahren Göttlichen. Um sich Gott zu nähern, mußte man daher auf biologische Nachkommenschaft verzichten, dafür aber eine unsterbliche Seele gebären. Von vielen gnostischen Schulen heißt es nun, daß sie hofften, diese Seele zu erringen, indem sie alle Leidenschaft dieser Erde durchexerzierten, um sie dermaßen gesättigt hinter sich lassen zu können.

Auf der anderen Seite nähern sich etwa die Tantriker seit Jahrtausenden dieser unsterblichen Seele durch Gruppenrituale, bei denen die sexuelle Kraft der einzelnen Paare sogar eine Gruppenseele aktivieren kann. Voraussetzung dieses Rituals, bei dem zumeist unbekannte Partner als Vertreter des Gottes Shiva und der Göttin Shakti fungieren, ist die Kontrolle über die Sinne. Solche Rituale finden daher erst nach einer langen Schulung der natürlichen Begierden statt, weil es dabei zu keiner Ejakulation kommen darf.

Die Rituale der Gnostiker könnten also durchaus einen tantrischen Anstrich gehabt haben. So spricht man auch in modernen tantrischen Kreisen noch immer von einer Messe des Heiligen Geistes, wenn es um einen ritualisierten Geschlechtsakt geht. Auch erinnert das tantrische Mahl zu Beginn des Ritus an andere Messen, die vielleicht nicht ganz so alt sind: Getreidekörner gehören dazu, Fleisch, Wein und Fisch. Auch ein altes tantrisches Sprichwort könnte vielleicht ein wenig Licht in das noch immer ziemlich ungeklärte Gedankengut der Gnostiker bringen. Bei den Tantrikern ist es eine Binsenweisheit, daß derjenige, der aufsteigen will, sich mit Hilfe der Erde abstoßen muß. Genau das symbolisieren die Getreidekörner, die für die Erde stehen, und der Wein, der das Geistige im Menschen darstellen soll. Das Fleisch wird von vielen Tantrikern als männliches Prinzip, der Fisch dagegen als das Weibliche angesehen.

Eine solche Abstoß-Aktion mit Hilfe der Sexualität findet sich übrigens ebenfalls in der zuvor zitierten Streitschrift gegen die libertinistische Gnosis, und sie wird erstaunlicherweise Jesus selbst in die Schuhe geschoben. Der Autor beklagt dabei, daß die Gnostiker viele Bücher hätten, vor allem solche unter dem Namen »Fragen der Maria«. In einem dieser Bücher wird beschrieben, daß Jesus Maria eine Offenbarung gab, »indem er sie auf den Berg nahm, betete und aus seiner Seite ein Weib hervorzog und anfing, sich mit ihr zu vereinigen, und er habe das, was ausfloß, genommen und gezeigt (mit den Worten:) ›so müssen wir tun, damit wir leben‹, und als Maria die Fassung verlor und zu Boden sank, habe er sie wieder aufgerichtet und zu ihr gesagt: ›Warum zweifelst du, Kleingläubige?‹«

Falls an diesem Bericht etwas Wahres ist, so ging es in dem Kreis um Maria Magdalena tatsächlich um eine tantrische Sicht der Sexualität. Darauf weisen auch bereits die ersten Zeilen des Evangeliums der Maria selbst hin, in denen es heißt: »Denn die Natur der Materie kann sich nur zu ihren eigenen Wurzeln hin auflösen.«

Auch das berühmte Tanzlied Jesu, nach dem die engsten Jünger einst getanzt haben sollen, spielt auf eine tantrische Sicht aller Dinge an:

»Einen Tempel habe ich nicht,
und einen Tempel habe ich – Amen.«
»…und wenn du gesehen hast, was ich tue,
schweige über meine Mysterien.«

Beide Aussprüche erinnern an die Isis-Mysterien, bei denen der Körper ebenfalls als Tempel angesehen wurde. Und wie wir gesehen haben, spielte die Verehrung der ägyptischen Göttin auch noch zu Zeiten von Maria Magdalena und Jesus eine nicht zu übersehende Rolle.

Ein unterirdischer erotischer Strom

Isis war sozusagen der Schlußstein und der Höhepunkt aller Fruchtbarkeitsreligionen. Obwohl sie schon dreitausend Jahre vor der Zeitenwende als Herrin der Fruchtbarkeit verehrt wurde, überlebte sie den Sonnengott Ra und war noch im 2. Jahrhundert n. Chr. die Göttin einer höchst entwickelten Religion, die sowohl in Ägypten wie im römischen Reich und in Griechenland weit verbreitet war.

Apuleius läßt sie in seinem Werk »Der Goldene Esel« noch genau in diesem Jahrhundert stolz von sich behaupten: »Ich bin die Natur, die universelle Mutter, die Herrin aller Elemente... Ich werde in vielen Gestalten verehrt, mit unzähligen Namen angerufen und mit den verschiedensten Riten günstig gestimmt, und doch verehrt mich die ganze Erde.«

Dies war zu diesem Zeitpunkt zwar ein wenig übertrieben, schließlich verbreitete sich in allen Heimatländern der Göttin bereits langsam, aber sicher das Christentum; auch waren die ersten Kämpfe mit Paulus längst vorüber, dessen ärgste Feindin wohl Isis und der Kult der Göttin war. Trotzdem scheint die Verehrung der oftmals als dunkelhäutig dargestellten Herrin der Liebe nie aufgehört zu haben.

Wie es heute aussieht, könnte der geheimnisvolle rote Faden, der Jesus und Maria Magdalena immer wieder mit der Sexualität und ihren Geheimnissen verbindet, zu jenem unterirdisch erotisch wirkenden Strom gehören, der sich durch die Verehrung der Isis bis heute noch unerkannt durch die Geschichte zieht.

Vordergründiger Schauplatz dabei ist jenes Frankreich,

das schon in der Gralsgeschichte um mögliche Erben von Maria Magdalena und Jesus eine Rolle spielte. Und auch die Geschichte um einen Nachfolger Jesu und sein politisches Erbe in der Prieuré de Sion, bei den Katharern und Templern könnte sich durchaus mit der geheimen Weitergabe einer uralten erotischen Tradition treffen.

Denken wir zurück an die vielen Heiligengeschichten und die Erzählungen in der »Legenda aurea«, nach denen Maria Magdalena nach Frankreich ging: Ob als Mutter eines Kindes von Jesus oder als Botschafterin einer geheimen Lehre – vielleicht als beides – könnte sie dort die günstigsten Umstände vorgefunden haben. In Südfrankreich verehrte man »Anu«, die als leuchtende Göttin der Fruchtbarkeit bekannt war. In einem solch offenen Klima wäre sicher Platz für die geheimen erotischen Lehren gewesen, denn noch war die spätere christliche Gleichung »Sexualität = Weib = Sünde« nicht ganz ausgereift.

Diese kam erst im Mittelalter so richtig zum Tragen, als die alten matriarchalen Fruchtbarkeitslehren völlig ausgerottet worden waren. Und just in diesem Mittelalter meldete sich auch die unterirdische Gegenbewegung wieder zu Wort. Ob Maria Magdalena die Überbringerin jener erotischen Frohbotschaft war, welche die Menschheit trotz aller Geißelung der Sexualität nie ganz vergaß, wird sich nie beweisen lassen – allerdings gibt es gerade in Frankreich wichtige Indizien dafür. Durch viele alte Heiligengeschichten des Landes geistert, wie wir bereits gesehen haben, die Geschichte von Maria Magdalena, welche die Schale mit dem Gral an Land brachte. In vielen Kirchen wird auch heute noch eine schwarze Madonna verehrt. Und in den berühmten Heiligtümern von Chartres und Mont-Saint-Michel wird eine uralte Geschichte gehütet, nach der die Jungfrau Maria sich nicht scheute, die Sünderin Magdalena und eine ägyptische Zigeunerin aufzunehmen. Nach einer anderen Überlieferung war diese Zigeunerin eine Wallfahrerin, die nur dadurch ins Heilige Land gelangte, daß sie sich auf der Überfahrt als Prostituierte den Matrosen anbot.

Liest man die obigen Zeilen mit einem neuen Verständnis der alten Mysterienkulte, der sakralen Prostitution und der tantrischen Erleuchtung, so könnte dies ein sprechender Hinweis darauf sein, daß unter dem Mantel der Schwarzen Madonna ein uralter Fruchtbarkeitskult gepflegt wurde. Die völlige Hingabe als Bedingung, um in ein Heiliges Land zu kommen, ausufernde Sexualität, um Transzendenz zu erlangen, ist auch heute noch eines der letzten großen Geheimnisse. Geheimnisvoll bleibt auch, wer in den Marienheiligtümern Frankreichs nun wirklich angebetet wird. Zwar wurden der Jungfrau vor allem von den Templern die schönsten Kirchen erbaut. Alle die Heiligtümer, die als »Notre Dame« errichtet wurden, könnten aber durchaus der Göttin Isis oder auch ihrer Priesterin Maria Magdalena geweiht sein. Esther Harding weist in ihrem Buch »Frauen-Mysterien« nach, daß man in Frankreich auch den Mond und in seiner Nachfolge die Mondgöttin »Notre Dame« nannte. Dazu gesellt sich die durchaus überlegenswerte Tatsache, daß alle Notre-Dame-Kirchen auf der Ile-de-France geomantisch exakt nach dem Sternbild der Jungfrau errichtet wurden. Dieses Sternbild des Zodiakus war einst als der »Gürtel der Ischtar« bekannt, im alten Babylon sprach man von »Mondhäusern«, nach denen der alte Mondkalender errichtet worden war. War und ist dies nur eine letzte Erinnerung an das alte Mond-Denken, das dem streng patriarchalen Sonnen-Denken weichen mußte, oder steht noch mehr dahinter?

Sieht man sich nur kurz in der Geschichte Frankreichs um, so flammten gerade dort immer mögliche Gegenbewegungen zum offiziellen Christentum mit seiner frauen- und erosfeindlichen Einstellung auf. Noch bis ins Mittelalter herrschte vor allem in Südfrankreich ein matrilineares Erbrecht, was auf eine ziemliche Eigenständigkeit der Frau schließen läßt. In den düstersten Zeiten des Mittelalters wurde der Geist des Eros vor allem durch die Troubadoure wieder lebendig: Auf den Ritterhöfen der Provence, des Languedoc und Aquitaniens sangen die Barden der Liebe von einer außergewöhnlichen Verfeinerung des Eros; gleichzeitig tauchten die Sagen von König Artus und vom Heiligen Gral auf. All dies kann sich, wie festgestellt, auf das geheimnisvolle Erbe von Jesus bezogen haben, es könnte aber durchaus eine zweite Bedeutung haben.

Im Gralsmythos ist das Hauptsymbol der Kelch, in den ein Speer hineingestoßen wird, bei den Isis-Feierlichkeiten in Ägypten wurde am Anfang einer festlichen Prozession der Phallus des Osiris getragen, gefolgt von einer Schale mit Wasser, welche die befruchtende Feuchte der Isis darstellen sollte. Der geheimnisvolle Gral wird aber oft auch als Stein dargestellt – und auch diesem Stein begegnet man in einer möglichen Familiengeschichte der Erben von Maria Magdalena und Jesus. Gottfried von Bouillon, der König von Jerusalem der Jahrtausendwende, errichtete sein Königreich auf dem symbolischen Stein von Zion, ihm folgte bekanntlich der Eckstein, der in vielen Freimaurerlogen eine große Rolle spielt. Nun ist der Stein in der Alchemie das Symbol für den menschlichen Körper, es gilt diesen Stein zu verlebendigen, ihn zu einem Tempel der Seele zu machen.

Daß die Sexualität eines der besten Werkzeuge dafür ist, dürfte auch in einer politischen Gegenbewegung zur offiziellen Kirche bekannt gewesen sein. Der vielumrätselte Spruch »Et in Arcadia ego«, der in dem Krimi um eine mögliche politische Nachfolge Jesu und der Merowinger eine mysteriöse Rolle spielt, weist unter anderem auf ein Schäferparadies hin, hinter dem man auch erotische Motive vermuten kann. Nimmt man es aber als Anagramm und liest es als die Warnung »Ich halte die Geheimnisse Gottes verborgen«, so erinnert man sich daran, daß die Sexualität schon immer ein Spiel der Götter war. Ein Spiel, das vor allem mit Hilfe der Sexualmagie auch magische Fähigkeiten verleiht, von denen vor allem im Zusammenhang mit den Merowingern als direkte mögliche Nachfolger Maria Magdalenas und den Templern immer wieder die Rede war.

Ein solches Spiel hätte allerdings streng verboten sein müssen. Die ziemlich freien Sitten der französischen Liebeshöfe hielten nämlich nicht lange an. Ihr Zentralmotiv, die Liebe zwischen einer adeligen Dame und einem jungen Ritter, deren Leidenschaft im verborgenen blühen mußte, erinnert zwar noch heute an die Verehrung der Göttin, aber die Kreuzzüge gegen die Albigenser und der Kampf gegen die Katharer setzte dem ein Ende. Indirekt galten diese Kämpfe ja auch dem Adel, der schützend seine Hände über die Häretiker hielt. Und so begannen die Troubadoure an der Stelle von »Notre Dame« die Gottesmutter Maria als Jungfrau zu besingen und die Geschichte vom Gral wandelte sich zu einer zutiefst christlichen.

Tatsächlich aber war dies das Ende einer der fortschrittlichsten und hochentwickeltsten Kulturen. Im Languedoc und in den angrenzenden Gebieten hatte man Philosophie, Arabisch, Hebräisch und Griechisch studiert, die verschiedenen mystischen Bewegungen blühten dort unter dem Vorzeichen einer Toleranz, von der die offizielle Kirche noch heute weit entfernt ist. In den verschiedensten Katharer-Gruppen etwa ging es vor allem um zwei Kernpunkte: Um die Wiedergeburt und um die Gleichrangigkeit des männlichen und weiblichen Prinzips. Wie es scheint, schlossen die Katharer damit direkt an die Gnostiker an, deren Schicksal sie auch zu teilen schienen. Ebenso wie diese glaubten sie daran, daß die Welt einem Gott des Bösen unterstehe, während der Gott des Guten ein rein geistiges Prinzip war. Ebenso wie die Gnostiker wurden sie von den einen als Heilige gerühmt, während andere sie als eine Art Minnekirche, als Anhänger völliger sexueller Freiheit ansahen. Und ebenso wie die Gnostiker sind sie von einem Geheimnis umgeben, das sie mit in ihren gewaltsamen Tod nahmen.

Dieses Geheimnis hätten bekanntlich die Ahnentafeln oder etwaige Nachkommen von Jesus sein können, ebenso begründet aber ist der Verdacht, daß das Geheimnis der Katharer sexuelle Einweihungsriten waren. Von ihrer Elite, den »Vollkommenen« oder »Parfaits«, ist bekannt, daß sie sich einer strengen Vorbereitungszeit unterwerfen mußten und sehr asketisch lebten. Andererseits machten diese »Vollkommenen« den normalen Katharern keinerlei Vorschriften. Sogar der Frömmste unter diesen »Reinen« lebte nach ihrer Ansicht noch immer in einer sündigen Welt, in der die Linie zwischen Gut und Böse nicht so leicht zu ziehen war. Erlösung davon gab es nur durch die mystische Erleuchtung.

Und wieder, wie schon bei den Gnostikern, fragt man sich nach der Art dieser Erleuchtung. Den »Parfaits« war ähnlich wie manchen ihrer gnostischen Vorfahren die biologische Zeugung verboten; Kinder auf die Welt zu bringen, war Dienst am »Rex mundi«, am Herrn dieser Welt – und die »Reinen« versuchten höhere mystische Ebenen zu erklimmen. Dies gelang ihnen angeblich mit strikter Gewaltlosigkeit, einem rigorosen Vegetarismus, Besitzlosigkeit und natürlich Keuschheit. Nun ist eine lange Keuschheit auch eine der Grundbedingungen jeder Form tantrischer Sexualität, in der Sexualmagie gilt eine längere Enthaltsamkeit desgleichen als eine der Grundbedingungen. Man kann sich also nach all dem, was man bereits über die Gnostiker gehört hat, auch fragen, ob die Keuschheit der Katharer vielleicht nicht auch eine Form sexueller Spiritualität war, die bereits alle Begierden überwunden hat, die Macht des Eros aber trotzdem als »Sprungbrett« zur Transzendenz benutzte. Dies um so mehr, als man ihren mehr oder minder direkten Nachfolgern, den Templern, ebenfalls geheimnisvolle sexuelle Praktiken vorwarf. Viele der französischen Adeligen waren sowohl den Templern als auch den Katharern verbunden, oder sie waren selbst sogar beides; ebenso wie die Katharer waren die Templer von orientalischem und islamischem Gedankengut beeinflußt. Und ebenso wie die Katharer und die Albigenser mußten sie von der Bildfläche der Geschichte verschwinden, als sie der Orthodoxie zu gefährlich wurden. Ob daran auch eine unterirdische erotische Strömung in der Geschichte schuld ist, läßt sich nur vermuten.

Fest steht, daß der Templerorden nach einer fünfstufigen Leiter aufgebaut ist, die den fünf Blütenblättern der Rose entspringt, möglicherweise ein Hinweis auf die uralte Chakrenlehre. Fest steht ebenfalls, daß im Mittelpunkt des Templerkultes jener berühmte »Baphomet« stand, den man sich als eine Art Kopf vorstellte. Gleichzeitig stand »Baphomet« aber auch in dem Ruf des Teufels, seinetwegen warf man den Templern vor allem abartige sexuelle Praktiken vor. Darüber hinaus gibt es Unmengen interessanter Erläuterungen über jenen Kopf, dessen Wissen weit über dem menschlichen gestanden haben soll. Von dem als Ketzer verschrienen Papst Silvester II. wird behauptet, daß er über einen binären »Computer« verfügte, den er »die Mächtige Stimme Gottes« nannte. Genau diese Bedeutung aber läßt sich aus dem Kürzel »Baphomet« herleiten, wenn man das »T« als kabbalistischen Zusatz versteht, der die heilige Zahl Sieben bedeutet: »*Ba*sileus-*Pho*ne-*Me*quist-*T*«. Macht man sich aber an ein weiteres kabbalistisches Spielchen und will wissen, wie der Mensch dazu kommt, diese »mächtige Stimme Gottes« zu vernehmen, so dreht man eine der Buchstabengruppen um, nämlich das »Pho« und bekommt folgendes Kürzel: »Basileus-Ophis-Mequist-T«, was soviel bedeutet wie »Die große Macht der Schlange«.

Und diese Macht der Schlange dürfte auch mit den Templern nicht untergegangen sein. Die Prieuré de Sion war das Beispiel dafür, daß der politische Einfluß der Templer auch heute noch sehr lebendig ist, und mit einiger Sicherheit kann man davon ausgehen, daß auch die Gegenbewegung des Eros gegen das Sterilitätsdenken des indogermanisch geprägten Juden- und Christentums noch immer aktiv ist. Die Menschheit hat ein gutes Gedächtnis. Und es gibt Anzeichen dafür, daß der Kult der Schlange nicht nur in der Esoterik in der Form des modernen Tantrismus und der Sexualmagie neu aufgeflammt ist, sondern auch innerhalb gewisser eingeweihter Kreise in Kirche und Politik, die möglicherweise einer langen Tradition folgen.

Das Autoren-Team Lincoln & Co. berichtet im Zusammenhang mit der Prieuré de Sion und ihren noch zu enthüllenden Geheimnissen von einem Werk mit dem Titel »Le serpent rouge«. »Die rote Schlange« bezieht sich dabei einerseits auf die Blutlinie der Merowinger, die andere Seite aber, der rote Faden, der uns immer wieder an unser uraltes erotisches Erbe erinnert, kommt in einem bemerkenswerten Text zum Ausdruck: »Von ihr, die zu befreien es mich verlangt, weht zu mir der süße Wohlgeruch, der die Grabstätte füllt. Einige nannten sie einst: Isis, Königin aller wohltätigen Quellen. Kommt zu mir alle, die ihr mühselig und beladen seid, ich will euch erquicken. Anderen ist sie Magdalena von der berühmten Schale mit dem heiligen Balsam. Die eingeweihten kennen ihren richtigen Namen: Notre Dame de Cross.«

*

Der Bogen von der in der Kirchen- und Kunstgeschichte als Büßerin und Mystikerin dargestellten Maria Magdalena zu einer möglichen Tantrikerin war groß und möglicherweise für gläubige Christen ziemlich gewagt. Aber gerade das Bild einer Maria Magdalena der Zukunft kann an der ursprünglichen Heiligkeit des Eros nicht mehr vorbeigehen. Wir haben gesehen, daß wir über den Menschen Jesus ebensowenig wissen wie über Maria Magdalena. Es ist also nur legitim, sich heute aller vorgefaßten Meinungen zu entledigen und die Möglichkeiten der damaligen Zeit so unparteiisch wie möglich in Betracht zu ziehen.

Die Rolle, welche die Sexualität dabei immer wieder in der Religion gespielt hat, gehört dabei genauso dazu, wie die Hinwendung zu einem Gott, auf ein höheres Prinzip. Erstaunlicherweise haben wir es ja in religiösen Fragen in den seltensten Fällen mit dem Glauben direkt zu tun, zumeist geht es um die Überlieferung gewisser Geschehnisse, die als heilig angesehen werden. Dies hat zu einem Bild des Menschen Jesus geführt, das tatsächlich erstaunlich aseptisch ist, obwohl aus allen Gleichnissen des Meisters die Freude an der Natur und an den natürlichen Geschehnissen des Lebens zum Ausdruck kommt. Nirgendwo finden wir dabei auch in den offiziell anerkannten Evangelien eine Ablehnung der Sexualität, die uns in der Überlieferung der Kirche immer wieder begegnet.

Die Kraft des sexualfeindlichen Mythos, der vor allem Maria Magdalena seit zweitausend Jahren umgibt, wiegt aber um so mehr, als es ungefähr seit dem zweiten Jahrhundert n. Chr. in der religiösen Überlieferung des Westens außer Eva, der Muttergottes und Magdalena keine weiblichen Gestalten mehr gibt. Die Göttinnen waren verschwunden, es blieben Sünde, Schuld und Reue. Die lebenspendenden Kräfte des Weiblichen wichen einer schuldbeladenen Geburt, für den Mann wurde die Frau entweder zur Sünderin oder zur Heiligen.

Nun macht man sich heute wahrscheinlich viel zuwenig klar, welch gewaltiger Umschwung dies in der Menschheitsgeschichte war und welch bedeutende Rolle Maria Magdalena in diesem Zusammenhang als die Frau an einer Zeitenwende spielt. Die Folgen waren nämlich nicht nur religiöser Art: der Übergang von den Zeiten des Mondes zu dem neuen Sonnen-Zeitalter sollte auch nicht nur eine Herabsetzung der Frau mit sich bringen, sondern, wie wir gesehen haben, auch zum Grundstein für jene gewaltige Ausbeutung der Erde werden, die wir heute beklagen. Solange der Mond und die Mondgöttinnen angebetet wurden und solange die Sexualität eine große Rolle spielen durfte, war »Mutter Erde« auch tatsächlich die Große Mutter alles Lebendigen. Mit der einseitigen Erhebung zu einem neuen Sonnen-Bewußtsein und mit der Sicht der Frau als der reuigen Sünderin wurde auch die Erde zu etwas, das bestraft und ausgebeutet werden durfte.

Ebenso groß war der Schaden am Unbewußten des Menschen. Der Kampf zwischen Sonne und Mond war nicht nur religiös dominiert, in einem viel weiteren Sinn war der Mond das Symbol für den Eros, für das Walten der Natur, während die Sonne zum Zeichen des Logos, des immer mehr erwachenden Bewußtseins des Menschen wurde.

Psychoanalytiker wie die Jungianerin Esther Harding gehen heute davon aus, daß die bewußte Persönlichkeit der Frau unter dem Einfluß des Eros steht, während beim Mann nur die unbewußte Seele dem Eros zugewendet ist. Nach dem Anima-Prinzip ist dann die »andere Seite« der Frau, der »Animus«, logisch beeinflußt, während sich der Logos beim Mann in seinem äußeren Bewußtsein bemerkbar macht. Der

Wechsel von einem Mond-Denken zu einem Sonnen-Denken war also der abrupte Übergang von einer emotionalen erotischen Sicht zu einer streng logisch ausgerichteten Betrachtung der Welt. Im äußeren Leben führte dies zu einer Herabminderung der Frau, die innerhalb der männlichen Konventionen und Sitten viel vom ursprünglichen weiblichen Prinzip des Eros verlor. Nicht zuletzt in der Nachfolge einer Maria Magdalena hieß es, sich an das dienende und schmeichelnde Vorbild anzulehnen, und bald galten Unterwürfigkeit, Charme und Ja-Sagerei für typisch weiblich. Heute sehen wir immer deutlicher, daß sich die männliche Seele der Frau schon immer dafür gerächt hat. Als dominierende Mutter, nörgelnde Gattin oder böses Weib kennen wir die »andere Seite« der Frau seit Jahrhunderten aus der Literatur. Erst heute aber sagt uns die Wissenschaft vom menschlichen Unbewußten, daß dies die unbewußte Rache des »Animus« dafür ist, daß die weibliche Rolle im äußeren Leben der letzten zweitausend Jahre kastriert wurde.

Wenn die Frauen dieser Epoche um viele grundlegende Rechte betrogen wurden, so wurde die weibliche Seele des Mannes, die »Anima«, ebenso schwer geschädigt: Sie ist zuständig für die erotische Weltsicht und für die Beziehungen zu Frauen – und sowohl an einer liebevollen Beziehung zur Umwelt als auch an einem harmonischen Zusammenleben mit dem anderen Geschlecht mangelt es den Männern zumindest seit Paulus' Zeiten. Jesus wußte noch um die zwei Seelen in der Brust des Menschen und forderte seine Jünger immer wieder auf, zu einem Einzigen zu werden; Jesus wollte Maria Magdalena männlich und zu einem lebendigen Geist machen, und so nahmen beide zur Stunde Null unserer Zeitrechnung ein Stück Feminismus vorweg. Doch dann kam Paulus und bezeichnete in seinem Brief an die Epheser den Mann als Haupt der Frau.

Die unausbleibliche Folge dieser Bevorzugung eines Geschlechtes traf aber nicht nur die Frau: Als etwas von ihnen Abgespaltenes und Zu-Beherrschendes erlebten die Männer die Frau als Dämonin. Im Inneren des Mannes lebten Eva, Maria Magdalena und die Muttergottes als widersprüchliche Symbole weiter. Während in der äußeren Realität in Anlehnung an Paulus der Frau Unterordnung zu lehren war, hatte die »Anima« im Mann Ängste und Begierden zugleich – die Frau lockte als immerwährende Verführerin Eva, als zu bestrafende Sünderin Maria Magdalena oder als Mutter, die angebetet werden sollte. Und genau nach diesen Bildern behandelten Männer die Frauen; sie ließen sich verführen, sie bestraften oder hatten Angst vor allem, was weiblich war. Von der Partnerschaft, die Jesus gepredigt und innerhalb des Kreises von Frauen um sich auch praktiziert hatte, war in dem Glauben, der auf ihm aufgebaut wurde, keine Rede mehr.

Der bekannt frauenfeindliche Paulus gab seiner Kirche ein Frauenbild mit, das heute noch die Frau als Verführerin zu fürchten scheint und sie deshalb von allen Ämtern ausschließt. Die Frauen aber hielten sich an jenes dienende Maria-Magdalena-Bild, das sicherlich ein besonders praktischer Mythos war: Schließlich waren und sind es zum Großteil Frauen, die auf Kirchenbänken vor Kanzeln knien, von denen herab ihnen noch immer auf diese oder jene Art von weiblicher Minderwertigkeit gepredigt wird.

Ihr Ruf als Sünderin, der in der Bibel eigentlich nur durch die mysteriösen sieben Geister, die aus ihr ausgefahren sein sollen, angedeutet wird, wurde seither zu einer Art Schandfleck auf jeder Frau. Jede Frau der langen Geschichte des Christentums war eine mögliche Sünderin und mußte deswegen auf diese oder jene Art büßen. Generationen von Müttern gaben diese Bürde an ihre Töchter weiter; die meisten taten dies völlig unbewußt und mit bestem Wissen und Gewissen. Hatte die verführerische Eva den Frauen nur jenen Fluch vermacht, daß sie in Zukunft in Schmerzen gebären sollten, so wurde nach Maria Magdalena auch all das schmerzvoll und vor allem schmutzig, was zu dieser Geburt führen sollte: die Sexualität, die Millionen Frauen als Sünde erlebten und nicht mehr genießen konnten, und nicht zuletzt die Menstruation; diese gilt zwar heute noch immer vielerorts als die Zeit des Mondes, aber was in Zeiten weiblicher Mondgöttinnen heilig war und der Fruchtbarkeit diente, wurde während der vordergründig fortschrittlicheren Zeit des Christentums zu etwas, worüber man nicht einmal reden durfte. Aus dem Körper der Frau, der einst als das heilige »Gefäß« des Lebens galt, wurde ein »Gefäß«, das zwecks Nachkommenschaft zwar kurz »benutzt« werden durfte, aber ansonsten im Ruf stand, schmutzig zu sein.

Heute können wir über diese Sicht der Sexualität und den verschämten Umgang unserer Mütter mit ihren Körpern nur mehr lachen – trotzdem haben nur wenige jüngere Frauen heute schon jenes weibliche Selbstverständnis, das die letzten zweitausend Jahre tatsächlich überwunden hat.

Der Mythos der Buhlerin, die bereut hatte und freigesprochen wurde, begleitete ungezählte Frauen in den Beichtstuhl, wenn sie wieder einmal gegen das sechste Gebot verstoßen hatten. Unkeusch aber war bis vor nicht allzu langer Zeit (und ist es nach Auffassung der obersten Glaubenshüter im Vatikan noch immer) auch jeder Geschlechtsverkehr, der ohne den Wunsch nach einem Kind stattfand. Man kann sich also ausmalen, wie sehr sich die wenigen Worte, die man über eine vermeintliche Sünderin in der Bibel findet, in das »Fleisch« der Frauen eingegraben haben. Sie mußten nicht nur allein mit unerwünschten Kindern als Strafe für ihre Sünden fertig werden, die Unkeuschheit begleitete sie sogar im alltäglichen Eheleben.

Wir werden das Leid, welches das große Symbol der Buße vor allem den Frauen brachte, nie richtig ausloten können. Wir haben aber in der Geschichte ein schlagendes Beispiel dafür, wie schnell und grausam die »Unbußfertigkeit« der Frauen bestraft wurde.

Es sieht heute ganz danach aus, als sei die Hexenverfolgung ein letzter großer Kampf der männlich dominierten Kirche gegen die alten Religionen der Göttinnen gewesen. Vor allem in England scheint es einige Frauenkulte gegeben zu haben, die noch immer der irischen Göttin Danu huldigten. Von den übrigen Ländern, in denen Frauen als Hexen zu Tausenden gefoltert und verbrannt wurden, weiß man, daß es tatsächlich hintergründig um einen Kampf zwischen dem alten von Frauen überlieferten Heilwissen und der neuen Wissenschaft der Medizin handelte.

Bis zu den schrecklichen Verfolgungen lag die ärztliche Versorgung in den Händen weiser Frauen, in vielen Gebieten lenkten diese Frauen auch die Angelegenheiten ihres Dorfes; sie halfen den Frauen mit den verschiedensten geheimen Säften bei der Geburtenkontrolle und waren zugleich auch die Hebammen. Diese Unabhängigkeit kleiner Gemeinschaften war vielen ein Dorn im Auge: den ersten jungen Medizinern, die von den neu gegründeten Fakultäten kamen, den Gründern der ersten Staatenbünde, die alles unter ein Gesetz zwingen wollten – und nicht zuletzt der Kirche, die den Einfluß der Frauen fürchtete. In vielen abgelegenen Gebieten waren die Frauen ziemlich unabhängig, und mit der Hilfe der weisen Frauen mußten sie sich auch nicht so sehr an die strenge Moral halten, die von der Kanzel gepredigt wurde.

Die Strafe für die Sünderinnen kam unausweichlich: Mit

Hilfe von »Hexenbulle« und »Hexenhammer« wurden bis zum 18. Jahrhundert zwischen zwei und fünf Millionen Frauen auf die grausamste Art und Weise gepeinigt und umgebracht. Die Schätzungen dabei sind, was die große Differenz beweist, sehr unterschiedlich, aber auch zwei Millionen Hexen beweisen, wie groß bis in die Neuzeit der Widerstand gegen alles Weibliche war, das zur Gefahr werden konnte. Der Schrecken jener Zeit ist heute kaum nachvollziehbar, aber die Zahlen zeigen uns, wie leicht man noch vor nicht allzu langer Zeit zur Sünderin werden konnte; es ging nämlich in den seltensten Fällen um tatsächliche Hexerei.

»Die Hexenhysterie«, schreibt Günther Hahal, der Leiter des Faust-Museums in Knittlingen, im Vorwort zu dem Buch »Frauen die hexen« von Colette Piat, »fing keineswegs beim Punkt Null an.« Nach ihm knüpft der »Hexenhammer« an alte Vorstellungsmuster und Vorurteilssyndrome an. Diese alten Vorstellungen waren die uns bekannten Abwehrhaltungen gegen alles, was mit weiblicher Selbstsicherheit und weiblicher Sexualität zu tun hatte. Indirekt steht also der Mythos der Maria Magdalena als Sünderin, die für ihre Sexualität zu büßen hatte, auch hinter den schrecklichen Hexenverfolgungen. Vergessen wurde dabei, daß im Mythos selbst der Religionsgründer der Frau an seiner Seite vergeben hatte, weil sie eine war, die viel liebte.

In der tatsächlichen Geschichte Maria Magdalenas mußte Jesus vielleicht nicht einmal etwas vergeben. Die sieben Geister, die aus Maria Magdalena ausgefahren sein sollen, weisen darauf hin, daß die Frau aus Magdala die dunklen Seiten in sich selbst erkannt und bekämpft hat. Die dunkle Seite des Eros als völlig unbewußter Trieb hätte durchaus dazu gehören können – allerdings vergaß man über der Erkenntnis dieser ungezügelten Schattenseite in der Männerkirche die lebenspendenden Aspekte der Erotik.

Daraus erwuchs jene sexualfeindliche Sicht der letzten

zweitausend Jahre, die zwischen Männern und Frauen unüberwindliche Barrieren aufrichtete. Die Frauen versanken in einer Gefühlswelt, die kein weibliches Selbstverständnis, sondern nur Sünderinnen und Heilige kannte; die Männer durften sich ihren Gefühlen erst gar nicht stellen. Ein Großteil der äußeren historischen Ereignisse dieser Epoche, Kriege und die grauenvollen Verfolgungen von Andersgläubigen, mag diesem Verlust der Gefühlswelt im Mann zuzuschreiben sein; er büßte mit dem Verlust seiner Seele dafür, daß alles Weibliche, alles, was mit Emotionen zu tun hatte, mit einer Art Bann belegt war.

In der Schöpfung wurden dem Menschen zwei Arten von Licht mit auf den Weg gegeben: das Licht des Tages als Sonne und das des Mondes für die Nacht. Mit dem Beginn des Christentums vergaß man den Mond als Symbol des Eros und des Natürlichen und Unbewußten im Menschen; der Logos durfte als eine Art von das Bewußtsein erleuchtender Sonne die Zukunft bestimmen. Leider vergaß man dabei, daß die Zukunft immer aus der Vergangenheit in die Gegenwart und dann erst in die Zukunft geboren wird.

An einer neuen Zeitenwende können wir Maria Magdalena mit einem neuen Wissen begegnen. Wenn wir wissen, welche bedeutende Rolle sie als Symbol für eine zweitausend Jahre lange, den Frauen gegenüber feindliche Geschichte gespielt hat, verliert der Mythos der Sünderin an Einfluß. Ein Symbol zu durchschauen, heißt seine Macht zu brechen. Und es ist höchste Zeit, uns dem unterirdischen Einfluß der bösen Geister der Frau aus Magdala zu entziehen. Vielleicht in dem Sinn, indem wir den Schatten, den Magdalena bekämpfte, in uns selbst erkennen. Vielleicht auch auf eine völlig andere Art und Weise. Maria Magdalena hätte vieles sein können; und der Glaube daran, wer sie wirklich war, bleibt jedem einzelnen überlassen. Denn Glaube und die Sicht des historischen Umfeldes einer Person sind etwas völlig Verschiedenes. Und sogar wenn man dieses historische Umfeld unter den verschiedensten Aspekten betrachtet, mag vieles offen bleiben. Fest aber steht, daß wir am Beginn eines neuen Jahrtausends und mit der Hilfe eines offeneren ganzheitlicheren Bewußtseins die Frau an der Seite Jesu ebenso wie ihn mit völlig neuen Augen sehen müssen.

Nicht nur der Mythos verbindet alle möglichen Versionen der Geschichte der Maria Magdalena; sieht man genau hin, hätte die Frau aus Magdala tatsächlich alles sein können: Sünderin, Rebellin, eine Anhängerin der alten Göttinnen, eine Eingeweihte und die Geliebte Jesu. Dies wäre der logische Entwicklungsweg zu jener Frau gewesen, die in den gnostischen Evangelien als »die Frau, die das All kennt« gerühmt wird.

Epilog

Hunderttausende Frauen ziehen jedes Jahr durch den Vatikan. Sie bleiben staunend vor der berühmten Bronzestatue des Petrus stehen, sie glauben über seinem Grab zu beten und sie hören andächtig zu, wenn der sixtinische Chor bei der Ankunft des Stellvertreters Christi das »Du bist Petrus« intoniert. Den wenigsten von ihnen kommen Zweifel an dieser ausschließlich männlichen Nachfolge. Manche von ihnen wagen vielleicht insgeheim die Frage zu stellen, wie sich der arme Tischler Jesus und der einfache Fischer Petrus in der 180 Meter langen, mit Marmor ausgelegten Basilika fühlen würden. Denn die Diskrepanz zwischen Arm und Reich ist in dieser Kirche zwar kein bewältigtes, aber zumindest ein anerkanntes Thema. Die Frage einer weiblichen Nachfolge Christi war es nie. Darum würde auch kaum eine Frau angesichts des Aufmarsches von Exzellenzen, Hochwürden, Durch- und Erlauchten, Eminenzen und dem Pontifex Maximus selbst mitten im Vatikan die Frage nach Maria Magdalena stellen. Aber gerade über dem Grab des Petrus erhebt sich die Frage nach der wichtigsten Nachfolgerin von Jesus, die als eine Art Gegenspielerin von Petrus und Paulus das eigentliche Gegen-Papsttum symbolisiert.

Der Ort ist dabei nicht einmal so schlecht gewählt, denn

dort, wo Millionen Katholiken den Felsen Petrus vermuten, ist der Apostel gar nicht begraben. Nach den Gesetzen Roms ebenso wie nach den Gesetzen der Kirche ist ein Mensch dort begraben, wo sich sein Kopf befindet – und der Kopf des Petrus soll in der Mutterkirche aller Kirchen der Welt, im Lateran, liegen. Und auch damit, daß in einer Mutterkirche seit Jahrhunderten nur Väter am Werk sind, hat Petrus nicht so viel zu tun, wie allgemein angenommen wird. Schon seine Stellung als Fels der Christenheit erscheint aus heutiger Sicht höchst zweifelhaft. Bekanntlich heißt sowohl das Wort »Kephas« wie das Wort »Petrus« Fels; der Beiname des Simon bedeutet also nur, daß er persönlich ein »harter Bursche« war. Auch ist nie die Rede von der Gründung einer Kirche, sondern von einer Gemeinde. Auch keiner der ersten Kirchenväter spricht von jenem patrinischen Amt, das uns heute so gottgewollt erscheint. Im Gegenteil: Es ist immer die Rede davon, daß alle Bischöfe in die Fußstapfen aller Apostel treten.

Sieht man sich die Schlüsselstelle des Papsttums genauer an, so hört man anfänglich die bekannte Rechtfertigung für alle Päpste, gleich darauf aber einen Hinweis, den man in den Kreisen rund um den Nachfolger des Fischers gar nicht so gern hört. »Du bist Petrus«, heißt es bei Matthäus, »und auf diesem Felsen will ich meine Gemeinde erbauen, und die Pforten des Totenreiches sollen sie nicht überwältigen. Ich will dir die Schlüssel des Himmelreiches geben, und was du auf der Erde bindest, das soll auch im Himmel gebunden sein, und was du auf der Erde lösest, das soll auch im Himmel gelöst sein« (Mt 16,18–20).

Zweifelhaft aber wird dieser Verwalter aller himmlischen und irdischen Schlüssel schon dann, wenn es nur wenige Zeilen später, nämlich bei Matthäus 16,23 über genau denselben Petrus heißt: »Mir aus den Augen, Satan! Ein Fallstrick bist du für mich, denn deine Gedanken sind nicht auf Gott, sondern auf die Menschen gerichtet.« Jesus spricht diese Worte aus, nachdem Petrus versucht hat, ihn von seinem Leidensweg in Jerusalem abzuhalten – und es gibt heute nicht wenige Kirchenkritiker, die vorschlagen, diesen Text den petrinischen Zeilen unter der Kuppel des Michelangelo hinzuzufügen. Das »Du bist Petrus« als Bestätigung für alle Päpste wird noch zweifelhafter, wenn man weiß, daß erst Papst Gregor VII. 1073 verbot, jemand anderen als den Bischof von Rom als Papst zu bezeichnen. Bis dahin wurden viele Bischöfe mit dem Titel »papa« bedacht, den Petrus selbst gewiß nie hatte. Denn während Jakobus sicherlich Bischof von Jerusalem war, wurde sein Gegenspieler Petrus erst sehr viel später im Machtinteresse der Bischöfe von Rom zu einem solchen gemacht und damit der Grundstein zum Papsttum gelegt. Von Petrus selbst vermutet man nur, daß er in Rom gekreuzigt wurde, es fehlt aber jeder Beweis dafür, daß er in Rom eine eigene Gemeinde hatte. So schrieb etwa Paulus im Jahr 58 einen Brief an die Römer, grüßte darin neunundzwanzig Personen mit ihren Namen, erwähnte aber mit keinem Wort Petrus. Nach Eusebius von Cäsarea predigte Petrus in Kappadozien, Galatien und in Pontius und tat damit das, was in den Augen der Urkirche die Aufgabe der Apostel war: von Ort zu Ort ziehen und Gemeinschaften von Glaubenden gründen. Dies war, wie die ersten Kirchenväter und auch Paulus immer wieder bestätigen, übrigens keine typisch männliche Angelegenheit; Paulus selbst sprach, wie wir wissen, vom Predigen und Prophezeien der Frauen und bezeichnete Frauen als Diakone.

Die weibliche Nachfolge verlor erst an Bedeutung, als jener Fels, auf dem Jesus seine Nachfolge aufgebaut haben soll, immer fester in Rom verankert wurde. In den frühen Listen der römischen Bischöfe taucht kein Petrus auf; Irenäus, der um die zweite Jahrhundertwende Bischof von Lyon war, bezeichnete ebenso wie die Apostolische Konstitution im Jahr 270 Linus als den ersten Bischof von Rom.

Das Papsttum selbst scheint sich erst ziemlich spät seines vermeintlichen Gründers erinnert zu haben, nämlich im vierten Jahrhundert, als Konstantin die weltliche Macht nach Konstantinopel verlegte. Die Bischöfe von Rom begannen diese Lücke mit einer größeren Machtposition der Kirche auszufüllen. Um die Bischöfe ihrer Stadt gewichtiger als alle anderen Bischöfe zu machen, gedachten sie jenes Apostels, der in Rom verstorben sein soll. So wurde aus Simon dem Felsen jener päpstliche Felsen, der seitdem unverrückbar feststeht – auch wenn ihn die Wirklichkeit und das Leben längst überholt haben.

Während männliche Stellvertreter nämlich noch eifrigst eine männliche Theologie lehren, hören ihnen die wenigsten der Gläubigen noch zu. 93 Prozent aller Katholiken gaben bereits 1987 bei einer Umfrage der amerikanischen Zeitschrift »Time« an, daß es durchaus möglich sei, anders zu denken als der Papst und trotzdem gläubig zu sein. In Kirchenkreisen selbst weisen hohe Geistliche heute immer mehr auf die Geschichte der Kirche hin, die uns eine völlig andere Sicht des Zölibats und der weiblichen Nachfolge Jesu lehrt.

1991 forderte etwa der Papst-Vertraute Kardinal Sterzinsky eine vorbehaltlose Diskussion über den Ausschluß der Frauen vom Priesteramt und über die Ehelosigkeit von Priestern. Im Vatikan selbst blickt man auch zurück, allerdings nicht unbedingt bis hin zu den Anfängen der geschwisterlichen Kirche Jesu. Für den Mann in der Nachfolge Christi ist die geschwisterliche Kirche der Zukunft, sind sehr lebendige Bischöfe und Bischöfinnen, Priester und Priesterinnen nicht so wichtig wie die unfehlbaren Entschlüsse längst verstorbener Päpste, die, wie man weiß, nicht immer ganz unfehlbar waren. Diese pochten immer wieder auf die zweifelhaften petrinischen Ursprünge des Papsttums, und in deren Namen durfte eine männliche Vollkommenheit nie jenen Reformen weichen, die eine lebendige und dynamische Religion braucht. Ironischerweise fußen die unfehlbaren Entscheidungen vollkommener Männer auch auf der Felsen-Verwechslung. Die Päpste kommen in den Besitz der Unfehlbarkeit durch die »der Person Petri verheißene Hilfe Gottes«; Definitionen in Sachen Glauben und Moral »ex cathedra« ausgesprochen, sind deswegen unanfechtbar, weil Jesus als göttlicher Erlöser sozusagen über Petrus seine Kirche auf einem unfehlbaren Papst gebaut sehen wollte.

Nun wissen wir heute alle, daß Petrus nicht der Unfehlbare war, als den ihn seine selbsternannten Nachfolger hinstellen wollten. Ob es nur sehr verständliche menschliche Schwäche war oder ein prophetischer Blick auf viele Petrus-Nachfolger, heute führt kein Weg mehr daran vorbei, daß Petrus in den Evangelien sogar ein zweites Mal als Satan bezeichnet wird. Im Markus-Evangelium fragt Jesus wie schon zuvor im Matthäus-Evangelium, was die Leute von ihm halten. In beiden Fällen gibt Petrus darauf die Antwort: »Du bist Christus« (Mt 16,16 und Mk 8,29). Während bei Matthäus daraufhin die Schlüsselstelle für jeden Pontifex Maximus folgt, fehlt diese Stelle bei Markus völlig, woraus sich natürlich auch schließen läßt, daß sie bei Matthäus hinzugefügt wurde. Markus berichtet nur davon, daß die Jünger niemandem von diesem Christus berichten sollten und daß Jesus daraufhin ebenfalls vom Leiden des Menschensohnes und seinem Tod erzählt. Daraufhin »nahm Petrus ihn beiseite und begann auf ihn einzureden; er aber wandte sich um, blickte seine Jünger an und wies Petrus scharf ab mit den Worten: »›Hinweg von mir Satan! Hinter mich! Deine Gedanken sind nicht die Gedanken Gottes, sondern sind Menschengedanken‹« (Mk 8,23-34).

Petrus wurde aber nicht nur zweimal als Satan gebrandmarkt – und dies erstaunlicherweise kurz nachdem ihm angeblich die Schlüssel des Himmelreiches und indirekt auch die der Erde übergeben wurden –, Petrus war auch der zweite große Verräter nach Judas. Er und die männlichen Jünger verließen nach den Evangelien Jesus in seiner schwersten Stunde. Es waren Frauen, die mutig unter dem Kreuz ausharrten, und es war – man kann es in Zeiten männlich-päpstlicher Unfehlbarkeit nicht oft genug betonen – Maria Magdalena, der Jesus nach der Auferstehung als erster erschien. Das Stellvertretertum heute noch ausschließlich auf einen Mann zu übertragen, zeugt davon, daß man die Evangelien nie ernst genommen hat, daß es immer um die Macht einiger Männer ging, die sich mit der Hilfe der Nachfolge Petri ihre Machtpositionen auf einen Bischofsstuhl sichern wollten, den Petrus nie innegehabt hat.

Dessenungeachtet ist das Papsttum auch heute noch jener eherne und unantastbare Mittelpunkt westlicher Religiosität, der mehr als jede andere Institution an der Geschichte der Menschheit mitbeteiligt war. Es heute in Frage zu stellen, bedeutet zwar nicht mehr die Ketzerei früherer Jahrhunderte, trotzdem ist dies eines der letzten Tabus unserer Zeit. Gerade an diesem Tabu kommt man aber nicht vorbei, wenn man heute eine feministische Befreiungstheologie fordert.

Das Priesteramt für Frauen und auch die geringste Gleichstellung von Frauen innerhalb der Kirche erreicht man nur, wenn langfristig auch jene Männerhochburg in Frage gestellt wird, von der aus jahrhundertelang der christliche Glaube chauvinistisch interpretiert und vergewaltigt wurde. Es geht längst nicht mehr um ein wenig mehr kirchliche Rechte für Frauen, es geht für die Frauen innerhalb dieser Kirche um *alle* Rechte. Diese Rechte dürfen auch vor dem Vatikan und vor dem Amt einer Stellvertreterin Jesu nicht haltmachen. Die Geschichte der Maria Magdalena hat uns gezeigt, daß im Vatikan an der Stelle eines zweifelhaften Petrus eigentlich die Statue der Frau aus Magdala stehen müßte. Allerdings wäre dann der Vatikan wahrscheinlich nicht ein solcher, und auch die Geschichte der letzten Epoche wäre vielleicht anders verlaufen. Darüber lohnt es sich sowohl für Katholiken als auch für Nichtkatholiken nachzudenken.

Für die Zukunft aber müssen sich vor allem die Frauen die Frage stellen, ob sie das zweitausend Jahre alte Verräterspiel weiterhin mitspielen wollen. Damals lehrte die Frau die Apostel, was Jesus sie gelehrt hatte; sie wurde in seiner Nachfolge zur ersten wirklich legitimen »Päpstin«. Erst heute begreifen wir den Verrat, der nicht nur an Maria Magdalena, sondern an allen Frauen und allen Menschen begangen wurde, in seinem vollen Ausmaß.

Zweitausend Jahre Verrat sind nicht auszulöschen. Aber er kann, ja muß korrigiert werden. An der Schwelle zum dritten Jahrtausend, in einer Zeit, in der der Menschheit nach den Katastrophen der Weltkriege wie ein göttlicher Wink die Botschaft der Dokumente von Qumran und Nag Hammadi über das Dunkel der letzten zweitausend Jahre gereicht wurde, ist es an der Zeit, das Erbe Jesu und der Maria Magdalena zu retten. Die Frau auf dem Papstthron darf dabei kein Tabu sein.

Bibliographie

Alt, Franz, Jesus der erste Mann, München 1989.

Andreas, Peter/Lloyd-Davis, Rose, Das verheimlichte Wissen. Tempelgeheimnisse, verschollene Evangelien und das unbekannte Leben Jesu, Interlaken 1984.

Apuleius, Der Goldene Esel, Frankfurt 1955.

Augstein, Rudolf, Jesus Menschensohn, München 1972.

Baigent, Michael/Leigh, Richard, Verschlußsache Jesus. Die Qumranrollen und die Wahrheit über das frühe Christentum, München 1991.

Barthel, Manfred, Was wirklich in der Bibel steht. Das Buch der Bücher in neuer Sicht, Wien/Düsseldorf 1980.

Beek, Martinus Adrianus, Geschichte Israels. Von Abraham bis Bar Kochba, Stuttgart/Berlin/Köln/Mainz 1961.

Berger, Franz/Holler, Christiane, Jesus-Recherchen, Wien/Freiburg/Basel 1981.

Brown, Peter, Die Keuschheit der Engel. Sexuelle Entsagung, Askese und Körperlichkeit im frühen Christentum, München 1994.

Deschner, Karlheinz, Das Kreuz mit der Kirche, Düsseldorf/Wien 1973.

Drioton, Etienne/Contenau, Georges/Duchesne Guillemin, Die Religionen des alten Orients, Aschaffenburg 1963.

Fester, Richard/König, Marie/Jonas, Doris/Jonas, David, Weib und Macht. Fünf Millionen Jahre Urgeschichte der Frau, Frankfurt 1979.

Flavius Josephus, Der jüdische Krieg, München 1974.

Jüdische Altertümer, Darmstadt 1982.

Grant, Michael, Jesus, Bergisch-Gladbach 1979.

Das heilige Land. Geschichte des Alten Israels, Bergisch-Gladbach 1985.

Harding, Esther, Frauen-Mysterien einst und jetzt, Berlin 1982.

Hengge, Paul, Der Vater. Joseph von Nazareth, Wien 1980.

Hermann, Horst, Die sieben Todsünden der Kirche. Ein Plädoyer gegen die Menschenverachtung, München 1992.

Herodot, Historien. Herausgegeben von H. W. Haussig, Stuttgart 1971.
Jacobus de Veragine, Legenda aurea, Heidelberg 1975.
Kedourie, Elie, Die jüdische Welt, Frankfurt 1980.
Kersten, Holger/Gruber, Elmar, Das Jesus-Komplott. Die Wahrheit über das »Turiner Grabtuch«, München 1992.
Klausner, Joseph, Von Jesus zu Paulus, Königstein 1980.
Lehmann, Johannes, Moses der Mann aus Ägypten.
Religionsgründer–Gesetzgeber–Staatsgründer, Hamburg 1983.
Die Jesus-GMBH. Was Jesus wirklich wollte. Wie Paulus Jesus schuf, Düsseldorf 1972.
Lincoln/Baigent/Leigh, Der Heilige Gral und seine Erben. Ursprung und Gegenwart eines geheimen Ordens. Sein Wissen und seine Macht, Bergisch-Gladbach 1984.
Das Vermächtnis des Messias. Auftrag und geheimes Wirken der Bruderschaft vom Heiligen Gral, Bergisch-Gladbach 1987.
Magli, Ida, Die Madonna. Die Entstehung eines weiblichen Idols aus der männlichen Phantasie, München/Zürich 1990.
Mayer, Anton, Der zensierte Jesus. Soziologie des Neuen Testaments, Olten 1983.
Moser, Bruno, Das christliche Universum. Die illustrierte Geschichte des Christentums von den Anfängen bis heute, München 1981.
Nagel, Tilman, Der Koran, München 1983.
Neubert, Otto, Tut-Ench-Amun. Gott in goldenen Särgen, Wien 1972.
Obermeier, Siegfried, Starb Jesus in Kaschmir? Das Geheimnis seines Lebens und Wirkens in Indien, Düsseldorf/Wien 1983.
Pagels, Elaine, Versuchung durch Erkenntnis. Die gnostischen Evangelien, Frankfurt 1981.
Prause, Gerhard, Die kleine Welt des Jesus Christus. Was Theologen, Philologen, Historiker und Archäologen erforschen, Hamburg 1981.
Ranke-Graves, Robert, Die weiße Göttin, Berlin 1981.
Ranke-Heinemann, Uta, Eunuchen für das Himmelreich. Katholische Kirche und Sexualität, Hamburg 1989.
Rosa, Peter, Gottes erste Diener. Die dunkle Seite des Papsttums, München 1989.
Schonfield, Hugh, Unerhört diese Christen. Geburt und Verwandlung der Urkirche, Wien 1969.
Die Essener. Das Geheimnis des wahren Lehrers und der Einfluß der Essener auf die Gestaltung der Geschichte, Südgellersen 1985.
Planziel Golgatha, Tuttlingen 1969.
Sloterdijk, P./Macho, T. H., Weltrevolution der Seele. Ein Lese- und Arbeitsbuch der Gnosis, Artemis & Winkler 1991.
Smith, Morton, Jesus der Magier, München 1981.
Stone, Merlin, Als Gott eine Frau war. Die Geschichte der Ur-Religionen unserer Kulturen. München 1988.
Wouk, Herman, Das ist mein Gott. Glaube und Leben der Juden, Hamburg 1984.